VIS à VIS

WIEN

VIS-À-VIS

WIEN

Hauptautor: STEPHEN BROOK

DK

DORLING KINDERSLEY
www.dk.com

EIN DORLING KINDERSLEY BUCH

www.traveldk.com

TEXTE
Stephen Brook, Gretel Beer, Rosemary Bircz, Caroline Bugler, Deirdre Coffey, Fred Mawer

FOTOGRAFIEN
Peter Wilson

ILLUSTRATIONEN
Richard Draper, Stephen Gyapay, Chris Orr, Robbie Polley, Ann Winterbotham

KARTOGRAFIE
Peter Winfield, James Mills-Hicks

REDAKTION UND GESTALTUNG
Dorling Kindersley Ltd., London: Carolyn Pyrah, Sally Ann Hibbard, Marcus Hardy, Kim Inglis, Vanessa Hamilton, Andy Wilkinson, Elly King, Ellen Root, Adam Moore

•

Titel der englischen Originalausgabe:
Eyewitness Travel Guide *Vienna*
Zuerst erschienen 1994 in Großbritannien
bei Dorling Kindersley Ltd.
A Penguin Company

•

Aktualisierte Neuauflage 2011 / 2012

PROGRAMMLEITUNG Dr. Jörg Theilacker, Dorling Kindersley Verlag
PROJEKTLEITUNG Stefanie Franz, Dorling Kindersley Verlag
ÜBERSETZUNG Gisela Sturm, Angelika Feilhauer, München
REDAKTION Dr. Elfi Ledig, München; Gerhard Bruschke, München
SCHLUSSREDAKTION Philip Anton, Köln
SATZ UND PRODUKTION Dorling Kindersley Verlag
LITHOGRAFIE Colourscan, Singapur
DRUCK L. Rex Printing Co. Ltd., China

ISBN 978-3-8310-1547-4
14 15 16 17 13 12 11 10

Dieser Reiseführer wird regelmäßig aktualisiert. Angaben wie Telefonnummern, Öffnungszeiten, Adressen, Preise und Fahrpläne können sich jedoch ändern. Der Verlag kann für fehlerhafte oder veraltete Angaben nicht haftbar gemacht werden. Für Hinweise, Verbesserungsvorschläge und Korrekturen ist der Verlag dankbar. Bitte richten Sie Ihr Schreiben an:

Dorling Kindersley Verlag GmbH
Redaktion Reiseführer
Arnulfstraße 124 • 80636 München
travel@dk-germany.de

◁ **Das bunte Dach des Stephansdoms** ***(siehe S. 76–79)***
◁◁ **Umschlag: Kunsthistorisches Museum am Maria-Theresien-Platz** ***(siehe S. 122–127)***

INHALT

Karl V., Kaiser des Heiligen Römischen Reichs 1519–1556 ***(siehe S. 24)***

Ankeruhr aus Bronze und Kupfer am Hohen Markt ***(siehe S. 84)***

Vorderansicht des Schlosses Schönbrunn *(siehe S. 172–175)*

Die Stadtteile Wiens

Musik im Garten eines Heurigenlokals in Grinzing *(siehe S. 186f)*

Zu Gast in Wien

Dobostorte *(siehe S. 206)*

Grundinformationen

Wiener Sängerknaben *(siehe S. 39)*

Karlskirche im Belvedereviertel *(siehe S. 148f)*

Benutzerhinweise

Dieser Reiseführer soll Ihren Besuch in Wien zum Erlebnis machen. Der Abschnitt *Wien stellt sich vor* beschreibt die geografische Lage der Stadt und stellt das moderne Wien in einen historischen Zusammenhang. *Wien im Überblick* fasst alles Sehens- und Erlebenswerte thematisch zusammen. *Die Stadtteile Wiens* begleiten Sie zu den interessantesten Vierteln und Sehenswürdigkeiten der Stadt. Diese werden anhand von Karten, Fotografien und anschaulichen Illustrationen erläutert. Durch weitere Ecken Wiens und seine schönen Außenbezirke führen die *Drei Spaziergänge*. Der Abschnitt *Zu Gast in Wien* informiert Sie über Shopping, Essen, Ausgehen und Übernachten. Die *Grundinformationen* am Ende des Buchs liefern Ihnen viele praktische Tipps und Ratschläge, u.a. zu öffentlichen Verkehrsmitteln.

Routenplanung

Orientierung in Wien

Jeder der sechs Stadtteile ist mit einem Farbcode versehen, der Ihnen das Auffinden erleichtert. Jedes Kapitel beginnt mit einer Einführung, welche die Geschichte des Stadtteils beschreibt. Die Sehenswürdigkeiten sind auf der Stadtteilkarte nummeriert und finden sich auch im Stadtplan *(siehe S. 256–267)*. Dann folgt eine Detailkarte, die das Zentrum des Viertels zeigt und eine Routenempfehlung für das Areal enthält.

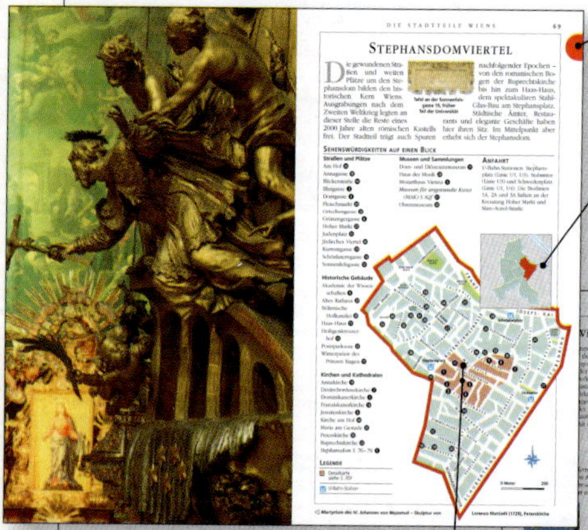

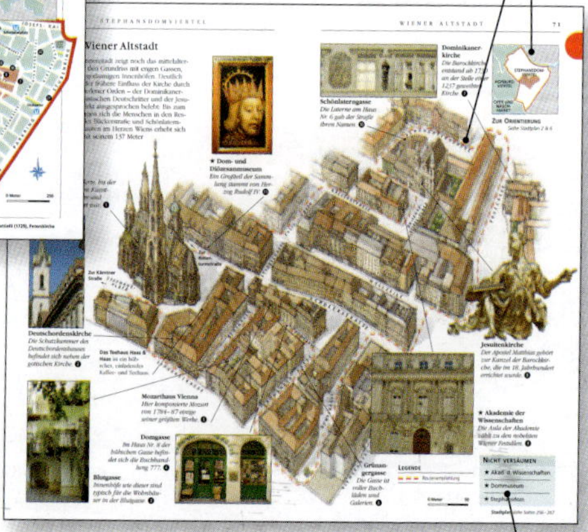

Die farbige Griffmarke erleichtert das Auffinden von Stadtteilen.

Orientierungskarte

Die Routenempfehlung schlägt eine Strecke vor, die durch die interessantesten Straßen eines Stadtteils führt.

Die Orientierungskarte zeigt die Lage des Stadtteils, in dem Sie sich befinden.

1 Stadtteilkarte
Zum leichteren Auffinden sind die Sehenswürdigkeiten auf der Karte nummeriert. Sie zeigt Ihnen auch U-Bahn-Stationen und Parkmöglichkeiten. Die Hauptsehenswürdigkeiten sind nach Kategorien aufgelistet: Straßen und Plätze, historische Gebäude, Kirchen, Museen und Sammlungen, Parks und Gärten.

Straßenzüge, die auf einer *Detailkarte* dargestellt werden, sind rosa eingefärbt.

2 Detailkarte
Auf der Detailkarte ist der farblich hervorgehobene Kern der Stadtteilkarte aus der Vogelperspektive zu sehen. Die Sehenswürdigkeiten sind zur raschen Orientierung kurz erläutert.

Nicht versäumen listet die bedeutendsten Attraktionen auf.

Die Stadtteile Wiens

Die farbigen Bereiche auf dieser Karte *(siehe vordere Umschlaginnenseiten)* markieren die sechs wichtigsten Stadtteile. Alle werden in eigenen Kapiteln in *Die Stadtteile Wiens (siehe S. 66–157)* detailliert vorgestellt. Im Kapitel *Wien im Überblick (siehe S. 40–61)* finden Sie alle Hauptsehenswürdigkeiten. Die farbige Markierung erleichtert Ihnen auch die Orientierung bei den drei vorgeschlagenen Spaziergängen *(siehe S. 180–187)*.

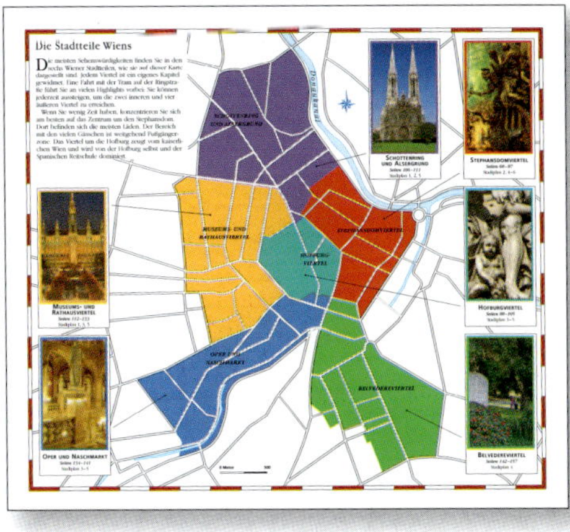

Die Nummern beziehen sich auf die Nummerierung der Sehenswürdigkeiten in der *Stadtteil- und Detailkarte.*

Praktische Informationen zeigen Ihnen alles Wissenswerte über eine Sehenswürdigkeit, samt Verweis auf den *Stadtplan (siehe S. 256–267).*

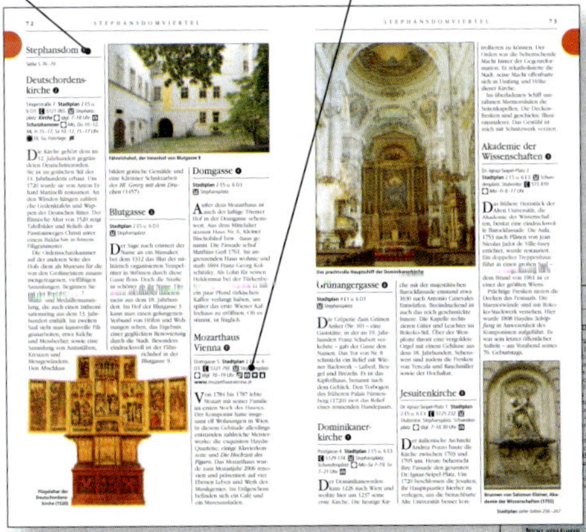

Die Infobox enthält praktische Hinweise, die für einen Besuch hilfreich sind.

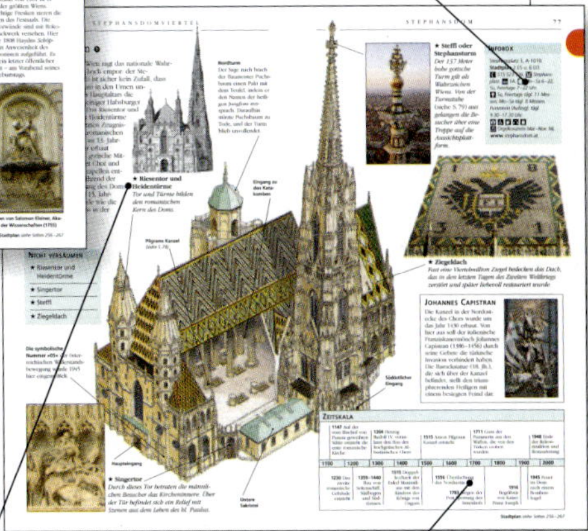

3 Detaillierte Informationen

Alle wichtigen Sehenswürdigkeiten Wiens werden in der Reihenfolge ihrer Nummerierung auf der Stadtteilkarte *beschrieben. Bei jedem Eintrag finden Sie praktische Informationen wie Stadtplanverweise, Öffnungszeiten und Telefonnummern. Die Zeichenerklärung der verwendeten Symbole finden Sie auf der hinteren Umschlagklappe.*

Sterne markieren Sehenswürdigkeiten, die man nicht versäumen sollte.

4 Hauptsehenswürdigkeiten

Den Wiener Highlights sind eigene Doppelseiten gewidmet. Museen und Sammlungen haben farbige Grundrisse, damit Sie Exponate rasch finden. Historische Gebäude werden im Aufriss gezeigt.

Die Zeitskala hebt wichtige Ereignisse in der Geschichte einer Sehenswürdigkeit hervor.

Wien stellt sich vor

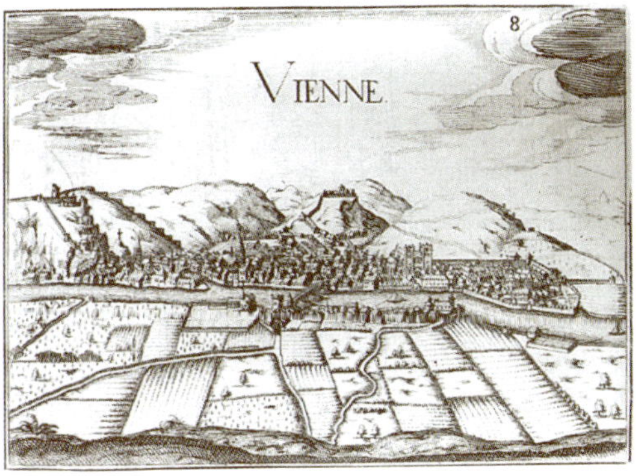

Vier Tage in Wien

Egal ob Sie geschichtlich interessiert, Kunstliebhaber oder Outdoor-Fan sind – in Wien werden Sie auf Ihre Kosten kommen. Von Schlössern und Kunstsammlungen über Parks und den Prater bietet die Stadt Attraktionen unterschiedlichster Art.

Porzellanteller

Im Folgenden finden Sie Anregungen, wie Sie vier Tage in Wien ganz unterschiedlich gestalten können. Die angegebenen Preise decken Anfahrt, Essen und Eintrittsgelder ab. Die Preise für Familien schließen zwei Kinder mit ein.

Schloss Schönbrunn mit Park, Palmenhaus und Zoo *(siehe S. 172–175)*

Wien der Habsburger

- **Hofburg: Winterresidenz der Habsburger**
- **Kaiserschmarrn**
- **Schönbrunn: Sommerresidenz der Habsburger**

Zwei Erwachsene ab ca. 110 €

Vormittags

Beginnen Sie den Tag mit einem Besuch der **Hofburg** *(siehe S. 96f)*. Der Komplex enthält die frühere Winterresidenz der Habsburger, eine Kapelle, die **Spanische Hofreitschule** *(siehe S. 98f)*, Museen und die Österreichische Nationalbibliothek. Machen Sie eine Führung durch die **Kaiserappartements** *(siehe S. 100f)*, das **Sisi Museum**, das sich u.a. der Mythenbildung um Kaiserin Elisabeth widmet, und die Silberkammer, wo das Tafelsilber, Gläser und Porzellan der Habsburger zu sehen sind. Das Mittagessen kann man gleich vor Ort einnehmen, nämlich im **Café Hofburg** *(siehe S. 213)*, wo es traditionelle Wiener Süßspeisen wie Kaiserschmarrn oder auch Gulasch zu essen gibt.

Nachmittags

Nach dem Mittagessen besuchen Sie **Schloss und Park Schönbrunn** *(siehe S. 172–175)*, die einstige Sommerresidenz der Habsburger. Die »Imperial Tour«, die kleine Tour, führt durch 22 Prunkräume des Schlosses und dauert etwa eine halbe Stunde. Wenn Sie danach noch Zeit haben, können Sie in den Park gehen und dort den schon 1720 angelegten **Irrgarten** *(siehe S. 172)* und das nach historischen Plänen wiederhergestellte Labyrinth besichtigen – eine faszinierende Erfahrung.

Eine der Statuen im Park von Schönbrunn *(siehe S. 172–175)*

Grünes Wien

- **Schmetterlingshaus**
- **Café Mozart (1794)**
- **Spaziergang am renaturierten Irissee**
- **Donauturm (252 m)**

Zwei Erwachsene ab ca. 100 €

Vormittags

Ein angenehmer Start in den Tag ist ein Spaziergang im **Burggarten** *(siehe S. 102)*, einem Park, der im Areal um die Hofburg angelegt wurde. Hier spaziert man im Schatten alter Bäume und bewundert die Standbilder von Goethe, Mozart und Kaiser Franz I. Stephan. Der Park ist zudem wegen der Jugendstil-Gewächshäuser des Architekten Friedrich Ohmann bekannt. Eines davon ist das Schmetterlingshaus, das 150 Schmetterlingsarten beherbergt, die in einem dem Regenwald nachempfundenen Ambiente leben. Im nahen **Café Mozart** *(siehe S. 219)* am Albertinaplatz – einem Kaffeehaus, das schon seit 1794 existiert – kann man (auch vegetarisch) zu Mittag essen oder Kaffee und Kuchen genießen.

Nachmittags

Nach dieser Stärkung geht es zum **Donaupark** *(siehe S. 161)*, der 1964 als Naherholungsgebiet angelegt wurde. Hier kann man spazieren gehen, joggen oder Rad fahren. Am Irissee, dem künstlichen See im Zentrum (nun renaturiert und mit Sumpfbereichen) kann man eine Rast einlegen. Ein Muss ist der 252 Meter hohe **Donauturm** *(siehe S. 161)* mit

◁ Ankunft Isabellas von Parma für die Hochzeit mit Joseph II., Gemälde (1760) von Martin van Meytens (1695–1770)

Gustav Klimts *Beethovenfries* im Secessionsgebäude *(siehe S. 138)*

Drehrestaurant, Café und Aussichtsplattform (im Sommer gibt es hier auch eine Bungee-Jumping-Anlage). Ein Aufzug bringt einen nach oben zum Aussichtsdeck, von wo aus man über ganz Wien blicken kann – an klaren Tagen auch weiter. Nahebei befinden sich die UNO-City und die markanten Bauten von Top-Architekten der neuen Donau-City.

Eleganz und Kaffeehausflair im Café Mozart *(siehe S. 219)*

Kunst und Architektur

- **Secession – im Herzen des Jugendstils**
- **Griechisch essen**
- **Im MuseumsQuartier**

Zwei Erwachsene ab ca. 100 €

Vormittags

Das **Secessionsgebäude** *(siehe S. 138)* ist die architektonische Apotheose des Jugendstils. Der frühere Ausstellungsraum der Wiener Künstlervereinigung Secession zeigt heute zeitgenössische Kunst, etwa von Oswald Oberhuber oder Maja Vukoje. Immer zu bewundern: Gustav Klimts *Beethovenfries*. Nach dem Kunstgenuss kann man sich bei **Kostas** *(siehe S. 215)* mit Moussaka stärken.

Nachmittags

Der zweite Kunstausflug des Tages führt zunächst zum **MuseumsQuartier** *(siehe S. 118–120)* – einem der größten Kulturzentren der Welt, das verschiedene Museen und Veranstaltungsorte beherbergt. Nahebei liegt eine weitere Perle: das **Kunsthistorische Museum** *(siehe S. 122–127)*. Für seine Schätze, darunter auch viele Kunstwerke aus dem Besitz der Habsburger, müsste man eigentlich ganze Tage einplanen. Die Gemäldegalerie ist besonders beeindruckend. Sie präsentiert Werke von u.a. Giovanni Bellini, Tizian, Pieter Brueghel und Diego Velázquez. Wenn Sie von der Besichtigung erschöpft sind, können Sie im Café-Bar-Gasthaus **Lux** *(siehe S. 214)*, gleich westlich vom MuseumsQuartier, relaxen.

Familientag

- **Action, Fun und Nostalgie im Prater**
- **Schweizer Haus**
- **In der Rikscha durch die Hauptallee**

Familie (zu viert) ab ca. 300 €

Vormittags

Ein Ausflug in den **Prater** *(siehe S. 162f)*, den ältesten Vergnügungspark der Welt, begeistert Groß und Klein. Ein Muss ist die Fahrt im Riesenrad von 1897. Ältere Kinder können zwischen »wilderen« Fahrgeschäften wählen. Für die kleineren sind eher das Ringelspiel oder die Liliputbahn (4 km) geeignet. Mittagessen gibt es im **Schweizerhaus** *(siehe S. 216)* mit seinem riesigen Garten, wo man sich u.a. Eisbein oder Kartoffelpuffer schmecken lassen kann – die Eltern auch ein Budweiser.

Nachmittags

Nach dem Mittagessen kann man eine Rikscha mieten (oder auch Mountainbikes bzw. Tandem und Kinderräder). Räder vermietet u.a. ein Stand bei der Hochschaubahn. Anschließend kann man die **Hauptallee** *(siehe S. 163)* entlangradeln, in den grünen Teil des Praters, in dem man auf unzählige Jogger, Radfahrer und Spaziergänger stößt. Zwischendrin kann man sich an einem der vielen Stände ein Eis, einen Saft oder eine andere Erfrischung gönnen.

Das Blumenrad im Prater *(siehe S. 162f)*, Konkurrenz zum Riesenrad

Wien auf der Karte

Wien hat über 1,7 Millionen Einwohner und bedeckt eine Fläche von rund 415 Quadratkilometern. Die Donau fließt durch die Stadt, der Donaukanal durch das Zentrum. Wien, das politische, wirtschaftliche und kulturelle Zentrum der Republik Österreich, ist zugleich Hauptstadt und Bundesland. Die exzellente Lage im Herzen Europas macht die Metropole zu einem idealen Ausgangspunkt für Ausflüge nach Prag, Bratislava, Budapest, Zagreb, Salzburg und München.

Satellitenbild von Wien

Europa

Wien liegt im Zentrum Europas. Von anderen Metropolen aus ist die Stadt mit dem Flugzeug, der Bahn oder dem Auto gut zu erreichen.

Großraum Wien

Die innere Ringstraße und der äußere Gürtel umschließen Wien. Mit ihnen ist die Stadt an das österreichische und europäische Verkehrsnetz angebunden. Zu Abstechern und Ausflügen *siehe S. 158–179.*

Wien – Luftansicht des Hofgartens

Wiener Innenstadt

Detail am Eingang des Palais Pallavicini (1784), Josefsplatz

Dieses Buch untergliedert die Wiener Innenstadt in sechs Bereiche, die jeweils in einem eigenen Kapitel behandelt werden. Weitere Kapitel befassen sich mit den Sehenswürdigkeiten in den Randbezirken und enthalten praktische Infos und Tipps für Spaziergänge und Tagesausflüge. Die ausgewählten Sehenswürdigkeiten spiegeln Geschichte und Charakter des Stadtteils wider und liegen meist in der Innenstadt, sodass sie bequem zu Fuß oder mit öffentlichen Verkehrsmitteln erreichbar sind.

Kaffeehäuser in der Sterngasse

Wie hier in der Sterngasse reiht sich im jüdischen Viertel (siehe S. 84) *Café an Café* (siehe Caféauswahl, S. 218f).

Legende

- Hauptsehenswürdigkeit
- U-Bahn-Station
- Bahnhof (Badner Bahn)
- Parken
- Information
- Polizei
- Kirche

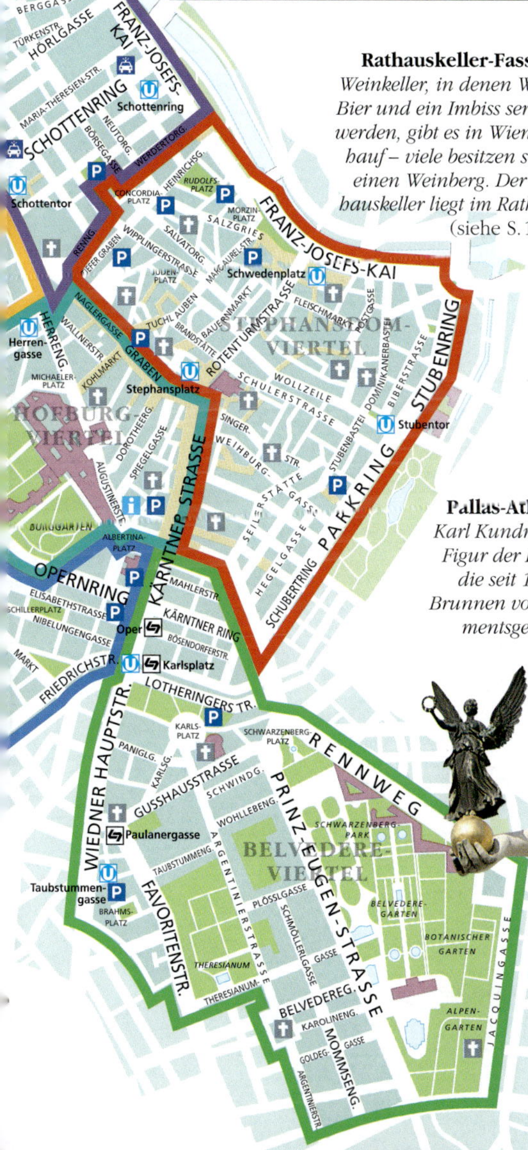

Am Hof: Blick über die Dächer Wiens
Eine Reihe sehenswerter Bauten säumt Wiens größten geschlossenen Platz: Am Hof. Ziergiebel und Statuen schmücken viele der Dächer (siehe S. 87).

Rathauskeller-Fassade
Weinkeller, in denen Wein, Bier und ein Imbiss serviert werden, gibt es in Wien zuhauf – viele besitzen sogar einen Weinberg. Der Rathauskeller liegt im Rathaus (siehe S. 130).

Pallas-Athene-Brunnen
Karl Kundmann schuf die Figur der Pallas Athene, die seit 1902 auf dem Brunnen vor dem Parlamentsgebäude thront (siehe S. 121).

Die Geschichte Wiens

Wien entstand aus einer keltischen Siedlung, die sich auf dem Gebiet der heutigen Stadt befand. Die Römer errichteten später zum Schutz der nahen Garnisonsstadt Carnuntum das Kastell Vindobona. Durch die Nähe zu Ungarn war dieses allerdings immer wieder feindlichen Übergriffen ausgesetzt. Anfang des 5. Jahrhunderts wurde es von den Hunnen dem Erdboden gleichgemacht. Im 10. Jahrhundert richteten die Babenberger die Markgrafschaft Ostarrichi ein, auf deren Gebiet auch Wien, ein wichtiger Handelsort, lag. Im 13. Jahrhundert begann die Herrschaft der Habsburger. Im 16. Jahrhundert standen die Türken vor den Toren der Stadt. 1683, nach der Niederlage der Osmanen, gelangte Wien zu voller Blüte. Im Stadtgebiet und in den Außenbezirken wurden große Plätze angelegt. Im 18. Jahrhundert war Wien kulturelles Zentrum der Donaumonarchie. Zwei Ereignisse erschütterten die Macht der Habsburger: 1809 besetzte Napoléon die Stadt, 1848 entbrannte die Revolution. Nach dem Sieg des Militärs bestieg Kaiser Franz Joseph den Thron. Bis 1914 wuchs die Einwohnerzahl auf zwei Millionen. Menschen aus allen Teilen der Monarchie strömten in die Hauptstadt. Das Ende des Ersten Weltkriegs markierte auch das Ende des Habsburgerreichs; Wien wurde Hauptstadt der Republik Österreich. Die nachfolgende Stadtregierung – »das Rote Wien« – versuchte, die sozialen Probleme zu lösen. 1938 erfolgte der »Anschluss« Österreichs an das Deutsche Reich. 1945 stand Wien unter Kontrolle der Alliierten. 1955 erhielt die Donaustadt schließlich ihre Souveränität zurück.

Wappen von Maximilian I.

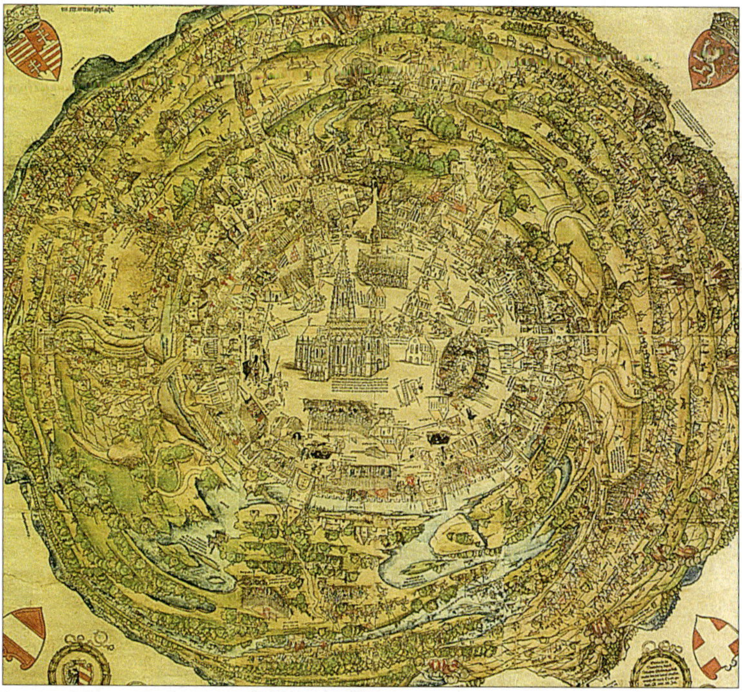

Karte von Wien zur Zeit der osmanischen Belagerung, 1529

◁ Ausschnitt aus *Die Vermählung Josephs II. mit Isabella von Parma*, 1760 (Schule Martin van Meytens)

Herrscher in Wien

Wien kam als Vorposten Deutschlands im 12. Jahrhundert unter den Babenbergern zu Wohlstand. Danach folgten unruhige Zeiten. Nach dem Erlöschen des Geschlechts herrschte Ottokar II. von Böhmen über Österreich. Diese Zeit bezeichnet man als Interregnum. Im 13. Jahrhundert fiel Wien an die Habsburger, deren Schicksal bis zum Niedergang der Dynastie 1918 mit dem der Stadt untrennbar verbunden war. Unter den Habsburgern, die von 1452 bis 1806 fast durchgehend zu Kaisern des Heiligen Römischen Reichs gekrönt wurden, entwickelte sich Wien zur kaiserlichen Hauptstadt.

Stauferkaiser Friedrich II. mit Falkner

1278–82 Rudolf I. von Deutschland regiert über Österreich

1246–50 Interregnum unter Markgraf Hermann von Baden nach dem Tod von Friedrich II.

900	1000	1100	1200	1300	1400
HAUS BABENBERG				HAUS HABSBURG	
900	1000	1100	1200	1300	1400

976 Leopold von Babenberg

1198–1230 Herzog Leopold VI.

1358–65 Herzog Rudolf IV.

1177–94 Herzog Leopold V.

1141–77 Heinrich II. Jasomirgott

1251–76 Interregnum unter dem Przemysliden Ottokar II.

Kaiser Franz Joseph I.

1452–93 Friedrich V. (Kaiser Friedrich III.)

1485–90 König Matthias Corvinus von Ungarn besetzt Wien

1493–1519 Kaiser Maximilian I.

1576–1612 Kaiser Rudolf II.

1612–19 Kaiser Matthias

1637–57 Kaiser Ferdinand III.

1657–1705 Kaiser Leopold I.

1705–11 Kaiser Joseph I.

1711–40 Kaiser Karl VI.

1835–48 Kaiser Ferdinand I.

1848–1916 Kaiser Franz Joseph I.

1500 | 1600 | 1700 | 1800 | 1900

1500 | 1600 | 1700 | 1800 | 1900

1519–56 Kaiser Karl V.

1556–64 Kaiser Ferdinand I.

1564–76 Kaiser Maximilian II.

1619–37 Kaiser Ferdinand II.

1740–80 Kaiserin Maria Theresia

1780–90 Kaiser Joseph II.

1790–92 Kaiser Leopold II.

1792–1835 Kaiser Franz II. (wird Franz I. von Österreich, 1806)

1916–18 Kaiser Karl I.

1918 Habsburger im Exil

Wiens Anfänge

Römische Urne

Die ersten Siedlungen in der Wiener Region reichen bis in die Steinzeit zurück. Die Gründung der Stadt selbst erfolgte in der Bronzezeit, etwa 800 v. Chr. Die um 400 v. Chr. entstandene keltische Siedlung wurde um 15 v. Chr. der römischen Provinz Pannonien angegliedert. Im 1. Jahrhundert n. Chr. entstand das Kastell Vindobona. Nach seiner Zerstörung durch die Hunnen verlor Vindobona an Bedeutung, bis es im 8. Jahrhundert unter Karl dem Großen in die Ostmark des Heiligen Römischen Reichs übernommen wurde.

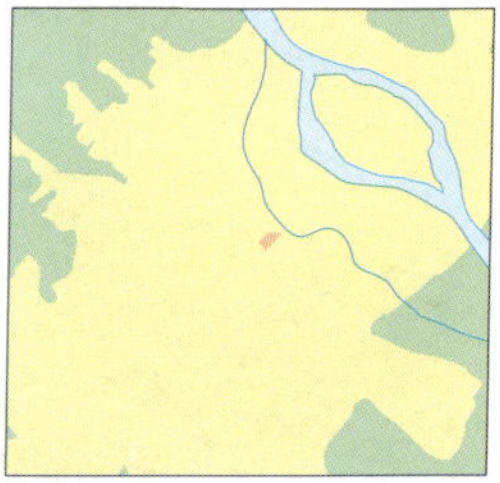

Ausdehnung der Stadt

150 v. Chr. | Heute

Hallstatt-Idol
Während der Eisenzeit, 750–400 v. Chr., gab es um Wien die Hallstatt-Kultur.

Venus von Willendorf
Die Statuette aus der Altsteinzeit wurde 1906 in Willendorf gefunden. Zu sehen ist sie im Naturhistorischen Museum (siehe S. 128f).

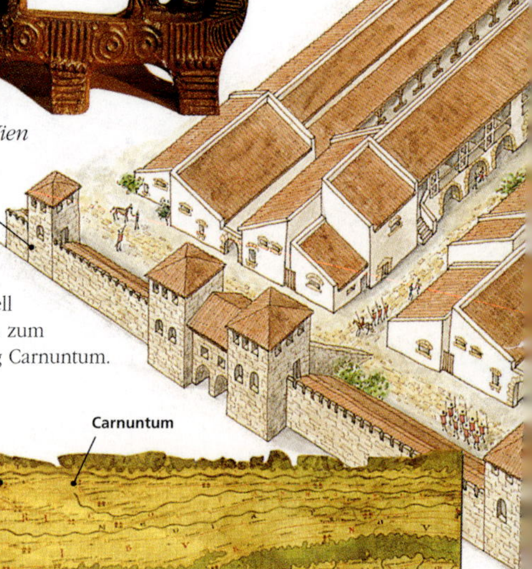

Vindobona
Das römische Kastell entstand 100 n. Chr. zum Schutz der Siedlung Carnuntum.

Römische Karte
Die Karte der Provinz Pannonien zeigt die römischen Festungen entlang der Donau.

Zeitskala

5000	2000	800	0	100	200
	2000 v. Chr. Indogermanen besiedeln die bewaldeten Nordwesthänge	**800 v. Chr.** Bronzezeitliche Siedlung am heutigen Hohen Markt	**750 v. Chr.** Hallstatt-Kultur **400 v. Chr.** Keltische Kultur	**180** Kaiser Mark Aurel stirbt in Vindobona	**280** Der römische Kaiser Probus gestattet Weinbau an der Donau
5000 v. Chr. Altsteinzeitfunde			**15 v. Chr.** Die keltische Region Noricum wird von den Römern besetzt		**250** Die Festung Vindobona hat 20 000 Einwohner

Mark Aurel

Schuh aus der Hallstatt-Kultur

Mark Aurel
Der große römische Kaiser und Philosoph zog über Carnuntum in den Kampf gegen die Markomannen. 180 n. Chr. starb er bei Vindobona.

Goldschmuck
Zunächst kamen die Römer wegen der Bodenschätze nach Vindobona, vor allem wegen der Goldminen.

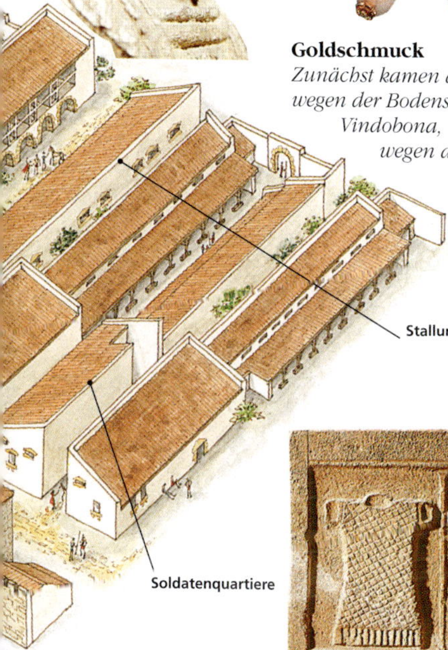

Soldatengrab
Grabstätte aus Carnuntum, um das 1. Jahrhundert n. Chr.

ANTIKES WIEN

Zahlreiche Schutzwälle und Gräben erinnern noch an die römische Vergangenheit Wiens, doch Ausgrabungsfunde gibt es nur wenige. Sehenswert sind vor allem die Ruinen am Hohen Markt *(siehe S. 84)*, Am Hof Nr. 10 *(siehe S. 87)* und am Michaelerplatz *(siehe S. 92)*. Die wichtigsten Überreste findet man jedoch außerhalb der Stadt, in Carnuntum, rund 40 Kilometer östlich von Wien. Dort sind u.a. zwei Amphitheater zu sehen.

Der Hohe Markt *im Herzen Wiens bietet Ausgrabungsfunde des römischen Kastells Vindobona.*

Das Gorgonenhaupt, *ein Rundrelief der sagenhaften Medusa, stammt vom Hohen Markt.*

395 Erste Einfälle der Barbaren in Vindobona

405 Römer ziehen sich aus Vindobona zurück

500–650 Wiederholt Invasionen der Langobarden, Goten, Awaren und slawischer Stämme

300 | 400 | 500 | 600 | 700 | 800

433 Verwüstung durch die Hunnen

Barbarische Reiterhorden

883 Erste urkundliche Erwähnung der Stadt Wenia (Wien) an der Grenze der Ostmark

Wien im Mittelalter

Miniaturbild (Detail)

Otto I., Kaiser des Heiligen Römischen Reichs, vertrieb 955 die Magyaren aus der Ostmark *(siehe S. 20)*. 976 schenkte er Wien den Babenbergern. Trotz weiterer Übergriffe der Magyaren führten die Babenberger Wien zu wirtschaftlicher Blüte. Nach dem Tod Friedrichs II. 1246 und dem Interregnum *(siehe S. 18)* begann die Herrschaft der Habsburger. Wien wurde eine europäische Metropole und Zentrum des Heiligen Römischen Reichs.

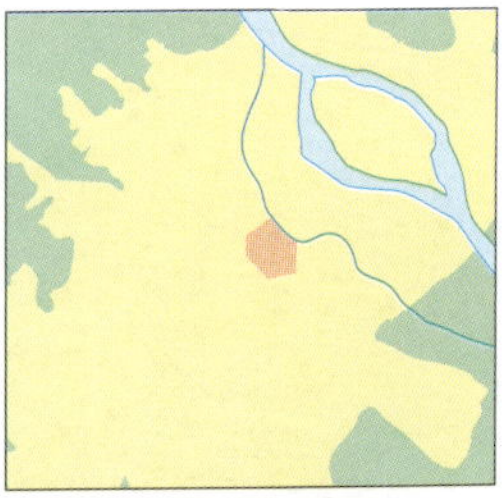

Ausdehnung der Stadt

1400 Heute

St. Ruprecht
St. Ruprecht war der Schutzpatron der Salzhändler, die ihre kostbare Ware von den Salzbergwerken im Westen über die Donau verschifften. Heute blickt seine Statue auf den Donaukanal.

Tod Friedrichs II.
Herzog Friedrich II. war der letzte Babenberger, der in Wien regierte. Er fiel in der Schlacht gegen die Ungarn (1246).

Adel
Aus allen Teilen des riesigen Reichs zog es Adlige an den Hof der Habsburger Kaiser.

Krönungsgewand
Das prächtige mittelalterliche Gewand (1133) aus Palermo gehörte zum Krönungsornat des Hauses Habsburg.

Zeitskala

909 Die Magyaren fallen in die Ostmark ein

955 Otto I. von Deutschland besiegt die Ungarn; Wiedereinführung des Christentums und Neugründung der Ostmark (oder Ostarrichi)

976 Otto I. macht Leopold von Babenberg zum Markgrafen, Beginn der Herrschaft der Babenberger

1030 Die Ungarn belagern Wien

1136 Tod des Markgrafen Leopold III.

1137 Wien wird eine befestigte Stadt

1147 Weihe des Stephansdoms

1156 Heinrich II. Jasomirgott verlegt seinen Hof nach Wien, Entstehung von Am Hof *(siehe S. 87)*

900 | 1000 | 1100

Richard Löwenherz
Bei seiner Rückkehr aus dem Heiligen Land im Jahr 1192 wurde Richard I. von England von Herzog Leopold V. in Geiselhaft genommen.

Verduner Altar
Dieses Meisterwerk gehört zu den Schätzen der riesigen Abtei Klosterneuburg (siehe S. 161). *Die 51 Tafeln wurden 1181 durch Nikolaus von Verdun vollendet. Die Weihe des Stifts erfolgte 1136.*

Wien im Mittelalter

Gotisch sind Stephansdom *(siehe S. 76–79)*, Maria am Gestade *(siehe S. 85)*, Burgkapelle, Minoritenkirche *(siehe S. 103)*, Ruprechtskirche *(siehe S. 81)* und Augustinerkirche *(siehe S. 102)*. Die Michaelerkirche *(siehe S. 92)* enthält gotische Skulpturen, die Schottenkirche *(siehe S. 110)* mittelalterliche Kunstwerke. Zu den Profanbauten gehört das Basiliskenhaus in der Schönlaterngasse *(siehe S. 74)*.

Bleiglasfenster *(um 1340) im Dommuseum* (siehe S. 74).

Universität
Die Wiener Universität wurde 1365 unter Herzog Rudolf IV. gegründet. Das Miniaturbild (um 1400) zeigt das mittelalterliche Universitätsgebäude, Professoren und Studenten.

Siegel des Przemysliden Ottokar II.

1278–82 Nach dem Sieg über Ottokar II. wird Rudolf I. Herrscher über Österreich

1288 Niederschlagung der Aufstände gegen die Habsburger

1359 Grundsteinlegung zum Turm des Stephansdoms durch Rudolf IV.

1365 Gründung der Universität

1477 Vermählung Maximilians I., Sohn Friedrichs III., mit Maria von Burgund, Erbin der Niederlande

1200 | **1300** | **1400**

1246 Tod Friedrichs II. mit nachfolgendem Interregnum. Der Przemyslide Ottokar II. regiert Wien

1273 Graf Rudolf von Habsburg wird König Rudolf I. von Deutschland

1278 Wien erhält Stadtrechte

1330 Bau des ersten Abschnitts von Maria am Gestade

1438 Unter Albrecht V. wird Wien Residenz des Heiligen Römischen Reichs

1452 Friedrich V. wird zum Heiligen Römischen Kaiser Friedrich III. gekrönt

1485 Wien wird durch Matthias Corvinus von Ungarn besetzt

Wien in der Renaissance

Unter Maximilian I. entwickelte sich Wien zum Zentrum der Künste. Nach wie vor dominierten die Habsburger das Heilige Römische Reich. Ihren Machtbereich erweiterten sie im 16. Jahrhundert um Spanien, Holland, Burgund, Böhmen und Ungarn. Doch es waren unruhige Zeiten: Die türkische Belagerung, Pestepidemien sowie Spannungen zwischen Katholiken und Protestanten erschütterten die Stadt. 1576 leiteten die Jesuiten die Gegenreformation ein.

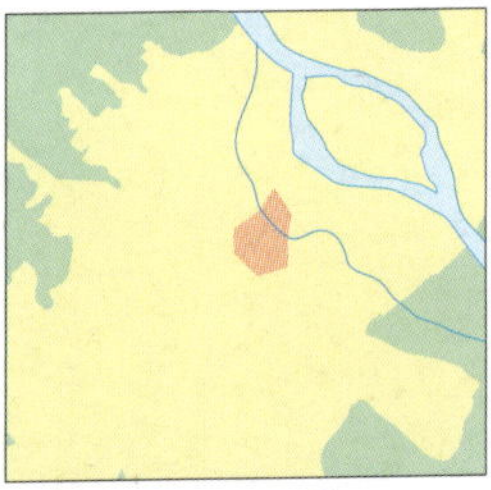

Ausdehnung der Stadt

1600 | Heute

Buchkunst
Diese Buchillustration mit einem Renaissance-Kriegswagen (1512) stammt aus der Bibliothek Maximilians I.

Wiener Emailschatulle
Die email- und kristallglasverzierte Schatulle ist typisch für die Wiener Handwerkskunst des 16. Jahrhunderts.

Maximilian I. erwarb 1477 durch die Heirat mit Maria von Burgund die burgundischen Gebiete.

Ferdinand I. heiratete Anna von Böhmen und Ungarn. 1526 erbte er Böhmen, das bis 1918 im Besitz der Habsburger blieb.

Kaiserkrone
Die Krone wurde 1610 für Rudolf II. von böhmischen Handwerkern angefertigt. Zu besichtigen ist sie in der Schatzkammer der Hofburg (siehe S. 100f).

Zeitskala

1500 – 1520 – 1540 – 1560 – 1580

- **1493** Maximilian I. vertreibt die Ungarn aus Wien
- **1498** Kaiser Maximilian I. gründet den Wiener Knabenchor
- **1516** Maximilians Enkelsohn, Karl V., erbt Spanien
- **1519** Karl V. erbt burgundische Titel; Krönung zum Kaiser, sein Bruder Ferdinand wird Erzherzog von Österreich
- **1529** Graf Niklas Salm beendet die Belagerung Wiens durch die Türken
- **1533** Ferdinand I. bezieht die Hofburg
- **1541** Pestepidemie
- **1551** Jesuitische Gegenreformation
- **1556** Philipp II. erbt Spanien. Ferdinand I. gewinnt Böhmen, Österreich und Ungarn und wird Kaiser
- **1571** Der Protestant Maximilian II. gewährt Religionsfreiheit; 80 Prozent der Bevölkerung sind protestantisch
- **1572** Gründung der Spanischen Hofreitschule
- **1577** Rudolf II. verbietet protestantische Gottesdienste

Suleiman I. der Prächtige

Triumphbogen Maximilians I.
Albrecht Dürer (1471–1528) huldigte Maximilian I. mit einer berühmten Stich-Sammlung, aus der auch dieser Entwurf eines Triumphbogens stammt.

Wien in der Renaissance

Das Schweizertor in der Hofburg *(siehe S. 97)* ist das farbenprächtigste Renaissance-Überbleibsel. Eleganter ist das Portal der Salvatorkapelle *(siehe S. 85)*. In der Hofburg befindet sich auch die Renaissance-Stallburg *(siehe S. 93)*. Einige Innenhöfe, z. B. in der Bäckerstraße 7 *(siehe S. 75)*, und der Hof des Palais Mollard-Clary *(siehe S. 94)* sind noch im Stil der Renaissance.

Philipp I. erwarb durch die Heirat mit Johanna von Kastilien und Aragon (1496) Spanien.

Maria von Burgund, Gemahlin Maximilians I., war Herzogin von Burgund.

Karl V. erbte im Jahr 1516 von Johanna von Kastilien, seiner Mutter, Spanien.

Die Familie Maximilians I.

Das Porträt von Bernhard Strigel (um 1520) dokumentiert, wie das Haus Habsburg allein durch seine geschickte Heiratspolitik schließlich halb Europa beherrschte.

Das Schweizertor *(16. Jh.) bildet den Eingang zum Schweizerhof in der Hofburg.*

Alte Burg
Der mittelalterliche Kern der Hofburg wurde oft umgebaut. Die Abbildung zeigt, wie die Burg im 15. Jahrhundert aussah, bevor Ferdinand I. sie um 1650 umgestalten ließ.

Medaillon zum Gedenken an Maximilian II.

1598–1618 Verbot des Protestantismus

1600

1618 Böhmische Aufstände leiten den Dreißigjährigen Krieg ein

1620 Ferdinand II. besiegt die böhmischen Protestanten; die Gegenreformation breitet sich aus

1620

1621 Verbannung der Juden aus der Innenstadt

1629 Die Pestepidemie fordert 30 000 Opfer

1640

1643 Schwedische Truppen vor den Toren Wiens

1660

1673–79 Französisch-Niederländischer Krieg

Französische Infanterie (17. Jh.)

Barockstadt Wien

J. B. Fischer von Erlach

Die Gefahr einer türkischen Invasion endete 1683 nach dem Sieg über die Truppen Kara Mustafas. Karl VI. erweiterte die Stadt. Prinz Eugen ließ die Karlskirche und Schloss Belvedere bauen. Nach den Plänen von Baumeistern wie Johann Bernhard Fischer von Erlach *(siehe S. 149)* und Johann Lukas von Hildebrandt *(siehe S. 152)* entstand rund um die Hofburg eine Reihe Patrizierhäuser. Wien verwandelte sich in eine prächtige Kaiserstadt.

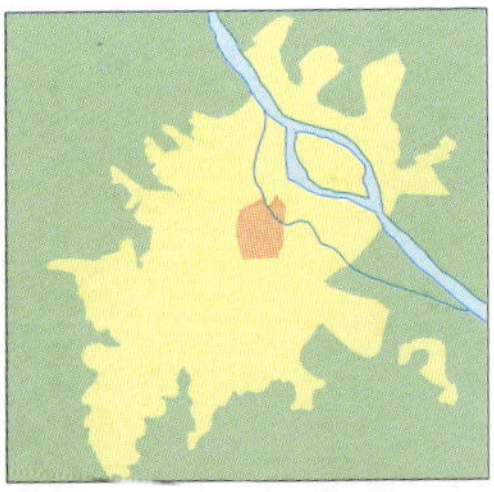

Ausdehnung der Stadt

1700 *Heute*

Winterpalais des Prinzen Eugen

Das Palais *(siehe S. 80)* des Prinzen, der sich im Kampf gegen die Türken verdient machte, geht auf Entwürfe von J. B. Fischer von Erlach und Johann Lukas von Hildebrandt zurück.

Die Pest
Der Stich entstand nach der Pestepidemie (1679), die 30 000 Opfer forderte.

Türkisches Bett
Das mit Kriegssymbolen geschmückte Bett wurde 1707 für Prinz Eugen entworfen.

Kaffeehäuser
Mitte des 17. Jahrhunderts wurden die ersten Kaffeehäuser eröffnet – bis heute eine städtische Institution.

Barockarchitektur
Die Wiener Barockarchitektur erlebte im frühen 18. Jahrhundert eine Blütezeit ohnegleichen.

Palais Trautson *(siehe S. 116)*

Zeitskala

1679 Pestepidemie

1680

1683 Belagerung durch 200 000 Türken unter dem Oberbefehl Kara Mustafas vom 14. Juli bis 12. September

1683–1736 Prinz Eugen von Savoyen kämpft siegreich gegen Türken und Franzosen

1690

Kara Mustafa

1700

1700–14 Spanischer Erbfolgekrieg

Spanischer Erbfolgekrieg: Schlacht bei Blenheim

Türken
Die Bedeutung der türkischen Niederlage von 1683 reichte weit über Wien hinaus. Die Gefahr einer osmanischen Herrschaft über Mitteleuropa war gebannt.

BAROCKES WIEN

Es gibt kaum eine Straße in der Inneren Stadt ohne ein Haus oder eine Kirche im Barockstil. Herausragende Beispiele sind die Palaisbauten von Schloss Belvedere *(siehe S. 152–157)*, der Prunksaal der Nationalbibliothek *(siehe S. 102f)*, die Karlskirche *(siehe S. 148f)*, der Leopoldinische Trakt der Hofburg *(siehe S. 96f)*, die Spanische Hofreitschule *(siehe S. 98f)* und die Böhmische Hofkanzlei *(siehe S. 84f)*. Zudem haben viele Straßen barocke Häuserzeilen, etwa die Naglergasse *(siehe S. 94)* und die Kurrentgasse *(siehe S. 86)*.

Der Prunksaal *(1721–36), ein Bau von J. B. Fischer von Erlach.*

Prinz Eugen
Er hatte sich schon im Kampf gegen die Türken verdient gemacht. In den folgenden Jahrzehnten offenbarte Prinz Eugen seine strategische Begabung. Er starb 1736 ruhmbedeckt.

Kuppelornamentik an der Karlskirche *(siehe S. 148f)*

Fenstergiebel des Zwölf-Apostelkellers *(siehe S. 74)*

1713 Karl VI. verkündet die Pragmatische Sanktion, die die weibliche Thronfolge sichert

1719 Baubeginn der Karlskirche

Denkmal der Kaiserin Maria Theresia – in ihren Händen die Pragmatische Sanktion

1720 | 1730

1716 Fertigstellung des Unteren Belvedere

1713/14 Letzte Pestepidemie in Wien

1722 Wien wird Erzbistum

1724–26 Fertigstellung von Prunksaal und Oberem Belvedere

Oberes Belvedere

Wien unter Maria Theresia

Kaiserin Maria Theresia

Trotz häufiger Kriege war die langjährige Regentschaft Maria Theresias von politischer Stabilität, Wohlstand und Vernunft geprägt. Die Kaiserin ließ das weitläufige Schloss Schönbrunn vollenden und förderte die Entwicklung Wiens zur musikalischen Hauptstadt Europas. Ihr Nachfolger, Joseph II., gewährte Religionsfreiheit und verbesserte das Gesundheitswesen. Seine Reformpolitik erregte aber den Unwillen mancher Untertanen. Vor allem der Adel nahm es ihm übel, dass er Bankiers und Industriellen den Erwerb von Adelstiteln ermöglichte.

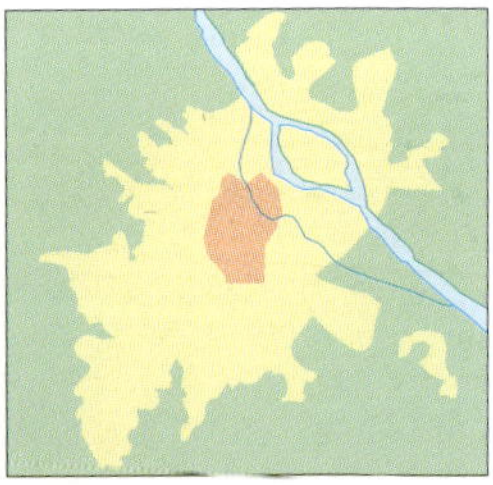

Ausdehnung der Stadt

1775 Heute

Rokoko-Tisch
Wilhelm Martitz entwarf dieses Tischchen 1769 für Maria Theresia. Sie liebte die verschnörkelte Variante des Rokoko.

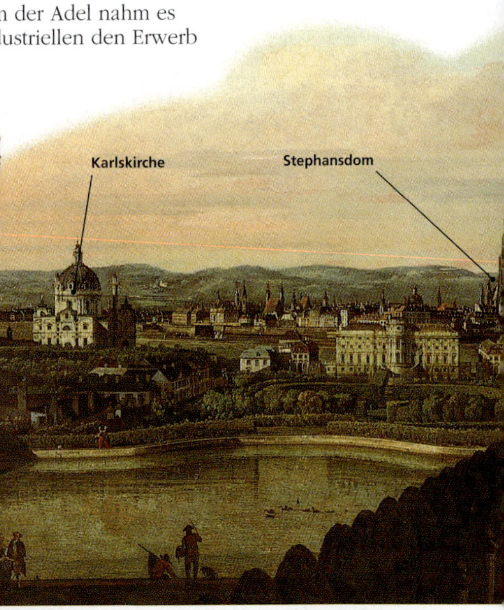

Der junge Mozart
Mozart gab häufig Konzerte vor den Habsburgern, die von dem jungen Genie begeistert waren.

Burgtheater-Programm
Das Programm wurde 1786 für Mozarts Oper Die Hochzeit des Figaro *gedruckt, die im alten Burgtheater am Michaelerplatz aufgeführt wurde.*

Zeitskala

1740 Thronbesteigung Maria Theresias; österreichischer Erbfolgekrieg

1744–49 Schloss Schönbrunn erfährt durchgreifende Umgestaltungen durch den Hofarchitekten der Kaiserin, Nikolaus Pacassi

Schloss Schönbrunn

1740 — 1750 — 1760

1754 Erste Wiener Volkszählung ergibt eine Einwohnerzahl von 175 000

1762 Uraufführung von Glucks *(siehe S. 38)* Oper *Orpheus und Eurydike* im Burgtheater

Christoph von Gluck

1766 Joseph II. macht den Prater für das Volk zugänglich

Damenkarussell *Das Bild von Martin van Meytens zeigt das Damenkarussell (1743), das unlässlich der französischen Niederlage bei Prag in der Spanischen Hofreitschule* (siehe S. 98f) *stattfand.*

Wien unter Maria Theresia

Schönbrunn *(siehe S. 172–175)* und das Theresianum *(siehe S. 151)* entstanden unter Maria Theresia, Josephinum *(siehe S. 111)* und Narrenturm *(siehe S. 111)* unter Joseph II. Er machte den Augarten *(siehe S. 164)* und Prater *(siehe S. 162f)* öffentlich zugänglich. Die Michaelerkirche *(siehe S. 92)* birgt eine Rokoko-Orgel, die Hofburg *(siehe S. 100f)* Geschirr von Maria Theresia.

Schloss Schönbrunn *erhielt auf Wunsch von Maria Theresia ein Rokoko-Interieur.*

Der Rokoko-Hochaltar *in der Michaelerkirche wurde um 1750 errichtet.*

Blick vom Belvedere

Unter Maria Theresia erlebten die Wiener eine Blütezeit ihrer Stadt. Diese Stadtansicht des Malers Bernardo Bellotto (1759–61) zeigt Spaziergänger in den Gärten von Schloss Belvedere, im Hintergrund die Silhouette der Stadt.

Papstbesuch *1782 kam Papst Pius VI. nach Wien, um die Glaubensreformen Josephs II. wieder rückgängig zu machen.*

1770 — **1780** — **1790**

1775 Öffnung des Augartens für das Volk durch Joseph II.

1781 Toleranzedikt Josephs II.

1782 Papst Pius VI. in Wien

1784 Joseph II. lässt das Allgemeine Krankenhaus und den Narrenturm *(siehe S. 111)* bauen

Allgemeines Krankenhaus

1786 Uraufführung von Mozarts Oper *Die Hochzeit des Figaro* im Burgtheater

1790–92 Kaiser Leopold II.

1791 Uraufführung von Mozarts *Zauberflöte*

Wien im Biedermeier

Kleidung im frühen 19. Jahrhundert

Napoléons Sieg über Österreich war eine Demütigung für Kaiser Franz I. Der Franzose besetzte vorübergehend Schloss Schönbrunn und zerstörte Teile der Stadtmauern. 1810 heiratete er die Kaisertochter Marie-Louise. Nach dem Wiener Kongress erhielt Österreich unter Franz I. und Fürst Metternich eine absolutistische Regierung. Das vom politischen Leben ausgeschlossene Bürgertum konzentrierte sich auf den privaten Bereich. Die Biedermeier-Idylle wurde zum Ideal. Die Revolution von 1848 führte zu Metternichs Sturz und zur neuen konservativen Regierung unter Franz Joseph.

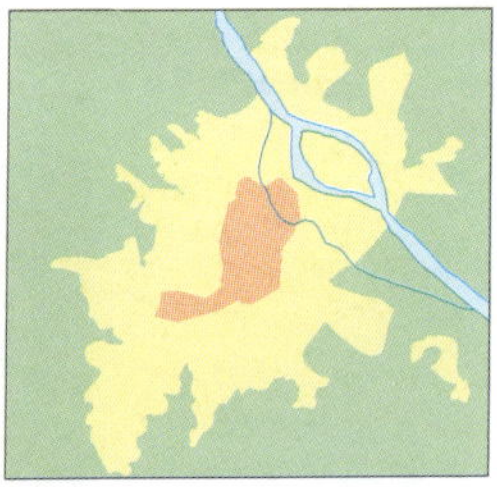

Ausdehnung der Stadt

1830 Heute

Fürst Metternich
Über vier Jahrzehnte bestimmte Metternich, der Organisator des Wiener Kongresses, die politische Richtung Österreichs. 1848 wurde er vom revolutionären Mob aus Wien vertrieben.

Der Wiener Kongress

Nach Napoléons Niederlage versammelten sich die siegreichen Großmächte Europas 1814 in Wien, um über die Wiederherstellung der politischen Ordnung zu befinden, die in ihren Grundfesten erschüttert war. Ein ganzes Jahr zelebrierten die Gesandten der europäischen Herrscherhäuser ihre Zusammenkunft mit rauschenden Bällen und anderen Festlichkeiten. Ergebnis war die Wiedereinsetzung der reaktionären Regierungen Europas, was in vielen Ländern nur mit Polizeigewalt verwirklicht werden konnte. Dennoch blieb der Friede gewahrt, bis 1848 eine revolutionäre Welle Europa überrollte.

Zeitskala

1800 Wien hat 232 000 Einwohner

1806 Ende des Heiligen Römischen Reichs; Franz II. wird Kaiser Franz I. von Österreich

1805 Uraufführung von Beethovens *Eroica* und seiner Oper *Fidelio* im Theater an der Wien; Napoléon siegt bei Austerlitz

Napoléon Bonaparte

1809 Napoléon besetzt Schloss Schönbrunn und heiratet Marie-Louise, die Tochter von Franz I.

1811 Wirtschaftlicher Zusammenbruch und Staatsbankrott

1812–14 Napoléon verliert gegen Russland, Preußen, England und Österreich

1814–15 Wiener Kongress unter Leitung von Fürst Metternich; Österreich verliert Belgien, gewinnt jedoch Teile Norditaliens dazu

1815–48 Vormärz – die Jahre politischer Unterdrückung

Franz Grillparzer

1825 Johann Strauß d. Ä. gründet das erste Walzerorchester

1800 1810 1820

Revolution von 1848
Anton Zieglers Bild (1848) dokumentiert die Revolution in Wien, als Bürgertum und Arbeiterschaft gemeinsam gegen Metternich kämpften.

Biedermeier-Stuhl
Der Stil war charakteristisch für das Mobiliar der Bürgerhäuser um 1820.

WIEN IM BIEDERMEIER

Nach den Zerstörungen durch Napoléon entstanden der Burggarten *(siehe S. 102)* und der Volksgarten *(siehe S. 104)*. Das Kunsthandwerk *(siehe S. 82f)* blühte auf. Beispiele für Biedermeier-Interieur findet man im Geymüller-Schlössl *(siehe S. 160)* und im Dreimäderlhaus *(siehe S. 131)*.

Das Geymüller-Schlössl *(1802) beherbergt Wiens Biedermeier-Museum.*

SCHUBERTIADE

Franz Schubert *(siehe S. 38)* komponierte über 600 Lieder, die oft im Rahmen privater Hauskonzerte vorgetragen wurden – wie das Bild *Ein Abend bei Baron von Spaun* von Moritz von Schwind (1804–1871) zeigt.

Großer Galopp
Die Tänze von Johann Strauß d. Ä. (siehe S. 38) *erfreuten sich in den 1820er Jahren großer Beliebtheit.*

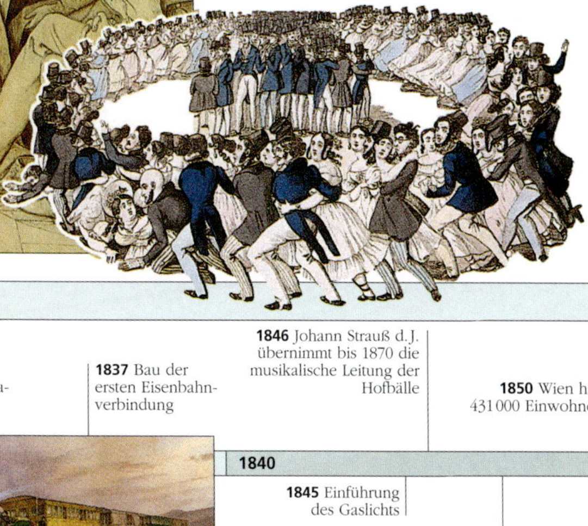

1827 Tod Beethovens

1828 Tod Schuberts

1830 Wien hat 318 000 Einwohner

1831 Franz Grillparzer vollendet *Des Meeres und der Liebe Wellen*

1831/32 Cholera-Epidemie

1830

1837 Bau der ersten Eisenbahnverbindung

1840

1845 Einführung des Gaslichts

1846 Johann Strauß d. J. übernimmt bis 1870 die musikalische Leitung der Hofbälle

1848 Revolution in Wien; Sturz Metternichs; Rücktritt von Kaiser Ferdinand I. zugunsten von Franz Joseph

1850 Wien hat 431 000 Einwohner

Franz Joseph I.

Wiener Ringstraße

Mit Kaiser Franz Joseph I. begann eine neue Ära, obwohl die Macht der Habsburger allmählich schwand. Anstelle der einstigen Stadtbefestigung, des Glacis, ließ er die Ringstraße anlegen, die einer Reihe neuer kultureller und politischer Einrichtungen Raum gab. Wien zog viele begabte Menschen an. Händler aus Osteuropa strömten in die Stadt. Doch die vielen ethnischen Gruppen sorgten auch für sozialen Zündstoff.

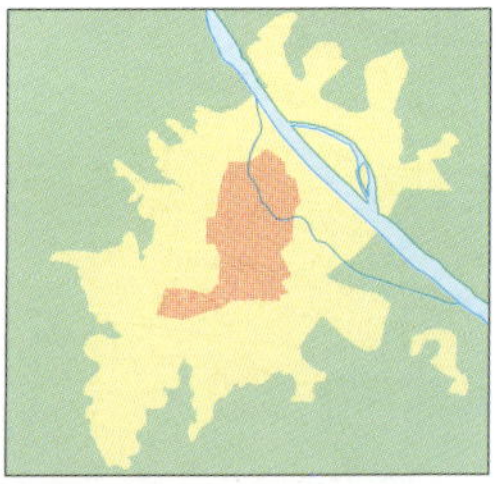

Ausdehnung der Stadt

1885 *Heute*

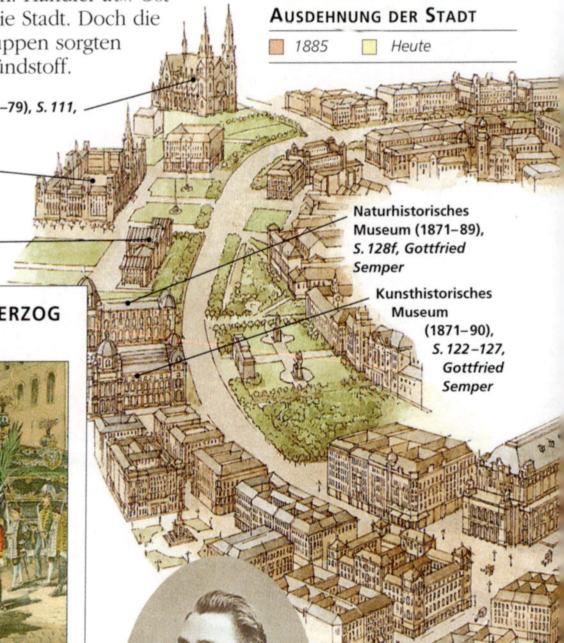

Votivkirche (1856–79), *S. 111*, *Heinrich Ferstel*

Neues Rathaus (1872–83), *S. 130*, *Friedrich von Schmidt*

Parlament (1874–84), *S. 121*, *Theophil Hansen*

Naturhistorisches Museum (1871–89), *S. 128f*, *Gottfried Semper*

Kunsthistorisches Museum (1871–90), *S. 122–127*, *Gottfried Semper*

Selbstmord von Erzherzog Rudolf in Mayerling

1889 wurden der 30-jährige Thronerbe und seine Mätresse Mary Vetsera tot aufgefunden. Der Selbstmord des Erzherzogs war ein Skandal und eine Ohrfeige für das Habsburger Regime, denn Rudolf galt als fortschrittlich. Dass ihm das Hofprotokoll für seine Ideen keinen Spielraum ließ, mag ihn in seinem Entschluss bestärkt haben.

Theophil Hansen
Der dänische Architekt (1813–1891) studierte in Athen. Sehr deutlich wird der Einfluss des klassischen Griechenland im Parlamentsgebäude.

Zeitskala

Baugrube für die Ringstraße

1850 | **1855** | **1860** | **1865**

1857–65 Stadtbefestigung wird geschleift; Bau der Ringstraße

1867 Erstaufführung von *An der schönen blauen Donau* von Johann Strauß in Wien; durch den Ausgleich mit Ungarn entsteht die Doppelmonarchie mit getrennten Regierungen

Anton Bruckner

1868 Anton Bruckner *(siehe S. 39)* zieht von Linz nach Wien um

1869 Johannes Brahms kommt als Dirigent für die *Gesellschaft der Musikfreunde* nach Wien; Eröffnung der Oper an der Ringstraße

Donau
Da die Donau häufig über die Ufer trat, wurde sie ab 1890 durch ein Kanal- und Schleusensystem reguliert.

Kaffeehausgesellschaft
Im 19. Jahrhundert wurden Kaffeehäuser zum Treffpunkt literarischer und politischer Zirkel.

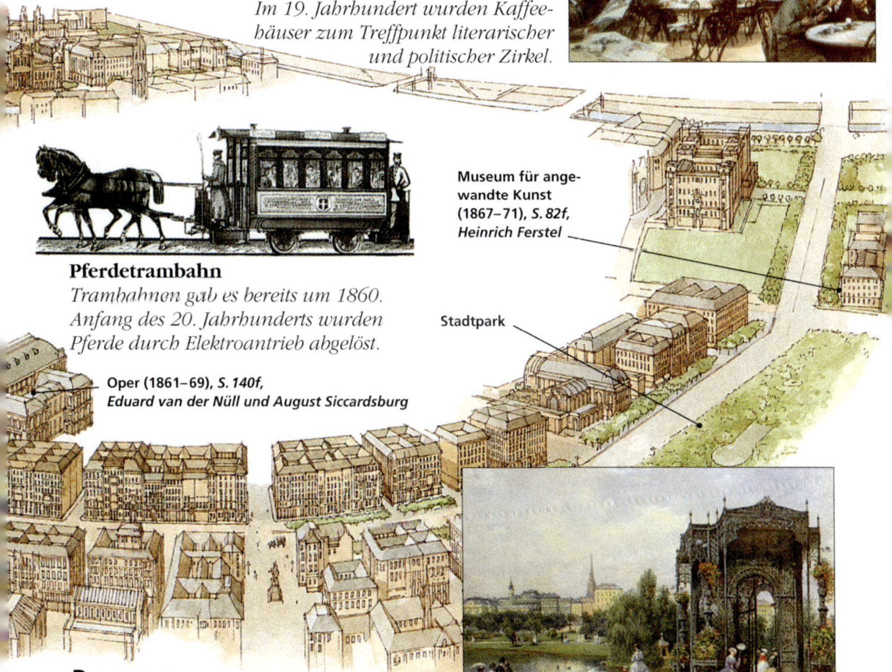

Pferdetrambahn
Trambahnen gab es bereits um 1860. Anfang des 20. Jahrhunderts wurden Pferde durch Elektroantrieb abgelöst.

RINGSTRASSE

Kaiser Franz Joseph ließ die Straße, die das Stephansdomviertel und die Hofburg von den Vorstadtbezirken trennt, bauen. Die Länge der Ringstraße blieb seit ihrer Fertigstellung in den 1880er Jahren unverändert.

Eröffnung des Stadtparks
Die beiderseits der Wien verlaufenden Parkanlagen wurden 1862 eingeweiht.

1870 – **1875** – **1880** – **1885**

1872 Tod des Dichters und Dramatikers Franz Grillparzer

1873 Börsenkrach

1874 Uraufführung der *Fledermaus* von Johann Strauß im Theater an der Wien; Eröffnung des Zentralfriedhofs

1879 Historischer Festumzug auf der Ringstraße anlässlich der Silberhochzeit Kaiser Franz Josephs

1889 Erzherzog Rudolf begeht Selbstmord in Mayerling

1890 Eingemeindung der Wiener Vorstädte

Wahrzeichen der Engel-Apotheke

Wien um 1900

Um die Jahrhundertwende erlebte Wien eine Blütezeit des intellektuellen Schaffens. Sigmund Freud, Karl Kraus und Arthur Schnitzler, die Secessionsbewegung und der Jugendstil *(siehe S. 54–57)* erinnern an jene Zeit der revolutionären Erneuerer. Künstler wie Gustav Klimt, Architekten wie Otto Wagner und Adolf Loos *(siehe S. 92)* wirkten vor dem Hintergrund der niedergehenden Monarchie, die 1918 mit der Abdankung Karls I. endete. Österreich wurde Republik.

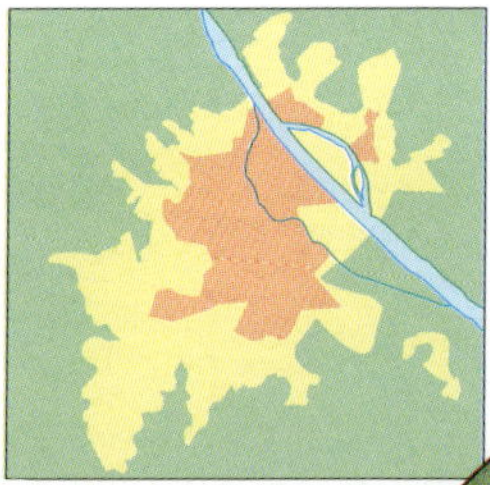

AUSDEHNUNG DER STADT

1912 *Heute*

Wiener Werkstätte
Josef Hoffmann (siehe S. 56) *war Künstler und Hauptbegründer der Wiener Werkstätte* (siehe S. 83). *Er entwarf diesen Stuhl.*

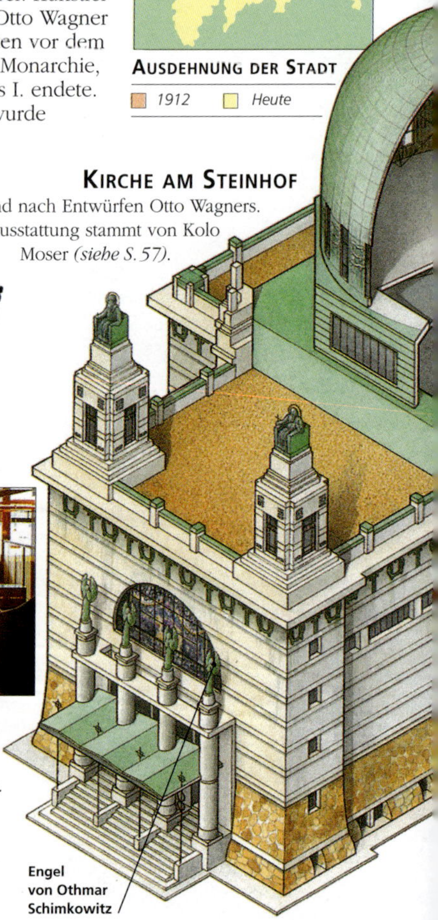

KIRCHE AM STEINHOF
Sie entstand nach Entwürfen Otto Wagners. Die Ausstattung stammt von Kolo Moser *(siehe S. 57)*.

Engel von Othmar Schimkowitz

Looshaus
Dezente Eleganz ist ein Stilmerkmal des Architekten Adolf Loos (siehe S. 92).

Wiener Secession
Der Entwurf von Kolo Moser (siehe S. 57) *diente als Ausstellungsplakat.*

ZEITSKALA

1895

1896 Tod des Komponisten Anton Bruckner

1897 19 Maler und Architekten des Künstlerhauses gründen die Secession. Karl Lueger wird Bürgermeister Wiens

1899 Erste Ausgabe des Magazins *Die Fackel* von Karl Kraus

1900

1902 Klimt malt den *Beethovenfries*; erste elektrische Straßenbahnen

1903 Gründung der Wiener Werkstätte

Gustav Klimt

1905

1905 Uraufführung von Franz Lehárs Operette *Die lustige Witwe*; antisemitische Unruhen an der Universität

1906 Die Aufführung von Arnold Schönbergs *Kammersymphonie* und Werken von Anton von Webern und Alban Berg im Musikverein endet in einem Tumult

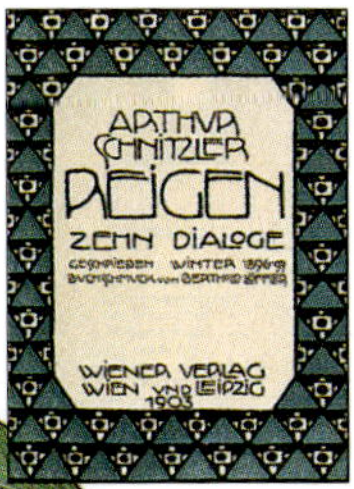

Reigen *(1903)*
Die offenkundige Sexualität in Arthur Schnitzlers Drama Reigen *war ein Skandal.*

Der Kuss *(1907/08)*
In solchen Bildern kommt Gustav Klimts schillernd-erotischer Stil zum Ausdruck, der viele seiner Werke kennzeichnet.

Sigmund Freud
Freud entwickelte in Wien über fast 50 Jahre seine Theorie der Psychoanalyse (siehe S. 110).

Wien um 1900

Otto Wagner entwarf die Stadtbahn-Pavillons *(siehe S. 146f)*, die Wagner-Häuser *(siehe S. 139)* und die Kirche am Steinhof *(siehe S. 160)*. Adolf Loos *(siehe S. 92)* schuf das Looshaus *(siehe S. 92)* und die American Bar *(siehe S. 105)*. Zur Vorstadt-Architektur gehören die Wagner-Villen *(siehe S. 160)*. Gemälde von Klimt, Schiele und Kokoschka sind im Oberen Belvedere *(siehe S. 154f)* und im Museum Moderner Kunst *(siehe S. 120)* zu besichtigen.

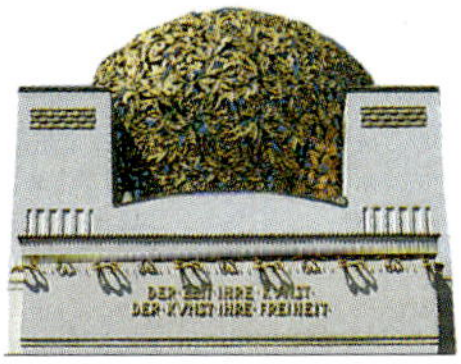

Im Secessionsgebäude *befindet sich Gustav Klimts* Beethovenfries (siehe S. 55).

Die Wagner-Häuser *sind mit Jugendstil-Dekorationen* (siehe S. 57) *von Kolo Moser verziert.*

1907 Gustav Mahler tritt von seinem Amt als Leiter des Opernhauses zurück

1908 *Der Kuss* von Gustav Klimt wird erstmals ausgestellt

1910

1910 Tod Karl Luegers

1911 Tod Gustav Mahlers

1914 Erzherzog Ferdinand wird in Sarajevo ermordet; die Krise führt zum Ausbruch des Ersten Weltkriegs

1915

1916 Tod Franz Josephs

1918 Ausrufung der Republik Österreich nach Abdankung Kaiser Karls I. Das ehemals riesige Reich schrumpft von 50 auf 6,5 Millionen Einwohner

Das moderne Wien

Die Jahre nach dem Ersten Weltkrieg waren vom Streit zwischen der Rechten und der Linken geprägt, der 1938 mit dem »Anschluss« Österreichs an das Deutsche Reich endete. Nach dem Zweiten Weltkrieg wurde Wien von den Alliierten in vier Zonen aufgeteilt – bis zur Unabhängigkeit Österreichs 1955.

1929 Ludwig Wittgenstein, Vertreter des Wiener Zirkels, emigriert nach England

1927 Arbeiter stürmen den Justizpalast, nachdem es bei politischen Unruhen Tote gab

1922 Karl Kraus veröffentlicht sein großes Drama *Die letzten Tage der Menschheit*

1944 Die Alliierten beginnen mit der Bombardierung der Stadt

1951 Die ersten Wiener Festwochen finden statt

1955 Am 15. Mai wird die Besatzung Österreichs durch Unterzeichnung des Staatsvertrags beendet. Österreich erhält die Unabhängigkeit durch die Zusicherung immerwährender Neutralität zurück

1967 Wien wird Sitz der Vereinten Nationen zur Förderung der Industrialisierung der Entwicklungsländer (UNIDO)

1920 | 1930 | 1940 | 1950 | 1960

1920 | 1930 | 1940 | 1950 | 1960

1922 Karl I., der letzte Habsburger Kaiser, stirbt auf Madeira im Exil

1920–34 Die katholischen Konservativen regieren Österreich, die Sozialisten das »Rote Wien«

1918–20 Hungersnot und Grippeepidemie in Wien

1933 Nach der Parlamentsauflösung bildet Kanzler Dollfuß ein faschistisches Regime, verweigert Hitler allerdings die Unterstützung

1934 Straßenkämpfe zwischen Sozialisten und Regierungstruppen in Wien; Verbot der Sozialdemokratischen Partei; Ermordung von Dollfuß durch die Nazis

1939 Tod des Schriftstellers Joseph Roth

1945 Kriegsende; Proklamation der 2. Republik Österreich; Vier-Sektoren-Stadt Wien unter Kontrolle der Alliierten

1938 Kanzler Schuschnigg tritt zurück. Hitler rückt in Wien ein und erklärt den »Anschluss«

1955 Wiedereröffnung von Oper und Burgtheater

1956 Wien wird Sitz der Atomenergiebehörde

1961 John F. Kennedy und Nikita Chruschtschow treffen sich auf dem Ost-West-Gipfel in Wien

1959 Ernst Fuchs und Arik Brauer gründen die Schule des fantastischen Realismus

1988 Irmgard Seefried, Star der Wiener Oper, stirbt

1986 Wahl des umstrittenen Bundespräsidenten Kurt Waldheim; Franz Vranitzky wird Kanzler

1989 Tod von Kaiserin Zita, der letzten Habsburger Kaiserin

1979 Leonid Breschnew und Jimmy Carter treffen sich anlässlich des Ost-West-Gipfels

1983 Papst Johannes Paul II. besucht Wien

1978 Eröffnung der U-Bahn

1970–83 Der Sozialist Bruno Kreisky ist Kanzler

1992 Brand in der Hofburg

2008 UEFA EURO 2008 (Fußball-EM)

1970 **1980** **1990** **2000** **2010** **2020**

1970 **1980** **1990** **2000** **2010** **2020**

2006 Wien feiert Mozarts 250. Geburtstag

2009 Haydn-Jahr

2008 Jörg Haider stirbt bei einem Autounfall

1985 Friedensreich Hundertwasser vollendet das Hundertwasserhaus

1995 Österreich wird EU-Mitglied

1989 Hans Hollein vollendet das Haas-Haus am Stephansplatz

1979 Eröffnung der UNO-City

Musikstadt Wien

Ab Ende des 18. bis Mitte des 19. Jahrhunderts war Wien die musikalische Hauptstadt Europas. Lag die Pflege der Musik zunächst in den Händen der Habsburger und des Adels, wurden Hauskonzerte im Biedermeier *(siehe S. 30f)* zum wichtigen Bestandteil bürgerlichen Privatlebens. Auch in der Volksmusik setzte sich diese Blüte fort, da Volksmusik und -tänze aus allen Teilen des Reichs über die Zuwanderer nach Wien fanden.

Der Wiener Kongress von 1814/15 hatte dem Walzer Popularität verschafft

Klassik

Das Musikleben im Wien des 18. Jahrhunderts spielte sich vor allem bei Hof ab. Christoph Willibald Gluck (1714–1787), der ab 1754 als Hofkapellmeister im Dienst von Kaiserin Maria Theresia stand, komponierte zehn Opern allein für Wien, darunter *Orpheus und Eurydike* (1762). An diese Tradition knüpfte Wolfgang Amadeus Mozart (1756–1791) an. Joseph Haydn (1732–1809) arbeitete für die Esterházys, u. a. in Eisenstadt *(siehe S. 177)*, ließ sich aber nach 1790 in Wien nieder, wo er Meisterwerke wie *Die Schöpfung* komponierte.

Aufführung von Mozarts *Zauberflöte* (1791)

Aufführung der *Schöpfung* (1808) an Joseph Haydns Geburtstag

Romantik

Mit Ludwig van Beethoven (1770–1827), der um 1792 nach Wien übersiedelte, begann die Ära der freien und unabhängigen Komponisten. Beethoven blieb ein umstrittener Künstler seiner Zeit – seine beginnende Taubheit hielt ihn vom gesellschaftlichen Musikleben Wiens fern. Gleichwohl nahmen an seinem Staatsbegräbnis 10 000 Menschen teil. Die Werke von Franz Schubert (1797–1828) fanden zu dessen Lebzeiten nur wenige Zuhörer. Bei den *Schubertiaden* – seine Hauskonzerte im Freundeskreis – spielte er Kammermusik, Lieder und Klavierstücke. Erst nach seinem Tod erreichten seine Werke mehr Zuhörer. Später rückte »ernste« Musik in den Hintergrund: Wien tanzte Walzer nach Weisen von Johann Strauß d. Ä. (1804–1849) und Joseph Lanner (1801–1843).

***Schubertiade* – Hauskonzert des Biedermeier**

Zeitskala

1714–1787 Christoph Willibald Gluck

1732–1809 Joseph Haydn

Joseph Haydn

Ludwig van Beethoven

1797–1828 Franz Schubert

Johannes Brahms

1833–1897 Johannes Brahms

1700 | 1725 | 1750 | 1775 | 1800 | 1825

Christoph Willibald Gluck

1756–1791 Wolfgang Amadeus Mozart

1770–1827 Ludwig van Beethoven

1804–1849 Johann Strauß d. Ä.

1801–1843 Joseph Lanner

1825–1899 Johann Strauß d. J.

1824–1896 Anton Bruckner

Franz Josephs Zeitalter

Um 1860 setzte eine neue Ära der Musikkunst ein. Johannes Brahms (1833–1897) siedelte 1862 nach Wien über. Kompositionen wie der *Liebesliederwalzer* oder die *Ungarischen Tänze* erinnern an volkstümliche Weisen. Anton Bruckner (1824–1896), der Komponist der Kirchenmusik, kam 1868 nach Wien. Dann avancierte Johann Strauß d. J. (1825–1899) zum unumstrittenen Walzerkönig: Er komponierte fast 400 Walzer, zudem die berühmte Operette *Die Fledermaus*. Eine beliebte Gattung war die nach Joseph Schrammel (1850–1893) benannte *Schrammelmusik*, die von einem Ensemble mit Geige, Gitarre und Akkordeon gespielt wurde. Über zehn Jahre leitete Gustav Mahler (1860–1911) die Wiener Staatsoper, bevor er nach New York ging.

Jugendstil-Plakat (1901) mit dem Walzerkönig Johann Strauß d. J.

Moderne

Anfang des 20. Jahrhunderts entstand die Zweite Wiener Schule: Alban Berg (1885–1935), Arnold Schönberg (1874–1951) und Anton von Webern (1883–1945) fanden bei den Wienern jedoch so wenig Resonanz, dass Schönberg einen eigenen Verein für musikalische Privataufführungen ins Leben rief. 1933 emigrierte er in die USA. Seit dem Zweiten Weltkrieg gab es keinen Komponisten, der ihn an Originalität und Vielseitigkeit übertroffen hätte. Friedrich Gulda (1930–2000) erhielt für seine Leistungen als Pianist zahlreiche Auszeichnungen. Kurt Schwertsik (geb. 1935), Heinz Karl Gruber (geb. 1943), Gerd Kühr (geb. 1952) und Olga Neuwirth (geb. 1968) besitzen als Komponisten internationale Bedeutung. Bis heute gehören die 1842 gegründeten Wiener Philharmoniker zu den Orchestern von Weltrang.

Johann Strauß d. J. dirigiert bei einem Hofball

Konzertplakat (1913) für Arnold Schönberg

1860–1911 Gustav Mahler

1874–1951 Arnold Schönberg

1875

1883–1945 Anton von Webern

1885–1935 Alban Berg

1850–1893 Joseph Schrammel

Wiener Sängerknaben

Der weltberühmte Chor wurde 1498 vom großen Kunstmäzen Maximilian I. ins Leben gerufen. Heute singen die Wiener Sängerknaben Messen von Mozart, Schubert und Haydn bei den Sonn- und Feiertagsgottesdiensten in der Burgkapelle *(siehe S. 103)*. Karten dafür sollte man mindestens acht Wochen im Voraus reservieren.

Wien im Überblick

Die Donaumetropole weist eine erstaunliche Vielfalt an Palais, Denkmälern, Parks und Museen auf, die ein breites Spektrum von Kunst und Handwerk aus aller Welt und allen Epochen abdecken. Die Sehenswürdigkeiten sind auf den Stadtkern konzentriert. Damit Sie bei Ihrem Aufenthalt wirklich genau das finden, was Sie interessiert, stellen wir Ihnen im Kapitel *Die Stadtteile Wiens* an die 150 Sehenswürdigkeiten vor. Auf den nächsten Seiten erhalten Sie einen Überblick über die Highlights: Neben Kirchen, Palais, Museen und Sammlungen erfahren Sie auch Wissenswertes über Jugendstil und Kaffeehäuser. Herausragende Sehenswürdigkeiten sind mit einem Stern gekennzeichnet.

Hauptsehenswürdigkeiten in Wien

Staatsoper *Seiten 140f*

Burgtheater
Seiten 132f

Prater
Seiten 162f

Karlskirche
Seiten 148f

Schönbrunn *Seiten 172–175*

Spanische Hofreitschule
Seiten 98f

Kunsthistorisches Museum
Seiten 122–127

Stephansdom *Seiten 76–79*

Belvedere
Seiten 152–157

Café Central
Seite 58

MuseumsQuartier
Seiten 118–120

◁ **Fassade von Otto Wagners Majolikahaus *(siehe S. 139)* an der Linken Wienzeile**

Highlights: Historische Gebäude und Palais

Barockhäuser beherrschen die Straßen um den Stephansdom, während die großen Palais, die den Habsburger Regenten und dem Adel in den heißen Sommermonaten als Residenz dienten, außerhalb des Zentrums liegen. Einige Gebäude sind für Besucher zugänglich, bei anderen können nur Hof oder Stiegenhaus besichtigt werden. Weitere Informationen finden Sie auf S. 44f.

Freud-Museum
In dem Haus in der Berggasse lebte Sigmund Freud von 1891 bis 1938. Das Wartezimmer wurde liebevoll restauriert.

Palais Kinsky
Der hochbarocke Bau, auch als Palais Daun-Kinsky bezeichnet, wurde von Johann Lukas von Hildebrandt (siehe S. 152) *für die Familie Daun gebaut (1713–16). Wirich Philipp Daun hatte den Oberbefehl über die Stadtgarnison, sein Sohn Leopold Joseph Daun war Maria Theresias Feldmarschall.*

Hofburg
Zu den sehenswerten Räumen gehören die Festsäle sowie die Wohnräume von Kaiser Franz Joseph (siehe S. 32f) *und Kaiserin Elisabeth.*

Schloss Schönbrunn
Das Schloss von J. B. Fischer von Erlach sollte es in Größe und Umfang mit dem französischen Versailles aufnehmen. Maria Theresia ließ es später vom Hofarchitekten Nikolaus Pacassi umgestalten (siehe S. 172–175).

Neidhart-Haus
Mittelalterliche Fresken (1400) mit Szenen aus dem Leben des Minnesängers Neidhart von Reuental schmücken den Speisesaal dieses Hauses, das einst einem wohlhabenden Uhrmacher gehörte.

Mozarthaus Vienna
In dem Barockbau wohnte Mozart von 1784 bis 1787. Hier komponierte er seine weltberühmte Oper Die Hochzeit des Figaro.

Winterpalais des Prinzen Eugen
Das barocke Palais für den Kriegshelden Prinz Eugen (siehe S. 26f) *entstand nach Entwürfen von J. B. Fischer von Erlach und Johann Lukas von Hildebrandt. Sehenswert ist das Stiegenhaus.*

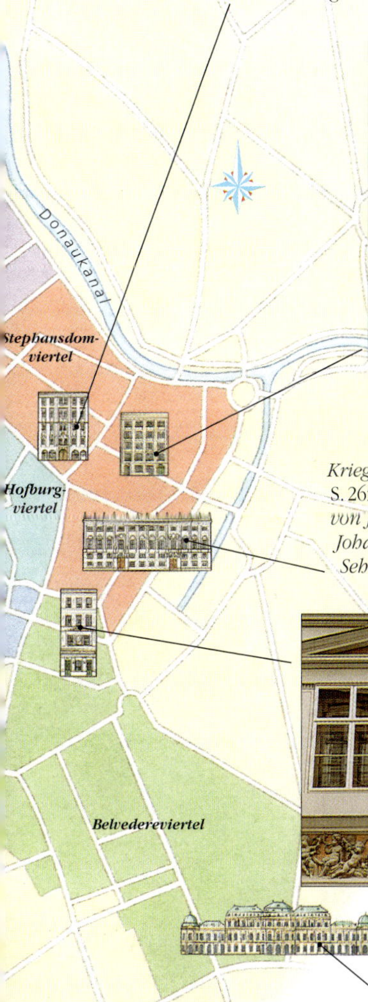

Zum blauen Karpfen
Die Fassade des Hauses (17. Jh.) in der Annagasse ist mit dem Stuckrelief eines blauen Karpfens und mit einem Puttenfries verziert.

Belvedere
Die Sommerresidenz des Prinzen Eugen nach einem Entwurf von Johann Lukas von Hildebrandt lag am Südrand der damaligen Stadt. Heute birgt das Obere Belvedere eine Sammlung österreichischer Kunst.

Überblick: Historische Gebäude und Palais

Wer in Wien spazieren geht, entdeckt eine einzigartige Vielfalt historischer Bauwerke. Vom herrschaftlichen Patrizierhaus bis hin zum einfachen Bürgerhaus – in Wien hat sich die Entwicklung verschiedener Phasen der Barockarchitektur des 17. und 18. Jahrhunderts erhalten. Die Häuser wurden einst als Wohnstätten wohlhabender Schichten konzipiert, doch mit der Zeit meist zweckentfremdet. Einige davon sind Museen, sodass man auch ihr Inneres besichtigen kann.

Deckenfresken im Liechtenstein Museum

Fassade des Palais Schönborn-Batthyány

Stadtpalais und Paläste

Der weitläufigste Stadtpalast ist die **Hofburg** mit ihren Museen und Kaiserappartements. Öffentlich zugänglich ist das Treppenhaus im herrlichen **Winterpalais des Prinzen Eugen**. Das **Palais Ferstel** (1860) birgt in seinem Inneren das Café Central *(siehe S. 58)*, im **Palais Obizzi** ist das Uhrenmuseum *(siehe S. 86)* untergebracht.

Dagegen sind die Palais **Kinsky** (1713–16), **Trautson**, **Schönborn-Batthyány**, **Lobkowitz** und **Liechtenstein** (1694–1706), die Winterresidenz der Familie Liechtenstein, nur von außen zu bewundern.

Gartenpalais

Dass Gebäude innerhalb der Stadt als Gartenpalais bezeichnet werden, vermag nur heute zu erstaunen, denn ursprünglich waren diese im Außenbereich der Stadt angesiedelt. Die berühmteste Sommerresidenz ist natürlich **Schloss Schönbrunn**, wo es Führungen durch die Kaiserappartements gibt. Das **Belvedere** im Süden der Stadt beherbergt eine bemerkenswerte Sammlung österreichischer Kunst. Die Originalausstattung einiger Räume ist immer noch erhalten. Die **Hermesvilla** (1884), eine gelungene Mischung aus Jagdhaus und Villa, ließ Kaiser Franz Joseph für Kaiserin Elisabeth errichten. Das Innere im neoklassizistischen **Palais Rasumofsky** (1806/07) war lange Zeit Sitz der Geologischen Bundesanstalt und kann mittlerweile bei besonderen Anlässen besichtigt werden. Im **Liechtenstein Museum** werden die Fürstlichen Sammlungen der Familie Liechtenstein präsentiert *(siehe S. 111)*.

Fassade und Gartenanlage der Hermesvilla

Vorstadtvillen

Das Döblinger Heimatmuseum mit seiner überladenen Originalausstattung ist in der Biedermeier-Villa **Wertheimstein** (1834/35) untergebracht. Geschmackvolle Zurückhaltung verkörpert das **Geymüller-Schlössl** mit der Sobek-Uhrensammlung. In Hietzing befindet sich die **Villa Primavesi** (1913–15), ein wahres Jugendstil-Kleinod, das nach den Entwürfen von Josef Hoffmann *(siehe S. 56)* im Auftrag des Bankiers Robert Primavesi entstand.

Bürgerhäuser

Das Neidhart-Haus in der Tuchlauben zieren profane Freskenmalereien (mit Szenen aus dem Leben des Minnesängers Neidhart) aus dem Jahr 1400. Einige sehenswerte kleinere Barockhäuser stehen in der **Naglergasse**, in der **Kurrentgasse** sowie in einigen Straßen von **Spittelberg** und **Josefstadt**. Eine besonders schön geschmückte Barockfassade besitzt die Gaststätte **Zum blauen Karpfen** in der Annagasse *(siehe S. 80)*. Lohnend ist auch das architektonisch zwischen Rokoko und Neoklassizismus anzusiedelnde **Dreimäderlhaus** in der Schreyvogelgasse.

Gedenkstätten

In Wien gibt es zahlreiche Häuser, die früher berühmten Komponisten als Wohnstatt dienten. Architektonisch geben sie freilich weniger her. Umso höher ist meist der Wert der dort gezeigten Exponate. Eines der vielen Häuser, in denen Beethoven lebte, ist das **Pasqualatihaus**. Hier komponierte er seine Oper *Fidelio*. Porträts und andere Exponate halten die Erinnerung an den großen Komponisten wach. Das **Heiligenstädter Testament-Haus** (Probusgasse 6), in dem Beethoven seine Taubheit kurieren wollte, ist heute Gedenkstätte. Die schön möblierte Wohnung im ersten Stock des **Haydn-Museums** in der Haydngasse enthält Briefe, Handschriften, persönliche Gegenstände und die zwei Flügel des Künstlers. Von 1784 bis 1787 lebte Mozart mit seiner Familie im **Mozarthaus Vienna**. Dort schrieb er auch die Oper *Die Hochzeit des Figaro*. Das **Freud-Museum** birgt Möbel, Dokumente und Fotos. Das Wartezimmer Freuds ist im Originalzustand erhalten. Das Haus dient außerdem Studienzwecken.

Innenhof des Heiligenstädter Testament-Hauses

Verzierungen

Wien hat viele historische Häuser und Palais im barocken bis spätbarocken Stil, die durch ihre überreich dekorierten Giebel über dem Eingang auffallen.

Atlant am Eingang zum Palais Liechtenstein

Verzierter Fenstergiebel an der Fassade des Palais Trautson

Dekorative Urnen auf dem Palais Lobkowitz

Segmentgiebel mit Schild am Palais Schönborn-Batthyány

Putten, Teil der Stuckfassade an der Gaststätte Zum blauen Karpfen

Historische Gebäude und Palais

Belvedere *S. 152–157*
Dreimäderlhaus *S. 131*
Freud-Museum *S. 110*
Geymüller-Schlössl *S. 160*
Haydn-Museum *S. 139*
Heiligenstädter Testament-Haus Probusgasse 6, Heiligenstadt
Hermesvilla *S. 171*
Hofburg *S. 96f und S. 100f*
Josefstadt *S. 114f*
Kurrentgasse *S. 86*
Liechtenstein Museum *S. 111*
Mozarthaus Vienna *S. 72*
Naglergasse *S. 94*
Neidhart-Haus *S. 93*
Palais Ferstel *S. 110*
Palais Kinsky *S. 110*
Palais Liechtenstein *S. 104*
Palais Lobkowitz *S. 104*
Palais Obizzi *S. 86*
Palais Rasumofsky, Rasumofskygasse 23–25, Landstraße
Palais Schönborn-Batthyány *S. 109*
Palais Schwarzenberg *S. 150*
Palais Trautson *S. 116*
Pasqualatihaus *S. 131*
Schloss Schönbrunn *S. 172–175*
Spittelberg *S. 117*
Villa Primavesi *S. 185*
Villa Wertheimstein, Döblinger Hauptstraße 96, **Stadtplan** 1 B1
Winterpalais des Prinzen Eugen *S. 80*
Zum blauen Karpfen *S. 80*

Highlights: Museen und Sammlungen

Die Vielzahl der Wiener Museen ist erstaunlich, die Sammlungen werden oft in alten, eleganten Palais oder in interessanten modernen Gebäuden gezeigt. Einige der Museen haben Weltrang, andere sind nur von lokaler Bedeutung oder für ein ganz spezifisches Publikum gedacht. Weitere Informationen finden Sie auf S. 48f.

Naturhistorisches Museum
Es enthält prähistorische, völkerkundliche und mineralogische Sammlungen und überdies eine viel besuchte Dinosaurier-Halle.

Schatzkammern geistlicher und weltlicher Kunst
Das Ainkurn-Schwert (um 1450) findet sich in der kaiserlichen Schatzkammer der Hofburg, der ehemaligen Herrscherresidenz.

Kunsthistorisches Museum
Hans Holbeins Porträt der Jane Seymour *(1536) ist nur eines unter vielen Meisterwerken der Sammlung.*

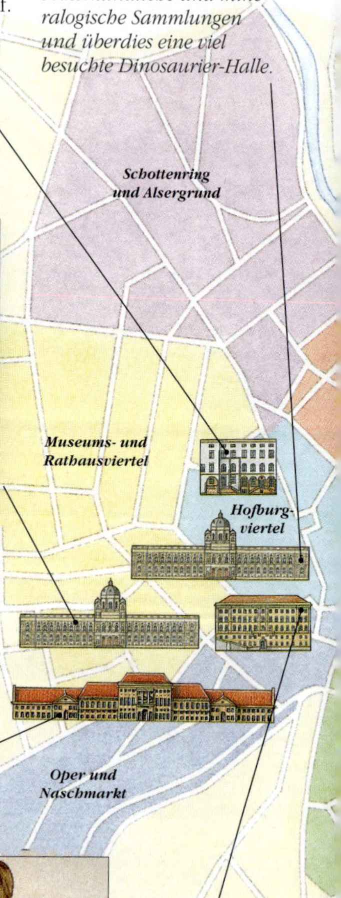

MuseumsQuartier
Das außergewöhnliche Kulturzentrum beherbergt die größte Egon-Schiele-Sammlung der Welt, darunter sein Selbstporträt mit gesenktem Kopf *(1912).*

Albertina
Die Wechselausstellungen werden meist aus der berühmten Sammlung von Drucken und Zeichnungen bestückt. Hier zu sehen: Albrecht Dürers Zeichnung Der Hase *(1502).*

Wien Museum Karlsplatz
Unter den zahlreichen Exponaten zur Wiener Stadtgeschichte befinden sich Bleiglasfenster des Stephansdoms (um 1390).

Dom- und Diözesanmuseum
Die Sammlung enthält eine Vielzahl geistlicher Schätze, darunter auch diese Kreuzreliquie (um 1440).

Museum für angewandte Kunst
Neben vielen anderen Exponaten zeigt die Sammlung über Wiener Kunsthandwerk diesen Becher aus dem frühen 19. Jahrhundert sowie Mobiliar der Wiener Werkstätte (siehe S. 56f).

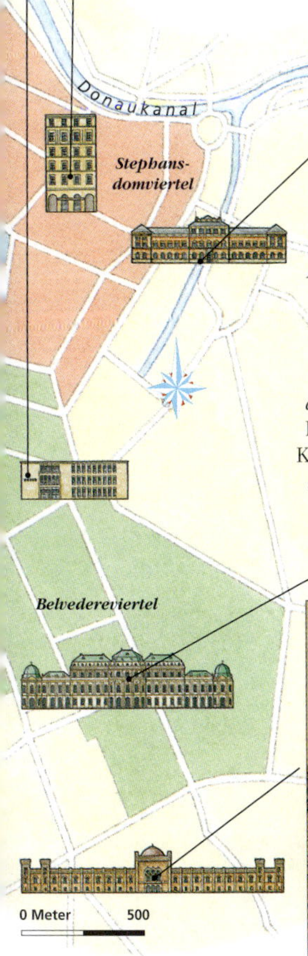

Belvedere
Das Obere Belvedere präsentiert Kunstwerke ab dem Mittelalter, darunter viele Gemälde und Skulpturen aus Mittelalter, Renaissance und Barock. Ferdinand Waldmüllers Rosen im Fenster *und Gustav Klimts* Der Kuss *zählen zu den Höhepunkten. Das Untere Belvedere und die Orangerie beherbergen Wechselausstellungen.*

Heeresgeschichtliches Museum
Die Sammlung enthält Schlachtenbilder und Bildnisse großer Feldherren, so Sigmund L'Allemands Porträt des Feldmarschalls Gideon-Ernst Freiherr von Laudon *(1878).*

Überblick: Museen und Sammlungen

Die Wiener Museen bieten eine erstaunliche Vielfalt an Gemäldesammlungen, Kunsthandwerk und Volkskunst aus aller Welt. Von der Antike über die sakrale Kunst des Mittelalters bis hin zur modernen Kunst des 19. und 20. Jahrhunderts – alle Richtungen sind vertreten. Die kaiserlichen Sammlungen enthalten kostbare Silberschmiedearbeiten, und die Palette an Sammlungen mit Kunst(handwerk) aus der Zeit um 1900 ist ohnegleichen.

Altertum und Mittelalter

Wien besitzt mehrere Sammlungen mittelalterlicher Kunst. Das **Neidhart-Haus** besitzt weltliche Fresken aus dem Mittelalter. In den historischen Prunkställen des **Belvedere** sieht man neben gotischen Altargemälden kunsthandwerkliche Meisterwerke: Highlight ist ein Evangelium aus der Karolingerzeit (9. Jh.). Die **Schatzkammern geistlicher und weltlicher Kunst** in der Hofburg sind voll mit kostbaren mittelalterlichen Objekten wie Krone und Insignien des Heiligen Römischen Reichs, und in der Schatzkammer der **Deutschordenskirche** gibt es eine exquisite Sammlung mittelalterlicher Kunst und gotischer Gemälde. Sollten Sie sich zu einem kleinen Abstecher entschließen, erwartet Sie in **Klosterneuburg** der bedeutende Verduner Altar. Das **Ephesos Museum** in der Neuen Burg präsentiert zahlreiche Ausgrabungsfunde aus der Ära der römisch-griechischen Klassik, die im Lauf der Zeit freigelegt wurden.

Alte Meister

Die Gemäldegalerie im **Kunsthistorischen Museum** birgt eine der schönsten Sammlungen der Welt und lässt den Geschmack der verschiedenen Sammlerpersönlichkeiten des Hauses Habsburg spürbar werden. Es gibt flämische und venezianische Kunst. Die Brueghel-Sammlung ist von besonderer Pracht. Überdies sieht man die Obst-Gemüse-Kompositionen von Giuseppe Arcimboldo (1527–1593). Die **Akademie der bildenden Künste** beherbergt einige wunderschöne Zeugnisse niederländischer und flämischer Kunst. Als Höhepunkt finden Sie hier eines der ergreifendsten Bilder der Christenheit: das Triptychon *Das Jüngste Gericht* von Hieronymus Bosch. Zudem gibt es Werke von J. Vermeer (1632–1675) und Peter Paul Rubens (1577–1640).

Das Obere Belvedere enthält österreichische Gemälde und Skulpturen ab dem Mittelalter. Der gesamte Komplex selbst ist ein Meisterwerk des Barock.

Interieur von Friedensreich Hundertwasser, Kunst Haus Wien

Kunst des 19. und 20. Jahrhunderts

Eine Dauerausstellung zeitgenössischer österreichischer Kunst ist im Oberen Belvedere untergebracht. Die wohl berühmtesten Exponate stammen von Gustav Klimt, dessen *Beethovenfries* im **Secessionsgebäude** zu sehen ist. Das **Museum Moderner Kunst Stiftung Ludwig Wien (MUMOK)** im MuseumsQuartier *(siehe S. 120)* zeigt Werke europäischer Künstler des 20. Jahrhunderts und Werke des Wiener Aktionismus. Das **Leopold Museum** besitzt die weltweit größte Egon-Schiele-Sammlung sowie Meisterwerke der Secession und des österreichischen Expressionismus. Dem Wiener Künstler Friedensreich Hundertwasser ist eine Abteilung im **Kunst Haus Wien** gewidmet. Die **Albertina** beherbergt neben der grafischen auch eine Architektur- und Fotosammlung.

Partherdenkmal (um 170 v. Chr.) im Ephesos Museum

Kunsthandwerk und Inneneinrichtung

Die reichhaltige Sammlung im **Museum für angewandte Kunst** enthält orientalische Teppiche, mittelalterliche Messgewänder, Biedermeier- und Jugendstil-Mobiliar sowie das Archiv der Wiener Werkstätte. Das **Wien Museum Karlsplatz** besitzt Nachbildungen der Wohnung des Dichters Franz Grillparzer und des Zeichenkabinetts von Adolf Loos *(siehe S. 92)*. In der **Silberkammer** der Hofburg haben die Habsburger eine einzigartige Sammlung von Tafelgeschirr und Besteck zusammengetragen. Das **Lobmeyr-Museum** präsentiert Glasdesign von Josef Hoffmann.

Glasdesign von Josef Hoffmann im Lobmeyr-Museum

Bilderuhr (Uhrenmuseum)

Spezialsammlungen

Ein Muss für alle Uhrenliebhaber: das **Uhrenmuseum** und die Sobek-Uhrensammlung im **Geymüller-Schlössl**. Der Musik wird in der **Sammlung Alter Musikinstrumente** gehuldigt, die Schattenseiten des Lebens entdecken Sie im **Kriminalmuseum**, während das **Bestattungsmuseum** den Wiener Bestattungsritualen gewidmet ist. Das **Heeresgeschichtliche Museum** erinnert an die militärische Vergangenheit. Die **Hofjagd- und Rüstkammer** besitzt eine historische Waffensammlung. Weitere Spezialsammlungen gibt es im **Österreichischen Filmmuseum** und im **Haus der Musik**, einem interaktiven Klangmuseum.

Naturgeschichte und Wissenschaft

Das **Naturhistorische Museum** im eigens für die naturhistorischen Sammlungen errichteten Gebäude (19. Jh.) befasst sich mit Mineralogie und Zoologie. Erwähnenswert sind die Dinosaurierskelette. Im **Josephinum** sind Anatomiemodelle aus Wachs ausgestellt. Das **Technische Museum** dokumentiert Österreichs Beitrag zur technologischen Entwicklung. Die Exponate reichen von der Schreibmaschine aus Holz bis zur Erfindung des Autos.

Völkerkunde und Volkskunst

Das Wiener **Museum für Völkerkunde** mit Sitz in der Neuen Burg zeigt eine große Anzahl von Exponaten aus allen Kontinenten der Welt. Das didaktisch hervorragend aufgebaute Museum präsentiert die Objekte nach einzelnen Regionen auf informative wie inspirierende Art und spannt dabei Bögen zwischen den einzelnen Kulturen der Erde.

Das **Museum für Volkskunde** in der Josefstadt beherbergt eine faszinierende Sammlung über Bräuche und bäuerliches Leben in Österreich.

Holzfigur aus Benin

Museen und Sammlungen

Highlights: Kirchen

Der Stephansdom, das überragende Wahrzeichen Wiens, ist ein Meisterwerk gotischer Baukunst und fällt stilistisch aus dem Rahmen der vom Barock geprägten Stadt. Nach dem Sieg über die Türken 1683 *(siehe S. 26f)* baute man viele Gotteshäuser im Barockstil oder gestaltete sie um. Unter den neu hinzugefügten Elementen sind häufig noch Teile des ursprünglichen Bauwerks erkennbar. Das Innere der Kirchen ist oft überaus üppig dekoriert, teilweise auch mit schönen Fresken ausgemalt. Wenn keine Messen stattfinden, sind die Kirchen tagsüber durchgehend geöffnet. In einigen kann man abends Konzerte oder Orgelmusik hören. Einen detaillierten Überblick finden Sie auf S. 52f.

Peterskirche
Vom Graben kommend, fällt die hoch aufragende Kuppel dieser spätbarocken Kirche ins Auge.

Michaelerkirche
Das Innere gehört zu den eindrucksvollsten Zeugnissen mittelalterlicher Sakralkunst Wiens. Die neoklassizistische Fassade und das Stuckrelief über dem Altar kamen später hinzu.

Piaristenkirche
Eine Statue der Jungfrau Maria verschönt den Platz vor dieser Barockkirche (1716). Die Fassade entstand erst 1860.

Augustinerkirche
Antonio Canova (1753–1822) schuf das Grab für die Erzherzogin Maria Christina in der gotischen Kirche, die den Habsburgern als Pfarrkirche diente.

Maria am Gestade
Der Bau (14. Jh.) wurde im 19. Jahrhundert restauriert. Die abgebildete Tafel (15. Jh.) zeigt die Verkündigung.

Ruprechtskirche
In Wiens ältester Kirche sind Mittelschiff und Glockenturm im romanischen Stil, Seitenschiff und Chor im gotischen Stil gehalten. Die Bleiglasfenster werden auf ca. 1400 datiert.

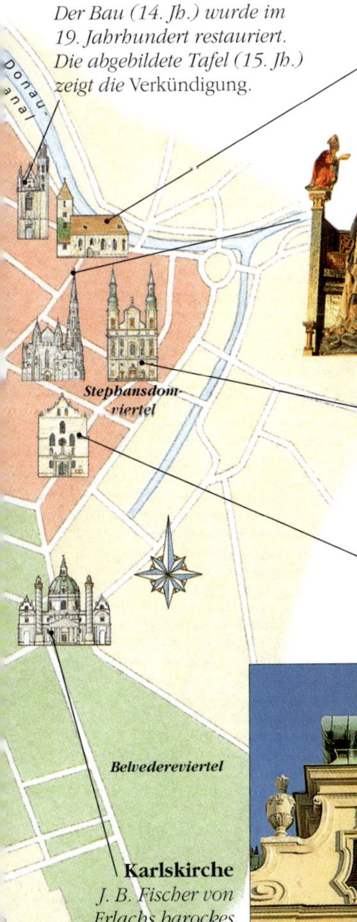

Stephansdom
Der mit üppigen Schnitzereien verzierte Wiener Neustädter Altar *(1447) war eine Stiftung Friedrichs III.* (siehe S. 19).

Jesuitenkirche
Hohe, gedrehte Säulen tragen das Gewölbe der Jesuitenkirche (1623–31), das eine Trompe-l'Œil-Kuppel aufweist.

Franziskanerkirche
Der prächtige Hochaltar (1707) von Andrea Pozzo besitzt eine böhmische Marienfigur als Mittelstück.

Karlskirche
J. B. Fischer von Erlachs barockes Meisterwerk (1714–39) besticht durch die Kuppel, die Triumphsäulen und zwei chinesisch inspirierte Seitenpavillons.

Überblick: Kirchen

Viele Wiener Kirchen wurden im Lauf der Jahrhunderte umgebaut, sodass sie eine äußerst breite Stilpalette von der Romanik bis zum Barock aufweisen. Das 17. und 18. Jahrhundert war die große Ära des Kirchenbaus. Die mächtige Katholische Kirche ließ im Zug gegenreformatorischer Bestrebungen einige frühe Kirchen umgestalten und auch ganz neue Sakralbauten errichten. Kirchen entstanden auch nach der Beendigung der türkischen Belagerung im Jahr 1683 *(siehe S. 26f)*, als die Stadt sich über die alten Grenzen hinaus ausdehnen konnte.

Mittelalter

Das Herzstück Wiens bildet der **Stephansdom**, der neben romanischen Stilmerkmalen gotische Elemente aufweist. Dort ist eine Sammlung gotischer Skulpturen untergebracht sowie eine Kanzel von Anton Pilgram *(siehe S. 78)*. Wiens älteste erhaltene Kirche ist die **Ruprechtskirche** im sogenannten Bermuda-Dreieck *(siehe S. 84)*. Ihre schlichte Fassade steht im Kontrast zum gotischen Maßwerk von **Maria am Gestade** mit ihrem filigran gearbeiteten Turmhelm und dem Deckengewölbe. Den Innenraum der **Deutschordenskirche** ziert eine Wappenreihe. Hinter der Fassade der **Michaelerkirche** verbirgt sich eine spätromanische Basilika mit gotischen Elementen. In der **Augustinerkirche** (14. Jh.) werden die Herzen der Habsburger aufbewahrt, hier befindet sich auch das Grab Antonio Canovas für Maria Theresias Tochter Maria Christina *(siehe S. 102)*. Die **Minoritenkirche** besitzt ein gotisches Inneres. Gleiches gilt für die **Burgkapelle.**

Madonna mit Kind in der Minoritenkirche

Kirchen des 17. Jahrhunderts

Von einigen Kirchen aus der Zeit vor der türkischen Belagerung abgesehen, ist die Renaissance spurlos an Wien vorübergegangen. Die **Franziskanerkirche** mit Giebelfassade und theatralischem Hochaltar sowie die **Jesuitenkirche** sind Beispiele für die während der Gegenreformation entstandene Architektur *(siehe S. 24)*. Die zwischen 1665 und 1675 erbaute **Ursulinenkirche** besitzt im Inneren eine Hochgalerie. Die **Annakirche** besticht durch einen sehenswerten Barockturm. Die majestätische Fassade der **Dominikanerkirche** im Stil des Frühbarock schuf Antonio Canevale (um 1630). Der Großteil der gedrungen wirkenden **Schottenkirche** entstand 1638–48, obwohl der Bau einen romanischen Kern besitzt. In der Mitte eines barocken Vorplatzes steht die **Kirche am Hof**, ein Bauwerk der Karmeliter, auch »Kirche zu den neun Chören der Engel« genannt.

Anna Selbdritt **(um 1505), Annakirche, Veit Stoß zugeschrieben**

Spätbarock und Klassizismus

Nach der türkischen Niederlage *(siehe S. 26f)* entstanden in Wien einige hochbarocke Kirchen. Exotisch wirkt die **Karlskirche**, etwas abseits vom Graben steht die riesige **Peterskirche**. Die reich verzierte **Stanislaus-Kostka-Kapelle** diente einst einem polnischen Heiligen als Wohnstatt. Am Rand der Inneren Stadt gibt es zwei weitere Kirchen aus dem 18. Jahrhundert: die **Piaristenkirche** und die **Ulrichskirche**. Joseph Kornhäusels **Stadttempel** weist ein klassizistisches Inneres auf.

Türme und Kuppeln

Kuppeln und Kirchtürme prägen die Wiener Skyline. Eine filigran gearbeitete Laterne krönt **Maria am Gestade**, während die **Ruprechtskirche** ihren gedrungenen Turm vorzeigt. Die Türme der **Jesuitenkirche** besitzen barocke Zwiebelform, die Türme der **Karlskirche** stehen frei neben dem Gebäude. Die **Peterskirche** weist eine ovale Kuppel und kleine Türme auf.

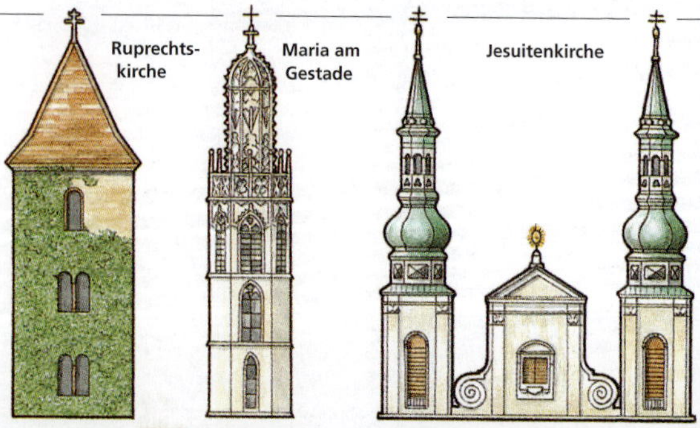

Die mit Fresken geschmückte Stanislaus-Kostka-Kapelle

Kirchen des 19. Jahrhunderts

Die Kirchenarchitektur des 19. Jahrhunderts stand im Zeichen des romantischen Historismus. Auch viele andere Bauten, vor allem die Ringstraßengebäude *(siehe S. 32f)*, waren Nachahmungen alter Architekturstile. Die von der byzantinischen Baukunst inspirierte **Griechische Kirche** am Fleischmarkt ist innen reich mit Ikonen und Fresken verziert. Die **Votivkirche**, als Zeichen der Dankbarkeit für die Errettung Kaiser Franz Josephs vor einem Attentat in der Nähe der Ringstraße erbaut, zeigt Einflüsse der französischen Gotik. Das bemalte Kircheninnere birgt die Marmorgruft des Grafen Niklas Salm, der sich 1529 um die Verteidigung Wiens gegen die türkischen Belagerer verdient machte *(siehe S. 24)*. Der rote Backsteinbau der **Altlerchenfelder Kirche** in der Lerchenfelder Straße ist ein Stil-Konglomerat des 19. Jahrhunderts mit Gotik- und Renaissance-Elementen.

Kirchen des 20. Jahrhunderts

Ein Meisterwerk des frühen 20. Jahrhunderts ist Otto Wagners *(siehe S. 57)* massive **Kirche am Steinhof**, die er als Bestandteil einer psychiatrischen Klinik konzipierte. Das gekachelte Innere erinnert an ein Krankenhaus, dessen Strenge aber durch Kolo Mosers *(siehe S. 57)* Glasmalereien und Mosaiken aufgelockert wird. Die **Dr.-Karl-Lueger-Kirche** auf dem Zentralfriedhof besitzt etwas Gruftartiges. Sie wurde von Max Hegele, einem Schüler Wagners, erbaut. Wer es modern mag, sollte sich die **Wotruba-Kirche** des Bildhauers Fritz Wotruba in der Georgsgasse im Vorort Mauer ansehen. Der umstrittene Bau sieht auf den ersten Blick aus wie ein willkürlich zusammengesetzter Betonblock.

Der wie willkürlich komponierte Betonklotz der Wotruba-Kirche

Das Innere der Altlerchenfelder Kirche (19. Jh.)

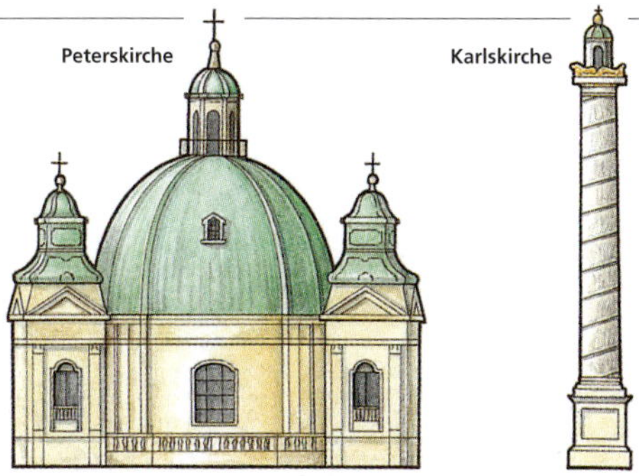

Kirchen

Highlights: Wiener Jugendstil

Auf Ihrem Spaziergang durch Wien werden Sie den ganzen Reichtum der Architektur der Jahrhundertwende entdecken. Einige Gebäude sind berühmt und leicht erkennbar, manche davon sind öffentlich zugänglich, etwa das Secessionsgebäude. Doch lohnend ist auch die Besichtigung der weniger bekannten Jugendstil-Bauten mit ihren vielen kunstvollen Details. Weitere Informationen finden Sie auf S. 56f.

Strudelhofstiege
Die Treppe schuf Theodor Jäger 1910. Als Schauplatz für den gleichnamigen Roman Heimito von Doderers (1896–1966) erlangte sie Berühmtheit.

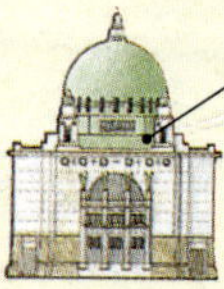

Kirche am Steinhof
Die Kirche mit der großen verkupferten Kuppel entstand nach den Entwürfen Otto Wagners 1905 als Bestandteil einer Nervenklinik am Stadtrand. Die Bleiglasfenster stammen von Kolo Moser.

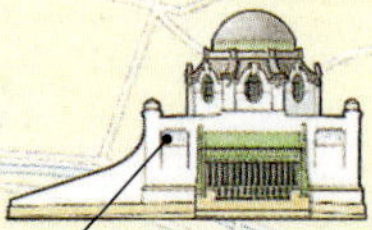

Otto-Wagner-Hofpavillon
Der Pavillon für den Kaiser (1899) entstand als Vorzeigewerk Otto Wagners.

Otto Wagners Wohnhäuser
Die Wagner-Häuser (1899) blicken auf die Wien. Das Majolikahaus (Nr. 40) ist mit Keramikfliesen geschmückt, Nr. 38 zeigt Jugendstil-Ornamente.

Ankeruhr
Die Uhr von Franz Matsch (1911) befindet sich auf einer Brücke zwischen zwei Häusern am Hohen Markt. Täglich um 12 Uhr paradieren historische Figuren am Zifferblatt vorbei.

Postsparkassenamt
Die Postsparkasse – ein Meisterstück Otto Wagners – ist innen und außen Kunsthandwerk vom Allerfeinsten. Sogar die Lüftungsschächte hat Wagner selbst entworfen.

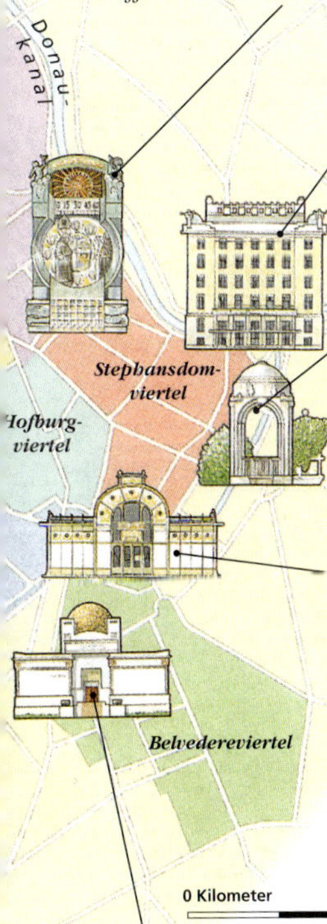

Wienflussportal
Der Wiener Stadtpark ist mit einem wunderschönen Portal versehen (1903–07). Friedrich Ohmann entwarf es im Zug der Flussregulierung der Wien.

Stadtbahn-Pavillons am Karlsplatz
Auf dem Karlsplatz stehen zwei restaurierte Pavillons. Sie wurden 1898/99 von Otto Wagner für das Wiener U-Bahn-System erbaut.

Secessionsgebäude
Das Gebäude – wegen der vergoldeten Kuppel mit Lorbeerzweigen auch »Goldenes Krauthappel« genannt – wurde 1897/98 nach Plänen von Joseph Maria Olbrich als Ausstellungsraum für die Secession erbaut. Im Untergeschoss befindet sich Gustav Klimts Beethovenfries.

Überblick: Wiener Jugendstil

Um 1900 erlebten die bildenden Künste in Wien eine Blütezeit. Eine neue Generation von Künstlern gründete 1896 die Secession. Maler, Architekten und Grafiker schufen neue Architekturstile und knüpften enge Bande zwischen bildender und dekorativer Kunst.

Teegeschirr (1903) von Hoffmann, Museum für angewandte Kunst

Malerei und Grafik

Die Wiener Kunst der Jahrhundertwende war nicht einer einzigen Stilrichtung verhaftet, doch gab es Gemeinsamkeiten: die Vorliebe für reiche, geometrische Ornamentik und Themenbereiche wie »Femme fatale«, Liebe, Sexualität und Tod. Die eindrucksvollste Gemäldesammlung aus dieser Schaffensperiode besitzt das **Belvedere**, das hauptsächlich Werke der bedeutenden Künstler Gustav Klimt (1862–1918) und Egon Schiele (1890–1918) ausstellt. Auch die Sammlung des **Wien Museum Karlsplatz** präsentiert Bilder dieser Künstler und ihrer Zeitgenossen. Weitere interessante Beispiele aus der Epoche finden sich im **Museum Moderner Kunst** im MuseumsQuartier. Bisweilen stellt die **Albertina** Schieles Zeichnungen aus. Klimts *Beethovenfries* hängt im **Secessionsgebäude**, seine Dekorarbeiten für das **Burgtheater** und das **Kunsthistorische Museum** sind an Ort und Stelle zu sehen.

Dekor (1891) von Gustav Klimt, Kunsthistorisches Museum

Kunsthandwerk

Die Wiener Werkstätte – ein Studio für Kunsthandwerk – wurde 1903 von Josef Hoffmann (1870–1956) gegründet. Sie schuf Schmuck, Stoffe, Keramik, Essbestecke und andere Gebrauchsgegenstände von einer Vollendung, wie man sie bis dahin nur von malerischen und plastischen Kunstwerken kannte. Sehenswert ist die Sammlung des **Museums für angewandte Kunst (MAK)**, das auch ein wissenschaftliches Dokumentationszentrum besitzt. Die von Hoffmann für die Firma Lobmeyr geschaffenen Gläser zeigt das **Lobmeyr-Museum**.

Beliebte Jugendstil-Motive

Die Motive ähneln denen des französischen Art nouveau, unterscheiden sich aber durch kraftvollere, geometrische Muster. Beliebt waren pflanzliche und organische Formen wie Sonnenblumen, weibliche Figuren, Gesichter und Masken. Ebenso schöne Wirkungen wurden mit abstrakter Linienornamentik aus vier- und dreieckigen Formen erzielt.

Sonnenblumenmotiv an den Stadtbahn-Pavillons von Otto Wagner am Karlsplatz

Postkartenentwurf von J. M. Olbrich für die Zeitschrift *Ver Sacrum*

Möbel

Führende Secessionisten wie Hoffmann und Kolo Moser (1868–1918) wollten nach einer Phase der Ornamentik wieder zur einfachen Linienführung des Biedermeier *(siehe S. 30f)* zurückkehren. Das **Museum für angewandte Kunst** dokumentiert diese Bestrebungen am Beispiel einiger interessanter Stücke und zeigt auch die viel bewunderten Thonet-Bugholzmöbel. Das Mobiliar wurde häufig als Bestandteil des gesamten Raums konzipiert. Leider sind viele Ausstattungen mittlerweile verschwunden oder nicht mehr öffentlich zugänglich. Im **Wien Museum Karlsplatz** gibt es jedoch einige Jugendstil-Möbel, so auch eine Kopie des Wohnzimmers von Adolf Loos *(siehe S. 92)*. Das Mobiliar ist ein rares Beispiel für das fortschrittlich-moderne Wiener Interieur um 1900, das der Künstler in der Zeit vor seinem Bruch mit der Secession schuf.

Schreibtisch und Stuhl von Kolo Moser (1903), Museum für angewandte Kunst

Altar in der Kirche am Steinhof (1905–07)

Architektur

Wer Wien zu Fuß erobert, wird von den zauberhaften Jugendstil-Fassaden einiger Bauwerke beeindruckt sein. Im ausgehenden 19. Jahrhundert machten junge Architekten Front gegen die Gebäude der Ringstraße, die oft nur Nachahmungen alter Baustile darstellten. Die führenden Baumeister waren damals Otto Wagner (1841–1918) und Joseph Maria Olbrich (1867–1908), die u.a. bereits bei Planung, Entwurf und Bau des neuen Stadtbahnsystems zusammengearbeitet hatten. Erwähnenswert sind hier insbesondere der **Otto-Wagner-Pavillon** in Hietzing, die **Stadtbahn-Pavillons am Karlsplatz** und die **Wagner-Häuser** in der Linken Wienzeile. Allein schuf Wagner die ungewöhnliche **Kirche am Steinhof** und den Bau für die **Postsparkasse**, während Olbrich das **Secessionsgebäude** als Ausstellungsraum für radikale Designer und Künstler entwarf. Hoffmann baute einige Häuser für Secessionskünstler in der **Steinfeldgasse**. Auch in **Hietzing** stehen einige Jugendstil-Häuser. Die **Ankeruhr** von Franz Matsch (1861–1942) stellt schon eine Weiterentwicklung des Jugendstils dar. Weitere Beispiele für Straßenarchitektur sind die **Strudelhofstiege** (1910) von Theodor Jäger und das **Wienflussportal** von Friedrich Ohmann (1858–1927) und Joseph Hackhofer (1868–1917).

Wiener Jugendstil

Postkartenentwurf von Joseph Maria Olbrich für *Ver Sacrum*

Goldblattdetail in den Wagner-Häusern

Schriftzeichen von Alfred Roller für *Ver Sacrum*

Abstraktes Stoffmuster von Josef Hoffmann

Highlights: Kaffeehäuser

Kaffeehäuser gehören seit Jahrhunderten zur Wiener Tradition. Sie sind weit mehr als Orte, um Kaffee zu trinken – sie sind vor allem Treffpunkte. Man geht ins Kaffeehaus für einen Plausch, die Zeitungslektüre oder für ein leichtes Mittagsmahl. Jedes Kaffeehaus hat seine ganz eigene Atmosphäre. Die meisten Häuser servieren auch Alkohol. Weitere Informationen über das Angebot von Kaffeehäusern finden Sie auf S. 60f.

Landtmann
In dem komfortablen, dezenten Kaffeehaus verkehrte Sigmund Freud. Heute ist es ein Treffpunkt für Besucher und Künstler des unweit gelegenen Burgtheaters sowie für Journalisten und Politiker.

Central
Das schönste Wiener Kaffeehaus, einst Treffpunkt berühmter Schriftsteller und Freidenker. 1986 wurde es aufwendig restauriert und erstrahlt nun in alter Kaffeehaus-Pracht.

Sperl
Das Café Sperl liegt am Rand des Stadtzentrums und erfreut sich einer treuen Stammkundschaft. Viele kommen wegen der Billardtische und des Strudels.

Eiles
Die Nachbarschaft zu einigen Regierungsgebäuden hat Eiles zum bevorzugten Kaffeehaus für Beamte und Anwälte gemacht.

Café Museum
Das Café wurde 1899 nach Plänen von Adolf Loos (siehe S. 92) *gebaut, allerdings in den 1930er Jahren umgestaltet. 2003 wurde es nach den Originalentwürfen restauriert.*

Hawelka
Viele Jahre hat das Kaffeehaus sein Image als Treffpunkt der Wiener Boheme kultiviert – die Atmosphäre ist fast museumsreif. Ein Kaffee oder ein Wein zu vorgerückter Stunde sowie die legendären Buchteln sind ein Muss für Wien-Besucher.

Prückel
Schon immer vermittelte das Café Prückel einen Hauch schäbiger Verkommenheit. Inzwischen hat es sich zu einem Mekka für Bridgespieler entwickelt.

Kleines Café
Als eines der kleinsten und malerischsten Häuser in Wien bleibt das Kleine Café ein beliebtes Künstlercafé.

Frauenhuber
Im ältesten Wiener Kaffeehaus trat Mozart auf. Es liegt in der Himmelpfortgasse 6 – bei einer Besichtigung des Stephansdoms oder einem Stadtbummel also direkt auf dem Weg.

Überblick: Kaffeehäuser

Die Kaffeehauskultur spielt im Wiener Alltag eine große Rolle – Sie sollten also keinesfalls auf einen ausgedehnten Café-Besuch verzichten. Man kann im Kaffeehaus Zeitung lesen, mit Freunden essen und bisweilen auch Billard spielen. Außer Kaffee werden meist noch Wein, Bier und andere alkoholische Getränke ausgeschenkt. Cafés gibt es in den meisten Städten, doch nirgendwo sonst haben die Kaffeehäuser eine solche Blüte erreicht wie in Wien. Neben Kaffeehäusern gibt es hier auch viele Konditoreien *(siehe S. 201)*.

Ober im Café Dommayer

Kleine Geschichte des Kaffeehauses

Angeblich öffnete das erste Kaffeehaus nach dem Sieg über die Türken im Jahr 1683 *(siehe S. 26)*. Allerdings soll es schon vorher Kaffee in der Stadt gegeben haben. Die Kaffeehäuser in der heutigen Form entstanden in den letzten Jahrzehnten des 18. Jahrhunderts. Ihre Blütezeit erreichten sie im ausgehenden 19. Jahrhundert als Treffpunkt von Künstlern, Schriftstellern, Komponisten, Medizinern, Funktionären und politischen Zirkeln. So kam im Jahr 1890 die literarische Gruppe Jung Wien regelmäßig im **Griensteidl** zusammen, während der Essayist Peter Altenberg nur in seinem Lieblingscafé **Central** gesehen wurde. Noch heute sind das **Ministerium**, **Museum**, **Café Oper Wien**, **Frauenhuber**, **Raimund**, **Eiles**, **Schwarzenberg** und **Zartl** Treffpunkte einer ganz eigenen Klientel.

Junge Wienerin mit Kaffeemühle (18. Jh.)

Kaffeehaus-Etikette

Die Etikette in den Wiener Kaffeehäusern ist einfach, aber strikt. Noch im schäbigsten Kaffeehaus wird Ihnen ein Kellner – der hier Ober heißt – im Smoking das Bestellte zusammen mit einem Glas Leitungswasser an den Tisch bringen. Anschließend können Sie beliebig lange bleiben. Bei einer Tasse Kaffee, die in einem Kaffeehaus sicher ihren Preis hat, verbringen Sie ein paar erholsame Stunden mit der Lektüre der ausgelegten Zeitungen. In größeren Kaffeehäusern gibt es auch ausländische Zeitungen und Magazine, z. B. im **Landtmann** und im **Central**.

Was macht man im Kaffeehaus?

Kaffeehäuser übernehmen oft die Rolle von Clubs. Im **Sperl** kann man Billard spielen, im **Prückel** Bridge. Das Café

Kleine Kaffeekunde

Nicht nur das Kaffeehaus, auch die Palette der Kaffeespezialitäten ist typisch für Wien. Wer in dieser Stadt einfach nur Kaffee bestellt, muss auf Überraschungen gefasst sein, denn die Wiener pflegen ganz eigentümliche Vorstellungen vom Stil ihres Kaffees und haben im Lauf der Jahrhunderte ihr spezifisches Vokabular entwickelt, um dem Kellner (Ober) ihre Wünsche zu vermitteln. Hier folgt eine Auflistung der Wiener Kaffeespezialitäten, die sich eventuell um einige lokale Varianten ergänzen lässt.

Türkischer: starker schwarzer Kaffee pur nach türkischer Art.

Brauner:
Kaffee mit Milch.

Melange:
Mischung aus Kaffee und heißer Milch.

Kurz:
extra stark.

Obers:
mit Schlagsahne.

Mokka:
starker schwarzer Kaffee.

Kapuziner:
schwarzer Kaffee mit aufgeschäumter Milch.

Schwarzer:
schwarzer Kaffee (klein oder groß).

Konsul:
schwarzer Kaffee mit einem Klacks Sahne.

Kaffee Hag:
koffeinfreier Kaffee.

Espresso: starker Kaffee aus der Espressomaschine. Soll er milder sein, verlangen Sie ihn *gestreckt*.

Dommayer wird auch heute als Konzertcafé weitergeführt, im **Central** und im **Braunerhof** gibt es Klaviermusik live zum Kaffee. Das **Kleine Café** ist, wie sein Name sagt, für Entertainment räumlich ungeeignet, zieht jedoch viele Stammgäste an. Das **Imperial** gehört zum gleichnamigen Hotel. Außerhalb des Stadtkerns ist das Café **Westend** empfehlenswert.

Kaffeehausschild

Essen im Kaffeehaus

Einen Snack oder ein leichtes Mahl erhält man rund um die Uhr. Gelegentlich gibt es Spezialitäten des Hauses, etwa Gebäck. Das **Hawelka** serviert auch spätabends noch seine legendären frischen Buchteln (ein Hefegebäck), im **Sperl** erhält man am Vormittag oft frischen Strudel. Die größeren Kaffeehäuser wie **Diglas** und **Landtmann** haben sehr umfangreiche Mittagsmenus und bieten auch köstliche hausgemachte Backwaren an.

Alte Wiener Kaffeemaschine im Diglas

Kaffee – schwarz und ohne Zucker

Vielleicht mögen Sie einfach nur eine Tasse guten Kaffee trinken und haben gar kein Bedürfnis nach den Zeitungen am eigenen Tisch. In diesem Fall gehen Sie am besten in eine gemütliche Espressobar. Dort erhalten Sie den Kaffee ohne großen Aufwand direkt an der Theke – um etwa die Hälfte oder ein Drittel billiger als im Kaffeehaus.

Die Café-Konditoreien von Aida haben eine Reihe von leckeren Backwaren im Angebot und fungieren auch als Espressobars.

Pharisäer: stark und schwarz mit einer Sahnehaube, dazu ein Gläschen Rum.

Schlagobers: starker, schwarzer Kaffee mit Schlagsahne (Schlagobers).

Einspänner: schwarzer Kaffee mit einer Schlagsahnehaube im großen Glas.

Kaisermelange: schwarzer Kaffee mit Brandy, dazu gibt es Eigelb.

Kaffeehäuser

Bräunerhof
Stallburggasse 2. **Stadtplan** 5 C3. *Sa, So nachmittags.*

Café Landtmann
Siehe S. 131.

Café Oper Wien
H.-von-Karajan-Platz 1, Opernring 2. **Stadtplan** 4 D1 (5 C5).

Central
Palais Ferstel, Herrengasse 14. **Stadtplan** 2 D5 (5 B2).

Diglas
Wollzeile 10. **Stadtplan** 6 D3.

Dommayer
Dommayergasse 1, Hietzing. *1. Sa im Monat.*

Eiles
Josefstädter Str. 2. **Stadtplan** 1 B5.

Frauenhuber
Himmelpfortgasse 6. **Stadtplan** 4 E1 (6 D4).

Griensteidl
Michaelerplatz 2. **Stadtplan** 2 D5 (5 B3).

Hawelka
Dorotheergasse 6. **Stadtplan** 2 D5 (5 C3).

Imperial
Hotel Imperial, Kärntner Ring 16. **Stadtplan** 4 E2 (6 D5).

Kleines Café
Franziskanerplatz 3. **Stadtplan** 6 D4.

Ministerium
Georg-Coch-Platz 4. **Stadtplan** 2 F5 (6 F3).

Museum
Friedrichstraße 6. **Stadtplan** 4 D2.

Prückel
Stubenring 24. **Stadtplan** 6 F3. *abends.*

Raimund
Museumstraße 6. **Stadtplan** 3 B1.

Schwarzenberg
Kärntner Ring 17. **Stadtplan** 6 D5.

Sperl
Gumpendorfer Straße 11. **Stadtplan** 3 A4.

Westend
Mariahilfer Straße 128. **Stadtplan** 3 A3.

Zartl
Rasumofskygasse 7, Landstraße.

Stadtplan *siehe Seiten 256–267*

Das Jahr in Wien

Die ersten Frühlingstage kommen oft ganz plötzlich. Im Mai beginnen die Wiener Festwochen, der Höhepunkt des Frühjahrs. Der Sommer ist lang und heiß, ideal für den Badeausflug an die Donau und eine Bootsfahrt *(siehe S. 178f)*, zumal das kulturelle Angebot im Juli und August wegen der Ferien eingeschränkt ist. Im September, mit dem Ende der Theaterferien, pulsiert das Leben wieder. Meist kann man dann im Stadtpark noch warme Spätsommertage genießen. Wenn der Winter naht, werden heiße Maroni auf den Straßen verkauft, und zum Nikolaustag fällt oft der erste Schnee. Weihnachten wird im Kreis der Familie begangen, zu Silvester feiert man rauschende Feste. Danach beginnt die Faschingssaison. Auskunft zu Veranstaltungen gibt es bei WienTourismus (www.wien.info; *siehe S. 239*).

Frühling

Wenn im Frühjahr die **Wiener Festwochen** *(siehe Mai)* eröffnet werden, erstrahlt Wien in aller Pracht. Die Tage werden milder, die Parks und die Grünanlagen im Prater *(siehe S. 162f)* leuchten in allen Farben. Das ist die richtige Zeit für einen Besuch im Stadtpark *(siehe S. 182)*, wo Sie die dort heimischen Pfauen fotografieren und ein Open-Air-Konzert hören können. Auch Volksgarten, Burggarten und die Anlagen des Belvedere zeigen sich von ihrer besten Seite.

März

Ostermarkt *(zwei Wochen vor Ostern)*. Auf der Freyung können Sie Kunst und Kunsthandwerk kaufen.
Schönbrunner Schlosskonzerte *(bis Ende Okt)*. In der Orangerie von Schönbrunn werden die beliebten Melodien des Walzerkönigs Johann Strauß gespielt.
Volksprater *(15. März–31. Okt)*. Vergnügungspark im Prater *(siehe S. 162f)*.

Läufer beim jährlichen Vienna City Marathon *(Apr)*

Ausstellung lebensgroßer Puppen während der Wiener Festwochen

April

Vienna City Marathon *(17. Apr 2011)*. Start ist bei der UNO-City (Wagramerstraße), Ziel der Heldenplatz. Über 25 000 Teilnehmer aus 80 Nationen sind am Start.
Frühlingsfestival *(2. Woche im Apr–Mitte Mai)*. Klassische Konzerte, im jährlichen Wechsel zwischen Musikverein *(siehe S. 146)* und Konzerthaus *(siehe S. 229)*.
Spanische Hofreitschule *(bis Juni)*. Vorstellungen der Lipizzaner in der Spanischen Hofreitschule *(siehe S. 98f)*.
Hofburgorchester *(bis Okt)*. Konzerte im Musikverein *(siehe S. 146)* und in der Hofburg *(siehe S. 96f)*.
Wiener Kursalon *(bis Ende Okt)*. Konzerte im Freien *(siehe S. 229)*. Ansonsten Konzerte das ganze Jahr über.

Mai

Tag der Arbeit *(1. Mai)*. Gesetzlicher Feiertag. Umzüge und Reden am Rathausplatz und auf der Ringstraße.
Maifest *(1. Mai)* im Prater *(S. 162f)*. Fest mit Musik und Kinderprogramm.
Wiener Musikfestival *(6. Mai–12. Juni)*. Teil der Wiener Festwochen, die kurz vorher im Wiener Konzerthaus *(S. 229)* und MuseumsQuartier *(S. 120)* beginnen.
Tanz auf der *Vindobona* *(15. Mai–Ende Sep)*. Das Schiff legt am Schwedenplatz ab, bei einer Fahrt auf der Donau können Sie das Tanzbein schwingen.
Wiener Festwochen *(Anfang Mai–Mitte Juni)*. Wiens größtes Festival mit Opern- und Theateraufführungen, Performance und Tanz.

Sonnenschein
Am meisten Sonne genießt man im Juni, Juli und August, wenn es auch am wärmsten ist. Im Sommer kann sich der Himmel allerdings durchaus auch wolkenverhangen zeigen. Im Herbst gibt es meist noch schöne Spätsommertage.

Sommer

Der Sommer in Wien ist betriebsam und erholsam zugleich. Die Theater haben Ferien. Im Opernhaus und im Volkstheater findet dafür im Juli das Jazzfestival statt, im Schlosstheater (Park Schönbrunn) werden Opern und Operetten aufgeführt. Sonnenbaden und schwimmen können Sie am Donaustrand, der auch für andere Wassersportarten geeignet ist.

Vor der Votivkirche im Sommer

Juni

Fronleichnam *(2. Juni)*. Gesetzlicher katholischer Feiertag mit Prozession.
Vinova *(2. Juniwoche)*. Weinfest im Prater *(S. 162f)*.
Concordiaball *(2. Fr im Juni)* im Neuen Rathaus *(siehe S. 130)*.
Ball der Universität *(18. Juni)* in der Universität *(siehe S. 130f)*.
Donauinselfest *(letztes Wochenende im Juni)*. Popkonzert auf der Donauinsel.

Juli

Open-Air-Filme, Opern und Konzerte *(bis Sep)* werden auf einer Riesenleinwand am Rathausplatz gezeigt. Freier Eintritt.
Oper Klosterneuburg *(Juli)*. Dieses im Kaiserhof in Klosterneuburg nördlich von Wien stattfindende Festival zählt zu den Höhepunkten der Opernsaison *(siehe S. 229)*.
Jazz Fest Wien *(Ende Juni–Mitte Juli)*. Jazzkonzerte im Rahmen des KlangBogen Wien. Veranstaltungsorte sind u.a. die Staatsoper *(S. 140f)*, das Konzerthaus *(S. 229)* und der Arkadenhof im Neuen Rathaus *(S. 130)*.
Internationale Tanzwochen *(Mitte Juli–3. Woche Aug)*. Vorführungen von klassischem bis zu avantgardistischem Tanz im Universitätssportzentrum Schmelz und im Volkstheater *(siehe S. 230)*.

Badefreuden an der Donau

ImPulsTanz – Vienna International Dance Festival *(Mitte Juli–Mitte Aug)*. Avantgarde-Tanz mit Aufführungen und Workshops im Volkstheater *(siehe S. 230)*, MuseumsQuartier *(siehe S. 120)* und Arsenal.
Schönbrunner Schlosstheater *(Mitte Juli–Ende Aug)*. Operettenaufführungen im Theater von Schloss Schönbrunn.
Seefestspiele Mörbisch *(meist Do–So Mitte Juli–Ende Aug)*. Jährliches Operettenfestival auf der weltgrößten Operetten-Seebühne in der Kleinstadt Mörbisch (etwa 40 Kilometer von Wien).

August

Mariä Himmelfahrt *(15. Aug)*. Gesetzlicher katholischer Feiertag.

Seefestspiele Mörbisch: jährliches Operettenfestival vor der Kulisse des Neusiedler Sees *(Juli–Aug)*

Durchschnittliche monatliche Niederschläge

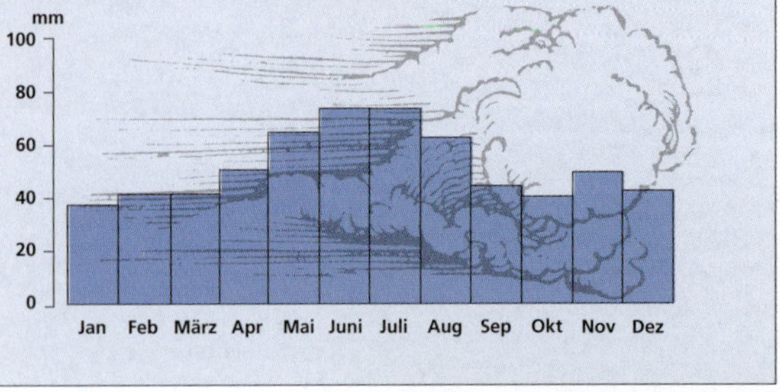

Niederschläge
Der Sommer ist die wärmste Jahreszeit, aber auch sehr feucht, sodass es in der Stadt frisch bleibt. Im Frühjahr und im Herbst gibt es milde Tage mit Nieselregen. Im November kann es sehr feucht sein. Die jährliche Niederschlagsmenge beträgt etwa 600 Millimeter.

Herbst

Im Herbst erwacht Wien zu neuem Leben. In den Theatern beginnt die nächste Spielsaison, so auch in der Wiener Staatsoper. Die neue Herbstkollektion lockt die Kundinnen in die Modeboutiquen. Und eines Tages entdeckt man ganz unvermittelt Sankt Nikolaus und seinen Gefährten Krampus, den pfiffigen, haarigen Teufel, im Schaufenster. Nach dem 6. Dezember werden überall in der Stadt die Auslagen weihnachtlich dekoriert.

September

Spanische Hofreitschule *(bis Ende Okt).* Lipizzaner-Vorstellungen *(S. 98f).*
Wiener Sängerknaben *(Mitte Sep–Dez).* Sie singen die Sonntagsmesse in der Burgkapelle *(S. 103).*
Trabrennen in der Krieau *(bis Juni).* Pferderennen im Prater *(S. 162f).*

Oktober

Nationalfeiertag *(26. Okt).* Zum Gedenken an den Staatsvertrag mit der Klausel der immerwährenden Neutralität von 1955 und das Ende der Besatzung durch die Alliierten seit 1945.

Auftritt der Wiener Sängerknaben im Konzerthaus

Krampus, der schlaue, haarige Teufel und Gefährte des Nikolaus

Viennale *(Mitte–Ende Okt).* Filmfestival mit österreichischen und internationalen Premieren, restaurierten Filmversionen, Spezialthemen und Retrospektiven.
Wien modern *(Ende Okt–Ende Nov).* Festival moderner Musik (20. Jh.) im Konzerthaus *(S. 229)* und im Musikverein *(S. 146).*

November

Allerheiligen *(1. Nov).* Gesetzlicher katholischer Feiertag zu Ehren aller Heiligen.
Antik-Aktuell *(2. Woche im Nov).* Kunst- und Antiquitätenmesse in der Hofburg.
Schubertiade *(3. Woche im Nov).* Ort der Veranstaltung ist der Musikverein *(S. 146).*
Krippenschau *(bis Mitte Dez).* Krippenausstellung in der Peterskirche *(S. 87).*
Christkindlmarkt *(2. Sa im Nov–Ende Dez).* Weihnachtsmarkt und Kinderwerkstatt am Rathaus *(S. 130).*
Weihnachtsmärkte *(ab letztem Sa im Nov).* Freyung, Heiligenkreuzerhof, Karlsplatz, Schönbrunn und Spittelberg.
Internationale Chöre *(letzter Sa im Nov).* Chormusik im Rathaus *(S. 130).*

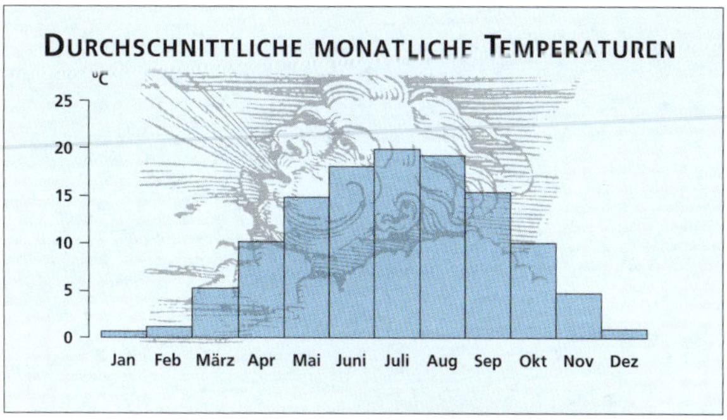

Temperaturen
Die Grafik zeigt die monatlichen Durchschnittstemperaturen. Im Juli und August ist es am wärmsten. Die Monate Mai, Juni und September sind ebenfalls recht warm. Im Januar können die Temperaturen auf unter –10 °C fallen.

Winter

Die Kohleöfen der Maroniröster gehören zum winterlichen Stadtbild. Vor Weihnachten kommen Stände mit Glühwein und warmen Speisen hinzu, und die Schaufenster erstrahlen in weihnachtlich-festlicher Beleuchtung.

Die Heilige Nacht wird in Wien mit einem traditionellen Mahl zelebriert: Zum Auftakt gibt es Fischbeuschelsuppe, dann gebratenen Karpfen. Am ersten Feiertag essen die Wiener traditionell Weihnachtsgans, doch auch Truthahn wird immer beliebter.

Das neue Jahr markiert den Beginn des berühmten Wiener Karnevals.

Dezember

Weihnachtsmärkte *(ab letztem Sa im Nov).*

Feiertage

Neujahr *(1. Jan)*
Heilige Drei Könige *(6. Jan)*
Ostermontag *(variabel)*
Tag der Arbeit *(1. Mai)*
Christi Himmelfahrt *(variabel)*
Pfingstmontag *(50 Tage nach Ostersonntag)*
Fronleichnam *(variabel)*
Mariä Himmelfahrt *(15. Aug)*
Nationalfeiertag *(26. Okt)*
Allerheiligen *(1. Nov)*
Mariä Empfängnis *(8. Dez)*
Christtag *(25. Dez)*
Stefanitag *(26. Dez)*

Maroniröster im Winter

Mariä Empfängnis *(8. Dez).* Gesetzlicher katholischer Feiertag zu Ehren der Unbefleckten Empfängnis.
Mitternachtsmesse *(Heiligabend)* im Stephansdom *(S. 76f).* Der Eintritt ist frei, doch nur wer früh genug kommt, erhält einen Sitzplatz.
Stefanitag *(26. Dez).* Gesetzlicher Feiertag.
Silvesteraufführung der *Fledermaus* *(31. Dez)* in der Staatsoper *(S. 140f)* und in der Volksoper *(S. 228).* Die Aufführung wird auf einer Großleinwand am Stephansplatz übertragen.
Silvesterkonzerte im Konzerthaus *(S. 229)* und im Musikverein *(S. 146).*
Kaiserball *(31. Dez)* in der Hofburg *(S. 96f).*
Silvesternacht im Stadtzentrum: Straßenfest mit Essen, Drinks, Musik und Tanz.

Januar

Neujahrskonzert *(31. Dez und 1. Jan)* der Wiener Philharmoniker im Musikverein *(S. 146).* Verkauf von Tickets am 2. Januar jeweils ein Jahr im Voraus *(S. 228).*
Beethovens Neunte Symphonie *(31. Dez und 1. Jan)* im Konzerthaus *(S. 229).*
Fasching *(6. Jan–Aschermittwoch).* Hierzu gehört auch der **Heringsschmaus** *(Aschermittwoch)* mit Büfett.
Holiday on Ice *(Mitte–Ende Jan)* in der Stadthalle, Vogelweidplatz.
Resonanzen *(2. und 3. Woche im Jan).* Reihe für alte Musik im Konzerthaus *(S. 229).*
Wiener Eistraum *(Ende Jan–Anfang März).* Eislaufbahn vor dem Rathaus *(S. 130).*

Februar

Opernball *(letzter Do vor Faschingsdienstag).* Einer der größten Bälle weltweit *(siehe S. 141).*
Wintertanzwoche *(5.–13. Feb).* Teil des Tanzfestivals *(siehe unten)* im MuseumsQuartier *(siehe S. 120).*
Tanzfestival *(17. Feb–27. März).* Ballett und Jazztanz im Universitätssportzentrum Schmelz.
Haydn-Tage *(3. Woche im Feb–1. Woche im März).* Im Konzerthaus *(siehe S. 229).*

Christkindlmarkt vor dem Neuen Rathaus

Statue von Johann Strauß d. J. im Stadtpark *(siehe S. 182)* ▷

Die Stadtteile Wiens

Stephansdomviertel

Die gewundenen Straßen und weiten Plätze um den Stephansdom bilden den historischen Kern Wiens. Ausgrabungen nach dem Zweiten Weltkrieg legten an dieser Stelle die Reste eines 2000 Jahre alten römischen Kastells frei. Der Stadtteil trägt auch Spuren nachfolgender Epochen – von den romanischen Bogen der Ruprechtskirche bis hin zum Haas-Haus, dem spektakulären Stahl-Glas-Bau am Stephansplatz. Städtische Ämter, Restaurants und elegante Geschäfte haben hier ihren Sitz. Im Mittelpunkt aber erhebt sich der Stephansdom.

Tafel an der Sonnenfelsgasse 19, früher Teil der Universität

Sehenswürdigkeiten auf einen Blick

Straßen und Plätze

Am Hof 35
Annagasse 18
Bäckerstraße 14
Blutgasse 3
Domgasse 4
Fleischmarkt 23
Griechengasse 24
Grünangergasse 6
Hoher Markt 27
Judenplatz 31
Jüdisches Viertel 26
Kurrentgasse 33
Schönlaterngasse 10
Sonnenfelsgasse 12

Historische Gebäude

Akademie der Wissenschaften 9
Altes Rathaus 29
Böhmische Hofkanzlei 28
Haas-Haus 15
Heiligenkreuzerhof 13
Postsparkasse 22
Winterpalais des Prinzen Eugen 17

Kirchen und Kathedralen

Annakirche 19
Deutschordenskirche 2
Dominikanerkirche 7
Franziskanerkirche 16
Jesuitenkirche 8
Kirche am Hof 34
Maria am Gestade 30
Peterskirche 36
Ruprechtskirche 25
Stephansdom S. 76–79 1

Museen und Sammlungen

Dom- und Diözesanmuseum 11
Haus der Musik 20
Mozarthaus Vienna 5
Museum für angewandte Kunst (MAK) S. 82f 21
Uhrenmuseum 32

Anfahrt

U-Bahn-Stationen: Stephansplatz (Linie U1, U3), Stubentor (Linie U3) und Schwedenplatz (Linie U1, U4). Die Buslinien 1A, 2A und 3A halten an der Kreuzung Hoher Markt und Marc-Aurel-Straße.

Legende

Detailkarte *siehe S. 70f*

U-Bahn-Station

◁ *Martyrium des hl. Johannes von Nepomuk* – Skulptur von Lorenzo Mattielli (1729), Peterskirche

Im Detail: Wiener Altstadt

Dieser Teil der Innenstadt zeigt noch das mittelalterliche Gepräge, den Grundriss mit engen Gassen, Durchhäusern und geräumigen Innenhöfen. Deutlich spürbar ist zudem der frühere Einfluss der Kirche durch die Präsenz verschiedener Orden – der Dominikanermönche, der feudalistischen Deutschritter und der Jesuiten. Die Altstadt wirkt ausgesprochen belebt: Bis zum Morgengrauen drängen sich die Menschen in den Restaurants und Bars der Bäckerstraße und Schönlaterngasse. Über allen Bauten im Herzen Wiens erhebt sich der Stephansdom mit seinem 137 Meter hohen Turm.

★ Dom- und Diözesanmuseum
Ein Großteil der Sammlung stammt von Herzog Rudolf IV. ⓫

★ Stephansdom
Es dauerte Jahrhunderte, bis der Dom mit seinen vielen Kunstwerken aus Mittelalter und Renaissance vollendet war. ❶

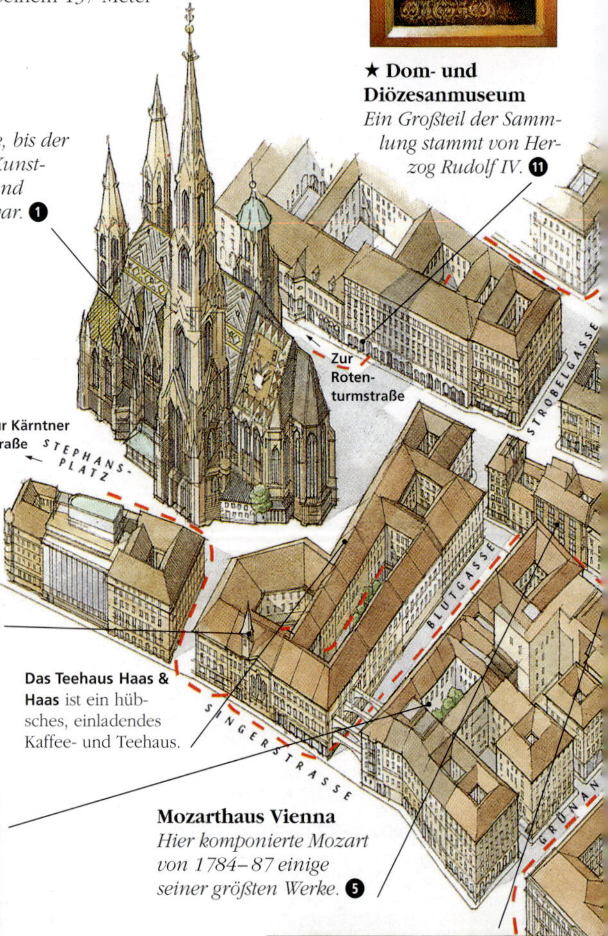

Deutschordenskirche
Die Schatzkammer des Deutschordenshauses befindet sich neben der gotischen Kirche. ❷

Das Teehaus Haas & Haas ist ein hübsches, einladendes Kaffee- und Teehaus.

Mozarthaus Vienna
Hier komponierte Mozart von 1784–87 einige seiner größten Werke. ❺

Domgasse
Im Haus Nr. 8 der hübschen Gasse befindet sich die Buchhandlung 777. ❹

Blutgasse
Innenhöfe wie dieser sind typisch für die Wohnhäuser in der Blutgasse. ❸

Dominikanerkirche
Die Barockkirche entstand ab 1730 an der Stelle einer 1237 geweihten Kirche. ❼

Zur Orientierung
Siehe Stadtplan 2 & 6

Schönlaterngasse
Die Laterne am Haus Nr. 6 gab der Straße ihren Namen. ❿

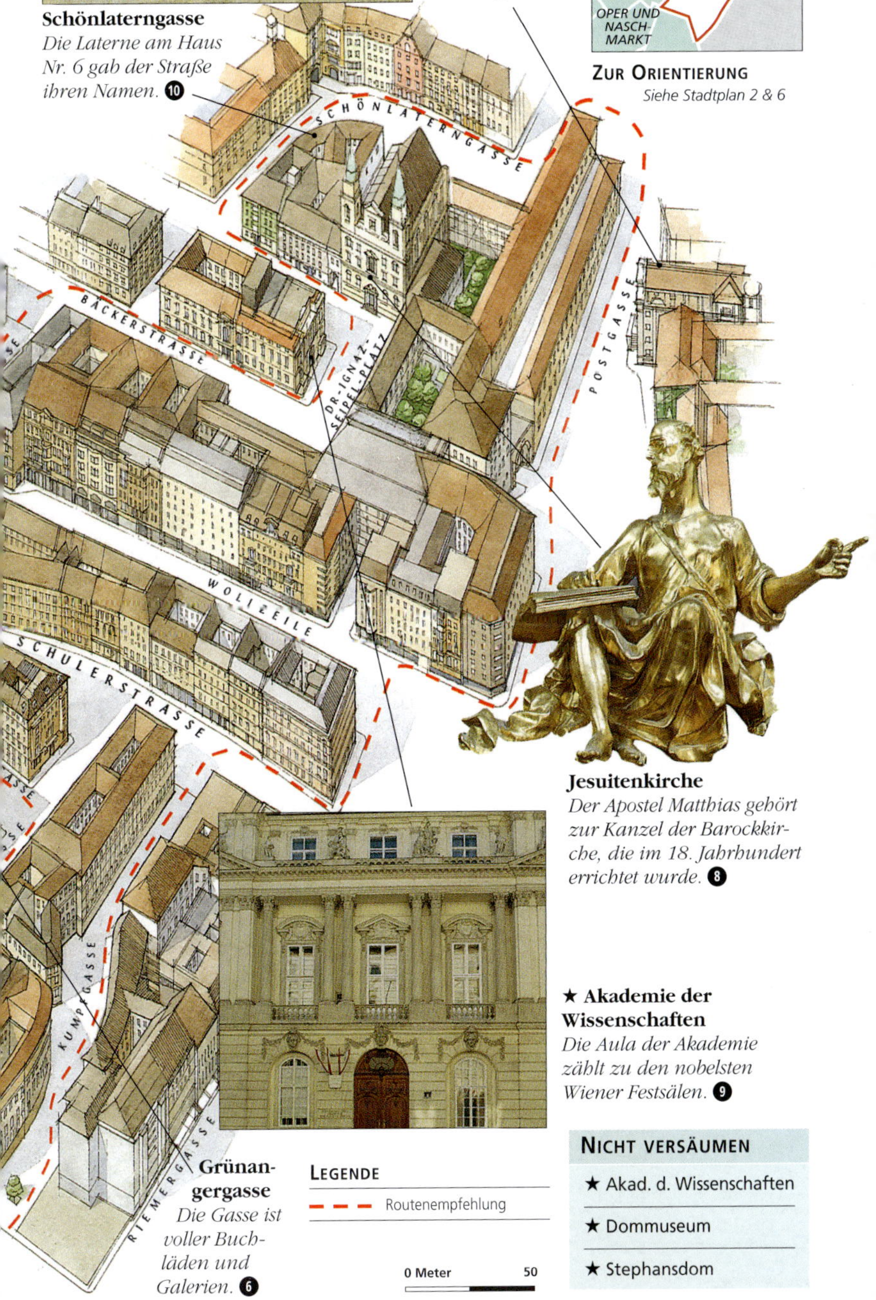

Jesuitenkirche
Der Apostel Matthias gehört zur Kanzel der Barockkirche, die im 18. Jahrhundert errichtet wurde. ❽

★ Akademie der Wissenschaften
Die Aula der Akademie zählt zu den nobelsten Wiener Festsälen. ❾

Grünangergasse
Die Gasse ist voller Buchläden und Galerien. ❻

Legende

Routenempfehlung

0 Meter 50

Nicht versäumen

- ★ Akad. d. Wissenschaften
- ★ Dommuseum
- ★ Stephansdom

Stephansdom ❶

Siehe S. 76–79.

Deutschordenskirche ❷

Singerstraße 7. **Stadtplan** 2 E5 u. 6 D3. *5121 065.* *Stephansplatz.* **Kirche** *tägl. 7–18 Uhr.* ***Schatzkammer*** *Mo, Do 10–12, Mi, Fr 15–17, Sa 10–12, 15–17 Uhr.* *Di, So, Feiertage.*

Die Kirche gehört dem im 12. Jahrhundert gegründeten Deutschritterorden. Sie ist im gotischen Stil des 14. Jahrhunderts erbaut. Um 1720 wurde sie von Anton Erhard Martinelli restauriert. An den Wänden hängen zahlreiche Gedenktafeln und Wappen der Deutschen Ritter. Der flämische Altar von 1520 zeigt Tafelbilder und Reliefs des Passionsweges Christi unter einem Baldachin in feinem Filigranmuster.

Die Ordensschatzkammer auf der anderen Seite des Hofs dient als Museum für die von den Großmeistern zusammengetragenen, vielfältigen Sammlungen. Beginnen Sie mit der Besichtigung der Münz- und Medaillensammlung, die auch einen Inthronisationsring aus dem 13. Jahrhundert enthält. Im zweiten Saal sieht man kunstvolle Filigranarbeiten, etwa Kelche und Messbecher, sowie eine Sammlung von Amtsstäben, Kreuzen und Messgewändern. Den Abschluss bilden gotische Gemälde und eine Kärntner Schnitzarbeit des *Hl. Georg mit dem Drachen* (1457).

Fähnrichshof, der Innenhof von Blutgasse 9

Flügelaltar der Deutschordenskirche (1520)

Blutgasse ❸

Stadtplan 2 E5 u. 6 D3. *Stephansplatz.*

Der Sage nach erinnert der Name an ein Massaker, bei dem 1312 das Blut der militärisch organisierten Tempelritter in Strömen durch diese Gasse floss. Doch die Straße ist schöner als ihr Name. Die hohen Mietshäuser datieren meist aus dem 18. Jahrhundert. Im Hof der Blutgasse 3 kann man einen gelungenen Verbund von Höfen und Wohnungen sehen, das Ergebnis einer geglückten Renovierung durch die Stadt. Besonders eindrucksvoll ist der Fähnrichshof in der Blutgasse 9.

Domgasse ❹

Stadtplan 2 E5 u. 6 D3. *Stephansplatz.*

Außer dem Mozarthaus ist auch der luftige Trienter Hof in der Domgasse sehenswert. Aus dem Mittelalter stammt Haus Nr. 6, Kleiner Bischofshof bzw. -haus genannt. Die Fassade schuf Matthias Gerl 1761. Im angrenzenden Haus wohnte und starb 1694 Franz Georg Kolschitzky. Als Lohn für seinen Heldenmut bei der Türkenbelagerung von 1683 soll er nur ein paar Pfund türkischen Kaffee verlangt haben, um später das erste Wiener Kaffeehaus zu eröffnen. Ob es stimmt, ist fraglich.

Mozarthaus Vienna ❺

Domgasse 5. **Stadtplan** 2 E5 u. 6 D3. *5121 791.* *Stephansplatz.* *tägl. 10–19 Uhr.* **www**.mozarthausvienna.at

Von 1784 bis 1787 lebte Mozart mit seiner Familie im ersten Stock des Hauses. Der Komponist hatte insgesamt elf Wohnungen in Wien. In diesem Gebäude allerdings entstanden zahlreiche Meisterwerke: die exquisiten Haydn-Quartette, einige Klavierkonzerte und *Die Hochzeit des Figaro*. Das Mozarthaus wurde zum Mozartjahr 2006 renoviert und präsentiert auf vier Ebenen Leben und Werk des Musikgenies. Im Erdgeschoss befinden sich ein Café und ein Museumsladen.

Das prachtvolle Hauptschiff der Dominikanerkirche

Grünangergasse ❻

Stadtplan 4 E1 u. 6 D3.
Ⓤ *Stephansplatz.*

Die Crêperie Zum Grünen Anker (Nr. 10) – eine Gaststätte, in der im 19. Jahrhundert Franz Schubert verkehrte – gab der Gasse den Namen. Das Tor von Nr. 8 schmückt ein Relief mit Wiener Backwerk – Laiberl, Beugel und Brezeln. Es ist das Kipferlhaus, benannt nach dem Gebäck. Den Torbogen des früheren Palais Fürstenberg (1720) ziert das Relief eines rennenden Hundepaars.

Dominikanerkirche ❼

Postgasse 4. **Stadtplan** 2 E5 u. 6 E3. ☎ *5129 174.* Ⓤ *Stephansplatz, Schwedenplatz.* ◷ *Mo–Sa 7–19, So 7–21 Uhr.* 📷

Der Dominikanerorden kam 1226 nach Wien und weihte hier um 1237 seine erste Kirche. Die heutige Kirche mit der majestätischen Barockfassade entstand etwa 1630 nach Antonio Canevales Entwürfen. Beeindruckend ist auch das reich geschmückte Innere. Die Kapelle rechts zieren Gitter und Leuchter im Rokoko-Stil. Über der Westpforte thront eine vergoldete Orgel mit einem Gehäuse aus dem 18. Jahrhundert. Sehenswert sind zudem die Fresken von Tencala und Rauchmiller sowie der Hochaltar.

Jesuitenkirche ❽

Dr.-Ignaz-Seipel-Platz 1. **Stadtplan** 2 E5 u. 6 E3. ☎ *5125 232.* Ⓤ *Stubentor, Stephansplatz, Schwedenplatz.* ◷ *tägl. 7–18.30 Uhr.* 📷

Der italienische Architekt Andrea Pozzo baute die Kirche zwischen 1703 und 1705 um. Heute beherrscht ihre Fassade den gesamten Dr.-Ignaz-Seipel-Platz. Um 1720 beschlossen die Jesuiten, ihr Hauptquartier hierher zu verlegen, um die benachbarte Alte Universität besser kontrollieren zu können. Der Orden war die beherrschende Macht hinter der Gegenreformation. Er rekatholisierte die Stadt, seine Macht offenbarte sich in Umfang und Höhe dieser Kirche.

Im überladenen Schiff umrahmen Marmorsäulen die Seitenkapellen. Die Deckenfresken sind geschickte Illusionsmalerei. Das Gestühl ist reich mit Schnitzwerk verziert.

Akademie der Wissenschaften ❾

Dr.-Ignaz-Seipel-Platz 2.
Stadtplan 2 E5 u. 6 E3. Ⓤ *Schwedenplatz, Stubentor.* ☎ *515 810.*
◷ *Mo–Fr 8–17 Uhr.*

Das frühere Herzstück der Alten Universität, die Akademie der Wissenschaften, besitzt eine eindrucksvolle Barockfassade. Die Aula, 1753 nach Plänen von Jean Nicolas Jadot de Ville-Issey errichtet, wurde restauriert. Ein doppeltes Treppenhaus führt in einen großen Saal – seit der Umgestaltung nach dem Brand von 1961 ist er einer der größten Wiens.

Prächtige Fresken zieren die Decken des Festsaals. Die Marmorwände sind mit Rokoko-Stuckwerk versehen. Hier wurde 1808 Haydns *Schöpfung* in Anwesenheit des Komponisten aufgeführt. Es war sein letzter öffentlicher Auftritt – am Vorabend seines 76. Geburtstags.

Brunnen von Salomon Kleiner, Akademie der Wissenschaften (1755)

Stadtplan *siehe Seiten 256–267*

Blick von der Schönlaterngasse auf die barocke Bernhardskapelle *(links)*

Schönlaterngasse ⑩

Stadtplan 2 E5 u. 6 E3.
Ⓤ *Stephansplatz, Schwedenplatz.*
Alte Schmiede ☎ *5128 329.*
◯ *Mo–Fr 10–15 Uhr.*

Ihren Namen verdankt die hübsche, verwinkelte Gasse der schönen schmiedeeisernen Laterne von Haus Nr. 6. Das Original von 1610 ist im Wien Museum Karlsplatz *(siehe S. 146)* zu sehen. Das solide Haus Nr. 4 (frühes 17. Jh.) folgt der Krümmung der Straße. Die Fassade des mittelalterlichen Basiliskenhauses (Nr. 7) schmückt ein schlangenartiges Fabelwesen (1740). 1212 soll hier in einem Brunnen ein Ungeheuer gesehen worden sein.

Der Komponist Robert Schumann lebte von 1838 bis 1839 im Haus Nr. 7a. Die Alte Schmiede, die dem Haus Nr. 9 den Namen gab, wurde im Kellergeschoss wiederaufgebaut. Im selben Komplex sind eine Kunstgalerie und ein Saal für Dichterlesungen und Musikworkshops untergebracht.

Dom- und Diözesanmuseum ⑪

Stephansplatz 6. **Stadtplan** 2 E5 u. 6 D3. ☎ *5155 236 89.* Ⓤ *Stephansplatz.* ◯ *Di–Sa 10–17 Uhr.* ● *Gründonnerstag, Ostermontag, 24., 31. Dez.*
www.dommuseum.at

Das Museum zeigt u.a. sakrale Bilder bedeutender österreichischer Künstler des 18. Jahrhunderts wie Franz Anton Maulbertsch, einige rustikale Schnitzereien des 16. und 17. Jahrhunderts und Werke des niederländischen Malers Jan van Hemessen. Auf jeden Fall sollten Sie sich die mittelalterlichen Holzschnitzereien ansehen, meist sind es Madonnendarstellungen mit Kind.

Besonders sehenswert ist der Domschatz. Er enthält zahlreiche Stiftungen von Herzog Rudolf IV., so auch sein Leichentuch und sein Porträt, das ein böhmischer Meister um 1360 anfertigte *(siehe S. 70)*. Außerdem werden hier ein Reliquiar (1592) des hl. Leopold mit Einlegearbeiten (Heilige und Wappen) sowie einige bemerkenswerte Emailarbeiten aus dem 12. Jahrhundert aufbewahrt.

Sonnenfelsgasse ⑫

Stadtplan 2 E5 u. 6 E3.
Ⓤ *Stephansplatz, Schwedenplatz.*

Wunderschöne Häuser säumen die hübsche Sonnenfelsgasse. Obwohl sie architektonisch keineswegs uniform wirkt, stehen an der Straßennordseite doch eher Patrizier- und Handelshäuser aus dem späten 16. Jahrhunderts. Nr. 19 (erbaut 1628, renoviert 1721) war ursprünglich Bestandteil der Alten Universität *(siehe S. 73)*. Nr. 11 besitzt einen eindrucksvollen Innenhof. Um zusätzlichen Wohnraum zu schaffen, hat man die ehemaligen Balkone in voller Höhe verglast.

Haus Nr. 3 besticht durch seine schöne Fassade. Darin untergebracht ist der Zwölf-Apostelkeller, das städtische Pendant zu einem Heurigenlokal, wie man die Weinschänken der Wiener Umgebung bezeichnet, in denen der neue Wein ausgeschenkt wird. Die Straße wurde nach dem Freiherrn Joseph von Sonnenfels benannt. Er war Maria Theresias juristischer Ratgeber, unter dessen Anleitung sie das Strafrecht reformierte und die Folter abschaffte.

Gotische Madonna (1325) im Diözesanmuseum

Heiligenkreuzerhof ⓭

Schönlaterngasse 5. **Stadtplan** 2 E5 u. 6 E3. *5125 896.* *Schwedenplatz.* *Mo–Sa 6–21 Uhr.* *So.* ***Bernhardskapelle*** *nach Vereinbarung.*

Grundeigentum in den Städten sicherten sich die mittelalterlichen ländlichen Klöster durch Präsenz vor Ort. Die Säkularisierung ab 1780 schmälerte diese Besitztümer. Das Stift der Abtei Heiligenkreuz *(siehe S. 176)* indes konnte erhalten werden.

In dem abgeschiedenen Hof mit Häusern aus dem 18. Jahrhundert ist das städtische Kolleg für angewandte Künste untergebracht. Die Bernhardskapelle von 1662 (um 1730 umgebaut) an der Südseite des Hofs ist ein Schmuckstück des Barock. An ihr befindet sich noch ein Mauerrest aus der Zeit der Babenberger (976–1246) – ein Zeichen dafür, dass auch dieses Bauwerk viel älter ist, als es zunächst erscheint.

Fresko am Haus Bäckerstraße 12

Bäckerstraße ⓮

Stadtplan 2 E5 u. 6 D3. *Stephansplatz.*

Im Mittelalter waren in dieser Straße die städtischen Bäckereien untergebracht, heute ist sie eher für ihr Nachtleben bekannt. Der Turm von Nr. 2 stammt aus dem 17. Jahrhundert, das Gebäude hat auch einen hübschen Hof. Gegenüber, in Nr. 1, befindet sich der Alte Regensburgerhof, der Vorposten der bayerischen Kaufleute, die im 15. Jahrhundert in Wien Handel trieben. Nr. 8 ist das ehemalige Palais des Grafen Seilern (1722). Das Wohnhaus Nr. 7 weist den einzigen Renaissance-Arkadenhof mit Stallungen in Wien auf. Die Häuser Nr. 12 und 14 sind ebenfalls im Stil der Renaissance erbaut.

Haas-Haus ⓯

Stephansplatz 12. **Stadtplan** 2 E5 u. 6 D3. *5356 083.* *Stephansplatz.* *tägl. 9–2 Uhr.*

Der bedeutende österreichische Architekt Hans Hollein wurde mit der heiklen Aufgabe betraut, ein modernes Gebäude direkt gegenüber dem Stephansdom zu errichten. So entstand 1990 das Haas-Haus: Die schimmernd glänzende Konstruktion aus Glas und blaugrünem Marmor beschreibt einen eleganten Bogen bis zum Graben hin. Der ansprechende, asymmetrische Bau ist mit dekorativen Elementen versehen – schief hängende Marmorkuben an der Fassade, oben ein sprungbrettartig vorkragender Mauerteil und innen eine japanische Brücke. Rund um das Atrium reihen sich Cafés, Geschäfte, das Restaurant Do & Co *(siehe S. 212)* und Büroräume.

Franziskanerkirche ⓰

Franziskanerplatz 4. **Stadtplan** 4 E1 u. 6 D4. *5124 578.* *Stephansplatz.* *Mo–Sa 6–17.45, So 7–17.30 Uhr.*

Die Franziskaner ließen sich spät in Wien nieder und begannen mit dem Bau einer Kirche an der Stelle eines ehemaligen mittelalterlichen Konvents. Die Kirche (1603) dominiert den Franziskanerplatz. Die Fassade im Stil der süddeutschen Renaissance wird von einem verzierten Obeliskengiebel überdacht.

Die schillernde Fassade des Haas-Hauses (1990)

Ausschnitt von Andrea Pozzos Altar (1707), Franziskanerkirche

Den Mosesbrunnen vor der Kirche schuf 1798 der Klassizist Johann Martin Fischer.

Das Kircheninnere ist in üppigem Barock dekoriert, mit einer kunstvoll gestalteten Kanzel (1726) und reichen Schnitzereien am Gestühl. Der spektakuläre Hochaltar von Andrea Pozzo reicht bis an die Decke. Dreidimensional ist nur die Vorderansicht – der Rest ist Illusionsmalerei. Ein Highlight ist die *Kreuzigung* (1725) von Carlo Carlone unter den Bildern an den Nebenaltären.

Für die Besichtigung der Orgel ist eine Erlaubnis der Mönche notwendig, doch die Mühe lohnt: Es ist die älteste Orgel (1642) Wiens, entworfen von Johann Wöckerl. Sie ist mit Statuen musizierender Engel verziert. Das Gehäuse zeigt Darstellungen religiöser Themen.

Stephansdom ❶

Statue Rudolfs IV.

Mitten in Wien ragt das nationale Wahrzeichen hoch empor: der Stephansdom. Es ist sicher kein Zufall, dass sich bis heute in den Urnen unterhalb des Hauptaltars die Überreste einiger Habsburger befinden. Das Riesentor und die beiden Heidentürme sind die letzten Zeugnisse der spätromanischen Kirche, die im 13. Jahrhundert hier erbaut wurde. Das gotische Mittelschiff, der Chor und die Seitenkapellen entstanden während der Neugestaltung des Doms im 14. und 15. Jahrhundert. Nebengebäude wie die Untere Sakristei kamen in der Barockzeit hinzu.

★ Riesentor und Heidentürme
Tor und Türme bilden den romanischen Kern des Doms.

Nordturm
Der Sage nach brach der Baumeister Puchsbaum einen Pakt mit dem Teufel, indem er den Namen der heiligen Jungfrau aussprach. Daraufhin stürzte Puchsbaum zu Tode, und der Turm blieb unvollendet.

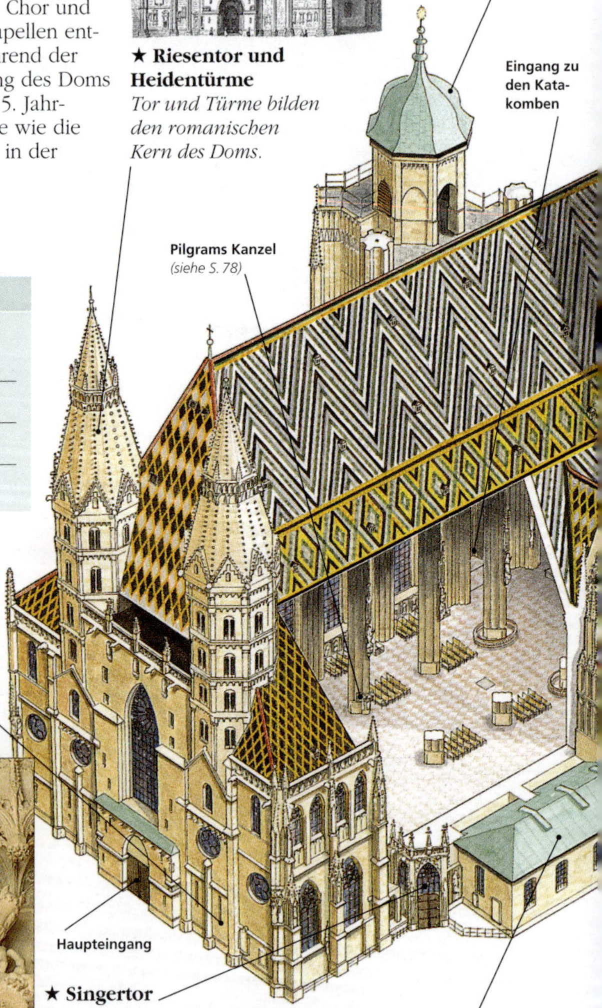

Eingang zu den Katakomben

Pilgrams Kanzel
(siehe S. 78)

Haupteingang

Untere Sakristei

Nicht versäumen

- ★ Riesentor und Heidentürme
- ★ Singertor
- ★ Steffl
- ★ Ziegeldach

Die symbolische Nummer »05« der österreichischen Widerstandsbewegung wurde 1945 hier eingemeißelt. Dabei steht die Null für O und die Fünf für den fünften Buchstaben des Alphabets E, also 05 = OE für Österreich

★ Singertor
Durch dieses Tor betraten die männlichen Besucher das Kircheninnere. Über der Tür befindet sich ein Relief mit Szenen aus dem Leben des hl. Paulus.

★ Steffl oder Stephansturm
Der 137 Meter hohe gotische Turm gilt als Wahrzeichen Wiens. Von der Turmstube (siehe S. 79) *aus gelangen die Besucher über eine Treppe auf die Aussichtsplattform.*

INFOBOX

Stephansplatz 3, A-1010.
Stadtplan 2 E5 u. 6 D3.
515 523 526. Stephansplatz. 1A. Mo–Sa 6–22, So, Feiertage 7–22 Uhr.
So, Feiertage tägl. 11 Messen; Mo–Sa tägl. 8 Messen.
Pummerin (Aufzug): tägl. 9.30–17.30 Uhr.
Orgelkonzerte Mai–Nov: Mi.
www.stephansdom.at

★ Ziegeldach
Fast eine Viertelmillion Ziegel bedecken das Dach, das in den letzten Tagen des Zweiten Weltkriegs zerstört und später liebevoll restauriert wurde.

JOHANNES CAPISTRAN

Die Kanzel in der Nordostecke des Chors wurde um das Jahr 1430 erbaut. Von hier aus soll der italienische Franziskanermönch Johannes Capistran (1386–1456) durch seine Gebete die türkische Invasion verhindert haben. Die Barockstatue (18. Jh.), die sich über der Kanzel befindet, stellt den triumphierenden Heiligen mit einem besiegten Feind dar.

ZEITSKALA

1147 Auf der vom Bischof von Passau geweihten Stätte entsteht die erste romanische Kirche

1304 Herzog Rudolf IV. veranlasst den Bau des hochgotischen Albertinischen Chors

1515 Anton Pilgrams Kanzel entsteht

1711 Guss der Pummerin aus den Waffen, die von den Türken erobert wurden

1948 Ende der Rekonstruktion und Restaurierung

1100 | 1200 | 1300 | 1400 | 1500 | 1600 | 1700 | 1800 | 1900 | 2000

1230 Das zweite romanische Gebäude entsteht

1359–1440 Bau von Seitenschiff, Südbogen und Südtürmen

1515 Doppelhochzeit der Enkel Maximilians mit den Kindern des Königs von Ungarn

1556 Überdachung des Nordturms

1783 Wegen der Pest Sperrung des Innenhofs

1916 Begräbnis von Kaiser Franz Joseph

1945 Feuer im Dom nach einem Bombenhagel

Stadtplan *siehe Seiten 256–267*

Stephansdom: Innenraum

Das hoch gewölbte Innere des Doms birgt eine beeindruckende Kunstsammlung, die den Bogen über mehrere Jahrhunderte spannt: Zu den Meisterwerken der Gotik zählen die prächtig geschmückte Kanzel, einige Heiligendarstellungen an den Pfeilern und die Baldachine der Nebenaltäre. Den Wiener Neustädter Flügelaltar (15. Jh.) links vom Hochaltar schmücken 72 Heiligenbilder. Hinter den Altarflügeln befinden sich kunstvolle Skulpturengruppen. Das spektakulärste Renaissance-Werk bildet das Hochgrab Friedrichs III. – und der Hauptaltar verleiht dem Ganzen eine hochbarocke Note.

Katakomben
Eine Treppe führt zu den Katakomben, die unter dem Domplatz liegen.

Selbstbildnis Pilgrams
Das Selbstbildnis von Dombaumeister Anton Pilgram mit Zirkel und Winkel befindet sich am Orgelfuß.

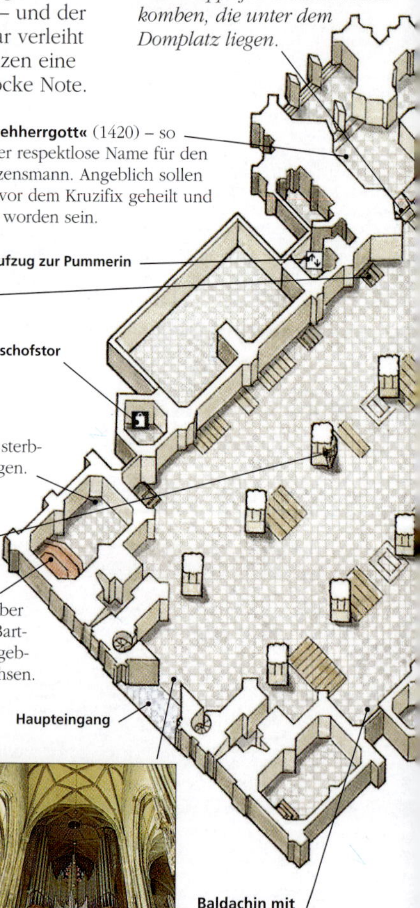

»Zahnwehherrgott« (1420) – so lautet der respektlose Name für den Schmerzensmann. Angeblich sollen Spötter vor dem Kruzifix geheilt und bekehrt worden sein.

Aufzug zur Pummerin

Bischofstor

In der Tirna-Kapelle ruhen die sterblichen Überreste von Prinz Eugen.

Die Statue des Gekreuzigten über dem Altar hat Barthaare, die – angeblich – nachwachsen.

Haupteingang

★ Pilgrams Kanzel
Die Büsten der vier Kirchenväter (jeder verkörpert eines der vier Temperamente) schmücken die kunstvoll verschlungene gotische Kanzel. Meister Pilgram selbst blickt aus einem »Fenster« darunter.

Orgelempore und Gehäuse
Die Orgel wurde 1960 auf der Empore über dem Haupteingang installiert. Eine neuere Orgel steht im Südchor.

Baldachin mit Pötscher Madonna
Die Marienikone (1697), der man den Sieg Prinz Eugens über die Türken bei Zenta zuschrieb, stammt aus der ungarischen Stadt Pécs (Fünfkirchen).

★ Wiener Neustädter Altar
Friedrich III. (1447) stiftete diesen kunstvoll gestalteten Altar. Die bemalten Altarflügel öffnen sich auf ein früher datiertes Mittelstück mit Szenen aus dem Leben Mariä und Christi. Diese Tafel zeigt die Anbetung der Könige *(1420).*

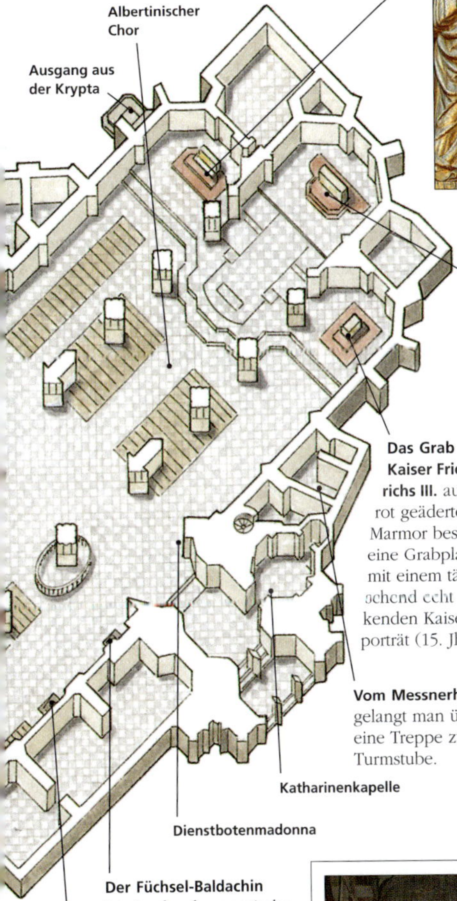

Albertinischer Chor

Ausgang aus der Krypta

Das Grab Kaiser Friedrichs III. aus rot geädertem Marmor besitzt eine Grabplatte mit einem täuschend echt wirkenden Kaiserporträt (15. Jh.).

Vom Messnerhaus gelangt man über eine Treppe zur Turmstube.

Katharinenkapelle

Dienstbotenmadonna

Der Füchsel-Baldachin ist eine kostbare gotische Arbeit.

Der Dreifaltigkeits-Altar stammt vermutlich von 1740.

★ Hochaltar
Tobias Pocks Altarbild zeigt die Steinigung des hl. Stephanus. Die Skulpturen schuf 1647 der Künstler Johann Jakob Pock.

Die Pummerin

Die im Nordturm hängende Glocke, die sogenannte Pummerin, ist ein Symbol für die turbulente Vergangenheit Wiens. Das Original war aus von den Türken 1683 erbeuteten Kanonen gegossen worden. 1945, beim Großbrand im Dom, fiel die alte Glocke aus dem Jahr 1711 durch das Dach nach unten und zerbrach. Aus den Überresten entstand eine neue, noch größere Glocke.

Nicht versäumen

- ★ Hochaltar
- ★ Pilgrams Kanzel
- ★ Wiener Neustädter Altar

Winterpalais des Prinzen Eugen: Atlanten in der Halle

Winterpalais des Prinzen Eugen ⓱

Himmelpfortgasse 4–8. **Stadtplan** 4 E1 u. 6 D4. *514 33.* *Stephansplatz.* ***Vestibül*** *Mo–Fr 8–16 Uhr.*

Prinz Eugen von Savoyen ließ 1694 das Winterpalais erbauen. Das Resultat ist einer der prächtigsten Barockbauten in Österreichs Metropole. Maria Theresia kaufte das Winterpalais für den Staat (1752). Der Zugang ist beschränkt. Vom barocken Stiegenhaus *(siehe S. 43)* können Sie aber in den Innenhof mit dem hübschen Rokoko-Brunnen schauen.

Annagasse ⓲

Stadtplan 4 E1 u. 6 D4. *Stephansplatz.* ***Zum blauen Karpfen*** *für Besucher.*

Die Geschichte des Barock-Ensembles reicht bis ins Mittelalter zurück. Sehenswert sind der Mailbergerhof und das stuckverzierte Hotel Römischer Kaiser *(siehe S. 195)*. Das Barockrelief über dem Eingang zu Nr. 14 zeigt oberhalb einer gemalten Kindergruppe das Hausschild der einstigen Gaststätte Zum blauen Karpfen. In der Nr. 2 befindet sich das Palais Esterházy (17. Jh.), heute ein Spielcasino.

Annakirche ⓳

Annagasse 3b. **Stadtplan** 4 E1 u. 6 D4. *5124 797.* *Stephansplatz.* *tägl. 7–19 Uhr.*

Eine Kapelle gab es in der Annagasse schon seit 1320, doch die heutige Annakirche entstand 1629–34 und wurde von den Jesuiten im frühen 18. Jahrhundert renoviert. Die Verehrung der hl. Anna ist bei den Wienern tief verwurzelt, sodass man hier oft Betende antrifft.

Von außen gesehen ist die Kuppel aus Kupferguss der schönste Teil der Kirche. Daniel Gran schuf die mittlerweile verblichenen Deckenfresken. Auffälliger ist sein farbenfrohes Bild der hl. Anna auf dem Hochaltar. Neben Franz Anton Maulbertsch war Gran der tonangebende Maler des österreichischen Barock. Die erste Kapelle links birgt in ihrem Inneren die Kopie einer wertvollen Anna-Selbdritt-Holzgruppe von etwa 1505 – das Original ist im Diözesanmuseum *(siehe S. 74)* zu sehen: Anna als mächtige Mutterfigur und ihre Tochter Maria mit dem Jesuskind im Schoß. Die Gruppe wird dem Bildhauer Veit Stoß zugeschrieben.

Haus der Musik ⓴

Seilerstätte 30. **Stadtplan** 4 E1. *513 48 50.* *Stephansplatz.* *tägl. 10–22 Uhr.* *nach Vereinbarung.* **www**.hdm.at

Das Haus der Musik wurde 2002 eröffnet. Es setzt modernste audiovisuelle und interaktive Technologien ein, um alle Aspekte von Musik und Klängen begreifbar zu machen.

Die Besucher bewegen sich durch Experimentierzonen wie das Instrumentarium mit riesigen Musikinstrumenten oder das Polyphonium, in dem die Klänge der Welt gesammelt werden.

Museum für angewandte Kunst (MAK) ㉑

Siehe S. 82f.

Turm der Annakirche mit verkupferter Kuppel

Teil der Fassade der Griechischen Kirche, Griechengasse

Postsparkasse ㉒

Georg Coch Platz 2. **Stadtplan** 2 F5 u. 6 F3. *514 000.* *Schwedenplatz.* *Mo–Mi u. Fr 8–15, Do 8–17.30 Uhr.*

Das Gebäude der Postsparkasse ist ein Paradebeispiel für die Architektur der Secession *(siehe S. 54–57).* Das moderne Haus von Otto Wagner wurde 1904–06 errichtet und enthält einige typische Stilmerkmale: das überhängende Dachgesims, Aluminiumsäulen als Stützen des Baldachins, heroische Engelskulpturen und ornamental wirkende, vorspringende »Aluminiumnägel« in den Wänden.

Wagner war Pionier im dekorativen Gestalten funktionaler Details. Die Metallsäulen in der überglasten Kassenhalle des Gebäudes sind mit Aluminium verkleidet, die Lüftungsschächte umschließen den Raum schlauchartig.

Fleischmarkt ㉓

Stadtplan 2 E5 u. 6 D2–E3. *Schwedenplatz.* ***Griechische Kirche*** *5122 133.* *Mo–Fr 9–16 Uhr.*

Der frühere Fleischmarkt entstand um 1220. Das gemütliche Gasthaus Griechenbeisl ist sein bekanntester Treffpunkt. An der Fassade sieht man die Figur eines Dudelsackpfeifers. Angeblich soll er während der Pest von 1679 im Rausch auf der Straße eingeschlafen sein. Als vermeint liches Pestopfer landete er im Pestbrunnen. Dort erwachte er, spielte ein Lied auf seinem Dudelsack und wurde gerettet. Viele Musiker des 19. Jahrhunderts waren Stammgäste in diesem Beisl, so auch Brahms und Wagner.

Nebenan befindet sich die byzantinische Griechische Kirche, die um 1850 errichtet wurde. Eine Passage verbindet das Griechenbeisl mit der Griechengasse.

Griechengasse ㉔

Stadtplan 2 E5 u. 6 E2. *Schwedenplatz.* ***Griechisch-orthodoxe Georgskirche*** *5122 133.* *nach Vereinbarung, Mo–Fr 9–16 Uhr, Sa, So nur zur Messe.*

Der Name erinnert an griechische Kaufleute, die sich hier im 18. Jahrhundert niederließen. Das Haus rechts entstand 1611, wurde allerdings umgebaut. Die griechisch-orthodoxe Georgskirche gegenüber ist nicht mit der Griechischen Kirche am Fleischmarkt zu verwechseln. Messen finden abwechselnd in beiden statt. Die Georgskirche wurde 1803 erbaut, der Giebel kam 1898 hinzu. Haus Nr. 7 stammt aus dem 17. Jahrhundert, die Fassade aus dem späten 18. Jahrhundert. Im Innenhof gibt es zwei Holztafeln mit osmanischen Inschriften, die wohl aus der Zeit der türkischen Belagerung (17. Jh.) stammen. Der Wachturm im Hof geht auf das 13. Jahrhundert zurück.

Ruprechtskirche ㉕

Ruprechtsplatz. **Stadtplan** 2 E5 u. 6 D2. *5356 003.* *Schwedenplatz.* *Mo–Fr 9.30–11.30, Sa 17, So 10.30 Uhr zur Messe; Juli u. Aug: Sa nur 18 Uhr zur Messe.* *Spende erbeten.*

Efeubewachsene Ruprechtskirche

Sankt Ruprecht *(siehe S. 22)* war der Schutzpatron der Wiener Salzhändler. Die nach ihm benannte Kirche überragt den ehemaligen Landesteg der Salzhändler am Donaukanal. Am Fuß des romanischen Kirchturms steht eine Statue des Heiligen mit einem Topf Salz in der Hand – im Mittelalter ein kostbares Handelsgut. Die im 11./12. Jahrhundert erbaute Kirche ist die älteste Wiens. Das immer wieder restaurierte Innere ist weniger interessant, sehenswert sind allerdings die ältesten Bleiglasfenster der Stadt. Der Chor stammt aus dem 13., das gewölbte Südschiff aus dem 15. Jahrhundert.

Dudelsackpfeifer an der Fassade des Griechenbeisl, Fleischmarkt

Museum für angewandte Kunst (MAK) ㉑

Das Museum für angewandte Kunst/Gegenwartskunst ist das Schaufenster des österreichischen Kunsthandwerks und ein Fundus für Exponate aus aller Welt. Es entstand aus dem 1864 gegründeten Museum für Kunst und Industrie, dieses erwarb auch immer mehr Exponate neuer künstlerischer Bewegungen. Neben einer Möbelsammlung mit klassischen Werken des deutschen Möbeltischlers David Roentgen zeigt das Museum Textilien, Gläser, islamische und ostasiatische Kunst sowie kostbaren Renaissance-Schmuck. 1993 wurde im Rahmen einer Grundrenovierung jeder Saal des Museums von jeweils einem bekannten Künstler umgestaltet, was den hier ausgestellten Exponaten etwas Einzigartiges verleiht.

★ Sammlung Wiener Werkstätte
Die Messingvase mit eingelegten Citrinen (Topas-Imitationen) schuf Kolo Moser 1903 für die Wiener Werkstätte.

★ Dubsky Porzellan-Saal
Rekonstruktion eines Saals (um 1724) des Palais Dubsky in Brno (Brünn).

Romanik, Gotik und Renaissance
1993 schuf Matthias Esterházy die Schaukästen für die Möbel und Fayencen, die sich harmonisch von den blauen Wänden abheben.

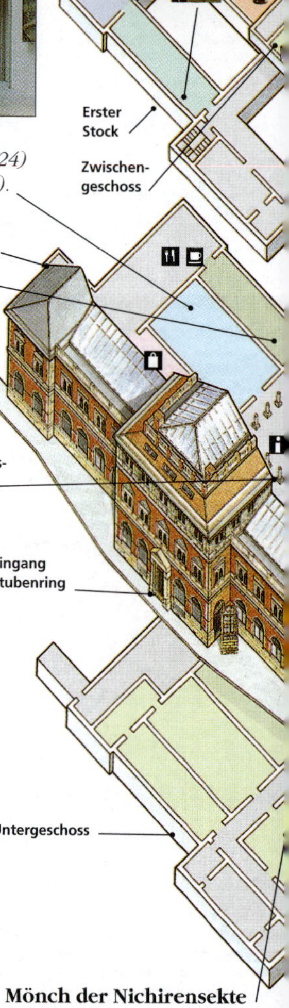

Kurzführer

Das Untergeschoss ist für Einzelsammlungen reserviert, im Erweiterungsbau finden Sonderausstellungen statt. Die meisten Dauerausstellungen haben ihren Platz im Erdgeschoss. Die Sammlung der Wiener Werkstätte sowie Architektur des 20. und 21. Jahrhunderts sind im ersten Stock zu sehen. Im Westflügel führt eine Treppe zum zeitgenössischen Design.

Legende

- Romanik, Gotik, Renaissance
- Barock, Rokoko
- Wiener Werkstätte
- Jugendstil, Art déco
- Islamische Kunst
- Biedermeier
- Design des 20. Jahrhunderts
- Einzelsammlungen
- Wechselausstellungen
- Kein Ausstellungsbereich

Mönch der Nichirensekte
Die japanische Holzskulptur aus der Muromachi-Periode (um 1500) zeigt einen betenden Mönch.

Wiener Werkstätte

Josef Hoffmann *(rechts)* und Kolo Moser gründeten 1903 die partnerschaftlich organisierte Produktionsgemeinschaft. Hier wurden Erzeugnisse aller Art gefertigt, von der Briefmarke über Buchillustrationen bis zu Textilien, Möbeln, Schmuck und Inneneinrichtung. Das Museum enthält das Archiv der Werkstätte mit Skizzen, Stoffmustern und Objekten.

Infobox

Stubenring 5, A-1010. **Stadtplan** 2 F5 u. 6 F3. ☎ *711 360.*
Ⓤ *Stubentor.* 🚌 *1A, 74A.*
Ⓢ *Landstraße.* ○ *Di 10–24, Mi–So 10–18 Uhr.* ● *1. Jan, 25. Dez (24., 31. Dez. 10–15 Uhr geöffnet).*
www.mak.at

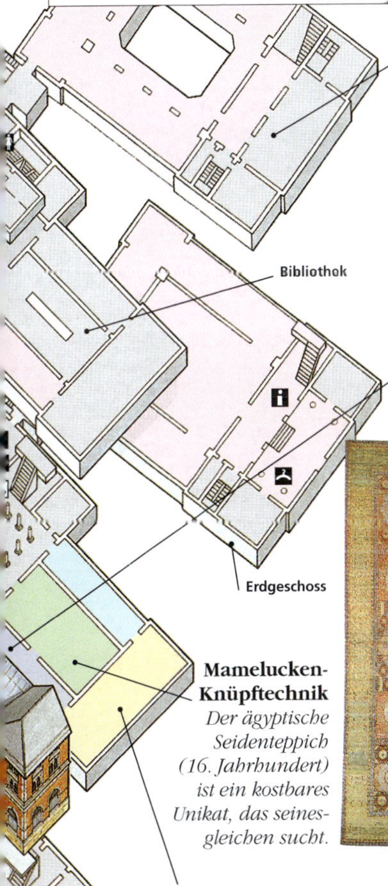

Vortragssaal

Bibliothek

Erdgeschoss

Mundus' Stuhl
Ab 1830 begann der Möbeltischler Michael Thonet (1796–1871) mit der Fertigung sogenannter Bugholzmöbel, die schnell populär wurden. Der abgebildete Stuhl stammt von Mundus (1910).

Mamelucken-Knüpftechnik
Der ägyptische Seidenteppich (16. Jahrhundert) ist ein kostbares Unikat, das seinesgleichen sucht.

Nicht versäumen

- ★ Biedermeier-Saal
- ★ Dubsky Porzellan-Saal
- ★ Sammlung Wiener Werkstätte

★ Biedermeier-Saal
Das Kirschholzsofa (1825–30) aus der Danhauser'schen Möbelfabrik ist ein Paradebeispiel des Wiener Biedermeier (siehe S. 30f). *Die originale Polsterung wurde rekonstruiert.*

Stadtplan *siehe Seiten 256–267*

Jüdisches Viertel 26

Stadtplan 2 F5 u. 6 D2. *Schwedenplatz.* ***Stadttempel*** *531 040. Mo & Do auf Anfrage vormittags oder bei Führungen um 11.30 u. 14 Uhr (Ausweis ist vorzuzeigen).*

Heute sorgen die Discos und Bars des sogenannten Bermuda-Dreiecks für den Bekanntheitsgrad des Viertels. Die Judengasse säumen Modeläden und Bars. Erwähnenswert sind einige solide Wohnblocks aus der Zeit des Biedermeier. Am Ruprechtsplatz, im ehemaligen Rathaus, gibt es das koschere Restaurant Alef-Alef. Der dahinterliegende Kornhäuselturm ist nach Joseph Kornhäusel benannt, einem Baumeister des Biedermeier. Hier soll er Zuflucht vor seiner streitbaren Ehefrau gesucht haben.

Gleich beim Alef-Alef befindet sich die Sterngasse mit dem Neustädterhof, einem von Anton Ospel 1734 geschaffenen Barockpalais. 1683 schlug, bis heute sichtbar, eine türkische Kanonenkugel in die Fassade ein.

Die älteste erhaltene Wiener Synagoge, der Stadttempel von Kornhäusel (um 1820), steht in der Seitenstettengasse, nahe dem Zentrum der jüdischen Gemeinde. Das Jüdische Museum, das hier früher untergebracht war, befindet sich heute in der Dorotheergasse *(siehe S. 93)*.

Ankeruhr am Hohen Markt

Hoher Markt 27

Stadtplan 2 E5 u. 6 D2. *Stephansplatz, Schwedenplatz.* ***Römisches Museum*** *505 874 785. Di–So 9–18 Uhr.*

Der Hohe Markt ist der älteste Platz Wiens. Im Mittelalter fanden hier neben dem Fisch- und Tuchmarkt auch Hinrichtungen statt. Heute kann man noch die unterirdischen Ruinen eines römischen Kastells besichtigen *(siehe S. 21)*. Nach dem Zweiten Weltkrieg wurden bei Ausgrabungen Häuserzeilen entdeckt, die durch schnurgerade Straßen mit den Stadttoren verbunden waren. Vermutlich handelt es sich um Offiziersunterkünfte (2./3. Jh.). Außer den Ruinen sind auch Reliefs, Töpferwaren und Dachziegel zu besichtigen.

Den Mittelpunkt des Platzes bildet der Vermählungsbrunnen, auch Josephsbrunnen genannt. Er ist die Einlösung eines Gelübdes von Kaiser Leopold I. nach der glücklichen Heimkehr seines Sohns Joseph aus dem Feldzug bei Landau. Den Brunnen entwarf Johann Bernhard Fischer von Erlach, sein Sohn Joseph Emanuel beaufsichtigte die Bauarbeiten 1729–32. Der Brunnen ist mit Figuren geschmückt, die die Vermählung Josephs mit Maria vor dem Hohepriester zeigen. Auf kannelierten Säulen ruht ein kunstvoll gefertigter Baldachin.

Die Ankeruhr, eine Jugendstil-Kunstuhr aus Kupfer und Bronze, ziert eine Brücke zwischen zwei Bürohäusern. Die Anker-Versicherungsgesellschaft ließ sie von Franz Matsch entwerfen. 1914 wurde sie fertiggestellt. Zwölf Figuren aus der Geschichte Wiens, u. a. Kaiser Mark Aurel, Herzog Rudolf IV. und Joseph Haydn, ziehen zu Orgelklängen am Zifferblatt vorbei. Die beste Besichtigungszeit ist zwölf Uhr mittags, wenn alle Figuren paradieren.

Böhmische Hofkanzlei 28

Judenplatz 11. **Stadtplan** 2 D5 u. 5 C2. *531 22. Stephansplatz. Mo–Fr 8–15.30 Uhr.*

Die Habsburger waren auch Könige von Böhmen, das sie von diesem prächtigen Palais (1709–14) aus regierten. Den Bau schuf einer der damals genialsten Architekten: Johann Bernhard

Wiens Juden – Gestern und Heute

Seit dem 12. Jahrhundert gab es in Wien eine jüdische Gemeinde, deren Zentrum der Judenplatz, später der Stadttempel war. Ihre Erfolge riefen Neid hervor. 1421 wurde, nach einer Anklage wegen Ritualmordes, fast die gesamte jüdische Gemeinde entweder verbrannt, zur Bekehrung gezwungen oder vertrieben. Kurze Blütezeiten wechselten von da an ab mit Not und Vertreibung. Das Toleranzedikt von 1781 hob Beschränkungen für Juden auf, und im späten 19. Jahrhundert waren Kultur und intellektuelles Leben der Stadt jüdisch geprägt. Anfang des 20. Jahrhunderts breitete sich der Antisemitismus aus. Zahlreiche Juden flohen vor den Nazis. Von den Verbliebenden wurden 65 000 ermordet. 1938 lebten 170 000 Juden in Wien, 50 Jahre später nur noch 7000. Heute kommen wieder verstärkt Juden aus Osteuropa in die Stadt.

Das Innere des Stadttempels

Fischer von Erlach *(siehe S. 149)*. 1751–54 wurde die Hofkanzlei von Matthias Gerl erweitert. Den Höhepunkt der mächtigen, gleichwohl subtilen Architektur bildet das riesige Barocktor. Beachtung verdienen auch die elegant geschwungenen Fensterrahmen im ersten Stock.

Das Innere des heutigen Gerichtsgebäudes mit den zwei Innenhöfen ist weniger eindrucksvoll, da große Teile nach dem Zweiten Weltkrieg wiederaufgebaut wurden.

Altes Rathaus ㉙

Wipplingerstraße 8. **Stadtplan** 2 D5 u. 6 D2. *Schwedenplatz.* ***Salvatorkapelle*** *5337 133. Mo–Do 9–17 Uhr oder nach Vereinbarung.* ***Dokumentationsarchiv des österreichischen Widerstandes*** *2289 469/319. Mo–Do 9–17 Uhr (Do bis 19 Uhr).* **www**.doew.at

Im Jahr 1309 kam es zu einem Aufstand gegen die Habsburger, nach dessen

Ornament am Rathauseingang

Ende das Eigentum der Verschwörer konfisziert und der Gemeinde übergeben wurde. Die Besitztümer wurden später zu dem Gebäudekomplex erweitert, der bis 1883 als Rathaus diente.

Ornamentale Eisenkonstruktionen schmücken den Eingang zum Alten Rathaus, das heute Ämter und Geschäfte beherbergt sowie das Bezirksmuseum, das die Geschichte des ersten Wiener Stadtbezirks (Gebiet innerhalb des Stadtrings) erzählt. Interessanter ist jedoch das Dokumentationsarchiv des österreichischen Widerstandes gegen die Nationalsozialisten im ersten Stock. Obwohl viele Österreicher Hitlers Machtübernahme 1938 begrüßten, leisteten einige Widerstand. Die Dauerausstellung ist dieser Opposition gewidmet.

Portalfigur von Lorenzo Mattielli, Böhmische Hofkanzlei

In einer Ecke im Innenhof des Alten Rathauses steht der Andromedabrunnen. Er entstand 1741 als letzte Arbeit des Bildhauers Georg Raphael Donner. Das Relief zeigt Andromedas Befreiung durch Perseus.

Die 1361 geweihte Salvatorkapelle (Salvatorplatz 5) blieb als einziger Teil des mittelalterlichen Rathauses erhalten. Die schönen gotischen Bogen überdauerten die vielen Umgestaltungen. Die alten marmornen Grabplatten an den Wänden stammen teilweise aus dem 15. Jahrhundert. Die hübsche Orgel (um 1740) wird zeitweise noch für Konzerte benutzt. An der Außenfassade zur Salvatorgasse hin gibt es ein exquisites Renaissance-Portal (1520–30) – ein seltenes Beispiel italienischen Einflusses in Wien.

Maria am Gestade ㉚

Salvatorgasse 12. **Stadtplan** 2 D5 u. 5 C2. *5339 594. Schwedenplatz, Stephansplatz. tägl. 7.30–18 Uhr, hinterer Teil nur auf Anfrage.*

Die gotische Kirche mit dem 56 Meter hohen Turm und den riesigen Chorfenstern ist eine der ältesten Sehenswürdigkeiten Wiens. 1158 wurde sie erstmals urkundlich erwähnt. Der jetzige Bau entstand im späten 14. Jahrhundert. Zeitweise diente er – während der Belagerung durch Napoléon (1809) – als Waffenlager.

Baldachine mit Statuen verschiedener Epochen (Mittelalter, Barock, Moderne) beleben die Säulen des Hauptschiffs. Der Chor beherbergt zwei hochgotische Tafelbilder (1460): Verkündigung und Krönung Mariä (auf der Rückseite eine Kreuzigung). Mittelalterliche Glasmalereien, oft nur fragmentarisch erhalten, schmücken die Fenster hinter dem Hochaltar. An der Nordseite des Chors birgt eine Kapelle einen schön bemalten Steinaltar (1520). Die wesentlichen Teile sind vom Eingang her zu erkennen. Eine ausführliche Besichtigung ist nur auf Anfrage hin möglich.

Gotische Baldachine, Maria am Gestade

Stadtplan *siehe Seiten 256–267*

Holocaust-Mahnmal am Judenplatz

Judenplatz 31

Stadtplan 2 D5 u. 5 C2. *Stephansplatz, Herrengasse.* ***Museum Judenplatz*** *535 0431.* *So–Do 10–18 Uhr, Fr 10–14 Uhr.* *an wichtigen jüdischen Feiertagen.* *außer Synagoge.* *frei Do u. So 14–17 Uhr (Ausweis ist vorzuzeigen).* **www**.jmw.at

Der Judenplatz bildete das Zentrum des mittelalterlichen Ghettos. Den Platz ziert die Statue des Dramatikers Gotthold Ephraim Lessing von Siegfried Charoux. Diese Ehrung eines Autors, der für Toleranz gegenüber den Juden eintrat, war für die Nazis ein Affront. Die Plastik wurde 1939 zerstört. Eine neue Version der alten Skulptur des Künstlers kam 1982 an die gleiche Stelle.

1996 wurde Rachel Whiteread zur umstrittenen Siegerin eines Wettbewerbs für den Entwurf eines Mahnmals erklärt. Am 9. November 1999, dem Jahrestag der »Reichskristallnacht«, sollte das Mahnmal enthüllt werden, doch erst nach langen, hitzigen Debatten und Veränderungen am ursprünglichen Konzept wurde der neu gestaltete Judenplatz am 25. Oktober 2000 eingeweiht. Dort befindet sich nun das Mahnmal, das neue Museum Judenplatz (Haus Nr. 8) sowie die freigelegten Überreste einer mittelalterlichen Synagoge, die unter dem Platz liegen (Zugang über das Museum). Das Museum lässt das lebhafte jüdische Viertel im Mittelalter wieder auferstehen, das sich hier bis zur Vertreibung der Juden 1421 befand. Eine Inschrift am Haus Nr. 2, *Zum Großen Jordan*, belegt dies. Ferner beherbergt das Museum eine öffentliche Datenbank (im Erdgeschoss des Misrachi-Hauses vom Dokumentationszentrum des österreichischen Widerstandes eingerichtet) mit den Namen der 65 000 österreichischen Juden, die von den Nazis ermordet wurden.

Luxuriöses Exponat, Uhrenmuseum

Uhrenmuseum 32

Schulhof 2. **Stadtplan** 2 D5 u. 5 C2. *5332 265.* *Stephansplatz.* *Di–So 10–18 Uhr.* *1. Jan, 1. Mai, 25. Dez.* **www**.wienmuseum.at

Nicht nur Uhrenliebhaber werden den Besuch des Uhrenmuseums genießen. Der prachtvolle Bau des ehemaligen Palais Obizzi (1690) enthält eine kostbare Uhrensammlung mit Exponaten aus dem Besitz des Kurators Rudolf Kaftan. Weitere Stücke gehörten der Schriftstellerin Marie von Ebner-Eschenbach. Im ersten Stock gibt es Uhrwerke von Turmuhren seit dem 16. Jahrhundert, bemalte Uhren, Großvateruhren und Taschenuhren. In den weiteren Stockwerken befinden sich riesige astronomische Uhren und eine große Vielfalt an Uhrenneuheiten. Die Sammlung umfasst über 3000 Exponate und gibt einen Überblick über die Geschichte der Zeitmessung seit dem 15. Jahrhundert.

Ein Highlight der Ausstellung ist die astronomische Kunstuhr von David Cajetano, die aus dem 18. Jahrhundert stammt. Sie besitzt über 30 Zifferblätter, die u. a. Mond- und Sonnenfinsternis anzeigen, sowie verschiedene technische Raffinessen. Viele Uhren stammen aus der Zeit des Biedermeier oder der Belle Époque.

Zur vollen Stunden ertönt auf den drei Etagen des Museums eine bunte Vielfalt an Schlägen, Glocken- und Klingeltönen der Zeitmesser.

Kurrentgasse 33

Stadtplan 2 D5 u. 5 C2. *Stephansplatz.* ***Bäckerei Grimm*** *Mo–Fr 7–18.30, Sa 7–12 Uhr.*

Elegante, hohe Barockhäuser mit gemütlichen Bars und höherpreisigen italienischen Restaurants säumen die enge Gasse. Hier kann man wunderbar den Nachmittag verbringen. Grimm (im Haus Nr. 10) ist eine der besten Wiener Bäckereien und bietet Brote in allen Formen. Haus Nr. 12 (1730) umschließt einen malerischen, mit Pflanzen und Bäumen geschmückten Innenhof, der mit rosa Steinen gepflastert ist.

Einer der faszinierenden Ausstellungsräume im Uhrenmuseum

Dachstatuen, Am Hof 10

Kirche am Hof 34

Schulhof 1. **Stadtplan** 2 D5 u. 5 C2. *5338 394.* *Herrengasse.* *tägl. 7–12, 16–18 Uhr.*

Die katholische Kirche, die den Neun Chören der Engel gewidmet ist, wurde im späten 14. Jahrhundert von Karmelitermönchen gegründet. Um Platz für einen großen Balkon mit Balustrade zu schaffen, gestaltete der italienische Baumeister Carlo Carlone die Fassade 1662 im Stil des Frühbarock um. Heute hält die große kroatische Gemeinde Wiens ihre Gottesdienste in dieser Kirche ab.

Ein Gang hinter die Kirche lohnt sich: Hier liegt der Schulhofplatz mit winzigen restaurierten Läden, die sich hübsch in das gotische Strebewerk schmiegen.

Am Hof 35

Stadtplan 2 D5 u. 5 C2. *Stephansplatz, Schottentor.*

Am Hof, am größten geschlossenen Platz Wiens, errichteten die Römer einst ihr befestigtes Kastell. Später stand das Schloss des Babenberger Herzogs Heinrich II. Jasomirgott an der Stelle der heutigen Nr. 2. Den Mittelpunkt des Platzes bildet die Mariensäule, die an die Abwehr der schwedischen Invasion während des Dreißigjährigen Kriegs erinnert. Die Säule wurde 1667 nach den Entwürfen von Carlo Carlone und Carlo Canevale errichtet.

Den Platz säumen einige interessante Häuser. Gegenüber der Kirche befindet sich das palastähnliche Märkleinische Haus, das Johann Lukas von Hildebrandt *(siehe S. 152)* 1727 schuf. 1935 wurde die elegante Fassade durch die Einrichtung einer Feuerwache im Erdgeschoss verunstaltet. Das rote Haus daneben (16. Jh.) dient dem Schaumweinfabrikanten Johann Kattus als Firmensitz. Nr. 10 ist das Bürgerliche Zeughaus von Anton Ospel, heute Hauptquartier der Wiener Feuerwehr. Die Fassade zieren Wappen und militärische Abzeichen der Habsburger. Die allegorischen Figuren darüber sind ein Werk von Lorenzo Mattielli.

Das Urbanihaus mit den Erkerfenstern (Nr. 12) entstand um 1735, ebenso das eiserne Hausschild. Im Palais Collalto daneben trat der kaum sechsjährige Mozart 1762 erstmals als Klaviervirtuose und Komponist öffentlich auf.

Peterskirche 36

Petersplatz 6. **Stadtplan** 2 D5 u. 5 C3. *5336 433.* *Stephansplatz.* *tägl. 7–18 Uhr.*

Schon im 12. Jahrhundert stand hier eine Kirche, doch der heutige ovale Bau stammt aus dem 18. Jahrhundert. Verschiedene Architekten schufen ihn in Anlehnung an die Peterskirche in Rom. Das prunkvolle Innere birgt eine mit Ornamenten versehene Kanzel (1716) des Bildhauers Matthias Steindl. In der Michaelskapelle ruhen die Gebeine des hl. Benedikt, eines christlichen Märtyrers. Die Fresken auf der Innenseite der gewaltigen Kuppel mit Darstellungen der Himmelfahrt Mariens schuf J. M. Rottmayr. 1729 entwarf Lorenzo Mattielli den Johannes-von-Nepomuk-Altar auf der rechten Seite des Chors. Da sich der Priester geweigert hatte, Beichtgeheimnisse zu verraten, hatte König Wenzel IV. ihn 1393 bei Prag in die Moldau werfen lassen. Das Martyrium dieses Heiligen wurde zu einem beliebten Thema der bildenden Künste.

Zeitgenössischer Stich der Peterskirche (18. Jh.)

HOFBURGVIERTEL

Von einer Festung verwandelte sich die Hofburg allmählich in einen gewaltigen Palast, der bis zum Niedergang der Habsburger 1918 stetig wuchs. Die Nähe des Hofs blieb natürlich nicht ohne Auswirkungen auf die angrenzenden Gebiete. Aus den früheren Schlossgärten wurden Volks- und Burggarten, die einstigen Palastbauten sind heute prachtvolle Museen. In der Herren- und Bankgasse, in nächster Nähe zum kaiserlichen Hof, reihen sich die Palais aneinander, die der Adel hier errichten ließ. Tagsüber herrscht viel Verkehr, doch am Abend, wenn der Besucherstrom nachlässt, wirkt das Viertel wie leer gefegt.

Statuen des Portals am Josefsplatz

SEHENSWÜRDIGKEITEN AUF EINEN BLICK

Straßen und Plätze
Bankgasse 31
Dorotheergasse 7
Graben 8
Herrengasse 13
Josefsplatz 6
Kärntner Straße 36
Kohlmarkt 10
Michaelerplatz 1
Minoritenplatz 29
Naglergasse 12
Neuer Markt 35
Stock-im-Eisen-Platz 38

Historische Gebäude
American Bar 37
Bundeskanzleramt 28
Großes und Kleines Michaelerhaus 3
Hofburg-Komplex S. 96f 15
Konditorei Demel 11
Looshaus 2
Palais Lobkowitz 33
Palais Mollard-Clary 14
Prunksaal 24
Spanische Hofreitschule S. 98f 26
Stallburg 5

Kirchen und Kathedralen
Augustinerkirche 23
Burgkapelle 25
Kapuzinerkirche und Kaisergruft 34
Michaelerkirche 4
Minoritenkirche 30

Museen und Sammlungen
Albertina 22
Ephesos Museum 17
Hofjagd- und Rüstkammer 19
Kaiserappartements und Schatzkammer S. 100f 27
Museum für Völkerkunde 20
Neue Burg 16
Sammlung Alter Musikinstrumente 18

Parks und Gärten
Burggarten 21
Volksgarten 32

Denkmal
Pestsäule 9

ANFAHRT

Mit der U-Bahn bis Herrengasse (Linie U3). Die Busse der Linien 2A oder 3A fahren die Herrengasse entlang. Bus 1A verkehrt zwischen Stubentor und Graben.

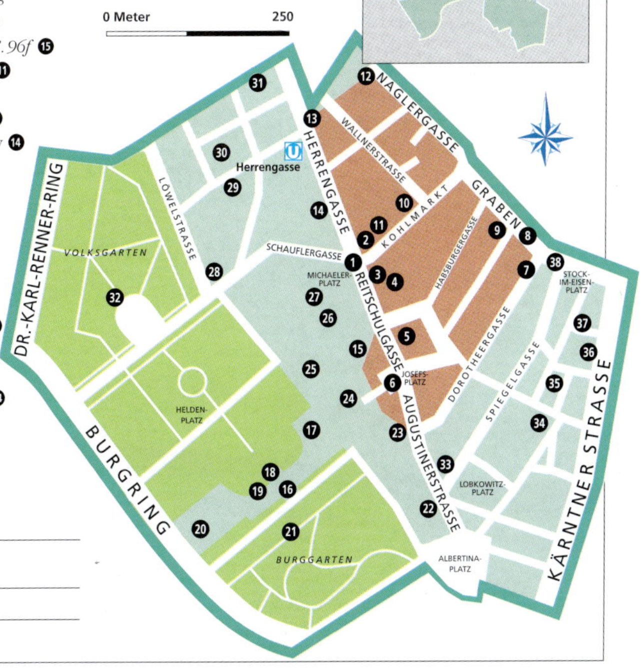

LEGENDE

Detailkarte *siehe S. 90f*

U-Bahn-Station

◁ Detail am Donaubrunnen von Johann Meixner (1869) vor der Albertina

Im Detail: Kaiserstadt Wien

Die Zeiten, als die Karossen der Adligen die Gassen um die Hofburg belebten, sind längst vorbei. Heute beherbergen die ehemaligen Palais meist Ämter, Botschaften oder Wohnungen. Doch gilt die Umgebung der Hofburg mit ihren eleganten Läden, Galerien und Kaffeehäusern, in denen man sich vom Sightseeing ausruhen kann, nach wie vor als das edelste Viertel Wiens.

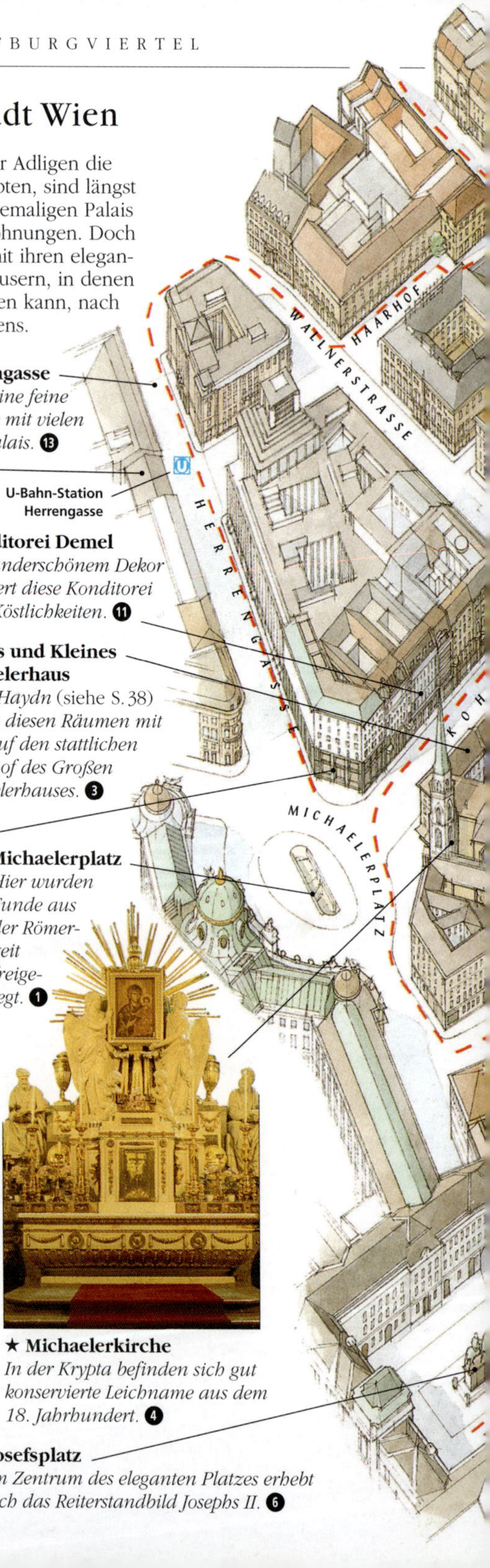

Herrengasse
Sie ist eine feine Adresse mit vielen Adelspalais. ⓭

U-Bahn-Station Herrengasse

Konditorei Demel
In wunderschönem Dekor offeriert diese Konditorei ihre Köstlichkeiten. ⓫

Großes und Kleines Michaelerhaus
Joseph Haydn (siehe S. 38) *lebte in diesen Räumen mit Blick auf den stattlichen Innenhof des Großen Michaelerhauses.* ❸

Palais Mollard-Clary
Das Palais (Ende 17. Jh.) besitzt eine von J. L. Hildebrandt entworfene Fassade. ⓮

Michaelerplatz
Hier wurden Funde aus der Römerzeit freigelegt. ❶

★ **Looshaus**
Die schlichte Erscheinung des Hauses (1912) empörte den konservativen Geschmack des ornamentliebenden Erzherzogs Franz Ferdinand (siehe S. 166). ❷

★ **Michaelerkirche**
In der Krypta befinden sich gut konservierte Leichname aus dem 18. Jahrhundert. ❹

Josefsplatz
Im Zentrum des eleganten Platzes erhebt sich das Reiterstandbild Josephs II. ❻

NICHT VERSÄUMEN

- ★ Looshaus
- ★ Michaelerkirche
- ★ Pestsäule

LEGENDE

– – – Routenempfehlung

0 Meter 50

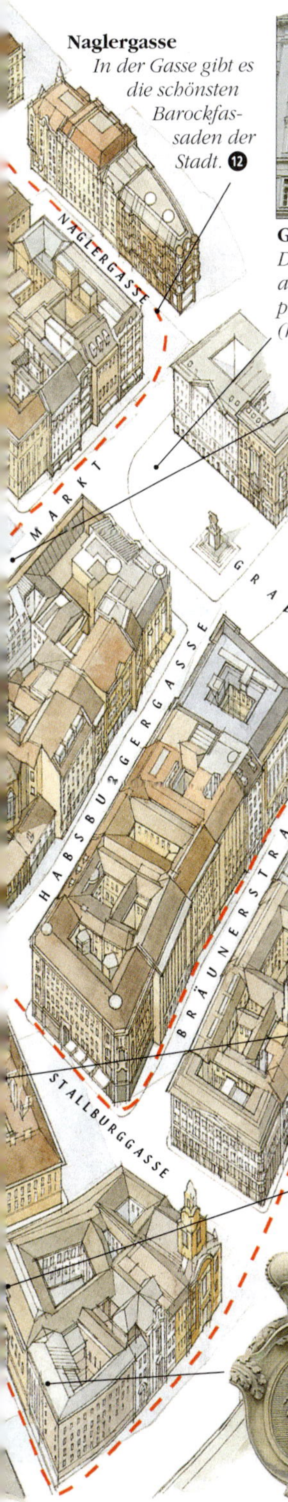

Naglergasse
In der Gasse gibt es die schönsten Barockfassaden der Stadt. ⓬

Graben
Die Spar-Casse mit goldener Biene am Giebel ist eines der vielen prächtigen Gebäude am Graben (heute Fußgängerzone). ❽

ZUR ORIENTIERUNG
Siehe Stadtplan 2 & 5

Kohlmarkt
Der bedeutende österreichische Architekt Hans Hollein entwarf hier Läden. ❿

★ Pestsäule
Die Pestsäule, die beeindruckendste ihrer Art, wurde nach der Pestepidemie von 1679 errichtet. ❾

Dorotheergasse
Die enge Gasse säumen Kunstgalerien und Auktionshäuser. Hier liegt auch das beliebte Café Hawelka (S. 58–61). ❼

Stallburg
Die einstige Residenz beherbergt heute die Spanische Hofreitschule. ❺

Im Palais Palffy (16. Jh.) fand eine geschlossene Vorstellung von Mozarts Oper *Die Hochzeit des Figaro* statt.

Das Palais Pallavicini ist ein Adelspalast aus dem 18. Jahrhundert in exponierter Lage gegenüber der Hofburg.

Stadtplan *siehe Seiten 256–267*

Michaelerplatz ❶

Stadtplan 2 D5 u. 5 C3.
Herrengasse.

Vor dem Michaelertor, dem Eingang zur Hofburg, liegt der Michaelerplatz, der auf einer Seite von Michaelerkirche und Looshaus begrenzt wird. Den Michaelertrakt ließ Kaiser Franz Joseph 1888 anstelle des alten Theaters von 1751 bauen, als in der Ringstraße das neue Burgtheater *(siehe S. 132f)* öffnete. In den Entwurf von Ferdinand Kirschner (1821–1896) wurden auch Fischer von Erlachs *(siehe S. 149)* alte Pläne einbezogen. 1893 war das Gebäude fertig, mit goldgeschmückten Kuppeln und Symbolen für Österreichs Herrschaft zu Wasser und zu Lande.

Bei Ausgrabungen stieß man auf Ruinen eines Römerlagers und mittelalterliche Fundamente.

Adolf Loos

Im Gegensatz zu Otto Wagner *(siehe S. 57)* verabscheute Adolf Loos (1870–1933) jedes überflüssige Ornament. Er schuf fließende Linien und exquisite Innenausstattungen. Seine »augenbrauenlosen« Häuser ohne die sonst üblichen Fenstergesimse empörten die Wiener Gesellschaft. Interieurs von Loos sehen Sie beim Herrenausstatter Knize *(siehe S. 93)*, in der American Bar *(S. 105)* und im Café Museum *(S. 137)*.

Looshaus ❷

Michaelerplatz 3. **Stadtplan** 2 D5 u. 5 C3.
5317 3455. *Herrengasse.* *Mo–Mi, Fr 8–15, Do 8–17.30 Uhr.*

Gegenüber dem Michaelertor entstand dieses Haus 1910–12 nach Plänen von Adolf Loos. Erzherzog Franz Ferdinand *(siehe S. 166)* war über die Architektur so verärgert, dass er das Tor mied. Heute scheint die Aufregung um die Fassade übertrieben. Das Innere ist ein Paradebeispiel schlichter, vornehmer Eleganz.

Brunnen, Michaelerplatz

Großes und Kleines Michaelerhaus ❸

Kohlmarkt 11 u. Michaelerplatz 6. **Stadtplan** 2 D5 u. 5 C3. *Herrengasse.*
für Besucher.

Vom Michaelerplatz 6 führt ein Durchgang zum Kleinen Michaelerhaus (1735). Sehenswert ist das leuchtend bunt bemalte Ölbergrelief mit Christus vor einer Kreuzigungsszene (1494) an der zur Michaelerkirche weisenden Seite. Die Barockfassade des Großen Michaelerhauses sehen Sie am Kohlmarkt 9. Der Bau umschließt einen schönen Innenhof mit einem Marstall. Von dort bietet sich eine gute Sicht auf die älteren Teile der Michaelerkirche. Die Hofgebäude wurden um 1720 erbaut. 1749 soll Joseph Haydn *(siehe S. 38)* hier in einer Dachstube gewohnt haben.

Michaelerkirche ❹

Michaelerplatz 1. **Stadtplan** 2 D5 u. 5 C3. *5338 000.* *Herrengasse.*
tägl. 6.30–22 Uhr.
Mai–Okt: 11, 13, 14, 15, 16 Uhr; Nov–Apr: 11, 15 Uhr.

Baubeginn der ehemaligen Hofpfarrkirche war im 13. Jahrhundert. Der Chor entstand 1327–40, die neoklassizistische Fassade 1792. Die barocken Statuen über dem Portal (1724/25) von Lorenzo Mattielli stellen den *Engelssturz* dar. Den Innenraum zieren Fresken aus dem 14. Jahrhundert und aus der Renaissance sowie eine Orgel (1714) von Johann David Sieber. Den Hauptchor (1782) mit herabstürzenden Engeln schuf Karl Georg Merville. Das Altarbild im Nordchor (1755) ist ein Werk von Franz Anton Maulbertsch.

Vom Nordchor gelangt man zur Krypta. Im 17./18. Jahrhundert wurden Gemeindemitglieder oft unter der Kirche bestattet, bis Joseph II. dieser Praxis 1783 ein Ende setzte. In den geöffneten Särgen kann man Leichname in schönen Grabgewändern sehen, die dank der konstanten Temperatur gut erhalten sind.

Barockorgel (1714) in der Michaelerkirche

Stallburg ❺

Reitschulgasse 2. **Stadtplan** 4 D1 u. 5 C3. Ⓤ *Stephansplatz, Herrengasse.*

Die Stallburg wurde Mitte des 16. Jahrhunderts für Erzherzog Maximilian als Residenz erbaut. Später wurde sie zu Hofstallungen umgebaut, die sich um einen großen, dreistöckigen Arkadenhof gruppieren. Heute befindet sich hier die Spanische Hofreitschule *(siehe S. 98f)*. Das Lipizzanermuseum wurde mittlerweile geschlossen. Noch heute zählt die auch unter dem Namen Maximilianburg bekannte Stallburg zu den bedeutendsten Renaissance-Bauten in Wien.

Josefsplatz ❻

Augustinerstraße. **Stadtplan** 4 D1 u. 5 C4. Ⓤ *Stephansplatz, Herrengasse.*

Im Zentrum des Josefsplatzes erhebt sich das Reiterstandbild (1807) Josephs II. von Franz Anton Zauner. Während der Revolution von 1848 *(siehe S. 31)* befand sich hier ein beliebter Treffpunkt loyaler Monarchisten.

Vor der Hofburg stehen zwei Palais: Nr. 5 ist das Palais Pallavicini (1783/84), eine interessante Mischung aus Barock und Neoklassizismus von Ferdinand von Hohenberg. Nr. 6 ist das Palais Palffy (16. Jh.). Zur Rechten des Prunksaals *(siehe S. 102)* befindet sich der Redoutensaal, der 1750–60 erbaut wurde. Früher fanden hier rauschende Maskenbälle statt. Zur Linken geht es zum später angefügten Erweiterungsbau mit Bibliothek. Beide Bauten sind das Werk von Nikolaus Pacassi, einem Hofarchitekten Maria Theresias.

Reiterstandbild Josephs II. von Franz A. Zauner (1746–1822), Josefsplatz

Dorotheergasse ❼

Stadtplan 4 D1 u. 5 C4. Ⓤ *Stephansplatz.* ***Jüdisches Museum*** ☎ *5350 431.* ◯ *So–Fr 10–18 Uhr.* **www**.jmw.at

Das Jüdische Museum im Palais Eskeles, Dorotheergasse 11, präsentiert das jüdische Erbe der Stadt *(siehe auch* Judenplatz, *S. 86)*. In der Nähe, in Nr. 27, liegt das Dorotheum *(siehe S. 224f)*. Das Pfandleih- und Auktionshaus aus dem 17. Jahrhundert hat überall in Wien Filialen. Ungefähr auf halber Höhe der Straße steht die evangelisch-reformierte Kirche (1783/84), ein Entwurf von Gottlieb Nigelli. Am oberen Ende der Dorotheergasse, nicht weit entfernt vom Graben, sind noch zwei besonders beliebte Adressen: das Kaffeehaus Hawelka *(siehe S. 59 und 61)* im Haus Nr. 6 und das Trzesniewski *(siehe S. 219)* im Haus Nr. 1.

Die Wiener Pestsäule am Graben

Graben ❽

Stadtplan 2 D5 u. 5 C3. Ⓤ *Stephansplatz.* ***Neidhart-Haus*** ◯ *Di–So 9–12.15, 13–16.30 Uhr.*

Vor dem Haus Nr. 16 der Fußgängerzone steht der Josephsbrunnen von Johann Martin Fischer, etwas weiter der identische Leopoldbrunnen (beide 1804). Das Bekleidungsgeschäft Knize, Nr. 13, *(siehe S. 223)* entwarf Adolf Loos. Oben im Ankerhaus (Nr. 10) von Otto Wagner liegt Wagners Studio, in dem in den 1980er Jahren auch Friedensreich Hundertwasser *(siehe S. 164f)* arbeitete. Nr. 21 ist die Spar-Casse von Alois Pichl (um 1830). Das Neidhart-Haus, Tuchlauben 19, besitzt mittelalterliche Fresken.

Pestsäule ❾

Graben. **Stadtplan** 2 D5 u. 5 C3. Ⓤ *Stephansplatz.*

Kaiser Leopold I. gelobte im Pestjahr 1679, er werde anlässlich der Verschonung durch die Pest eine Säule errichten lassen. Nach dem Ende der Epidemie beauftragte er Matthias Rauchmiller, Lodovico Burnacini und den jungen Johann Bernhard Fischer von Erlach *(siehe S. 149)* mit dem Bau der barocken Pestsäule. Auffällig ist eine Idee der Jesuiten: Ein Heiliger und ein Engel überwachen die Verbrennung einer Hexe, die Verkörperung der Pest. Darüber schwebt die Figur des betenden Kaisers.

Eingang zu Schullin *(siehe S. 222)*

Kohlmarkt ⑩

Stadtplan 2 D5 u. 5 C3.
Ⓤ *Herrengasse.*

Am Kohlmarkt, einer Fußgängerzone, liegen einige der exklusivsten Läden. Neben den Schaufenstern verdienen die Fassaden besondere Aufmerksamkeit. Das Artaria-Haus im Jugendstil (Nr. 9) schuf 1901 Max Fabiani (1865–1962), ein Schüler von Otto Wagner *(siehe S. 57)*. Haus Nr. 16, die Buchhandlung Manz, weist ein Portal (1912) von Adolf Loos *(siehe S. 92)* auf. Die auffällige Fassadenornamentik des Juweliergeschäfts Schullin (1982) ist ein Entwurf des Architekten Hans Hollein *(siehe S. 91)*.

Konditorei Demel ⑪

Kohlmarkt 14. **Stadtplan** 2 D5 u. 5 C3. Ⓤ *Stephansplatz.* ◯ *tägl. 10–19 Uhr.* 📷 ♿ **www**.demel.at

Noch immer hängt das alte Ladenschild – k. u. k. Hofzuckerbäcker – an der berühmten Konditorei am Kohlmarkt 14. Das Unternehmen wurde 1785 am Michaelerplatz gegründet, 1857 von Konditor Christoph Demel übernommen und 1888 an den heutigen Standort verlegt. Das Interieur zeigt den Ornamentalstil des ausgehenden 19. Jahrhunderts.

Innenausstattung im Ornamentalstil, Konditorei Demel

Naglergasse ⑫

Stadtplan 2 D5 u. 5 C2.
Ⓤ *Herrengasse.*

Die Nadel- und Nagelmacher, die im Mittelalter hier wohnten, gaben der Straße den Namen. Die enge Gasse folgt dem ehemaligen römischen Schutzwall. Heute reihen sich hier prächtige Barockhäuser aneinander. Den zauberhaften Renaissance-Erker von Nr. 19 ziert ein Engelrelief. Haus Nr. 13 stammt aus dem 16. Jahrhundert, wurde aber umgebaut. In Nr. 21 (1720) lädt ein Wirtshaus zum Verweilen ein.

Herrengasse ⑬

Stadtplan 2 D5 u. 5 B2–B3.
Ⓤ *Herrengasse.*

Die Straße an der Hofburg war früher das bevorzugte Wohngebiet des Habsburger Adels. Der bekannte Schriftsteller J. G. Kohl beschrieb im Jahr 1843 die »stillen Palais« dieser Straße, die bis heute ihren Charakter bewahrt hat.

Das Landhaus befindet sich in Nr. 13. Die Fassade des Gebäudes datiert aus der Zeit um 1830. Eine Tafel von 1571 im Hof verbietet das Tragen von Waffen und Auseinandersetzungen auf dem Gelände. Ein Verstoß gegen das Verbot erfolgte 1848, als an dieser Stelle die Revolution *(siehe S. 31)* begann. Die längliche klassizistische Fassade von Nr. 7 erhielt ihr heutiges Aussehen 1811 von Ludwig Pichl und Giacomo Quarenghi. Die Fassade des Palais Wilczek (1737) ist ein Werk von Anton Ospel (1677–1756), die Stützpfeiler verleihen den zentralen Nischen Tiefe.

Wappenschmuck im Innenhof des Palais Mollard-Clary

Palais Mollard-Clary ⑭

Herrengasse 9. **Stadtplan** 2 D5 u. 5 B3. Ⓤ *Herrengasse.* ***Globenmuseum*** ☎ *5341 0710.* ◯ *Di–Sa 10–18 Uhr (Do bis 21 Uhr).* **www**. onb.ac.at/globenmuseum.htm

In der Herrengasse 9 steht das stilvolle Palais Mollard-Clary (1698) von Domenico Martinelli, dessen Fassade (ebenfalls 1698) das erste Auftragswerk von J. L. von Hildebrandt *(siehe S. 152)* war.

1923–97 war im Palais das Niederösterreichische Landesmuseum untergebracht, heute residiert hier das Globenmuseum. Im Hof entdeckt man einen schmiedeeisernen Brunnendeckel (1570) und ein in Stein gemeißeltes Wappen (1454).

Hofburg-Komplex ⑮

Siehe S. 96f.

Neue Burg ⑯

Heldenplatz. **Stadtplan** 4 D1 u. 5 B4. ☎ *525 240.* Ⓤ *Volkstheater, Herrengasse.* 🕒 *Mi–So 10–18 Uhr.* **www**.khm.at

In weitem Bogen verläuft die Neue Burg (1881–1913) am Heldenplatz entlang. Dieser Bau, der 1881 bis 1931 dem Hofburg-Komplex angeschlossen wurde, verkörpert die letzte Phase der Ära der Habsburger. Ihre Herrschaft wurde im krisengeschüttelten 19. Jahrhundert nur noch von der Person des Kaisers zusammengehalten.

Obwohl eine Erweiterung der Hofburg zu jenem Zeitpunkt nicht geraten schien, wurde sie doch nach den Plänen der Ringstraßen-Architekten Karl von Hasenauer (1833–1894) und Gottfried Semper (1803–1879) durchgeführt. Fünf Jahre nach der Fertigstellung des Baus war das Ende des Habsburgerreichs besiegelt.

Die Neue Burg beherbergt mehrere Museen: Im Hauptgeschoss befinden sich seit 1935 die Hofjagd- und Rüstkammer und seit 1947 die Sammlung Alter Musikinstrumente, im prunkvollen Stiegenhaus wurde 1978 das Ephesos Museum eingerichtet *(siehe unten)*.

Ephesos Museum ⑰

Adresse und Öffnungszeiten wie Neue Burg. ☎ *525 244 902.*

Die Funde jahrzehntelanger Ausgrabungen von österreichischen Archäologen auf den antiken Stätten im türkischen Ephesos sind seit 1978 in der Neuen Burg zu besichtigen. Darüber hinaus sind hier auch die 1873 und 1875 auf der griechischen Insel Samothrake entdeckten Funde ausgestellt. Zu den bedeutendsten Exponaten des Ephesos Museums gehört neben vielen Architekturfragmenten der Monumentalfries in Gedenken an den Sieg des Lucius Verus über die Parther (165 n. Chr.).

In der Hofjagd- und Rüstkammer

Sammlung Alter Musikinstrumente ⑱

Adresse und Öffnungszeiten wie Neue Burg. ☎ *525 244 602.*

Hier sieht man die Geige von Leopold Mozart und den Flügel, den einst Robert und Clara Schumann besaßen.

Die Instrumentensammlung der Renaissance zählt zu den schönsten der Welt. Eines der herausragenden Exponate ist ein Kombinationsinstrument von Spinett und Orgel aus dem 16. Jahrhundert, das auch Spezialeffekte erzeugen kann (u. a. diverse Vogelstimmen.

Hofjagd- und Rüstkammer ⑲

Adresse und Öffnungszeiten wie Neue Burg. ☎ *525 244 502.*

Die hier ausgestellten Waffen und Ausrüstungen zählen zu den berühmtesten der Welt: kunstvoll verzierte Harnische, Jagd- und Prunkwaffen, kostbare Uniformen und Sättel. Gezeigt wurden sie bei festlichen Turnieren und Paraden. Die maßgeschneiderten Prunkharnische können ihren einstigen Besitzern des europäischen Hochadels zugeordnet werden und geben Auskunft über Statur und Größe von nahezu allen westeuropäischen Herrschern vom 15. bis ins frühe 20. Jahrhundert.

Museum für Völkerkunde ⑳

Adresse und Telefonnummer wie Neue Burg. 🕒 *Mi–Mo 10–18 Uhr.* **www**.khm.at/de/museum-fuer-voelkerkunde

Das Museum für Völkerkunde zählt mit seinen international berühmten Kollektionen zu den bedeutendsten ethnologischen Museen der Welt. Es ging aus der »k.k. Ethnographischen Sammlung« im kaiserlichen Hofnaturalienkabinett hervor und befindet sich seit 1928 im Corps-de-Logis-Trakt der Neuen Burg.

Das Museum gliedert sich in acht Bereiche, die einzelnen Regionen bzw. Kontinenten entsprechen: Nord- und Mittelamerika; Südamerika; Ostasien: China, Korea, Japan; Südasien, Südostasien, Himalaya; Insulares Südostasien; Nordafrika, Vorderasien, Zentralasien und Sibirien; Afrika südlich der Sahara; Ozeanien und Australien. Zudem finden Sonderausstellungen statt.

Renaissance-Cister in der Sammlung Alter Musikinstrumente

Stadtplan *siehe Seiten 256–267*

Hofburg-Komplex ⓯

Die gewaltige Anlage birgt die ehemaligen Kaiserappartements, verschiedene Museen, eine Kapelle, eine Kirche, die Nationalbibliothek und die Spanische Hofreitschule. Jahrhundertelang war die Burg ein Machtzentrum, dem jeder Kaiser seinen persönlichen Stempel aufdrückte. Vom gotischen Stil bis zum Historismus des späten 19. Jahrhunderts dokumentiert der Komplex mit seinen zehn Gebäuden sieben Jahrhunderte Baukunst.

★ Prunksaal
Das Glanzstück der Österreichischen Nationalbibliothek (1722–35) ist der holzgetäfelte Prunksaal (Ehrensaal).

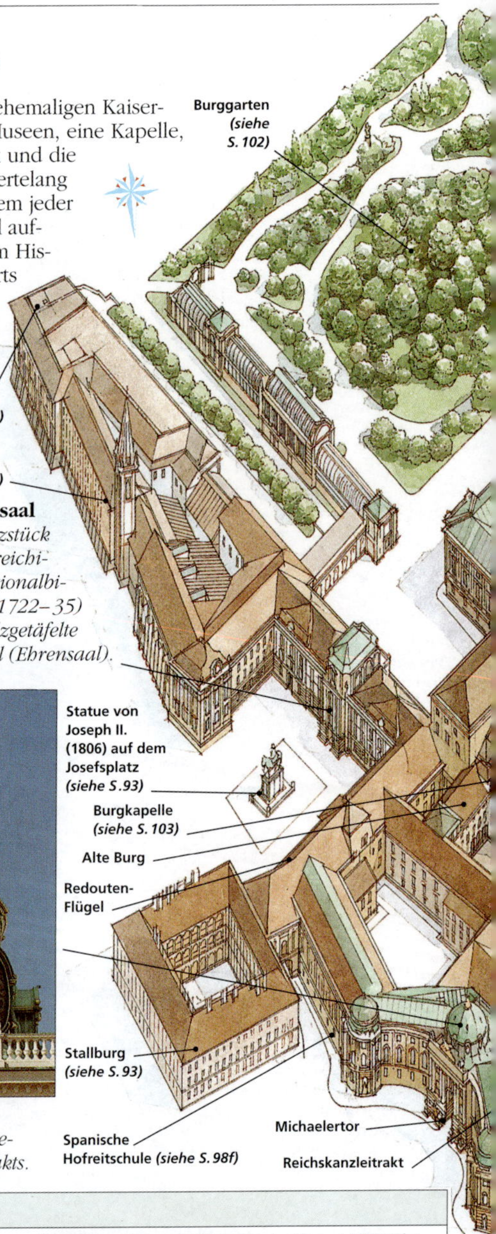

★ Michaelertrakt *(1893)*
Eine imposante Kuppel überragt die geschwungene Fassade des Michaelertrakts.

Zeitskala

Statue des Engels Gabriel in der Burgkapelle

1275 Bau der ersten Festung auf dem Schweizerhof

1447–49 Umgestaltung der Burgkapelle unter Friedrich III.

1547–52 Ferdinand I. baut Alte Burg wieder auf

1552/53 Bau des Schweizertors

1558–65 Bau der Stallburg (Renaissance-Palais, später Stallungen)

1575–1611 Bau der Amalienburg

1660–80 Leopoldinischer Trakt, erbaut unter Leopold I.

1728 J.E. Fischer von Erlach beginnt mit Bau des Reichskanzleitrakts

1729–35 Bau der Winterreitschule von J. E. Fischer von Erlach

1881–1913 Bau der Neuen Burg

1889–93 Bau von Michaelertrakt und Michaelertor

1938 Hitler verkündet »Anschluss« Österreichs von der Neuen Burg

1992 Ein Brand zerstört Speisesaal und Ballhaus im Redouten-Flügel

1300 | 1500 | 1700 | 1900

Mozart-Denkmal *(1896)*
Viktor Tilgners Statue des Komponisten steht gleich am Eingang Ringstraße.

INFOBOX

Michaelerplatz 1, A-1010.
Stadtplan 4 D1 u. 5 B4.
Stephansplatz, Herrengasse.
2A zum Heldenplatz, 3A zum Michaelerplatz. *1, 2, D.*
Öffnungszeiten der einzelnen Museen siehe S. 92–101.

Neue Burg
(siehe S. 95)

Das Burgtor wurde 1821–24 nach Plänen von Peter Nobile errichtet.

★ Statue von Prinz Eugen
Anton Dominik Fernkorn schuf das Reiterstandbild von Prinz Eugen (1865). Der Sockel stammt von Eduard van der Nüll.

Heldenplatz

★ Schweizertor
Das Renaissance-Tor (16. Jh.) führt in den Schweizerhof, den ältesten Teil der Hofburg, einst eine Festung mit vier Türmen.

Leopoldinischer Trakt

Amalienburg
Die 1575 für Kaiser Maximilians Sohn Rudolf erbaute Amalienburg besitzt eine Renaissance-Fassade und einen hübschen Uhrturm im Barockstil.

NICHT VERSÄUMEN

★ Michaelertrakt

★ Prunksaal

★ Schweizertor

★ Statue von Prinz Eugen

Spanische Hofreitschule ㉖

Die Anfänge der Spanischen Hofreitschule sind nicht ganz geklärt, vermutlich wurde sie 1572 zur Pflege der hohen Schule klassischer Reitkunst gegründet. Sie ist eine Einrichtung des Hauses Habsburg mit spanischen Dressurpferden eigener Zucht. In der Winterreitschule werden die Tiere bei Vorstellungen präsentiert. Das Gebäude entstand 1729–35 im Auftrag Karls V. nach einem Entwurf von Joseph Emanuel Fischer von Erlach. Es ist heute durch das Tor Josefsplatz 2 und von der Michaelerkuppel her zugänglich.

Die speziell gezüchteten Hengste beginnen das Training im Alter von drei Jahren.

Der schwarze Zweispitz hat ein goldenes Litzenband.

Das kaffeebraune Jackett ist ein taillierter Zweireiher mit Messingknöpfen.

Die Reithosen sind aus Wildleder.

Die Hände stecken in hellen Lederhandschuhen.

Die Schaftstiefel reichen bis übers Knie.

Sattel und Zaumzeug
Der elegante Sattel mit der bestickten Decke ergänzt die historische Kleidung des Reiters. Das Zaumzeug mit Kandare ist in Gebrauch.

Stallungen
Die dreistöckige Stallburg, ein ehemaliges Renaissance-Palais, befindet sich gegenüber der Winterreitschule. Hier sind Stallungen untergebracht.

SCHRITTE

Die von Pferd und Reiter vollführten Schritte sind Teil einer sorgfältigen Choreografie. Viele stammen von den Kavalleristen der Renaissance, für die geschickte Tiere und spezielle Gangarten eine Frage des Überlebens waren.

Levade: Das Pferd steht auf den Hinterbeinen, die Sprunggelenke tief zum Boden gesenkt.

Kruppade: Das Pferd schnellt mit hochgezogenen Vorder- und Hinterbeinen in die Luft.

Innenraum der Winterreitschule
Der Innenraum mit der auf 46 Säulen ruhenden Galerie hat Stuckverzierungen, Kronleuchter und Kassettendecke. An der Kopfseite der Manege befindet sich die Hofloge. Die Zuschauer sitzen hier oder auf den oberen Galerien.

INFOBOX

Michaelerplatz 1, A-1010.
Stadtplan 4 D1 u. 5 C4.
533 9031. *Herrengasse.*
2A, 3A. ***Besucherzentrum***
Di–So 9–16 Uhr (Fr bis 19 Uhr falls Vorführungen). Termine entnehmen Sie bitte der Website. *unterschiedlich.*
teilweise. **www**.srs.at

Bildnis Karls VI.
In der Kaiserloge hängt ein Reiterbild Kaiser Karls VI. Bevor ein Reiter die Halle betritt, muss er dem Begründer der Schule mit gezogenem Zweispitz Reverenz erweisen.

LIPIZZANER

Die Hengste, die in der Reitbahn der Winterreitschule ihre Sprünge vorführen, tragen den Namen eines Gestüts in Lipizza bei Triest in Slowenien, gegründet 1580 von Erzherzog Karl. Heute kommen die Pferde vom österreichischen Bundesgestüt in Piber bei Graz. Die Lipizzaner, eine Kreuzung aus arabischen und spanischen Pferden, sind bekannt für ihre Schönheit und ihr Durchhaltevermögen. Für den Besuch des morgendlichen Trainings brauchen Sie keine Karten zu reservieren.

Kapriole: Ein Luftsprung mit gleichzeitigem Ausschlagen der Hinterbeine.

Piaffe: Das Pferd trabt auf der Stelle, meist zwischen zwei Pfeilern.

Stadtplan *siehe Seiten 256–267*

Kaiserappartements und Schatzkammer ㉗

Die Kaiserappartements im Reichskanzleitrakt (1723–30) und in der Amalienburg (1575) umfassen die Gemächer von Kaiser Franz Joseph (1857–1916), Kaiserin Elisabeth (1854–1898) und Zar Alexander I., der 1815 hier weilte. Ergänzt werden sie durch das Sisi Museum in den ersten sechs Räumen. In der Schatzkammer werden – in 21 Schauräumen – der bedeutendste mittelalterliche Kronschatz und geistliche Objekte aus dem ehemaligen Besitz der Habsburger gezeigt.

Kaiser Maximilian I.
Das Porträt von Bernhard Strigel (um 1500) hängt in dem Saal, der auch den Burgunderschatz enthält. 1477 heiratete Kaiser Maximilian Maria, die Herzogin von Burgund.

★ Reichskrone (10. Jh.)
Sie ist das bedeutendste Symbol unter den Reichsinsignien des Heiligen Römischen Reichs.

Wiege des Königs von Rom
Für den Sohn der Habsburgerin Marie-Louise und Napoléons (siehe S. 175) *entwarf der französische Maler Prud'hon diese Wiege.*

Legende

- Franz Josephs Staatsgemächer
- Elisabeths Staatsgemächer
- Alexanders Staatsgemächer
- Geistlicher Schatz
- Weltlicher Schatz
- Sisi Museum
- Kein Ausstellungsbereich

Nicht versäumen

- ★ *Kaiserin Elisabeth* von Franz Xaver Winterhalter
- ★ Kaiserl. Speisesaal
- ★ Reichskrone (10. Jh.)

Kruzifix nach Giambologna
Diese Art von Kruzifix, ein Cristo Morto, entstand nach einem Original von Giambologna in Florenz (um 1590).

SILBERKAMMER

Die Schauräume im Erdgeschoss mit dem Hoftafelgeschirr und der Silberkammer enthalten die unterschiedlichsten Utensilien für festliche Anlässe – aus Gold, Silber und feinstem Porzellan. Ein Höhepunkt ist der 33 Meter lange Tafelaufsatz aus vergoldeter Bronze mit dazugehörigen Kandelabern (um 1800). Sehenswert ist auch das Service der Manufaktur Sèvres (Mitte 18. Jh.), ein diplomatisches Geschenk von Louis XV an Maria Theresia.

Gobelet aus dem Laxenburg-Service (um 1821)

INFOBOX

Stadtplan 4 D1 u. 5 B3.
Kaiserappartements, Sisi Museum und Silberkammer
Michaelerkuppel. *5337 570.*
tägl. 9–17.30 Uhr (Juli/Aug bis 18 Uhr).
tägl. 10, 14 Uhr.
www.hofburg-wien.at
Schatzkammer Schweizerhof.
525 24-3410. Mi–Mo 10–18 Uhr. 1. Jan, 1. Mai, 25. Dez.
www.khm.at/schatzkammer

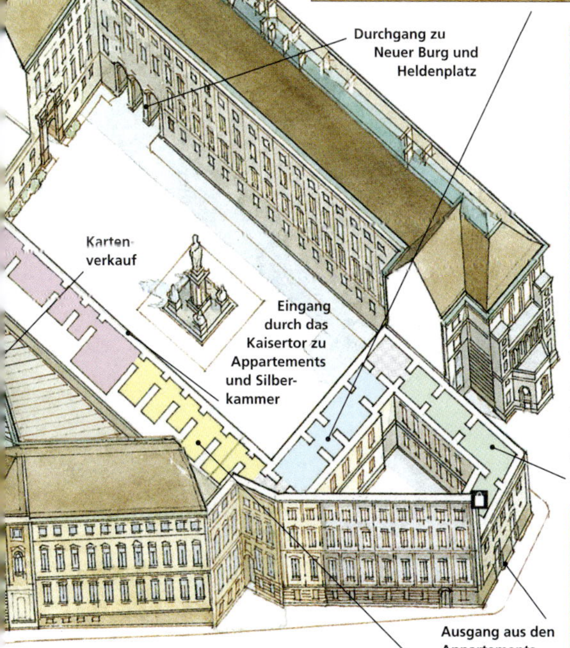

Elisabeths Turngeräte
Die schlankheitsbewusste Kaiserin ließ in ihrem Ankleideraum Gymnastikgeräte aufstellen, die noch zu besichtigen sind.

★ Kaiserlicher Speisesaal
Die Tafel ist nach der unter Franz Joseph (siehe S. 32f) *üblichen Etikette gedeckt. In dem Saal dinierte die kaiserliche Familie.*

★ Kaiserin Elisabeth
Winterhalters Porträt der Kaiserin (1865) mit Sternen im offenen Haar hängt im Empfangssaal.

KURZFÜHRER

Die Säle 1 bis 8 sind den Schätzen der Monarchie gewidmet (Nr. 5 ist Gedenkstätte für Napoléon). Die Preziosen des Heiligen Römischen Reichs sind in den Sälen 9 bis 12, der Burgunderschatz in den Sälen 13 bis 16. In den Sälen I bis V werden die geistlichen Schätze präsentiert.

Burggarten: Gewächshäuser von Friedrich Ohmann (1858–1927)

Burggarten ㉑

Burgring/Opernring. **Stadtplan** 4 D1 u. 5 B4. *Karlsplatz.* *1, 2, D.* *Apr–Sep: tägl. 6–22 Uhr; Okt–März: tägl. 6–20 Uhr.*

Bevor Napoléon die Stadt räumte, ließ er in einer höhnischen Geste Teile der Stadtbefestigung schleifen, die seiner Invasion nicht standgehalten hatte. Die so vor der Hofburg entstandenen Freiflächen wurden daraufhin als Grünanlage gestaltet, seit 1918 ein öffentlicher Park.

Die Jugendstil-Gewächshäuser (1901–07) von Friedrich Ohmann überragen die Anlagen. Am Eingang zur Hofburg steht Balthasar Molls kleines Reiterstandbild (1780) von Kaiser Franz I. Stephan. In der Nähe der Ringstraße befindet sich das Mozart-Denkmal (1896) von Viktor Tilgner.

Albertina ㉒

Albertinaplatz 1. **Stadtplan** 4 D1 u. 5 C4. 534 830. *Karlsplatz, Stephansplatz.* *tägl. 10–18 Uhr (Mi bis 21 Uhr).* **www**.albertina.at

Das eindrucksvolle klassizistische Palais Albertina beherbergt eine Kunstsammlung, die zu den bedeutendsten Attraktionen Österreichs gehört. Ihr Name geht auf Maria Theresias Schwiegersohn Herzog Albert von Sachsen-Teschen (1738–1822) zurück, der die Sammlung Albertina begründete.

Im Zuge der jüngsten umfangreichen Restaurierung (2000–2003) wurden die Ausstellungshallen mit zeitgemäßer Technik ausgestattet. Zudem versah der Architekt Hans Hollein den Eingangsbereich mit einem spektakulären Flugdach aus Titan.

Herzstück der Anlage sind die 21 komplett restaurierten Habsburgischen Prunkräume als wahre Meisterwerke klassizistischer Baukunst. Sie erinnern an die glanzvolle Repräsentationskultur der Ära der Habsburger.

Die Albertina ist nicht nur Österreichs beliebtestes Museum sondern auch eines der wichtigsten Museen der Welt. Es besitzt ca. eine Million Druckgrafiken und mehr als 65 000 Handzeichnungen aus der Zeit vom 15. Jahrhundert bis in die Gegenwart. Zu den berühmtesten Stücken zählen Werke von Dürer, aber auch von Michelangelo, Rubens, Klimt und Picasso.

In vier großen Hallen bietet die Albertina ein hochkarätiges Programm von Dauer- und Wechselausstellungen: Exponate der hauseigenen Sammlung kombiniert mit internationalen Leihgaben, Meister der Kunstgeschichte sowie berühmte Werke der Moderne.

Augustinerkirche ㉓

Augustinerstraße 3. **Stadtplan** 4 D1 u. 5 C4. *5337 099.* *Stephansplatz.* *tägl. 8–17 Uhr.*

Die Augustinerkirche besitzt eine der am besten erhaltenen gotischen Innenausstattungen Wiens aus dem 14. Jahrhundert – störend sind nur die modernen Kronleuchter. In der Loretokapelle ruhen in der Herzgruft die silbernen Urnen mit den Herzen der Habsburger.

In der Kirche sieht man eines der großartigsten Werke des italienischen Bildhauers Antonio Canova: das Grab von Maria Christina, der Lieblingstochter Maria Theresias, das ebenso leer ist wie das Grab Leopolds I. Die kaiserlichen Überreste liegen in der Kaisergruft *(siehe S. 104f)*. Die Kirche dient übrigens auch als Konzertsaal – sonntags erklingen hier Messen von Schubert oder Haydn.

Prunksaal ㉔

Josefsplatz 1. **Stadtplan** 4 D1 u. 5 C4. *5341 0394.* *Herrengasse.* *Di–So 10–18 Uhr (Do bis 21 Uhr).* **www**.onb.ac.at

Kaiser Karl VI. beauftragte J. B. Fischer von Erlach *(siehe S. 149)* für seine Hofbibliothek (Haupthalle der Nationalbibliothek) einen Prunksaal zu bauen (1723–26). Nach Fischer von Erlachs Tod wurde der Bau von seinem Sohn fertiggestellt.

Die Sammlung von rund 2,6 Millionen Werken umfasst Prinz Eugens Privatbibliothek sowie Bücher aus Beständen von Klöstern, die Joseph II. während seiner Säkularisierungsmaßnahmen schließen ließ *(siehe S. 29)*.

Der 77 Meter lange Prunksaal bildet die größte Barockbibliothek Europas – und sie gilt als die schönste der Welt. Die überkuppelte Haupthalle ruht auf Marmorsäulen, die Wände sind mit Bücherregalen überzogen. Die Fresken der Decke und in den Bogenfächern schuf der Barockmaler Daniel Gran 1730. Franz Anton Maulbertsch restaurierte sie 1769.

Überkuppelter Prunksaal im Gebäude der Nationalbibliothek

Die vielen wunderschönen Statuen, z. B. die von Karl VI. im Zentrum der Halle, stammen von Paul Strudel (1648–1708) und seinem Bruder Peter (1660–1714).

Burgkapelle ㉕

Hofburg, Schweizerhof. **Stadtplan** 4 D1 u. 5 B4. *5339 927.* *Herrengasse.* *Mo–Do 11–15, Fr 11–13 Uhr.* *1. Jan, 1. Nov, 8. Dez.*
Wiener Sängerknaben *Jan–Juni, Sep–Dez: So 9.15 Uhr (per Fax 533 992 775 oder per E-Mail whmk@chello.at reservieren).*

Vom Schweizerhof führt eine Treppe zur 1296 erbauten Hofburgkapelle, die Friedrich III. 150 Jahre später umgestalten ließ. Sonntags singen hier die Wiener Sängerknaben *(siehe S. 39)*.

In den Nischen sind noch gotische Statuen zu sehen, auch die Gewölbereliefs sind erhalten. Das Bronze-Kruzifix (1720) über dem Hochaltar ist von Johann Känischbauer.

Spanische Hofreitschule ㉖

Siehe S. 98f.

Kaiserappartements und Schatzkammer ㉗

Siehe S. 100f.

Bundeskanzleramt ㉘

Ballhausplatz 2. **Stadtplan** 1 C5 u. 5 B3. *Herrengasse.* *für Besucher.*

Johann Lukas von Hildebrandt *(siehe S. 152)* entwarf die Staatskanzlei, das heutige Bundeskanzleramt (1717–19). 1766 wurde der Bau durch Nikolaus Pacassi erweitert. Hier fand österreichische Geschichte statt: beim Wiener Kongress 1814/15 *(siehe S. 30)*, bei der Krisensitzung von 1914 am Vorabend des Ersten Weltkriegs und bei der Ermordung von Bundeskanzler Dollfuß durch die Nazis 1934 *(siehe S. 36)*.

Minoritenplatz 4

Minoritenplatz ㉙

Stadtplan 2 D5 u. 5 B3. *Herrengasse.*

Der Barockbau am Minoritenplatz 1 ist das Staatsarchiv (die Dokumente werden hier allerdings nicht mehr aufbewahrt), ein 1902 entstandener Erweiterungsbau des Bundeskanzleramts. Nr. 3 beherbergt das ehemalige Palais Dietrichstein (1755), ein Frühwerk von Franz Hillebrand, heute Amtssitz des Bundeskanzlers und des Außenministers. Nr. 4 ist das Palais Liechtenstein *(siehe S. 104)*, Nr. 5 das Palais Starhemberg (17. Jh.). In der ehemaligen Residenz des Grafen Ernst Rüdiger von Starhemberg, der als Kommandant der österreichischen Armee bei der türkischen Belagerung Wiens von 1683 *(siehe S. 26)* hohe Ehren erwarb, ist heute ein Ministerium untergebracht.

Minoritenkirche ㉚

Minoritenplatz 2a. **Stadtplan** 1 C5 u. 5 B3. *5334 162.* *Herrengasse.* *tägl. 9–18 Uhr.*

Die Kirche wurde 1224 von den Minoriten errichtet. Ihre heutige Gestalt erhielt sie ab 1340. Bei der türkischen Belagerung von 1529 ging der Turmhelm verloren, daher die Pyramidenform. Ab 1780 erhielt die Kirche wieder ihre ursprüngliche gotische Gestalt, als Maria Theresias Sohn Joseph II. das Bauwerk der italienischen Gemeinde Wiens stiftete.

Sehenswert ist das schöne Westportal (1340) mit dem Figurenschmuck über den Baldachinen mit gotischem Maßwerk. Die Reliefs über dem Eingang sind allerdings modern.

Das lichte und weite Innere enthält eine Mosaiknachbildung von Leonardos *Abendmahl*. Napoléon Bonaparte gab dieses Werk bei Giacomo Raffaelli in Auftrag. Es war ein Ersatz für das Mailänder Original, das Bonaparte nach Paris mitnehmen wollte. Nach seiner Niederlage bei Waterloo 1815 erwarben die Habsburger Raffaellis Version.

Im Südschiff steht eine farbige Statue der Madonna mit Kind (um 1350). An der entsprechenden Stelle im Nordschiff befindet sich das Fragment einer verblichenen Freske des hl. Franz von Assisi aus dem 16. Jahrhundert.

Gotische Statue (um 1400) von Leopold III., Burgkapelle

Bankgasse 31

Stadtplan 1 C5 u. 5 B3.
Herrengasse.

Kaum eine Straße in Wien besitzt so viele Adelspalais wie diese. Nr. 4–6 ist das frühere Palais Strattmann-Windischgrätz (1692–1734). Den Bau entwarf Johann Bernhard Fischer von Erlach *(siehe S. 149)*. Die heutige Fassade (1783/84) stammt von Franz Hillebrand, der das Palais um einen Erweiterungsbau ergänzte. Derzeit ist das Gebäude Sitz der Botschaft von Ungarn.

Nr. 5–7 bilden die Rückseite des Palais Starhemberg. Das Palais Liechtenstein, Bankgasse 9, wurde von Domenico Martinelli (1694–1706) als Stadtresidenz für die Liechtensteins erbaut. Nr. 2 ist der Sitz des Palais Schönborn-Batthyány (1695).

Statuen über dem Portal des Palais Lobkowitz

Volksgarten 32

Dr.-Karl-Renner-Ring. **Stadtplan** 1 C5 u. 5 A3. *5339 083.*
Herrengasse. *Apr–Nov: tägl. 6–22 Uhr; Dez–März: tägl. 6.30–22 Uhr.*

Genau wie der als Landschaftsgarten gestaltete Burggarten *(siehe S. 102)* entstand auch der Volksgarten an der Stelle der von Napoléon gesprengten Burgbastei. Anders als der Burggarten war er bald nach seiner Vollendung ab 1820 öffentlich zugänglich. Die schönen Pflanzungen, vor allem die prächtigen Rosengärten, bilden eine würdige Szenerie für verschiedene Sehenswürdigkeiten des Gartens, wobei der Theseus-Tempel (1823) von Peter Nobile besonders sehenswert ist. Die ursprünglich dort aufbewahrte Götterstatue von Canova schmückt heute das Treppenhaus im Kunsthistorischen Museum. Zudem zu sehen: Karl Kundmanns Denkmal zu Ehren von Franz Grillparzer *(siehe S. 33)* sowie der Brunnen von Friedrich Ohmann *(siehe S. 57)* und Hans Bitterlich zu Ehren der ermordeten Kaiserin Elisabeth (1907).

Blick auf den Rosengarten im Volksgarten

Palais Lobkowitz 33

Lobkowitzplatz 2. **Stadtplan** 4 D1 u. 5 C4. *5252 43460* . *Karlsplatz, Stephansplatz.* *Di–So 10–18 Uhr.*
www.theatermuseum.at

Giovanni Pietro Tencala schuf 1685–87 im Auftrag des Grafen Dietrichstein das große Palais. J. B. Fischer von Erlach *(siehe S. 149)* gestaltete es 1710 um. Seit 1753 gehört es der Familie Lobkowitz. Im Kongressjahr 1815 *(siehe S. 30)* wurden hier rauschende Feste gefeiert, im Eroicasaal (1724–29) viele Werke Beethovens uraufgeführt. Seit 1991 beherbergt das Palais das Österreichische Theatermuseum mit einer Nachbildung des ersten Hofburgtheaters. Hauptsächlich wird die Entwicklung des österreichischen Theaters ab den 1940er Jahren dokumentiert.

Kapuzinerkirche und Kaisergruft 34

Tegetthoffstraße 2. **Stadtplan** 4 D1 u. 5 C4. *5126 852.*
Stephansplatz. ***Kaisergruft*** *tägl. 9.30–16 Uhr.* ***Kapuzinerkirche*** *tägl. 10–18 Uhr.*

Die unterirdischen Gewölbe der Kapuzinerkirche bergen die Kaisergruft, die auf Kaiser Matthias im Jahr 1619 zurückgeht. Hier ruhen 138 Habsburger, darunter auch die Überreste Maria Theresias und ihres Gemahls Franz I. Stephan in einem Grab von Balthasar Moll (1753). Besonders ergreifend ist das Grab Kaiser Franz Josephs, flankiert von den Gräbern seiner ermordeten

Grab Karls VI. von Balthasar Moll

Gattin Elisabeth und ihres Sohns Rudolf, der Selbstmord beging *(siehe S. 32)*. Kaiserin Zita, die letzte regierende Habsburgerin, starb 1989 und ruht ebenfalls hier.

Neuer Markt ㉟

Stadtplan 4 D1 u. 5 C4. Ⓤ *Stephansplatz.*

Der Neue Markt, der bis etwa 1210 Mehlmarkt hieß, diente einst auch als Turnierplatz. Ein paar der Häuser stammen noch aus dem 18. Jahrhundert. In der Mitte steht eine Kopie des Providentia-Brunnens (1737–39) von Georg Raphael Donner, der die Bedeutung der Flüsse für die Wirtschaft der Habsburger symbolisiert. Die vier Figuren stellen Donauzuflüsse dar, die Frauenfigur in der Mitte zeigt Providentia, die Voraussicht. Die Originalfiguren stehen im Unteren Belvedere *(siehe S. 157)*.

Kärntner Straße ㊱

Stadtplan 4 D1 u. 5 C5. Ⓤ *Stephansplatz.* ***Malteserkirche*** ◯ *tägl. 8–18 Uhr.* ***Lobmeyr-Museum*** ◯ *Mo–Fr 9–18, Sa 10–17 Uhr.*

Die verkehrsberuhigte Straße, heute die Haupteinkaufsstraße der Inneren Stadt, sicherte im Mittelalter die Hauptverbindung nach Kärnten. Tag und Nacht ist sie voller Menschen, die einkaufen, frisch gepresste Säfte an den Fruchtständen kosten, in Kaffeehäusern sitzen oder Straßenmusikanten zuhören.

Nr. 37 ist die Malteserkirche, gegründet von Malteserrittern, die Anfang des 13. Jahrhunderts auf Einladung von Leopold VI. nach Wien kamen. Im Inneren sind hohe gotische Fenster und Bogen zu sehen.

Das Lobmeyr-Museum (Nr. 1) zeigt Gläser von Josef Hoffmann *(siehe S. 56)*, die er u. a. für das Wiener Unternehmen Lobmeyr entwarf.

Um die Ecke, Johannesgasse 5, steht das prachtvolle Palais Questenberg-Kaunitz aus dem frühen 18. Jahrhundert, dessen Gestaltung dem Architekten Johann Lukas von Hildebrandt *(siehe S. 152)* zugeschrieben wird.

American Bar ㊲

Kärntner Straße 10. **Stadtplan** 4 D1 u. 6 D3. Ⓤ *Stephansplatz.*

Die mit einem Sternenbanner geschmückte Bar wurde 1908 von Adolf Loos *(siehe S. 92)* entworfen. Das 1990 restaurierte Innere ist ein wahres Kleinod. Adolf Loos kreierte jedes Detail, etwa die von unten beleuchteten Tische und die kostbaren Vitrinen für Gläser. Auch bei dieser Bar zeigt sich seine Vorliebe für Mahagonitäfelungen. Spiegelwände vermitteln den Eindruck von Weite, und Materialien wie Onyx und Marmor tauchen Besucher in ein schmeichelndes Licht.

Providentia-Brunnen am Neuen Markt

Fassade der American Bar

Stock-im-Eisen-Platz ㊳

Stadtplan 2 D5 u. 5 C3. Ⓤ *Stephansplatz.*

Der Platz liegt an der Kreuzung von Stephansplatz, Kärntner Straße und Graben. Dem Haas-Haus *(siehe S. 75)* gegenüber steht das Equitablepalais (1891), früher Sitz der Equitable Lebensversicherung. In den Baumstumpf hämmerten früher fahrende Handwerker einen Nagel – für eine glückliche Heimkehr.

Schottenring und Alsergrund

Dieses Areal ist voller Sehenswürdigkeiten, darunter das Palais Ferstel mit der glasüberdachten Ferstel-Passage. Schottenring und Schottentor sind nach den Benediktinermönchen benannt, die hier unter den Babenbergern das Schottenstift gründeten. Die anderen Monumente entstanden unter späteren Regenten: Joseph II. ließ ein riesiges Spital errichten, das heutige Josephinum, Franz Joseph stiftete die Votivkirche als Dank für seine Errettung vor einem Attentat (1853). Die Wohnstraßen im Ostteil der Stadt am Donaukanal werden vom Liechtenstein Museum durchbrochen, das in einem der vielen Gartenpalais liegt, die sich der Wiener Adel vor den Toren der Stadt errichten ließ.

Relief an der Fassade der Schottenkirche

Sehenswürdigkeiten auf einen Blick

Straßen und Plätze
Freyung 2
Freyung-Passage 1

Kirchen und Kathedralen
Schottenkirche 3
Servitenkirche 5
Votivkirche 9

Museen und Sammlungen
Freud-Museum 4
Josephinum 7
Liechtenstein Museum 6
Narrenturm 8

Anfahrt
Mit der U-Bahn bis Schottentor (Linie U2) oder Roßauer Lände (Linie U4). Mit den Straßenbahnlinien 37, 38, 40, 41 oder 42 über die Währinger Straße. Die Buslinie 40A fährt über die Liechtensteinstraße.

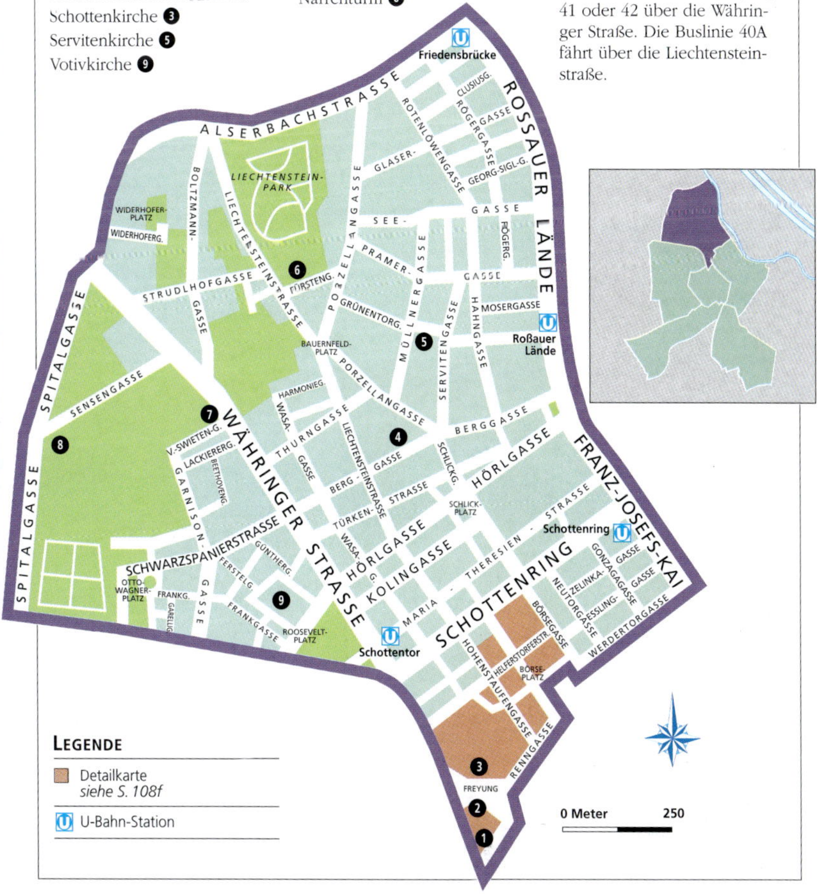

◁ **Die Fassade der Votivkirche aus dem 19. Jahrhundert**

Im Detail: Um die Freyung

Statue eines türkischen Reiters, Südseite der Freyung

Den Kern des eleganten Stadtteils bildet die mittelalterliche Schottenkirche mit Hofgelände und Schulgebäude. Auf der gegenüberliegenden Seite der Freyung stehen einige prächtige Barockpalais, etwa Hildebrandts Palais Kinsky (1713–16) und das Palais Ferstel. Durch die Freyung-Passage gelangt man in die Herrengasse mit ihren barocken Patrizierhäusern neben dem ältesten Wolkenkratzer Wiens. Zum Schottenring hin liegt die im italienisierenden Stil erbaute Wiener Börse.

★ Schottenkirche
Die prächtige Kirche von 1177, die später barock umgestaltet wurde, besitzt ein Museum. Zum Stift gehört ein berühmtes Gymnasium. ❸

★ Freyung
Prachtvolle Gebäude beherrschen den Platz, etwa das ehemalige Schottenkloster (1155 vollendet, 1744 umgebaut), das wegen der charakteristischen Gestalt von den Wienern »Schubladkastenhaus« genannt wird. ❷

★ Freyung-Passage
Ein Arkadengang mit luxuriösen Läden führt von der Freyung zur Herrengasse. ❶

Den Eingang des **Café Central** bewacht eine Pappmaschee-Statue des Dichters Peter Altenberg, der sehr viel Zeit als Stammgast im Central verbrachte *(siehe S. 58 und 61).*

Eine Passage führt von der Helferstorferstraße 2 zur Freyung

Zur U-Bahn-Station Herrengasse ↓

Ein zentraler Innenhof liegt versteckt im früheren Börsengebäude.

Zur Orientierung
Siehe Stadtplan 2 & 5

Die Börse entstand zu gleicher Zeit wie die Ringstraße *(siehe S. 32f)* und wurde 1877 nach den Plänen von Theophil Hansen fertiggestellt. Heute befinden sich hier Büros, ein Blumenladen und im Souterrain ein Restaurant.

Zum Hermann-Gmeiner-Park gehört ein Kinderspielplatz mit eigenen Spielhäusern und Freiflächen. Hermann Gmeiner (1919–1986) war Begründer der internationalen Kinderhilfsorganisation SOS-Kinderdorf.

Das Palais Schönborn-Batthyány ist ein prächtiger Barockbau (1699–1706).

Legende

– – – Routenempfehlung

0 Meter 50

Nicht versäumen

★ Freyung

★ Freyung-Passage

★ Schottenkirche

Freyung-Passage ❶

Stadtplan 2 D5 u. 5 B2.
Herrengasse.

Zur Freyung blickt ein italienisch anmutender Palazzo, das Palais Ferstel (1860), das nach seinem Baumeister Heinrich von Ferstel benannt ist. Hier betritt man die Freyung-Passage, die an eleganten Läden vorbei auf einen kleinen Innenhof führt. Den mehrstöckigen Brunnen in der Mitte ziert eine glänzende Donaunixe mit Fisch. Danach kommt man zur Herrengasse. Unter stadtplanerischem Aspekt gilt die Passage als gelungen. Von hier aus gelangt man auch in eines der berühmtesten Wiener Kaffeehäuser, das Café Central *(siehe S. 58 und 61)*.

Donaunixen-Brunnen (1861) in der Freyung-Passage

Freyung ❷

Stadtplan 2 D5 u. 5 B2.
Herrengasse. ***Palais Kinsky***
Mo–Fr 10–17 Uhr.

Die Freyung ist ein merkwürdig geformter Platz. Der Name hängt vielleicht mit dem für das Schottenkloster gewährten Asylrecht zusammen, das erst unter Maria Theresia abgeschafft wurde. Jeder, der das Klostergelände betrat, stand unter dem Schutz der Kirche. Nr. 4 ist das Palais Kinsky (1713–16), erbaut von Johann Lukas von Hildebrandt *(siehe S. 152)*. Daneben steht eines der ältesten Wiener Palais, das Palais Porcia (1546).

Fassade der Schottenkirche

Das Palais Harrach (Nr. 3) besitzt schöne Rokoko-Tore. Gegenüber steht der Austriabrunnen mit der Personifizierung der vier Hauptflüsse des Habsburgerreichs. Dahinter liegt das einstige Schottenstift.

Schottenkirche ❸

Schottenstift, Freyung 6. **Stadtplan** 2 D5 u. 5 B2. *5349 8600.*
Schottentor. ***Museum*** *Do–Sa 11–17 Uhr.*

Seinem Namen zum Trotz wurde das Hauptgebäude 1177 nicht von schottischen, sondern von irischen Benediktinern gegründet. Die teils noch in Gebrauch befindlichen Anbauten bergen eine Kunstsammlung mit einem berühmten spätgotischen Altar (1469–80). Die häufig umgestaltete Kirche wurde kürzlich renoviert. Die heutige Fassade ist recht eintönig neoklassizistisch, doch im Inneren prunkt üppiger Barock.

Freud-Museum ❹

Berggasse 19. **Stadtplan** 1 C3.
3191 596. *Schottentor.*
Juli–Sep: tägl. 9–18 Uhr; Okt–Juni: tägl. 9–17 Uhr.
www.freud-museum.at

Die Berggasse 19 unterscheidet sich kaum von anderen Wiener Wohnungen des 19. Jahrhunderts. Dennoch ist sie eine der berühmtesten Adressen der Stadt. Sigmund Freud, Begründer der Psychoanalyse, lebte und praktizierte hier ab 1891, bis er Wien 1938 verließ.

Die Wohnräume und Freuds Praxis waren hier. 420 Exponate sind im Katalog gelistet: Briefe, Bücher, Möbel, Fotos und diverse Antiquitäten. Auf Druck der Nationalsozialisten musste Freud die Stadt, in der er fast sein ganzes Leben verbracht hatte, in aller Eile verlassen. Dennoch haben die Räume bis heute ihre wohnliche Atmosphäre bewahrt. Selbst Freuds Hut und Stock sind noch vorhanden.

Servitenkirche ❺

Servitengasse 9. **Stadtplan** 1 C3.
3176 195. *Roßauer Lände.*
Mo–Fr 7–9, 18–19, Sa 7–12, So 17–20 Uhr.

Die etwas abseits gelegene Kirche (1651–77) präsentiert sich mit überreichem barockem Dekor: ein schönes schmiedeeisernes Gitter am Eingang, kunstvolle Stuckornamente und eine reich verzierte Kanzel (1739), zum Teil von Balthasar Moll.

Freuds Theorien

Sigmund Freud (1856–1939) war nicht nur der Begründer der Psychoanalyse, eines therapeutischen Verfahrens, sondern er verfasste auch zahlreiche Schriften zu diesem seinerzeit umstrittenen Konzept. Er schuf Begriffe wie Unterbewusstsein, Ich und Über-Ich, Sublimation und Ödipus-Komplex. Freud nahm an, dass die menschliche Psyche aus verschiedenen Bereichen besteht, deren Ungleichgewicht zu emotionalen und/oder geistigen Störungen führen kann.

Liechtenstein Museum ❻

Fürstengasse 1. **Stadtplan** 1 C2. ☎ *3195 767 252.* Ⓤ *Friedensbrücke.* 🚌 *40A.* ◯ *Fr–Di 10–17 Uhr.* **www.**liechtensteinmuseum.at

Nach Plänen von Domenico Martinelli wurde 1692 die Sommerresidenz der Familie Liechtenstein im Stil des Hochbarock fertiggestellt. Hier genoss man das ungezwungene gesellschaftliche Leben etwa in Form von Jagdgesellschaften. Mit der Eröffnung des Liechtenstein Museums 2004 sind die Kunstschätze der Fürstlichen Sammlungen, eine der »schönsten Privatsammlungen«, wieder zu sehen: Hauptwerke europäischer Kunst aus fünf Jahrhunderten, darunter vor allem Bilder von Rubens und anderen europäischen Barockkünstlern.

Das Palais selbst bietet Originalfresken, eine neoklassizistische Bibliothek und einen großen, im 19. Jahrhundert angelegten Park.

Josephinum ❼

Währinger Straße 25/1. **Stadtplan** 1 C4. ☎ *4016 026 000.* Ⓤ *Schottentor.* 🚋 *37, 38, 40, 41, 42.* ◯ *Mo, Di 9–16, Do–So 10–18 Uhr.* ♿

Als eifriger Reformer ließ Joseph II. nach den Plänen von Isidor Canevale 1785 eine Ausbildungsstätte für Militärärzte errichten. Heute ist dies ein medizinisches Museum, das Stücke des 19. Jahrhunderts zeigt, als Wien in der medizinischen Forschung Europas eine führende Rolle spielte. Die Hauptattraktion bildet die Sammlung von Anatomiemodellen aus Wachs.

Narrenturm ❽

Spitalgasse 2. **Stadtplan** 1 B3. ☎ *4068 672.* Ⓤ *Schottentor.* 🚋 *5, 33, 43, 44.* ◯ *Mi 15–18, Do 8–11 Uhr; 1. Sa im Monat 10–13 Uhr.* ● *Ferien.*

Das ursprüngliche Allgemeine Krankenhaus, das 1784 von Joseph II. *(siehe S. 29)* gegründet wurde, wurde renoviert und beherbergt verschiedene Einrichtungen der Wiener Universität. Am äußeren Ende befinden sich der Narrenturm von Canevale und die ehemalige psychiatrische Klinik, heute Museum für Pathologische Anatomie. Die Sammlung zeigt u. a. eine historische Apotheke (1820) und Wachsmodelle. Die Räume im Erdgeschoss enthalten nur eine Auswahl der Sammlung. Studenten können bei einer Führung auch die oberen Stockwerke besichtigen.

Statuen an der Votivkirche

Gotische Pietà aus Holz (1470) in der Servitenkirche

Votivkirche ❾

Rooseveltplatz 8. **Stadtplan** 1 C4 u. 5 A1. ☎ *4061 192.* Ⓤ *Schottentor.* ◯ *Di–Sa 9–13, 16–18.30, So 9–13 Uhr.* 📷 ♿ *Nebeneingang.*

Nach dem missglückten Attentat auf Kaiser Franz Joseph am 18. Februar 1853 wurde gegenüber der Mölkerbastei – am Tatort – eine Kirche errichtet. Unter Architekt Heinrich von Ferstel begann der Bau 1856, die Weihe erfolgte 1879. Sehenswert ist vor allem die filigrane Struktur der Türme und Helme. Viele Kapellen der Kirche sind österreichischen Regimentern und Kriegshelden gewidmet. Das schönste Denkmal befindet sich im nördlichen Querschiff, in der Kapelle an der Westseite: der Sarkophag im Stil der Renaissance für Niklas Salm, der die österreichische Armee während der türkischen Belagerung von 1529 befehligte.

Museums- und Rathausviertel

Kaiser Franz Joseph ließ Mitte des 19. Jahrhunderts die meisten Amtsgebäude Wiens an der Ringstraße errichten *(siehe S. 32f)*. Bis heute gelten diese Bauten als Urbild einer gelungenen Stadtplanung. Die Bezirke an der Westseite der Ringstraße blieben unberührt. Dazu gehört die Josefstadt, die bis heute eine Atmosphäre wie im 18. Jahrhundert bewahrt hat – mit malerischen Straßen, Plätzen und barocken Kirchen. Hinzu kommt ein sprühendes kulturelles Leben, beispielsweise mit den herausragenden Produktionen des Burgtheaters. Gleichfalls sehr beliebt sind das Naturhistorische Museum und das Kunsthistorische Museum.

Der liebe Augustin, Sankt-Ulrichs-Platz

Sehenswürdigkeiten auf einen Blick

Straßen und Plätze
- Fußgängerzone Spittelberg 7
- Mölkerbastei 17
- Sankt-Ulrichs-Platz 6

Museen und Sammlungen
- *Kunsthistorisches Museum S. 122–127* 10
- Museum für Volkskunde 1
- *MuseumsQuartier Wien S. 118–120* 8
- *Naturhistorisches Museum S. 128f* 11

Historische Gebäude
- Alte Backstube 2
- *Burgtheater S. 132f* 19
- Café Landtmann 15
- Dreimäderlhaus 16
- Neues Rathaus 12
- Palais Trautson 5
- Parlament 9
- Pasqualatihaus 18
- Theater in der Josefstadt 4
- Universität 14

Kirchen und Kathedralen
- Dreifaltigkeitskirche 13
- Piaristenkirche 3

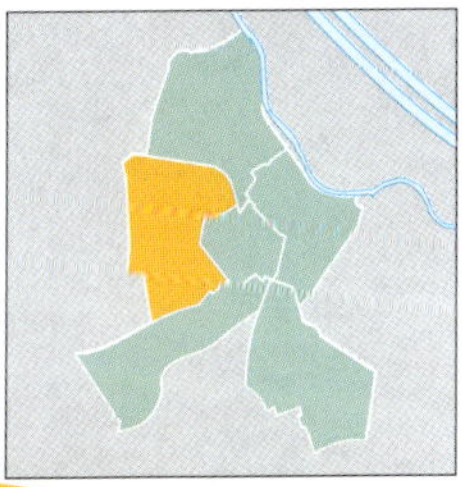

Anfahrt

Mit der U-Bahn bis Rathaus (U2) und Volkstheater (U2, U3). Tram 5 fährt von der Josefstädter Straße zur Langen Gasse, Tram 46 die Lerchenfelder Straße entlang. Bus 2A fährt vom Schwedenplatz zum Volkstheater, Bus 13A die Piaristengasse entlang. Bus 48A verkehrt in der Burggasse.

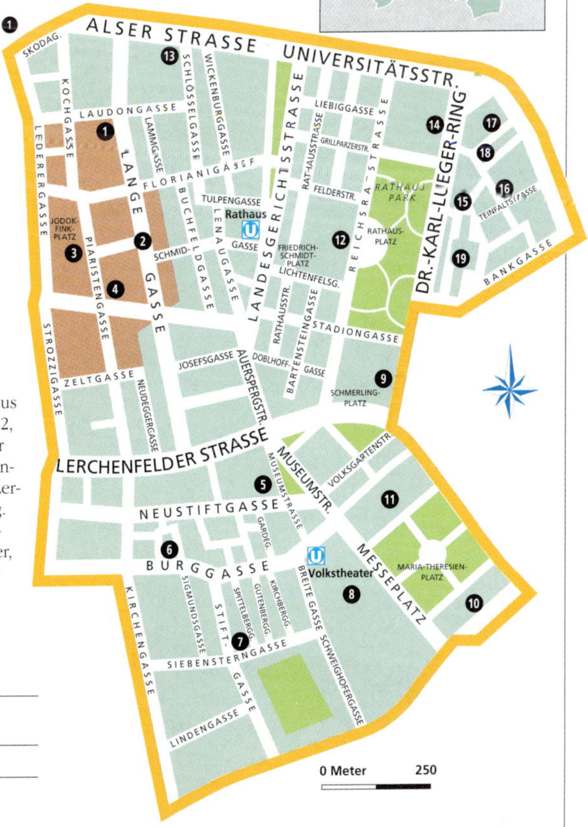

Legende

- Detailkarte *siehe S. 114f*
- U-Bahn-Station

◁ Das bei Dunkelheit prachtvoll illuminierte Neue Rathaus

Im Detail: Josefstadt

Hinter den großen Museen der Ringstraße erstreckt sich die Josefstadt, das nach Kaiser Franz Joseph II. benannte, im 18. Jahrhundert entstandene Viertel. Es liegt zwar jenseits der Inneren Stadt, bietet aber ein vielseitiges kulturelles Leben, ein angesehenes Theater, viele gute Restaurants, Kirchen und Museen. Studenten und Anwälte vom Gericht bilden die ständig wechselnde Klientel der verschiedenen Einrichtungen in der Josefstadt.

★ Piaristenkirche
Die Kirche wurde 1716 von den Patern des Piaristenordens errichtet. ❸

Theater in der Josefstadt
Das 1788 gegründete älteste Theater der Stadt Wien wird seit der Umgestaltung durch Joseph Kornhäusel (siehe S. 84) *im Jahr 1822 stets bespielt.* ❹

Lange Gasse 29
Hier haben sich die Häuser, die im 18. Jahrhundert als Wohnungen für Dienstboten und Arbeiter dienten, fast unverändert erhalten.

Die Pestsäule erinnert an das Pestjahr 1713.

LEGENDE

- - - Routenempfehlung

NICHT VERSÄUMEN

★ Museum für Volkskunde

★ Piaristenkirche

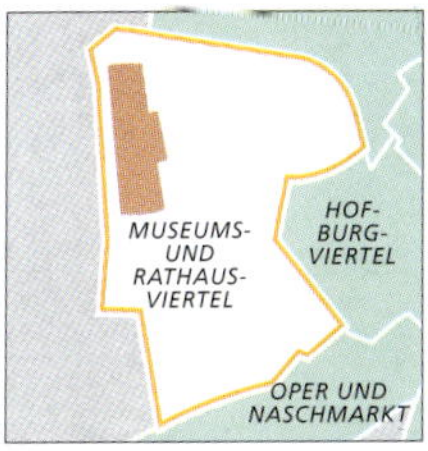

ZUR ORIENTIERUNG
Siehe Stadtplan 1

★ Museum für Volkskunde
Das Palais Schönborn präsentiert österreichische Volkskunde. ❶

Park Schönborn wirkt wie eine Oase in der Stadt. Unter den Skulpturen befindet sich die Büste (1974) des Komponisten Edmund Eysler von Leo Gruber.

Lange Gasse 53
Sie besitzt ein Tor mit schönen Statuetten. Es wurde im 18. Jahrhundert erbaut, als Wien über die alten Stadtmauern hinauswuchs.

Das Restaurant Schnattl gilt als eines der besten Wiener Restaurants und ist im Innenhof eines alten Hauses in der Langen Gasse zu finden *(siehe S. 214)*.

Alte Backstube
Von 1701 bis 1963 war sie eine Bäckerei, seit 1965 ist sie Museum und Restaurant. ❷

Museum für Volkskunde ❶

Laudongasse 15–19. **Stadtplan** 1 B4. *4068 905.* *Rathaus.* *Di–So 10–17 Uhr.* *1. Jan, Ostersonntag, 1. Mai, 1. Nov, 31. Dez.*
www.volkskundemuseum.at

Das Museum erinnert daran, dass Wien nicht nur aus kaiserlichem Prunk besteht. Hier sind Gebrauchsgegenstände zu sehen, die die Kultur der Menschen in Österreich und den Nachbarländern dokumentieren. Die Exponate stammen aus dem 17. bis 19. Jahrhundert.

Das Museum liegt im Gartenpalais Schönborn, das im frühen 18. Jahrhundert von Johann Lukas von Hildebrandt als einfaches zweigeschossiges Palais entworfen und 1760 von Isidor Canevale umgebaut wurde. Heute besitzt es eine beeindruckende klassizistische, mit Statuen geschmückte Fassade.

Alte Backstube ❷

Lange Gasse 34. **Stadtplan** 1 B5. *Rathaus.* *4061 101.* *Do–Fr 11–24, Sa, So 12–24 Uhr.* *Mitte Juli–Mitte Aug.*

In der Langen Gasse 34 erbaute der Juwelier Hans Bernhard Leopold 1697 eines der schönsten Bürgerhäuser Wiens. Eine Sandsteinskulptur über der Tür symbolisiert die Heilige Dreifaltigkeit. Im Haus befindet sich eine Bäckerei von 1701, die 1963 den Betrieb einstellte.

Die Öfen der alten Bäckerei wurden nie entfernt, vielmehr ist die Backstube originalgetreu restauriert worden. Angeschlossen sind ein Restaurant und ein Kaffeehaus. Zudem findet sich hier ein Bäckereimuseum, das das 300 Jahre alte Handwerkszeug der Bäcker ausstellt.

Einige Häuser weiter, bei Nr. 29, lohnt sich ein Blick in den Hinterhof, wo sich mehrere Reihen einstöckiger Häuser gegenüberstehen. Sie sind ein seltenes Beispiel für das Wien der Arbeiterklasse und etwa 200 Jahre alt.

Piaristenkirche ❸

Jodok-Fink-Platz. **Stadtplan** 1 B5. *4061 453.* *Rathaus.* *bei Gottesdiensten u. nach Vereinbarung.*

Flankiert von Klostergebäuden steht am Jodok-Fink-Platz die Piaristenkirche, deren Bau 1698 von den Patern des Piaristenordens in Auftrag gegeben wurde.

Die monumentale Kirche wurde von Johann Lukas von Hildebrandt 1716 entworfen und Mitte des 18. Jahrhunderts nach veränderten Plänen von Matthias Gerl vollendet. Die beiden Türme wurden 1854 fertiggestellt. Im Inneren finden sich Deckenfresken in leuchtenden Farben, die 1752/53 der österreichische Maler Franz A. Maulbertsch schuf. Die Kreuzkapelle links vom Chor beherbergt das sehenswerte Gemälde *Christus am Kreuz* (1774), ebenfalls von Maulbertsch gemalt.

Direkt vor der Kirche erhebt sich eine barocke Mariensäule mit Figuren der Jungfrau Maria, Heiligen und Engeln. Wie viele solcher Säulen in Wien wurde sie 1713 zum Dank für das Ende einer verheerenden Pestepidemie errichtet.

Deckenfresken über dem Altar der Piaristenkirche

Fassade des berühmten Theaters in der Josefstadt

Theater in der Josefstadt ❹

Josefstädter Straße 26. **Stadtplan** 1 B5. *42 700 (Karten -300).* *Rathaus.* **www**.josefstadt.org

Das Theater *(siehe S. 230)*, eines der ältesten Wiens, blickt auf eine ruhmreiche Geschichte. Es wurde 1788 erbaut, 1822 von Joseph Kornhäusel *(siehe S. 84)* umgestaltet und wird seitdem ständig bespielt. Neben Theaterstücken waren früher auch Ballett- und Opernaufführungen zu sehen. Zur Wiedereröffnung des Theaters 1822 komponierte und dirigierte Beethoven seine Ouvertüre *Die Weihe des Hauses*. Unter der Leitung von Max Reinhardt wurde das Theater 1924 renoviert. 2007 wurde es nach einer Generalüberholung wiedereröffnet.

Palais Trautson ❺

Museumstraße 7. **Stadtplan** 3 B1. *Volkstheater.* *für Besucher.*

Unweit des Volkstheaters steht, etwas zurückgesetzt, dieses Barockschlösschen, das 1710 von Johann Bernhard Fischer von Erlach *(siehe S. 149)* entworfen wurde. Während die meisten Wiener Palais flache Fassaden haben, springt hier der Mittelteil stark hervor. Auf kaum einem anderen Palais findet man so viele Skulpturen, darunter eine große Statue des Gottes Apollon, der die Leier schlägt. Geht man durch das hoch aufragende Portal, sieht man links eine gewaltige Treppe, die von zwei Atlanten in Gestalt bärtiger Riesen getragen wird. Die beiden wurden von dem italienischen Bildhauer Giovanni Giuliani geschaffen. Die Treppe führt zum Festsaal hinauf.

Das Palais wurde ursprünglich für Fürst Johann Leopold Donat Trautson erbaut, der im Dienst von Joseph I. stand. 1760 erwarb es Maria Theresia *(siehe S. 28f)* für die von ihr gegründete Ungarische Leibgarde. Seit 1972 dient es dem Justizministerium als Amtssitz und ist für die Öffentlichkeit nicht mehr zugänglich.

Sankt-Ulrichs-Platz ❻

Zwischen Neustiftgasse u. Burggasse. **Stadtplan** 3 B1. *Volkstheater.* ***Café Nepomuk*** *0676 612 4003.* *Mo–Fr 9–23, Sa 8–23 Uhr.* ***Ulrichskirche*** *5231 246.* *bei Gottesdiensten u. nach Vereinbarung.*

Der winzige Platz ist ein charakteristisches Überbleibsel aus dem alten Wien. In dem kleinen Barockhaus von Nr. 27 befindet sich heute das Café Nepomuk. Daran grenzt ein Renaissance-Haus an, das während der türkischen Belagerung nur deshalb der Zerstörung entging, weil der Großwesir Kara Mustafa in der Nähe sein Zelt aufgeschlagen hatte.

Das Haus verdeckt einen Teil der Fassade von St. Ulrich, einer Barockkirche, die Josef Reymund 1721–24 an der Stelle einer alten Dorfkirche erbaute. Sie ist umgeben von Patrizierhäusern, von denen das hübscheste das Schulhaus (Nr. 2) ist. Es stammt aus der Mitte des 18. Jahrhunderts. In der Kirche wurde der Komponist Christoph Willibald Gluck getraut und Johann Strauß d. J. getauft.

Fußgängerzone Spittelberg ❼

Stadtplan 3 B1. Ⓤ *Volkstheater.* ***Amerlinghaus*** ◯ *Mo–Fr 14–22 Uhr.* ***Markt*** ◯ *Apr–Juni, Sep–Nov: Sa 10–18 Uhr; Juli, Aug: Sa 14–21 Uhr.* 📷 ♿

Die zur Fußgängerzone umgewandelten Straßen Spittelberggasse, Gutenberggasse und Schrankgasse mit hübschen Häusern aus dem 18. und 19. Jahrhundert sind sorgfältig restauriert worden. Früher war dies einmal ein Boheme-Viertel voller Leben. Hier wohnten Schauspieler, fahrende Musiker und Bänkelsänger, zumeist in Mietshäusern ohne Gärten oder Höfe.

Als man in den 1970er Jahren den Charme des Viertels wiederentdeckte, begann die Stadtverwaltung mit der Sanierung. Heute gibt es hier Restaurants, Cafés und Boutiquen.

Fassadendetail, Spittelberggasse 20

Das kulturelle Zentrum bildet das Amerlinghaus in der Stiftgasse 8, ein Forum für Ausstellungen und andere kulturelle Veranstaltungen.

Im Spittelberg-Areal mit seinen Kopfsteinpflastergassen und den Straßencafés herrscht bis spät in die Nacht Hochbetrieb.

Das Amerlinghaus in der Stiftgasse 8, das Geburtshaus des Malers Friedrich Amerling, ist heute Gemeindezentrum, Theater und Beisl *(siehe S. 202).*

Stiftgasse 10 hat eine mit Statuen geschmückte Fassade.

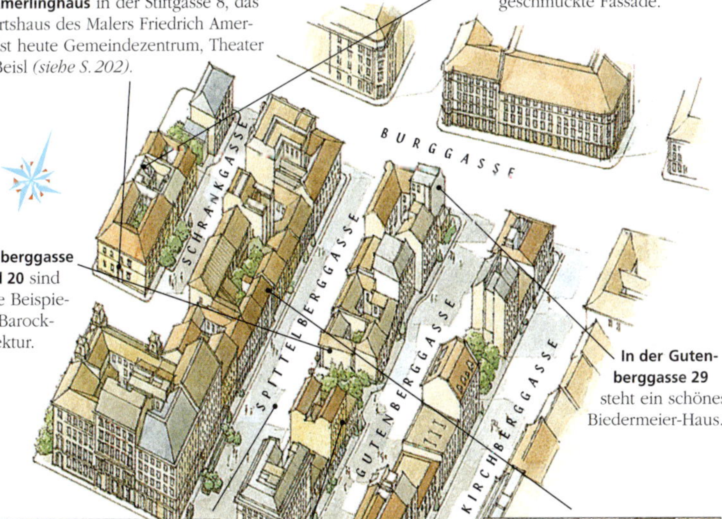

Spittelberggasse 18 und 20 sind schöne Beispiele für Barockarchitektur.

In der Gutenberggasse 29 steht ein schönes Biedermeier-Haus.

Die Spittelberggasse ist, seit sie zur Fußgängerzone umgewandelt wurde, ein hübscher Ort, um gemütlich an den alten Häusern entlangzuflanieren.

Witwe Bolte ist ein Restaurant in den Räumen eines alten Lokals, aus dem 1778 angeblich Kaiser Joseph rausgeworfen wurde.

Spittelberggasse 9 ist ein wunderschön verziertes Haus mit kunstvoll gemalten Trompe-l'Œil-Fenstern (18. Jh.), die täuschend echt wirken.

MuseumsQuartier Wien 8

Das MuseumsQuartier Wien befindet sich in den ehemaligen Stall- und Kutschengebäuden des habsburgischen Hofs. Es ist eines der größten Kulturzentren der Welt, beherbergt verschiedene Museen und bietet eine Plattform für Veranstaltungen in den Bereichen Film, Theater, Architektur, Tanz und Neue Medien. Es hat auch ein Kinderzentrum. Hinzu kommen Läden, Cafés und Restaurants. Das MuseumsQuartier vereinigt die barocke Architektur der Reitställe mit den modernen Gebäuden des Leopold Museums und des Museums Moderner Kunst Stiftung Ludwig Wien (MUMOK). Der beeindruckende Komplex strahlt eine ganz besondere Atmosphäre aus.

★ Leopold Museum
Das Selbstbildnis mit Judenkirschen *(1912) von Egon Schiele ist Teil der weltgrößten Schiele-Sammlung, die hier neben Werken anderer österreichischer Künstler zu sehen ist.*

★ ZOOM Kindermuseum
In zum Lernen animierender Umgebung können Kinder im ZOOM-Lab die Welt entdecken, im ZOOM-Ozean spielen, im ZOOM-Atelier kreativ sein und in der ZOOM-Ausstellung auf Entdeckungsreise gehen.

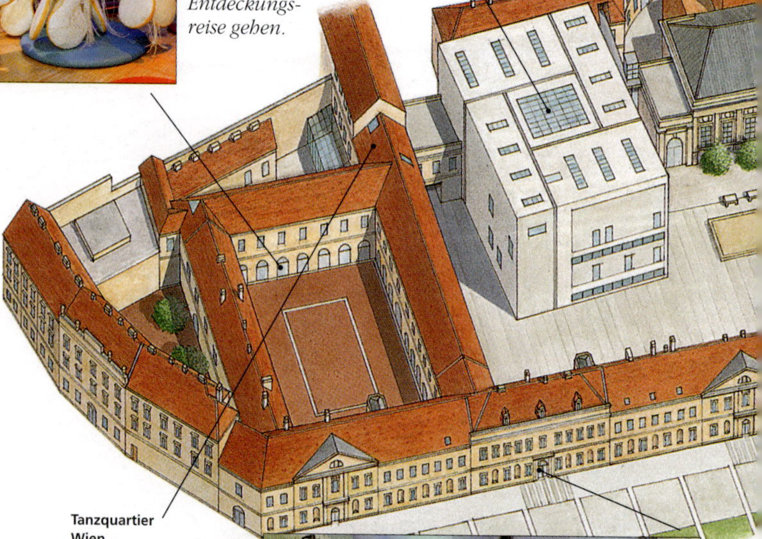

quartier21
Das Zentrum für angewandtes Kunsthandwerk und Design bietet häufig Wechselausstellungen. Zudem gibt es hier Läden mit außergewöhnlicher Mode, Design, Büchern und Musik.

Nicht versäumen

- ★ Leopold Museum
- ★ Museum Moderner Kunst Stiftung Ludwig Wien (MUMOK)
- ★ ZOOM Kindermuseum

Hallen E + G

Das Foyer führt in die einstige Winterreithalle, in der nun die Hallen E + G Bühnen für Konzerte, Theater und Tanz bieten. Vom Foyer aus gelangt man auch in die KUNSTHALLE wien, die internationale moderne Kunst zeigt.

INFOBOX

Museumsplatz 1, A-1070. **Stadtplan** 3 C1 ☎ *5235 881-1731 (Ausland) oder 0820-600 600 (Inland).* Ⓤ *MuseumsQuartier, Volkstheater.* 🚌 *2A zum MuseumsQuartier, 48A zum Volkstheater.* 🚋 *49 zum Volkstheater.* ***Besucherzentrum/ Kartenverkauf*** ◯ *tägl. 10–19 Uhr.* *diverse Führungen möglich.* *tägl. 6–24 Uhr.* **www**.mqw.at

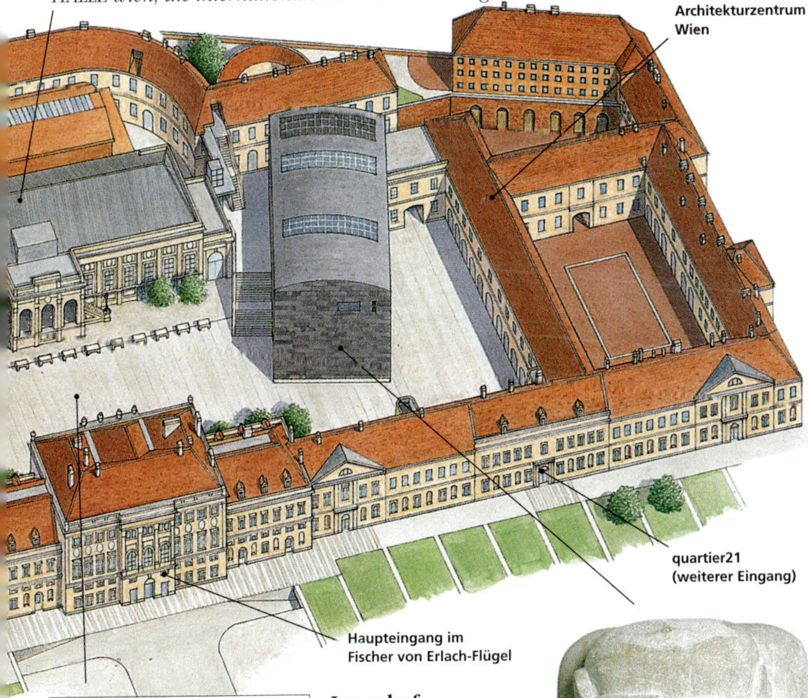

Innenhof

Im größten Open-Air-Festsaal der Stadt können Sie die spannende Architektur des MusemsQuartiers optimal erleben.

★ Museum Moderner Kunst Stiftung Ludwig Wien

Der Homme accroupi *(1907) von André Derain steht neben anderen Werken zeitgenössischer und moderner Kunst im auch als MUMOK bekannten Museum.*

Stadtplan *siehe Seiten 256–267*

Überblick: MuseumsQuartier Wien

Das Museumsquartier Wien beherbergt über 20 kulturelle Institutionen, Restaurants, Cafés und Läden. Es eignet sich hervorragend als Ausgangspunkt für eine Besichtigung Wiens, da viele andere Sehenswürdigkeiten in der Nähe liegen. Es empfiehlt sich, erst das Besucherzentrum im Fischer von Erlach-Flügel aufzusuchen, wo man ein Programmheft mit allen aktuellen Veranstaltungen und Ausstellungen erhält.

***Die Quelle*, Egger-Lienz, Leopold Museum**

Architekturzentrum Wien

522 3115 bzw. -30. *tägl. 10–19 Uhr.* **www**.azw.at

Die Dauerausstellung befasst sich mit der thematischen und strukturellen Diversität der Architektur des 20. Jahrhunderts und versucht, der Öffentlichkeit neue Architekturformen nahezubringen. In vier bis sechs Wechselausstellungen pro Jahr soll eine Verbindung zwischen moderner Architektur und Architekturgeschichte geschaffen werden.

Museum Moderner Kunst Stiftung Ludwig Wien (MUMOK)

525 00. *tägl. 10–18 Uhr (Do bis 21 Uhr).* **www**.mumok.at

In diesem Museum ist eine der größten Sammlungen europäischer moderner und zeitgenössischer Kunst untergebracht. Das MUMOK umfasst verschiedene Kunstrichtungen – von amerikanischer Pop-Art über Fotorealismus, Fluxus und Nouveau Réalisme, Wiener Aktionismus, Arte povera, konzeptueller Kunst und Minimalkunst bis hin zu mittel- und osteuropäischer Kunst. Die Abteilungen sind nach historischen und chronologischen Gesichtspunkten angeordnet.

quartier21

0820-600 600. *tägl. 10–20 Uhr (außer bei Veranstaltungen).* **www**.quartier21.mqw.at

Über 40 Gruppierungen sorgen dafür, dass das quartier21 Wiens Zentrum für angewandte Kunst ist. Besonders anziehend wirken die Läden mit Mode, Design, Büchern und Musik im Erdgeschoss. Dort gibt es auch einen Ausstellungsraum für Kunstschulen und eine große Halle für Events.

Leopold Museum

525 700. *tägl. 10–18 Uhr (Do bis 21 Uhr).* **www**.leopoldmuseum.org

Über 5000 Werke enthält die Sammlung österreichischer Kunst, die von Rudolf Leopold über 50 Jahre lang zusammengetragen wurde. Neben expressionistischen Werken und österreichischen Arbeiten der 1920er und 1930er Jahre gibt es hier die weltweit größte Schiele-Sammlung. Die Nachkriegskunst sowie Arbeiten von Albin Egger-Lienz findet man im ersten Stock, die Ausstellung zu Secessionskunst und Jugendstil im Erdgeschoss. Letztere zeigt Arbeiten von Gustav Klimt, Richard Gerstl und Oskar Kokoschka. Im Untergeschoss gibt es weitere Werke aus dem 19. und 20. Jahrhundert.

Tanzquartier Wien

581 3591. **www**.tqw.at

Das Tanzquartier Wien hat sich dem zeitgenössischen Tanz verschrieben. Hier werden auch Tänzer und Choreografen ausgebildet.

ZOOM Kindermuseum

5247 908. *Mo–Fr 8.30–17 Uhr, Sa, So, Schulferien u. Feiertage 10–17.30 Uhr. Vorher reservieren!* **www**.kindermuseum.at

Kinder bis zwölf Jahre erfahren in interaktiven Ausstellungen den unkonventionellen Zugang zur Welt der Museen. Exponate werden durch Spiel und Erforschung interessant, etwa im ZOOM-Lab.

Dschungel Wien

5220 720-20 (Info und Karten). **www**.dschungelwien.at

Das Zentrum mit zwei Räumen, Foyers und Café zeigt Theater für junges Publikum.

KUNSTHALLE wien

521 890. *tägl. 10–19 Uhr (Do bis 22 Uhr).* **www**.kunsthallewien.at

Das auffallende rote Backsteingebäude bietet im Rahmen von internationalen und zeitgenössischen Ausstellungen Raum für Innovation und Kreativität. Zu den Kunstformen zählen experimentelle Architektur, Video-, Foto- und Filmkunst sowie neue Medien.

math.space

5235 881-1730. *vorher anrufen.* **http://**math.space.or.at

Mathematik trifft auf Kunst – hier wird die »hohe Kunst« der Mathematik mit interaktiven Workshops für Kinder und Erwachsene popularisiert.

***The Red Horseman* (1974) von Roy Lichtenstein im MUMOK**

Parlament ❾

Dr.-Karl-Renner-Ring 3. **Stadtplan** 1 C5 u. 5 A3. *401 102 400.* *Volkstheater.* *nur Führungen.* *außer bei Tagungen: Mitte Sep–Mitte Juli: Mo–Fr 11, 14, 15 u. 16 Uhr (Fr auch 13 Uhr), Sa 11, 12, 13, 14, 15 u. 16 Uhr; Mitte Juli–Mitte Sep: Mo–Sa 11, 12, 13, 14, 15 u. 16 Uhr.* **www**.parlament.gv.at

Das riesige Parlamentsgebäude wurde vom Architekten Theophil Hansen *(siehe S. 32)*, der auch das Palais Epstein entwarf, in strengem klassizistischen Stil entworfen. Ursprünglich war es Teil der Ringstraßen-Bebauung und diente in der Zeit der Monarchie als Sitz des Reichsrats, in der Ersten und Zweiten Republik als Sitz von Nationalrat und Bundesrat. Die Bauarbeiten begannen 1874 und endeten 1884.

Das Parlament kann von der Ringstraßenseite betreten werden. Den Außenbereich prägen Kunstwerke wie die Bronzeskulptur *Rossebändiger* des Bildhauers Josef Lax sowie Marmorfiguren griechischer und römischer Historiker. Auf dem Dach sieht man Siegeswagen und Statuen von Gelehrten und Staatsmännern der Antike. Vor der Hauptfront steht der Pallas-Athene-Brunnen, der von der Figur der griechischen Göttin der Weisheit dominiert wird. Er wurde von Theophil Hansen entworfen und 1902 von Karl Kundmann gestaltet. In dieser pompösen Umgebung rief am 11. November 1918 der Reichsrat nach der Auflösung der habsburgischen Monarchie die Republik Deutsch-Österreich aus, die 1919 in Republik Österreich umbenannt wurde.

Während des Zweiten Weltkriegs wurde die Hälfte des Parlamentsgebäudes zerstört. Der Wiederaufbau war im Juni 1956 abgeschlossen, die Restaurierung einiger Kunstwerke begann allerdings erst in den 1990er Jahren.

Fassade des Parlamentsgebäudes mit Pallas-Athene-Brunnen

DAS ÖSTERREICHISCHE PARLAMENT

Das österreichische Parlament besteht aus zwei Kammern: Nationalrat und Bundesrat. Dem Nationalrat gehören 183 Abgeordnete an, die für die Dauer von fünf Jahren direkt gewählt werden, zusammen mit dem Bundesrat ist er für die Gesetzgebung zuständig. Der Bundesrat besteht aus Vertretern der neun Bundesländer, die von den einzelnen Landtagen entsandt werden (nach dem Stärkeverhältnis der Parteien). Der Bundesrat hat ein aufschiebendes Vetorecht (das der Nationalrat durch nochmaligen Beschluss aufheben kann), in einigen Fällen auch ein absolutes Vetorecht. Gesetzentwürfe können von Abgeordneten beider Kammern und von der Regierung eingebracht werden. Zudem kann das Volk mittels Volksbegehren Gesetzesvorschläge einbringen, die allerdings nicht bindend sind. Der Bundespräsident wird für sechs Jahre in direkter Wahl vom Volk gewählt, einmalige Wiederwahl ist möglich.

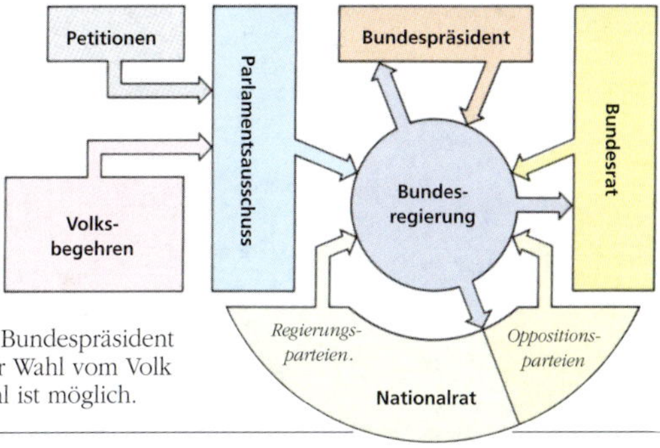

Kunsthistorisches Museum ⑩

Mehr als anderthalb Millionen Besucher kommen jährlich ins Kunsthistorische Museum. Den Grundstock für seine Sammlungen bildeten die Schätze, die über die Jahrhunderte von den Habsburgern zusammengetragen wurden. Ursprünglich waren die Kunstwerke in der Hofburg und im Belvedere untergebracht, doch als Kaiser Franz Joseph die Ringstraße anlegen ließ *(siehe S. 32f)*, wurden geeignete Gebäude zur Unterbringung der kaiserlichen Schätze errichtet. Im Kunsthistorischen Museum befinden sich die ehemaligen kaiserlichen Kunstschätze.

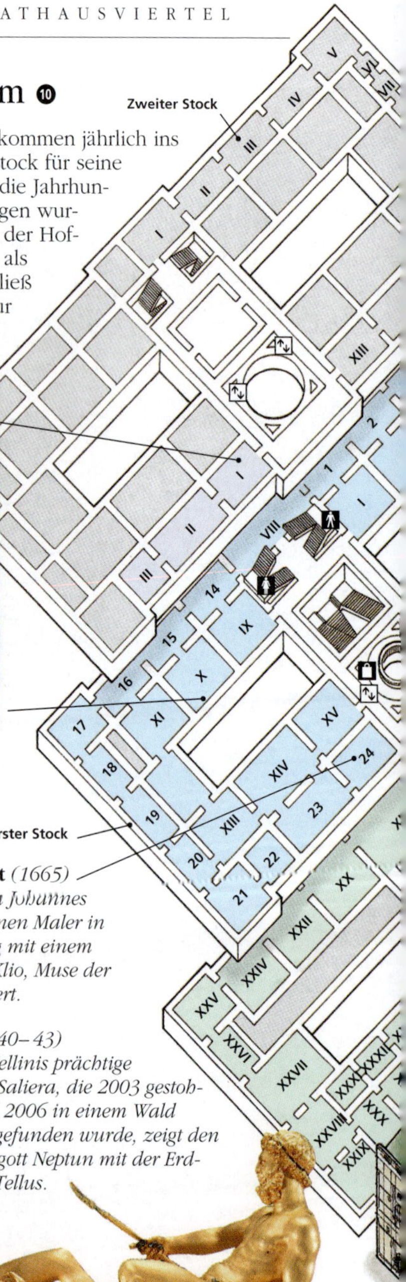

★ Jäger im Schnee (1565)
Das Gemälde aus dem Zyklus Die Jahreszeiten *von Pieter Brueghel d. Ä. zeigt Jäger, die an einem Wintertag ins Dorf zurückkehren.*

★ Die Malkunst *(1665)*
Die Allegorie von Johannes Vermeer zeigt einen Maler in reicher Kleidung mit einem Modell, das als Klio, Muse der Geschichte, posiert.

Salzfass *(1540–43)*
Benvenuto Cellinis prächtige goldene Saliera, die 2003 gestohlen und 2006 in einem Wald wiedergefunden wurde, zeigt den Meeresgott Neptun mit der Erdgöttin Tellus.

Legende

- Ägyptisch-Orientalische Sammlung
- Antikensammlung
- Kunstkammer (Wiedereröffnung voraussichtlich Ende 2012)
- Gemäldegalerie
- Münzkabinett
- Kein Ausstellungsbereich

Infantin Margarita Teresa in blauem Kleid *(1668)*
Diego Velázquez fing die Zerbrechlichkeit der achtjährigen spanischen Prinzessin inmitten ihrer Pracht ein.

★ **Gemma Augustea**
Auf dieser römischen Onyx-Kamee sieht man Kaiser Augustus als Jupiter gekleidet neben Roma, der Personifikation Roms.

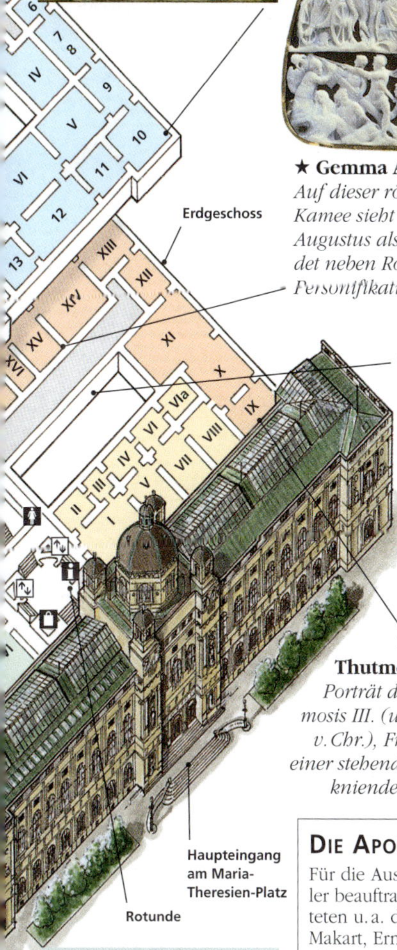

Pharao Thutmosis III.
Porträt des Thutmosis III. (um 1460 v. Chr.), Fragment einer stehenden oder knienden Figur.

INFOBOX

Maria-Theresien-Platz, A-1010.
Stadtplan 3 C1 u. 5 B5.
☎ *525 240.* Ⓤ *MuseumsQuartier, Volkstheater.* 🚌 *2A, 57A zum Burgring.* ◯ *Di–So 10–18 Uhr (Do bis 21 Uhr).*
www.khm.at

KURZFÜHRER

Die Antikensammlung im Erdgeschoss ist seit 2005 wieder zugänglich. Die Kunstkammer im Hochparterre wird derzeit renoviert und voraussichtlich Ende 2012 wiedereröffnet. Die grandiose Gemäldegalerie liegt im ersten Stock. Drei Räume im zweiten Stock beherbergen das Münzkabinett.

NICHT VERSÄUMEN

★ *Die Malkunst* von Vermeer

★ *Gemma Augustea*

★ *Jäger im Schnee* von Brueghel d. Ä.

DIE APOTHEOSE DER RENAISSANCE

Für die Ausstattung des Museums wurden berühmte Künstler beauftragt. An der Gestaltung des Treppenaufgangs arbeiteten u. a. die Maler Hans Makart, Ernst und Gustav Klimt sowie Franz Matsch. Das Deckengemälde *Die Apotheose der Renaissance* (1890) des ungarischen Malers Michael Munkácsy zeigt Papst Julius II. im Kreis von Leonardo, Raffael, Veronese, Michelangelo und Tizian sowie ihren Modellen.

Kunsthistorisches Museum: Gemäldegalerie

Der Schwerpunkt der Sammlung des KHM liegt auf alten Meistern des 15. bis 18. Jahrhunderts und ist wesentlich durch die persönlichen Vorlieben der Habsburger geprägt. Stark vertreten sind venezianische Malerei und flämische Gemälde ab dem 15. Jahrhundert. Zudem ist eine herausragende Auswahl von Arbeiten älterer niederländischer und deutscher Künstler zu sehen. Die Werke sind nach Schulen und Malstilen geordnet, doch es gibt auch Überschneidungen zwischen den verschiedenen Kategorien.

***Großes Selbstbildnis* (1652) von Rembrandt van Rijn**

***Das Pelzchen* (etwa 1635–40) von Peter Paul Rubens**

Flämische Malerei

Durch die historischen Verbindungen zwischen dem Haus Habsburg und den Niederlanden finden sich mehrere Werke aus diesem Teil Europas (heute Belgien). Typisch für die Arbeiten der frühen flämischen Meister, die in der Ölmalerei bahnbrechend waren, sind leuchtende Farben und große Aufmerksamkeit fürs Detail. Dies wird in den Triptychen von Rogier van der Weyden und Hans Memling wie auch in Jan van Eycks *Kardinal Niccolò Albergati* (1435) offenbar. Glanzpunkt ist Raum X, in dem ein Teil aller noch erhaltenen Werke von Pieter Brueghel d. Ä. hängt, darunter auch sein *Turmbau zu Babel* und die *Jahreszeiten*-Bilder (alle Mitte 16. Jh.). Die drei Peter Paul Rubens gewidmeten Räume (Raum XIII, XIV und XX) enthalten religiöse Werke wie etwa den Ildefonso-Altar (1630–32) und *Das Pelzchen*, ein Porträt seiner zweiten Frau. Auch Rubens' Schüler Anthonis van Dyck ist mit einigen Werken vertreten, die sein Gespür für Emotionen erkennen lassen.

Holländische Malerei

Hollands reiche protestantische Kaufleute des 17. Jahrhunderts interessierten sich nicht für das Jenseits, sondern wollten Bilder, die ihre eigene Welt darstellten. Zu den holländischen Genreszenen gehören Arbeiten mit großem Charme wie Pieter de Hoochs entzückende *Frau mit Kind und Dienstmagd* (1663–65) und Gerard ter Borchs *Die Apfelschälerin* (1661), während Jacob van Ruisdaels *Der große Wald* (1655–60) die Fortschritte zeigt, die holländische Maler bei der Beobachtung der Natur machten. Alle Rembrandts in Raum XV sind Porträts, unter ihnen auch ein Bild seiner Mutter als *Prophetin Hanna* (1639) und das beeindruckende *Große Selbstbildnis*.

Das einzige Gemälde von Jan Vermeer ist das rätselhafte *Die Malkunst* (Kabinett 24). Es ist ein komplexes Werk, wobei nie geklärt werden konnte, ob es sich um ein Selbstbildnis handelt.

Italienische Malerei

Die italienischen Räume beherbergen eine überzeugende Sammlung von Gemälden des 16. Jahrhunderts aus Venedig und Venetien. In Raum I ist eine breite chronologische Darstellung von

***Susanna im Bade* (1555) von Tintoretto**

Tizians Werk zu sehen, die von seiner frühen *Zigeunermadonna* (1510) bis zum Spätwerk *Nymphe und Schäfer* (1570–75) reicht. Weitere Glanzpunkte sind Giovanni Bellinis *Junge Frau bei der Toilette* (1515) und Tintorettos *Susanna im Bade*, eines der großen Werke des venezianischen Manierismus. In Raum XIX hängen Giuseppe Arcimboldos groteske Köpfe, die die Elemente und Jahreszeiten darstellen, sowie andere Werke, die von Kaiser Rudolf II. in Auftrag gegeben wurden. Unter Italiens Barockgemälden finden sich Werke von Annibale Carracci und Michelangelo Merisi da Caravaggio wie die *Rosenkranzmadonna* (1606/07), eine Jungfrau, die den hl. Dominikus anweist, Rosenkränze zu verteilen.

Sommer **(1563) von Giuseppe Arcimboldo**

Französische Malerei

Die Anzahl der französischen Gemälde ist recht klein, doch es sind einige Meisterwerke darunter. Das detaillierte und äußerst naturgetreu gehaltene Porträt *Der ferraresische Hofnarr Gonella* (1440–45) wird Jean Fouquet zugeschrieben. Es zeigt einen alten Mann, der förmlich in das Bild hineingezwängt scheint und wohl ein berühmter Hofnarr der damaligen Zeit war. Typisch ist das *Porträt des jungen Karl IX. von Frankreich* (1569) von François Clouet. Auf dem bekannten Werk *Zerstörung des Tempels in Jerusalem durch Titus*, das Nicolas Poussin 1638 malte, ist Kaiser Titus zu sehen, der beobachtet, wie sich die alttestamentarische Prophezeiung der Zerstörung des Tempels bewahrheitet. Joseph Duplessis' Bild *Christoph Willibald von Gluck* (1775) zeigt den Komponisten mit zum Himmel gerichtetem Blick an seinem Lieblingsinstrument, am Spinett.

Britische und deutsche Malerei

Britische Werke sind kaum vertreten. Zu den reizvollsten zählt Thomas Gainsboroughs *Landscape of Suffolk* (um 1750). Zudem gibt es Porträts von Gainsborough, Reynolds und Lawrence. Die deutsche Sammlung enthält Gemälde aus dem 16. Jahrhundert, darunter mehrere Werke von Dürer, etwa *Maria mit Kind* (1512), ferner *Die Hirschjagd des Kurfürsten Friedrich des Weisen* (1529) von Lucas Cranach d. Ä. und sieben Porträts von Hans Holbein d. J.

Hirschjagd des Kurfürsten Friedrich des Weisen **(1529) von Lucas Cranach d. Ä.**

Spanische Malerei

Das Kabinett 10 beherbergt mehrere schöne Porträts der spanischen Königsfamilie von Diego Velázquez, der von 1599 bis 1660 lebte und Hofmaler von Philipp IV. war. Zu den Werken gehören drei Porträts von Philipps Tochter, der Infantin Margarita Theresa, jeweils im Alter von drei, fünf und acht Jahren gemalt, sowie ein Porträt ihres kränklichen Bruders, dem Infanten Philipp Prosper. Zudem sind spanische Maler wie Alonso Sánchez Coello und Antonio de Pereda vertreten.

Kunsthistorisches Museum: Sammlungen

Neben der Gemäldegalerie bietet das Kunsthistorische Museum Raum für weitere einzigartige Sammlungen. Die Auswahl an europäischen Plastiken und Kunsthandwerk deckt etwa den gleichen Zeitraum ab wie die Gemälde: vom 15. bis 18. Jahrhundert. Es finden sich auch interessante Objekte aus dem Mittelalter, während die Exponate der ägyptischen, griechischen und römischen Sammlungen faszinierende Dokumente alter Kulturen sind.

Ägyptisch-Orientalische Sammlung

Vier mit ägyptischen Friesen und Motiven geschmückte Räume bilden die perfekte Umgebung für die große Ägyptisch-Orientalische Sammlung des Kunsthistorischen Museums, deren Grundstock habsburgische Monarchen legten. Die meisten Objekte kamen im 19. Jahrhundert hierher, nachdem durch die ägyptische Expedition Napoléons das Interesse an der Region gewachsen war. Gleiches gilt für den Beginn des 20. Jahrhunderts, als österreichische Archäologen Ausgrabungen in Gizeh durchführten, wo sie u. a. den sogenannten *Ersatzkopf* (etwa 2600 v. Chr.) fanden. Im Saal II ist die *Kultkammer von Ka-ni-nisut* aus Gizeh (5. Dynastie, um 2400 v. Chr.) mit ihren gut erhaltenen Hieroglyphen zu sehen.

Kleines blaues Nilpferd, Ägypten, Mittleres Reich (um 2000 v. Chr.)

Die bemerkenswerte Sammlung von Objekten und Plastiken deckt einen Zeitraum ab, der von den altägyptischen Reichen bis in römische Zeit reicht. Sie enthält eine Büste von Pharao Thutmosis III. *(siehe S. 123)* wie auch Darstellungen ägyptischer Götter und Göttinnen. Die Säle I und V mit Säulen aus Assuan sind dem ägyptischen Totenkult gewidmet. Man sieht dort Sarkophage, Kanopen (Eingeweidegefäße), Skarabäen, Mumien und Totenbuch-Papyri. Im Saal VIII gibt es das reizende **Kleine blaue Nilpferd** aus Fayence. Solche Figuren wurden in Königsgräbern des Mittleren Reichs oft gefunden. Nilpferdjagd war ein Privileg, das Günstlinge des Pharaos erhielten. Viele der kleinen Plastiken dienten als Behältnis für verstorbene Seelen.

Saal I der Ägyptischen Sammlung mit Tempelsäulen aus Assuan (um 1410 v. Chr.)

In den anderen Sälen sind Tiermumien, Papyri und Gebrauchsgegenstände wie Keramik, Schmuck und Kleidung zu sehen; zudem gibt es ein beeindruckendes, glasiertes Löwenrelief aus Babylon und verschiedene Objekte aus Arabien.

Antikensammlung

Die Antikensammlung ist nur zum Teil im Hauptgebäude untergebracht. Funde aus Ephesos und Samothrake kann man in der Neuen Burg *(siehe S. 95)* sehen.

Wenn man die Sammlung von den ägyptischen Sälen her betritt, gelangt man zunächst in Saal X mit griechischen Plastiken. Die Räume 6 und 7 beherbergen die Sammlung Austria Romana mit der großen Bronze des *Jünglings von Magdalensberg*, einer römischen Statue, die im 16. Jahrhundert in Kärnten aus dem Boden gepflügt wurde. Der Hauptsaal (XI) ist im Stil einer römischen Villa dekoriert – mit einem Theseus-Mosaik, einer römischen Isis-Statue und einem Sarkophag mit Relief. In den Räumen XII und XIII sind zahlreiche Porträtköpfe ausgestellt. Zu sehen sind u. a. Statuetten und Bronzen aus Griechenland und Rom, Vasen aus Tanagra, römische Kameen, Schmuck, Büsten römischer Kaiser und römisches Glas. In den Räumen 1 bis 3 sind etruskische und zypriotische Exponate zu sehen, in den übrigen Räumen koptische, byzantinische und auch germanische Ausstellungsstücke. Ins Auge sticht insbesondere der Schatz von Sînnicolaul Mare (Nagyszentmiklós). Dabei handelt es sich um 23 goldene Gefäße aus dem späten 9. Jahrhundert, die 1799 in Rumänien gefunden wurden.

Medaillon von Ulrich Molitor (1581)

Kunstkammer

Früher wurde die Kunstkammer Sammlung für Plastik und Kunstgewerbe genannt, denn sie enthält viele spezielle Gegenstände und Schätze, die die habsburgischen Mäzene für ihre verschiedenen Residenzen erwarben oder in Auftrag gaben, allen voran Rudolf II. und Erzherzog Leopold Wilhelm. Neben Plastiken beherbergten die fürstlichen Schatzkammern auch Kunsthandwerk, wissenschaftliche Instrumente und ausgefallene Kuriositäten. Zu den faszinierendsten gehören einige komplizierte Automaten, die der Unterhaltung dienten, beispielsweise eine Spieldose in Form eines Schiffs. Einige Adlige arbeiteten auch selbst handwerklich. So gibt es z.B. von Erzherzog Ferdinand II. mundgeblasene Gläser und von Maria Theresia Stickereien.

***Maria mit dem Kinde* (um 1495) von Tilman Riemenschneider**

Wie in der Gemäldegalerie überwiegen auch hier Exponate aus Renaissance und Barock, doch es gibt zudem mittelalterliche Objekte, darunter schöne spätgotische Schnitzereien von Künstlern wie Tilman Riemenschneider, mittelalterliche Elfenbeinarbeiten, Trinkhörner und Messkelche. Highlights in den Sälen der italienischen Renaissance sind die *Marmorbüste eines lachenden Knaben* von Desiderio da Settignano, das Marmorrelief *Bacchus und Ariadne* und eine Kleinbronze, nach einer alten Marmorstatue *Venus felix* genannt.

Zu der umfangreichen deutschen Renaissance-Sammlung gehören frühe Spielkarten, ein Tischaufsatz mit Haizähnen, ein Relief mit Szenen von den Feldzügen Karls V. und einige Bronzeplastiken von Giambologna. Aufsehen erregte der Diebstahl von Benvenuto Cellinis *Salzfass* *(siehe S. 122)* im Jahr 2003, das Anfang 2006 wiedergefunden wurde. Die Abteilung wird derzeit renoviert und ist geschlossen. Bis Ende 2012 soll sie wieder zugänglich sein.

***Jüngling von Magdalensberg*, Abguss einer römischen Statue**

Münzkabinett

Etwas abseits befindet sich im zweiten Stock eine der größten Münz- und Medaillensammlungen der Welt – für Sammler und Liebhaber ein Hochgenuss. Der Grundstock der Sammlung stammt wieder aus dem einstigen Besitz der Habsburger, doch wurde er ergänzt und enthält heute viele Exponate aus dem 20. Jahrhundert. In den drei Sälen ist nur ein geringer Teil der ungefähr 700 000 Exponate zu sehen.

Saal I gibt einen Überblick über die Entwicklung des Geldwesens. Er enthält alte griechische und römische Münzen, ägyptisches, keltisches und byzantinisches Geld, Münzen aus Mittelalter und Renaissance und das gesamte Spektrum österreichischer Währungen. Ebenfalls zu sehen ist eine Sammlung von Naturgeld, beispielsweise Steingeld von der Pazifikinsel Yap.

Die Säle II und III beherbergen eine umfangreiche Kollektion von Medaillen aus dem 19. und 20. Jahrhundert, darunter viele kleine Kunstwerke. Bemerkenswert sind vor allem die recht ungewöhnlichen Silber- und Goldmedaillen von Ulrich Molitor, Abt des Klosters Heiligenkreuz, und das Silbermedaillon, das Bertrand Andrieu zur Erinnerung an die Taufe von Napoléons Sohn anfertigte. Es zeigt den Kaiser als stolzen Vater, der seinen Sohn, den »König von Rom« *(siehe S. 175)*, hochhält.

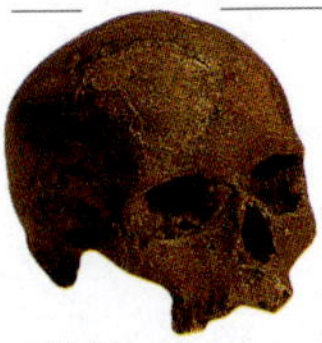

Schädel aus der Altsteinzeit

Naturhistorisches Museum ⓫

Das 1889 eröffnete Naturhistorische Museum ist der Zwilling des Kunsthistorischen Museums, beide Bauten wurden vom selben Architekten entworfen. In dem auch kunsthistorisch grandiosen Bau gibt es prähistorische, anthropologische, mineralogische, zoologische, geologische und ökologische Abteilungen. Zu sehen sind Abgüsse von Dinosaurierskeletten, die weltweit größte Sammlung von Schädeln, die die Entwicklungsgeschichte des Menschen illustriert, eine der bedeutendsten Edelsteinsammlungen Europas und prähistorische Funde.

★ Hallstatt-Funde
Dieser Schlachtwagen wurde nach Fundstücken aus der älteren Eisenzeit rekonstruiert.

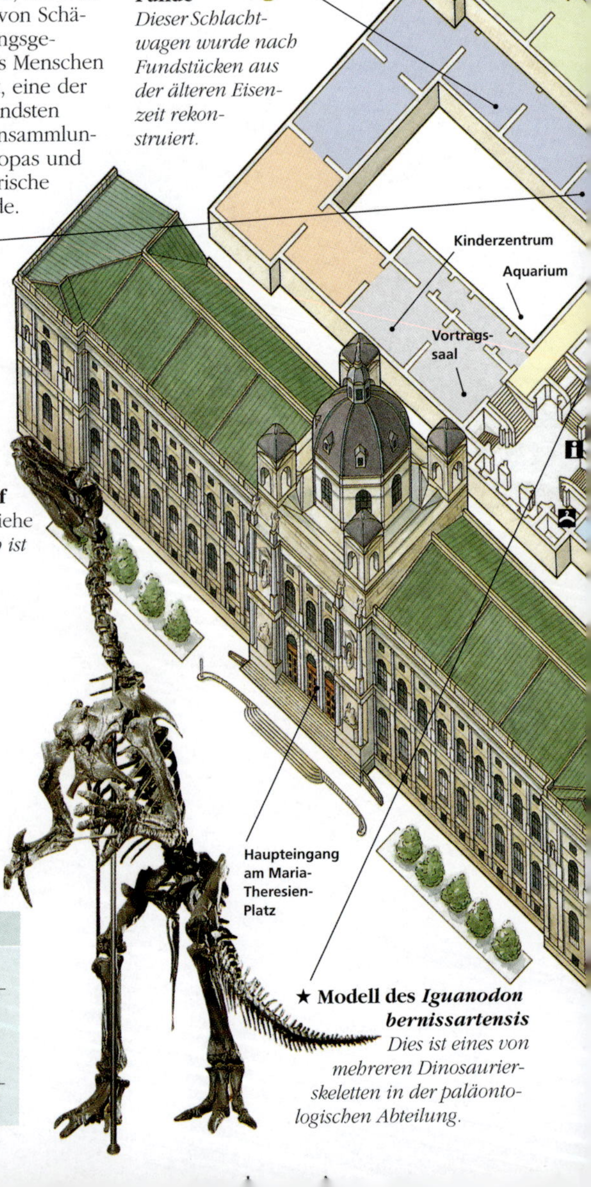

★ Venus von Willendorf
Die Fruchtbarkeitsfigur (siehe S. 20) *aus Niederösterreich ist etwa 25 000 Jahre alt.*

LEGENDE

- Mineralogie
- Geologie, Paläontologie
- Archäologie
- Anthropologie
- Zoologie
- Wechselausstellungen
- Kein Ausstellungsbereich

NICHT VERSÄUMEN

- ★ Hallstatt-Funde
- ★ Modell des *Iguanodon bernissartensis*
- ★ Venus von Willendorf

★ Modell des *Iguanodon bernissartensis*
Dies ist eines von mehreren Dinosaurierskeletten in der paläontologischen Abteilung.

Die Hauptkuppel wurde um 1881 von Johannes Benk entworfen. Sie wird von einer Bronzestatue des Gottes Helios gekrönt.

Zebrareiher
Diese mittlerweile sehr seltene Vogelart kam vor 150 Jahren aus Brasilien hierher.

INFOBOX

Maria-Theresien-Platz, A-1014. **Stadtplan** 3 C1 u. 5 A4. *521 770.*
Volkstheater. *2A, 48A.*
Mi 9–21 Uhr, Do–Mo 9–18.30 Uhr. *1. Jan, 25. Dez.*
www.nhm-wien.ac.at

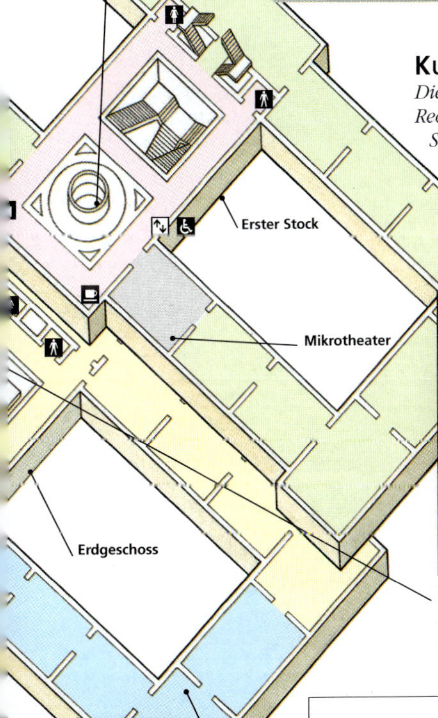

KURZFÜHRER

Die Exponate sind auf zwei Etagen verteilt. Rechts vom Eingang gibt es Mineralien. Die Säle zur Linken zeigen die Entwicklungsgeschichte des Menschen und die prähistorischen Sammlungen. Zoologie findet man, ebenso wie Wechselausstellungen, im ersten Stock.

Kaiser Franz I. Stephan *(1773)*
Das Gemälde von Franz Messmer und Ludwig Kohl zeigt den Gründer des Museums. Es hängt im Treppenhaus.

Allegorische Karyatide
Die Figur, die das Metall Eisen symbolisiert, ist ein Teil der Dekoration des Mineralogiesaals.

MARIA-THERESIEN-PLATZ

Der Platz liegt zwischen Kunsthistorischem und Naturhistorischem Museum. In seiner Mitte steht ein Denkmal mit einer Statue von Maria Theresia *(siehe S. 27)*, das Kaspar von Zumbusch 1888 schuf. Es zeigt die Kaiserin, die sogenannte Pragmatische Sanktion von 1713 in Händen, welche auch Frauen die Thronfolge ermöglichte.

Am Sockel von Maria Theresia sieht man ihre wichtigsten Feldherren zu Pferde, ebenso die ihr vertrauten Adligen und Berater, einschließlich des von ihr geschätzten Leibarztes van Swieten.

Neues Rathaus ⓬

Friedrich-Schmidt-Platz 1. **Stadtplan** 1 B5 u. 5 A2. *525 50.* *Rathaus.* *für Führungen Mo, Mi u. Fr 13 Uhr sowie nach tel. Reservierung für Gruppen.* **www**.wien.gv.at

Das Neue Rathaus ist Sitz des Wiener Stadt- und Landparlaments. Von 1872 bis 1883 wurde es im neugotischen Stil erbaut und sollte das Alte Rathaus *(siehe S. 85)* ersetzen. Der Architekt Friedrich von Schmidt gewann den ausgeschriebenen Wettbewerb. Die Hauptfassade dominiert ein riesiger Mittelturm. Auf seiner Spitze befindet sich die 3,5 Meter hohe Statue eines Standartenträgers: der »Rathausmann«. Er wurde von Franz Gastell entworfen und vom Kunstschmied Alexander Nehr geschaffen. Das reizvollste Element der Fassade ist die luftige Loggia mit ihren kunstvollen Verzierungen. Das Gebäude hat sieben Höfe. Der Arkadenhof wird für Sommerkonzerte genutzt. Zwei breite Festtreppen führen zum Festsaal, der sich über die ganze Länge des Gebäudes erstreckt. Über den neugotischen Arkaden sieht man, rund um das Gebäude, Statuen von österreichischen Persönlichkeiten, unter ihnen bekannte Habsburger.

Vor dem Gebäude liegt der Rathauspark.

Hauptfassade des Neuen Rathauses mit dem »Rathausmann« in 98 Meter Höhe auf der Turmspitze

Dreifaltigkeitskirche ⓭

Alser Straße 17. **Stadtplan** 1 B4. *4057 225.* *Rathaus.* *Mo–Sa 8–11.30, So 8–12 Uhr.* *Eingang Schlösselgasse.*

In der 1685–1727 erbauten Kirche – auch Kirche zur Allerheiligsten Dreifaltigkeit – findet sich im Nordschiff ein Altarbild des Malers Altomonte von 1708 und im Südschiff ein Kruzifix aus der Werkstatt von Veit Stoß. Hier wurde 1827 Ludwig van Beethoven nach seinem Tod aufgebahrt. Im Anschluss an den Trauergottesdienst, an dem Persönlichkeiten wie Schubert und Franz Grillparzer teilnahmen, erfolgte die Beisetzung auf dem etwas außerhalb gelegenen Friedhof in Währing.

Kruzifix von Veit Stoß (16. Jh.) in der Dreifaltigkeitskirche

Universität ⓮

Dr.-Karl-Lueger-Ring 1. **Stadtplan** 1 C4 u. 5 A2. *4277-0.* *Schottentor.* *Mo–Fr 6.30–20.30, Sa 8–13 Uhr.* **www**.univie.ac.at

Die von Herzog Rudolf IV. 1365 gegründete Universität wird heute von etwa 50 000 Studenten besucht. Das jetzige Gebäude entwarf 1883 der vielseitige Heinrich Ferstel im Stil der italienischen Renaissance.

Von der Eingangshalle führen gewaltige Treppen zu den Festsälen. 1895 wurde Gustav Klimt beauftragt, die Halle mit Fresken auszuschmücken, doch einige Darstellungen erschienen den zuständigen Stellen zu freizügig. Nachdem keine Einigung erzielt werden konnte, verzichtete Klimt schließlich auf sein Honorar und nahm die Bilder wieder zurück. Sie wurden im Zweiten Weltkrieg zerstört.

In den weitläufigen Arkaden des Haupthofs befinden

sich Denkmäler der berühmtesten Universitätslehrer, etwa Statuen des »Vaters der Psychoanalyse«, Sigmund Freud *(siehe S. 110)*, und des Philosophen Franz Brentano. Gleich daneben beginnen die mit Plakaten behängten Korridore der heutigen Studenten.

Arkaden am Haupthof der Universität

Café Landtmann ⑮

Dr.-Karl-Lueger-Ring 4. **Stadtplan** 1 C5 u. 5 B2. *24 100-0.* *Schottentor, Volkstheater.* *1, D.* *tägl. 8–24 Uhr.*

Während das Café Central *(siehe S. 58)* das Kaffeehaus der Wiener Intelligenz war und vielleicht auch heute noch ist, trifft sich in diesem Café *(siehe S. 58)*, das mit seinen Spiegeln und anmutigen Täfelungen sehr viel Gemütlichkeit ausstrahlt, die wohlhabende Mittelschicht.

Auch Sigmund Freud war früher ein häufig hier gesehener Gast. Das Café wurde 1873 von dem Kaffeeröster Franz Landtmann eröffnet und ist bei den Wienern noch immer sehr beliebt.

Das reizvolle Dreimäderlhaus *(links)* in der Schreyvogelgasse

Dreimäderlhaus ⑯

Schreyvogelgasse 10. **Stadtplan** 1 C5 u. 5 B2. *Schottentor.*

Ein entzückendes Überbleibsel aus dem Biedermeier sind die Häuser auf einer Seite der Schreyvogelgasse. Am schönsten ist das Dreimäderlhaus (1803). Schubert soll hier drei Geliebte versteckt gehalten haben. Doch der Name stammt wohl von dem Singspiel *Das Dreimäderlhaus* (1920er Jahre), das Melodien Schuberts verarbeitete.

Mölkerbastei ⑰

Stadtplan 1 C5 u. 5 B2. *Schottentor.*

Wenige Schritte vom Schottentor entfernt, wurde auf einer Bastion der Stadtmauer im späten 18. Jahrhundert eine ruhige Straße mit prächtigen Häusern errichtet. Beethoven wohnte hier. Kaiser Franz Joseph wurde 1853 in dieser Straße fast von einem Schneider ermordet. Im Haus Nr. 10 wohnte während des Wiener Kongresses 1815 *(siehe S. 30)* der belgische Fürst Charles de Ligne, ein alter Aristokrat, der zynische Kommentare über das Treiben der gekrönten Häupter Europas in Wien schrieb. Der Frauenfreund holte sich eine tödliche Erkältung, als er in der Bastei auf eine Dame wartete.

Plakette an der Fassade des Pasqualatihauses

Pasqualatihaus ⑱

Mölkerbastei 8. **Stadtplan** 1 C5 u. 5 B2. *5358 905.* *Schottentor.* ***Museum*** *Di–So 9–12.15, 13–16.30 Uhr.*

Das Gebäude ist das berühmteste von mehr als 30 Häusern, in denen Ludwig van Beethoven während seiner Zeit in Wien lebte. Benannt ist es nach seinem ersten Besitzer, Baron Johann von Pasqualati. Beethoven lebte hier von 1804 bis 1808 und von 1810 bis 1815. Hier komponierte er seine IV., V., VII. und die VIII. Symphonie, die Oper *Fidelio*, das Klavierkonzert Nr. 4 und mehrere der Streichquartette.

Heute beherbergen die Räume im vierten Stock, in denen der Komponist wohnte, ein kleines Museum, das verschiedene Erinnerungsstücke zeigt, etwa eine Locke von Beethoven, ein Foto seines Grabs auf dem Friedhof in Währing und frühe Drucke seiner Kompositionen. Zu sehen sind auch Büsten und Gemälde von Beethoven und seinem Gönner, Fürst Rasumofsky, dem russischen Botschafter in Wien.

Liebenberg-Denkmal (1890) unterhalb der Mölkerbastei

Burgtheater ⓳

Das Burgtheater gilt als traditionsreichste Bühne im deutschsprachigen Raum *(siehe S. 230)*. Das erste, unter Maria Theresia erbaute Theater wurde 1888 durch das heutige Gebäude im Stil der italienischen Renaissance von Karl von Hasenauer und Gottfried Semper ersetzt. 1897 musste es umgebaut werden, da sich herausgestellt hatte, dass von mehreren Plätzen aus die Bühne nicht zu sehen war. 48 Jahre später zerstörte eine Bombe das Gebäude bis auf die Seitenflügel mit den Treppenhäusern. Die geglückte Restauration lässt diesen Schaden jedoch nicht mehr erkennen.

Büsten von Dramatikern
In den großen Treppenhäusern stehen Büsten von Dramatikern, deren Werke hier noch immer aufgeführt werden, etwa die Johann Nestroys von Hans Knesl.

Deckenfresken der Klimt-Brüder und von Franz Matsch zieren den Nord- und Südflügel.

Zwei Statuen, die Muse der Musik und der Tragödie, schmücken das Dach.

Eingang für Führungen

Kandelaber säumen das Treppenhaus

Haupteingang am Dr.-Karl-Lueger-Ring

★ Treppenhäuser im Nord- und Südflügel
Zwei imposante, exakt baugleiche Treppen führen von den Seiteneingängen ins Foyer.

Foyer
Im rund 60 Meter langen Foyer hält man sich in den Pausen auf. An den Wänden hängen Porträts berühmter Schauspieler und Schauspielerinnen.

NICHT VERSÄUMEN

★ *Der Thespiskarren* von Gustav Klimt

★ Treppenhäuser im Nord- und Südflügel

Zuschauerraum
Nach der Zerstörung im Krieg wurde das Burgtheater 1952–55 wiederaufgebaut. Der Zuschauerraum ist immer noch in den kaiserlichen Farben gehalten.

INFOBOX

Dr.-Karl-Lueger-Ring 2, A-1010. **Stadtplan** 1 C5 u. 5 A2. *514 44-4140.*
Herrengasse, Rathaus.
bei Veranstaltungen.
tägl. 15 Uhr.
www.burgtheater.at

★ Der Thespiskarren
Das Deckengemälde (1886) von Gustav Klimt, Teil der Serie Geschichte des Theaters, *zeigt Thespis, den griechischen Tragödiendichter.*

Engel schmücken die Balustrade (1880–83)

Hauptfassade
Ein Apoll (um 1883) sitzt, flankiert von Melpomene und Thalia, über einem Fries von Rudolf Weyr, der Bacchus und Ariadne zeigt.

ZEITSKALA

1741 Maria Theresia gründet das Burgtheater in einem alten Ballsaal der Hofburg

1750

1776 Joseph II. organisiert das Theater neu und macht es zum Nationaltheater

Das alte Burgtheater (Mitte 18. Jh.)

1850

1874 Die Arbeit am heutigen Gebäude beginnt

1888 Das Burgtheater wird am 14. Oktober in Anwesenheit von Kaiser Franz Joseph und seiner Familie eröffnet

1897 Der Zuschauerraum wird umgebaut

1900

1945 Im Krieg zerstört ein Brand den Zuschauerraum

1950

1955 Wiedereröffnung mit Grillparzers *König Ottokar*

Stadtplan *siehe Seiten 256–267*

Oper und Naschmarkt

Oper und Opernring bilden einen scharfen Kontrast zur viel befahrenen, modernen Mariahilfer Straße. Letztere wird gesäumt von Kinos und Kaufhäusern, die nicht nur Wiener und Wien-Besucher, sondern auch Konsumwillige aus vielen Teilen Osteuropas anlocken. Die zweite große Durchgangsstraße ist die Linke Wienzeile, die parallel zur Rechten Wienzeile verläuft. Beide führen über die Ringstraße hinaus bis zu den Stadträndern, wobei sie dem gewundenen Lauf der Wien folgen. Zwischen ihnen liegt der belebte Naschmarkt, überragt von einigen Jugendstil-Häusern Otto Wagners in der Linken Wienzeile. Besucher, die den Massen entfliehen wollen, sollten das traditionsreiche Café Museum besuchen, das sich nahe bei den drei großen Kulturinstitutionen des Viertels – Akademie der bildenden Künste, Staatsoper und Secessionsgebäude – befindet.

Relief an der Fassade des Secessionsgebäudes

Sehenswürdigkeiten auf einen Blick

Straße
Mariahilfer Straße 8

Historische Gebäude
Hotel Sacher 2
Staatsoper S. 140f 1
Theater an der Wien 5
Wagner-Häuser 7

Museen und Sammlungen
Akademie der bildenden Künste 3
Haydn-Museum 10
Hofmobiliendepot, Möbel Museum 9
Secessionsgebäude 4

Markt
Naschmarkt 6

Anfahrt

Dieses Areal erreicht man über die U-Bahn-Stationen Zieglergasse (U3), Neubaugasse (U3) und Museums-Quartier (U2). Die Buslinie 13A fährt von der Josefstädter Straße zur Mariahilfer Straße und zum südlichen Ende der Linken Wienzeile. Bus 57A verkehrt auf der Gumpendorfer Straße.

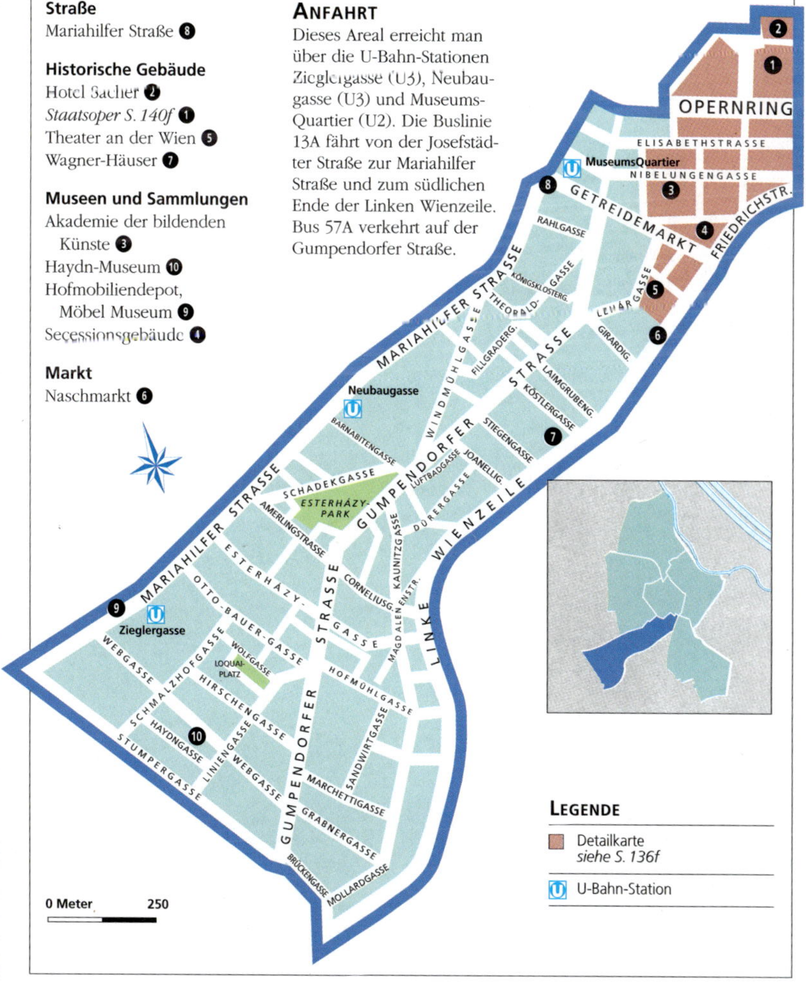

Legende
Detailkarte *siehe S. 136f*
U-Bahn-Station

Im Detail: Opernring

Zwischen Staatsoper und Karlskirche, zwei der Wahrzeichen Wiens, liegt ein Bezirk, der für die kulturelle Lebendigkeit der gesamten Stadt typisch ist. Hier sind ein Theater aus dem 18. Jahrhundert, eine Kunstakademie aus dem 19. Jahrhundert und das Secessionsgebäude beheimatet. Zwischen den Kulturdenkmälern stößt man auf das Hotel Sacher, luxuriös wie schon vor 100 Jahren, und das ebenfalls schon damals berühmte Café Museum *(siehe S. 58)*. Zudem kann man das bunte Treiben des Naschmarkts genießen, auf dem man von Austern über exotische Früchte bis zu alten Kleidern so ziemlich alles bekommt.

★ Akademie der bildenden Künste
Das Gebäude im italienischen Stil birgt eine fantastische Sammlung alter Meister. ❸

Das Goethe-Denkmal entwarf Edmund Hellmer 1890.

★ Secessionsgebäude
Das Ausstellungsgebäude, 1898 für die Künstler der Secession entworfen, birgt den Beethovenfries *von Gustav Klimt* (siehe S. 56). ❹

Das Schiller-Denkmal dominiert den Park vor der Akademie der bildenden Künste.

Theater an der Wien
Heute präsentiert das Theater aus dem 18. Jahrhundert Opern, Tanzaufführungen und Konzerte. Einst fand hier die Uraufführung von Beethovens Fidelio *statt.* ❺

Naschmarkt
Von frischen Bauernhofprodukten bis zu Trödel: Auf dem Naschmarkt ist an Samstagen am meisten los. ❻

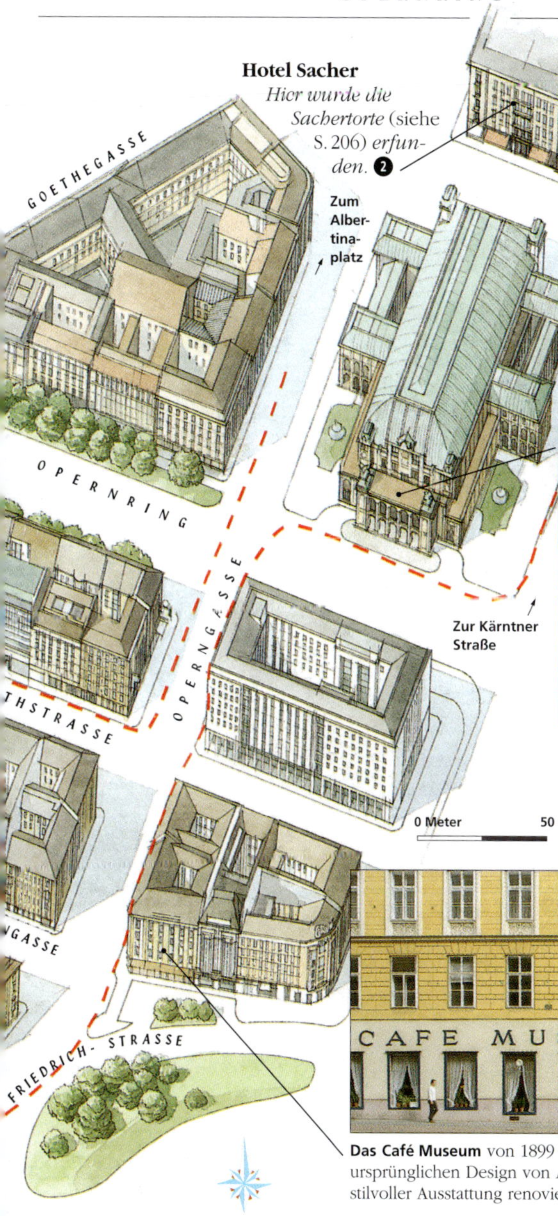

Hotel Sacher
Hier wurde die Sachertorte (siehe S. 206) *erfunden.* ❷

ZUR ORIENTIERUNG
Siehe Stadtplan 3, 4 & 5

★ Staatsoper
Das imposante Gebäude wurde 1869 eröffnet und gilt noch heute als Nabel der Wiener Kulturszene. ❶

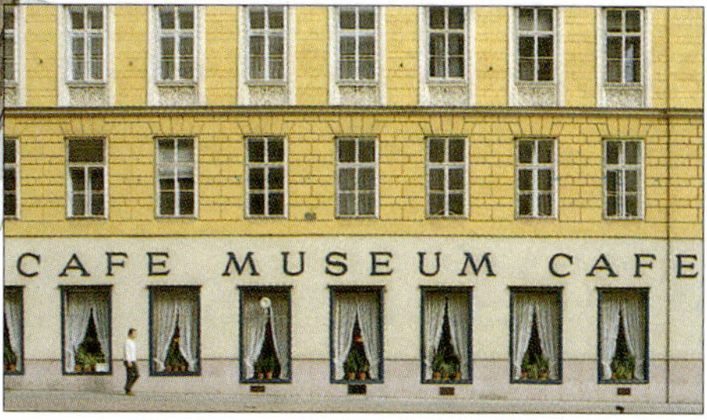

Das Café Museum von 1899 wurde mittlerweile nach dem ursprünglichen Design von Adolf Loos *(siehe S. 92)* mit stilvoller Ausstattung renoviert.

Die Mark-Anton-Gruppe neben dem Secessionsgebäude, eine Bronzestatue (1899), stammt von Arthur Strasser.

NICHT VERSÄUMEN

- ★ Akademie der bildenden Künste
- ★ Secessionsgebäude
- ★ Staatsoper

LEGENDE

– – – Routenempfehlung

Stadtplan *siehe Seiten 256–267*

Staatsoper ❶

Siehe S. 140f.

Hotel Sacher ❷

Philharmonikerstraße 4. **Stadtplan** 4 D1 u. 5 C5. *514 560.* *Karlsplatz.* *tägl. 8–24 Uhr.*
www.sacher.com

Gründer dieses Hotels *(siehe S. 198)* war der Sohn von Franz Sacher, der 1840 die Sachertorte erfunden haben soll *(siehe S. 206)*. Unter seiner Schwiegertochter Anna Sacher wurde es berühmt. Sie leitete das Hotel von 1892 bis zu ihrem Tod 1930. Während dieser Zeit trafen sich viele Adlige mit ihren Geliebten in den Séparées. Bis heute ist das Sacher ein diskretes Luxushotel.

Akademie der bildenden Künste ❸

Schillerplatz 3. **Stadtplan** 4 D2 u. 5 B5. *5881 6225.* *Karlsplatz.* ***Gemäldegalerie*** *Di–So u. Feiertage 10–18 Uhr.* *1. Jan, 1. Mai, 1. Nov, 24., 25., 31. Dez.*
www.akademiegalerie.at

Theophil Hansen baute die Akademie 1872–76 im Stil der italienischen Renaissance. 1907 wurde Hitler dort mangels Talent abgelehnt. Zur

Secessionsgebäude

Kunstschule gehört auch eine Gemäldegalerie, die Ausstellungen präsentiert, etwa mit Werken aus Spätgotik und Frührenaissance, einigen Rubens-Bildern, holländischen und flämischen Landschaften (17. Jh.) und einer österreichischen Sammlung aus dem 19. Jahrhundert.

Secessionsgebäude ❹

Friedrichstraße 12. **Stadtplan** 4 D2. *5875 307.* *Karlsplatz.* *Di, Mi, Fr–So 10–18 Uhr, Do 10–20 Uhr.*
www.secession.at

Das von Joseph Maria Olbrich entworfene Jugendstil-Gebäude *(siehe S. 54–57)* war Ausstellungsraum der Künstlervereinigung Secession *(siehe S. 34)*. Das fast fensterlose Palais mit der filigranen Kugel aus verschlungenen Lorbeerblättern auf dem Dach ist ein kubischer Baukörper mit vier Eckpfeilern. Das Motto der Secession steht in Gold auf der Fassade: »Der Zeit ihre Kunst, der Kunst ihre Freiheit«. Neben dem Gebäude steht Arthur Strassers Mark-Anton-Gruppe mit einem von Löwen gezogenen Wagen (1899).

Säuleneingang des Theaters an der Wien

Im Inneren ist das berühmteste Werk Gustav Klimts zu sehen: der *Beethovenfries* von 1902, der mit 34 Meter Länge drei Wände bedeckt. Das Werk zeigt drei miteinander verbundene Figurengruppen und soll einen Kommentar zu Beethovens Neunter Symphonie darstellen *(siehe S. 35)*.

Theater an der Wien ❺

Linke Wienzeile 6. **Stadtplan** 3 C2. *58885 (Tickets).* *Kettenbrückengasse.* *für Vorführungen.*
www.theater-wien.at

Das Theater an der Wien *(siehe S. 226)* wurde 1801 von Emanuel Schikaneder gegründet. Eine Statue über dem Eingang zeigt Schikaneder als Papageno in der Uraufführung von Mozarts *Zauberflöte* im Vorläufer des heutigen Theaters. 1805 wurde hier auch Ludwig van Beethovens *Fidelio* uraufgeführt.

Gemüsestand, Naschmarkt

Naschmarkt ❻

Stadtplan 3 C2–C3. *Kettenbrückengasse.* ***Markt*** *Mo–Fr 6–18.30 Uhr, Sa 6–18 Uhr.* ***Schubert-Museum*** *Fr–So u. Feiertage 14–18 Uhr.*

Der Naschmarkt ist Wiens lebendigster Markt mit vielen alten Läden und den besten Imbissstuben der Stadt. Nach Westen kommen immer mehr Blumenfrauen, Weinhändler und Bauernstände, die u. a. Fleisch und Brot anbieten. Dieser Bereich geht in den Flohmarkt über – ein Durcheinander an Ständen.

Ein Abstecher zur Kettenbrückengasse 6 lohnt sich, um die einfache Wohnung zu besuchen, in der Franz Schubert 1828 starb. Hier sind Faksimiles, Drucke und sein Klavier zu sehen.

Das Majolikahaus von Otto Wagner

Wagner-Häuser 7

Linke Wienzeile 38 u. 40. **Stadtplan** 3 C2. *Kettenbrückengasse.*

Am Naschmarkt stehen zwei bemerkenswerte Häuser, die Otto Wagner 1899 in der Hoch-Zeit des Jugendstils *(siehe S. 54–57)* entwarf. Die funkelnden Goldverzierungen von Haus Nr. 38 schuf hauptsächlich Kolo Moser. Die Fassade von Nr. 40 ist mit zarten Blumenmotiven in Rosa, Blau und Grün verziert. Selbst die Fenstersimse sind eigens geformt. Besonders auffällig: das Majolikahaus (Nr. 40), das nach den glasierten Kacheln benannt ist, die seine Fassade verkleiden. Das angrenzende Gebäude (Nr. 42), im historistischen Ringstraßen-Stil *(siehe S. 32f)* erbaut, zeigt recht deutlich, wogegen sich die Architekten der Secession wehrten.

Mariahilfer Straße 8

Stadtplan 3 A3 u. 5 A5. *Zieglergasse, Neubaugasse.* ***Stiftskirche*** *Mo–Fr 7.30–18, Sa 7–23, So 8.30– 21.30 Uhr.* ***Kirche Mariahilf*** *Mo–Sa 8–19, So 8.30–19 Uhr.*

Sie ist eine von Wiens belebtesten Einkaufsstraßen. An der Ecke zur Stiftgasse liegt die 1739 erbaute Stiftskirche, deren nüchtern-mächtige Fassade in einem gewaltigen Turm endet. In die Wände sind einige beeindruckende Rokoko-Reliefs eingearbeitet.

Auf der anderen Straßenseite, im Haus Nr. 45, wurde 1790 der Dramatiker Ferdinand Raimund geboren. Den Innenhof beleben Geschäfte.

Die Kirche Mariahilf ist nach einem Marienkult benannt, der im 16. Jahrhundert am Wallfahrtsort Mariahilfberg bei Passau entstanden war. Die Barockkirche mit ihren beiden ausladenden Zwiebeltürmen wurde 1683 erbaut.

Hofmobiliendepot, Möbel Museum 9

Andreasgasse 7. **Stadtplan** 3 A2. *524 3357. Zieglergasse. Di–So 10–18 Uhr.* **www**.hofmobiliendepot.at

Die kaiserliche Möbelsammlung, die 1747 von Maria Theresia initiiert wurde, gibt einen eindrucksvollen Einblick in das kaiserliche Alltagsleben. Sie vermittelt zugleich einen Überblick über die Wiener Innenarchitektur und -dekoration im 18. und 19. Jahrhundert. Die Sammlung zeigt auch Werke von Künstlern und Designern aus dem frühen 20. Jahrhundert. Alle Räume sind mit wunderschönen Möbeln und königlichen Gegenständen eingerichtet, darunter ist eine Nachbildung der Schönbrunner Räume von Kaiserin Elisabeth sowie ein auf Reisen verwendeter zusammenklappbarer Thron.

Die Ausstellung reicht von alltäglichen Gebrauchsgegenständen bis zu kostbaren, oft auch exzentrischen Exponaten, welche einen guten Einblick in das ganz normale Leben der kaiserlichen Familie ermöglichen.

Haydn-Museum 10

Haydngasse 19. **Stadtplan** 3 A3. *5961 307. Zieglergasse. Di–So u. Feiertage 9–18 Uhr. 1. Jan, 1. Mai, 25. Dez.*

Wie die meisten Museen, die einem Komponisten gewidmet sind, ist auch dieses nicht sehr groß. Man findet hier einige Abschriften von Dokumenten und Partituren, ein Klavier und ein Klavichord.

Haydn ließ dieses Haus in der damals neuen Vorstadt mit dem Geld bauen, das er bei seinen Aufenthalten in London zwischen 1791 und 1795 verdient hatte, und lebte darin von 1797 bis zu seinem Tod im Jahr 1809. Hier entstanden viele wichtige Werke, darunter *Die Schöpfung* und *Die Jahreszeiten*. In einem Raum finden sich auch einige Möbel und Exponate, die einst Johannes Brahms gehört haben.

Ein Rollstuhl aus dem Kaiserlichen Hofmobiliendepot

Staatsoper ❶

Gustav Mahler von Rodin

Die Wiener Staatsoper wurde als erster der prächtigen Bauten an der Ringstraße fertig *(siehe S. 32f)*. Am 25. Mai 1869 wurde sie mit Mozarts *Don Giovanni* eröffnet. Der Renaissance-Stil fand bei den Wienern zunächst wenig Freunde. Doch als der Bau 1945 durch Bomben stark zerstört wurde, galt dies als symbolischer Schlag gegen die Stadt. Seit der Wiedereinweihung am 5. November 1955 mit Beethovens *Fidelio* besitzt die Oper einen neuen Zuschauerraum und eine Bühne mit allen technischen Raffinessen.

Reliefs von Oper und Ballett
(1861–69)
Allegorische Wandgemälde von Preleuthner und Dobiaschofsky stellen Ballett, Tanz, ernste und – hier abgebildet – komische Oper dar.

★ Festtreppe
Eine breite Marmortreppe führt von der Vorhalle in den ersten Stock. Sie ist mit Statuen von Josef Gasser geschmückt, die die sieben freien Künste darstellen.

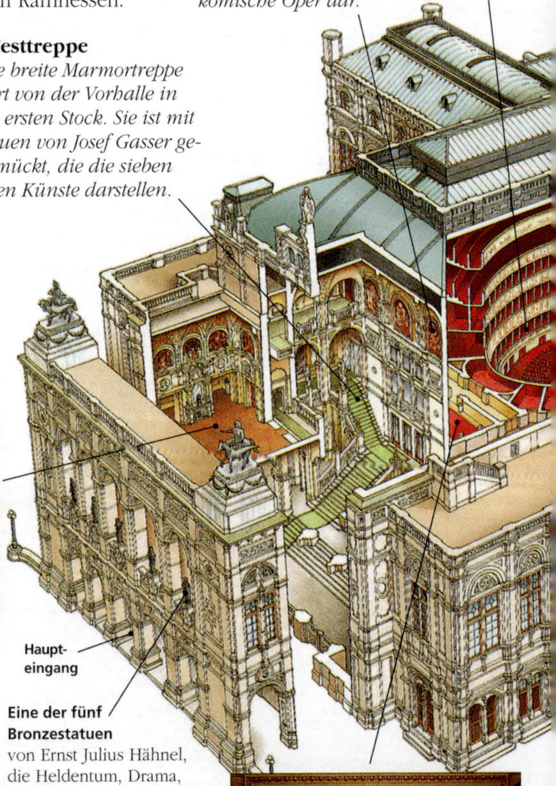

★ Schwind-Foyer
Im Foyer sind Opernszenen von Moritz von Schwind zu sehen. Unter den Büsten berühmter Komponisten und Dirigenten befindet sich eine von Rodin geschaffene Büste Mahlers (1909).

Eine der fünf Bronzestatuen
von Ernst Julius Hähnel, die Heldentum, Drama, Fantasie, Komik und Liebe darstellen. Sie zieren die Bogenöffnungen der Loggia.

★ Teesalon
Der hübsche Raum ist mit Seidentapisserien geschmückt, welche die kaiserlichen Initialen tragen. Hier verbrachte Franz Joseph die Pausen.

Nicht versäumen

- ★ Festtreppe
- ★ Schwind-Foyer
- ★ Teesalon

Wiener Opernball

Am letzten Donnerstag im Fasching *(siehe S. 65)* werden eigens für den Opernball *(siehe S. 231)* Bühne und Sitzreihen des Opernhauses durch einen eingesetzten Boden auf gleiche Höhe gebracht. Das gesellschaftliche Event wird von Debütantinnen – weiß gekleideten jungen Damen aus gutem Haus – eröffnet.

Infobox

Opernring 2, A-1010. **Stadtplan** 4 D1 u. 5 C5. *51444 2250 oder 5131 513 (Tickets).* *Karlsplatz.* *bei Veranstaltungen.* *Infos unter 51444 2613.*
www.wiener-staatsoper.at

Die Architekten
Die Architekten der Oper waren August Siccardsburg (rechts) und Eduard van der Nüll (links).

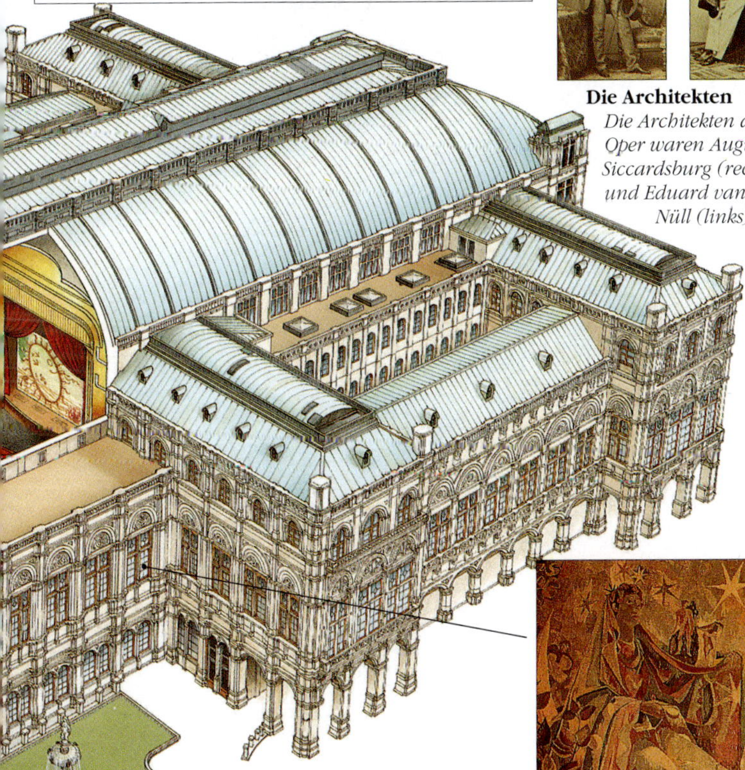

Zauberflöten-Teppiche
Im Gustav-Mahler-Saal, einem Seitensaal, hängen moderne Wandteppiche von Rudolf Eisenmenger, die Szenen aus der Zauberflöte zeigen.

Brunnen
Zu beiden Seiten der Oper stehen anmutige Brunnen, die Hans Gasser entwarf. Dieser zeigt die sagenumwobene Lorelei, umgeben von Figuren, die Trauer, Liebe und Rache darstellen.

EPHI. IACOVIN.
BARONIS.
ESSI. SCRVTAT.
AEVI. PRINCIPIS
RI.
RINA. HVMANIT
MIII.
VSIS. AMICIS.

Belvedereviertel

Das Areal wirkt prunkvoll und großzügig. Einen herrlichen Blick genießt man vom Karlsplatz mit seinen Gärten und Statuen aus auf Johann Bernhard Fischer von Erlachs Karlskirche. Östlich von diesem prächtigen Bauwerk finden Besucher weitere Sehenswürdigkeiten wie die beiden Belvedere-Schlösser, die heute öffentliche Kunstsammlungen sind, und das Palais Schwarzenberg. Die beiden Schlösser mit ihren ausnehmend schön angelegten Gärten wurden von Johann Lukas von Hildebrandt nach dem Sieg über die Türken 1683 entworfen, denn erst als die Osmanen keine Bedrohung mehr darstellten, konnte Wien sich ausdehnen. Die überaus turbulente Geschichte der Stadt wird recht anschaulich im Wien Museum Karlsplatz dargestellt. Darüber hinaus gibt es hier ein typisches Wien-Museum, das Bestattungsmuseum, das die Verbindung von Pomp und Tod eindrucksvoll dokumentiert.

Statue von Leonardo da Vinci im Künstlerhaus

Sehenswürdigkeiten auf einen Blick

Straßen und Plätze
Rennweg 9
Schwarzenbergplatz 7

Historische Gebäude
Hotel Imperial 6
Musikverein 3
Palais Schwarzenberg 8
Stadtbahn-Pavillons 4
Theresianum 13

Museen und Sammlungen
Bestattungsmuseum 12
Bevedere: Schlösser und Gärten S. 152–157 10
Künstlerhaus 5
Wien Museum Karlsplatz 2

Garten
Botanischer Garten 11

Kirche
Karlskirche S. 148f 1

Anfahrt

Diese Gegend erreicht man über die U-Bahn-Stationen Karlsplatz (U1, U2, U4) und Taubstummengasse (U1). Die Buslinie 4A verkehrt zwischen Wittelsbachstraße und Karlsplatz. Auch die Badner Bahn verkehrt hier.

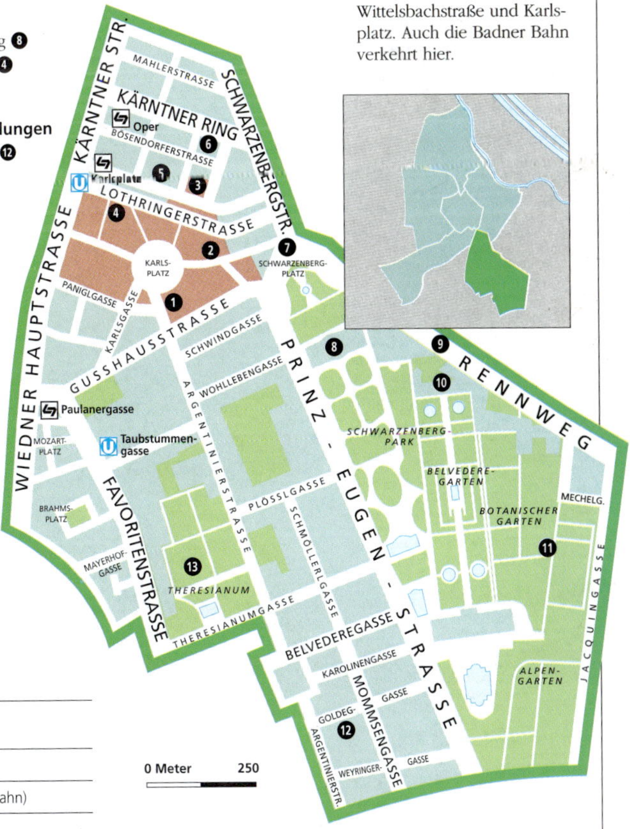

Legende

Detailkarte *siehe S. 144f*
U-Bahn-Station
Bahnhof (Badner Bahn)

◁ **Im Botanischen Garten, der auf Initiative von Maria Theresia angelegt wurde**

Im Detail: Karlsplatz

Dieser Teil der Stadt wurde 1683 erschlossen, nachdem die Gefahr einer türkischen Invasion endgültig gebannt war *(siehe S. 26f)*. Der Resselpark vor der Karlskirche erlaubt ungehinderte Sicht auf den Sakralbau, der unter Karl VI. errichtet wurde. Am Park befinden sich zudem verschiedene kulturelle Institutionen, darunter das Wien Museum Karlsplatz und der Musikverein.

★ Stadtbahn-Pavillons
Die Pavillons wurden 1899 während des U-Bahn-Baus errichtet. ❹

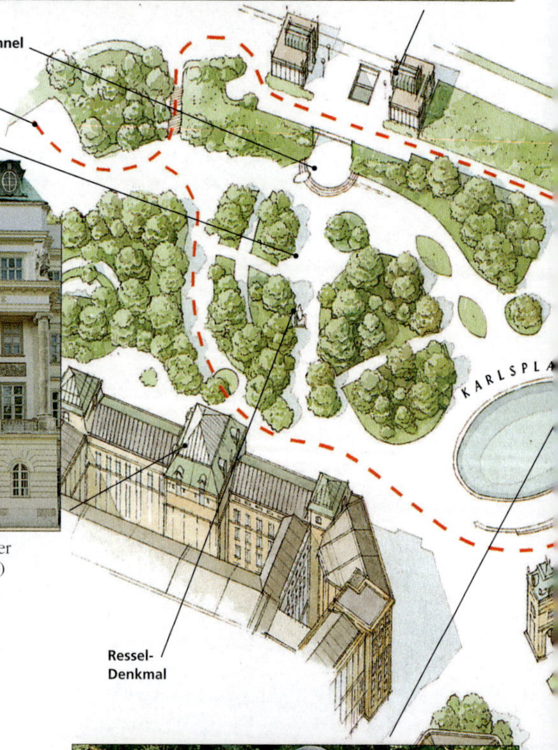

Die Technische Universität mit ihrer neoklassizistischen Fassade (1816) blickt auf den Resselpark, in dem Denkmäler berühmter Wissenschaftler und Ingenieure des 19. Jahrhunderts stehen.

NICHT VERSÄUMEN

- ★ Karlskirche
- ★ Stadtbahn-Pavillons
- ★ Wien Museum Karlsplatz

Die Hill Arches von Henry Moore erhielt die Stadt Wien 1978 vom Künstler als Geschenk.

Musikverein
Das Konzerthaus im Ringstraßen-Stil (siehe S. 146) *ist Sitz der Wiener Philharmoniker und für seine Akustik weltberühmt.* ❸

Zur Orientierung
Siehe Stadtplan 4

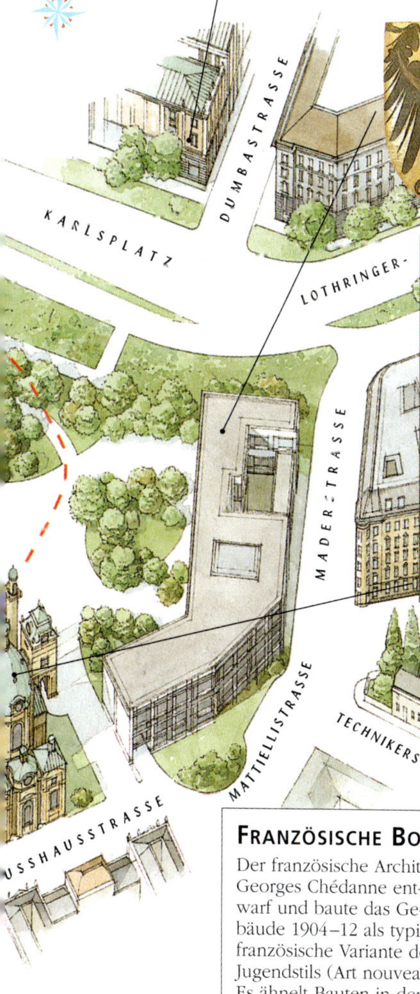

★ Wien Museum Karlsplatz
Das Haus präsentiert römische Funde, Glasmalereien aus dem Stephansdom und die rekonstruierten Wohnungen berühmter Wiener wie Adolf Loos (siehe S. 92). ❷

★ Karlskirche
Die Barockkirche löste ein 1713 während der Pest gegebenes Versprechen ein. ❶

0 Meter 50

Französische Botschaft

Der französische Architekt Georges Chédanne entwarf und baute das Gebäude 1904–12 als typisch französische Variante des Jugendstils (Art nouveau). Es ähnelt Bauten in der Rue Victor Hugo in Paris. Wegen seines orientalischen Aussehens entstand das Gerücht, dass die Pläne mit denen für die Botschaft in Istanbul vertauscht worden seien.

Jugendstil-Fassade, Französische Botschaft

Legende

- - Routenempfehlung

Karlskirche ❶

Siehe S. 148f.

Wien Museum Karlsplatz ❷

Karlsplatz. **Stadtplan** 4 E2. *5058 7470.* *Karlsplatz.* *Di–So u. Feiertage 9–18 Uhr.* *1. Jan, 1. Mai, 25. Dez.*
www.wienmuseum.at

Das ehemalige Historische Museum der Stadt Wien bezog 1959 seine heutige Bleibe am Karlsplatz. Im Erdgeschoss sind Funde aus römischer und vorrömischer Zeit zu sehen, zudem gotische Exponate wie Wasserspeier, Figuren aus dem 14. und 15. Jahrhundert und Bleiglasfenster vom Stephansdom sowie Holzfiguren früherer Herrscher Wiens. Gelegentlich müssen diese Objekte Sonderausstellungen weichen.

Zu den Exponaten aus dem 16. und 17. Jahrhundert im ersten Stock gehören Bilder der Türkenbelagerungen seit 1529, ein Porträt des türkischen Großwesirs Kara Mustafa sowie erbeutete Fahnen und Waffen. Zudem sind Johann Bernhard Fischer von Erlachs Pläne für Schönbrunn *(siehe S. 172–175)* und die originale Laterne der Schönlaterngasse Nr. 6 *(siehe S. 74)* zu besichtigen.

Die im historisierenden Stil gestaltete Fassade des Musikvereinsgebäudes

Im zweiten Stock finden sich ein Empire-Salon von 1798 aus dem Palais Caprara-Geymüller in der Wallnerstraße und die Wohnung von Franz Grillparzer, Österreichs wohl berühmtestem Dichter, zudem Exponate, die die Popularität von Ballett, Theater und Operette dokumentieren.

Zu den Ausstellungsstücken aus dem 20. Jahrhundert gehören Richard Gerstls *Porträt von Arnold Schönberg (siehe S. 39)*, Gemälde von Egon Schiele und Gustav Klimt, ein Zimmer (1903) von Adolf Loos *(siehe S. 92)* aus dem Haus Bösendorferstraße 3, Silber und Glasarbeiten von Josef Hoffmann, Arbeiten der Wiener Werkstätte *(siehe S. 56)* und Bilder vom Wien der letzten 100 Jahre.

Sonnenblumenmotive auf der Fassade der Stadtbahn-Pavillons

Musikverein ❸

Bösendorferstraße 12. **Stadtplan** 4 E2. *5058 190.* *Karlsplatz.* *nur für Konzerte.*
www.musikverein.at

Das Gebäude des Musikvereins wurde 1867–69 von Theophil Hansen in einer Mischung verschiedener Baustile mit Terrakottastatuen, Kapitellen und Balustraden errichtet. Es ist die Heimstatt der Wiener Philharmoniker *(siehe S. 228)*, die das Orchester der Staatsoper bilden und hier regelmäßig Konzerte geben. Der Große Konzertsaal mit rund 2000 Plätzen gilt als einer der schönsten und am besten klingenden Säle der Welt. Die meisten Karten werden im Abonnement verkauft, einige sind aber noch am Tag der Aufführung erhältlich. Die berühmteste Veranstaltung ist das populäre Neujahrskonzert *(siehe S. 65)*.

Stadtbahn-Pavillons ❹

Karlsplatz. **Stadtplan** 4 D2. *5058 747-851 77.* *Karlsplatz.* *Di–So 9–18 Uhr.*

Otto Wagner *(siehe S. 54–57)* war am Ende des 19. Jahrhunderts für Entwurf und bauliche Ausführung weiter Teile des U-Bahn-Netzes verantwortlich. Auch einige seiner Brücken und Tunnels sind bemerkenswert, können sich aber nicht mit den zwei Stationsgebäuden

Der riesige Hochstrahlbrunnen auf dem Schwarzenbergplatz

am Karlsplatz (1898/99) messen, die zu Wagners bekanntesten Bauten gehören. Die grünen Dächer und Verzierungen passen zur Karlskirche dahinter, die weiße Marmorfassade ist mit goldenen Sonnenblumen geschmückt. Am eindrucksvollsten sind die anmutig geschwungenen Linien der Dächer. Die Pavillons stehen sich gegenüber. Einer dient heute als Café, der andere für Ausstellungen.

Künstlerhaus ❺

Karlsplatz 5. **Stadtplan** 4 D2 u. 6 D5. *5879 663.* *Karlsplatz.* *tägl. 10–18 Uhr (Do bis 21 Uhr).* **www**.k-haus.at

Die Gesellschaft der bildenden Künstler Wiens ließ das Haus 1868 als Ausstellungsgebäude für ihre Mitglieder errichten. Die Gesellschaft hatte eine Vorliebe für großartige, akademisch geprägte Malstile, die zu dem damals sehr beliebten historisierenden Ringstraßen-Stil *(siehe S. 32f)* passten. August Weber (1836–1903) schuf den Bau im Stil eines Renaissance-Palazzos, der typisch für die Ringstraßen-Architektur ist. Mittlerweile ist das Haus für seine regelmäßigen Wechselausstellungen zeitgenössischer Kunst bekannt.

Hotel Imperial ❻

Kärntner Ring 16. **Stadtplan** 4 E2 u. 6 D5. *501 100.* *Karlsplatz.* **www**.luxurycollection.com

Neben dem Hotel Sacher *(siehe S. 138)* ist dies das bekannteste Hotel in einem Palais aus dem 19. Jahrhundert. Hier kann man zu leisen Klavierklängen Tee trinken oder in dem Zimmer nächtigen, in dem Richard Wagner zu logieren pflegte. Nach dem »Anschluss« *(siehe S. 36)* machte Hitler das Hotel zu seinem Hauptquartier.

Schwarzenbergplatz ❼

Stadtplan 4 E2. *Karlsplatz.* ***Arnold Schönberg Center*** *7121 888-30.*

Den Mittelpunkt des Platzes bildet das Reiterstandbild (1867) des Fürsten zu Schwarzenberg, Führer der österreichischen und verbündeter Truppen in der Völkerschlacht bei Leipzig (1813) gegen Napoléon. Wohn- und Bürohäuser säumen den Platz, an dessen hinterem Ende man das Palais Schwarzenberg und die Belvedere-Schlösser sieht. An der Kreuzung von Prinz-Eugen- und Gußhausstraße liegt der Hochstrahlbrunnen (1873). Dahinter steht ein Denkmal für die Soldaten der Roten Armee, das bei älteren Wienern nicht sehr beliebt ist.

Das Arnold Schönberg Center im Osten des Platzes birgt u. a. Partituren und Aufnahmen des Komponisten.

Palazzoartige Fassade des Künstlerhauses (1868)

Karlskirche ❶

Engel als Symbol des Neuen Testaments

Während der Pest 1713 gelobte Kaiser Karl VI. den Bau einer Kirche zu Ehren des Pestheiligen Karl Borromäus (1560–84 Erzbischof von Mailand) sofort nach Ende der Epidemie. Den Wettbewerb, der im folgenden Jahr stattfand, gewann der Architekt Johann Bernhard Fischer von Erlach, der ein von vielen Stilen beeinflusstes Meisterwerk des Barock schuf: Die gewaltige Kuppel und der Portikus sind der Architektur des alten Griechenland und Roms entlehnt, während die Glockenhäuser und die minarettartigen Säulen orientalisch anmuten. Die Bauzeit betrug beinahe 25 Jahre. Der Innenraum ist mit Altarwerken und Fresken einiger der bedeutendsten Künstler der damaligen Zeit ausgeschmückt, unter ihnen Daniel Gran und Martino Altomonte.

Kanzel
Zwei Engel krönen die reich vergoldete Kanzel, die mit Rocaille (Muschelornament) und Blumengirlanden verziert ist.

★ Hochaltar
Der Hochaltar zeigt ein Stuckrelief von Albert Camesina mit dem hl. Karl Borromäus im Himmel auf einer Wolke voller Engel und Putten.

Treppe (nicht zugänglich)

Die beiden Glockenhäuser bei den Seiteneingängen der Kirche erinnern an chinesische Pavillons.

Das Giebelrelief von Giovanni Stanetti stellt das Leiden während der Pest dar.

Engel als Symbol des Alten Testaments

Haupteingang

NICHT VERSÄUMEN

- ★ Fresken in der Kuppel
- ★ Hochaltar
- ★ Triumphsäulen

INFOBOX

Karlsplatz, A-1040.
Stadtplan 4 E2. *5056 294.*
Karlsplatz. *4A.* *Mo–Sa 9–12.30, 13–18, So u. Feiertage 12–17.45 Uhr.* *Mo–Sa 12, 18 Uhr, So u. Feiertage 9, 18 Uhr.* *zur Kuppel.* **www**.karlskirche.at

Kuppel-kreuz

★ Fresken in der Kuppel
Johann Michael Rottmayrs Fresken (1725–30) stellen die Glorie des hl. Karl Borromäus dar. Es war der letzte Auftrag des Malers.

JOHANN BERNHARD FISCHER VON ERLACH

Der Hofarchitekt Fischer von Erlach (1656–1723) entwarf viele der schönsten Gebäude Wiens, darunter Schloss Schönbrunn und Palais Trautson. Er starb vor Vollendung der Karlskirche, die sein Sohn 1737 fertigstellte.

★ Triumphsäulen
Sie wurden von der Trajanssäule in Rom inspiriert. Auf den Reliefbändern sind Szenen aus dem Leben von Karl Borromäus dargestellt, links vor allem Standhaftigkeit, rechts Mut.

Besucher-eingang und Kartenverkauf

Engel als Symbol des Neuen Testaments

Karl Borromäus
Den Giebel krönt eine Statue des Kirchenpatrons von Lorenzo Mattielli.

Palais Schwarzenberg mit dem Brunnen von J. E. Fischer von Erlach

Palais Schwarzenberg ❽

Schwarzenbergplatz 9.
Stadtplan 4 E2. Ⓤ *Karlsplatz.*

Das Palais Schwarzenberg wurde 1697 von Johann Lukas von Hildebrandt *(siehe S. 152)* begonnen und ein Jahrzehnt später von den Brüdern Fischer von Erlach *(siehe S. 149)* vollendet. Ihre wichtigste Abänderung des Baus bestand in dem vorgewölbten Festsaaltrakt. Hinter dem Palais liegt ein idyllischer Park, in dessen Mittelpunkt ein Springbrunnen von Josef Emanuel Fischer von Erlach steht.

Das Palais Schwarzenberg diente mehrfach als Veranstaltungsort für Konzerte und Bälle. Der Umbau des Hauses in ein Hotel ist geplant.

Das heutige Oberhaupt der Familie Schwarzenberg wurde 1989 nach der Demokratisierung der Tschechoslowakei Berater von Präsident Havel.

Rennweg ❾

Stadtplan 4 E2. Ⓤ *Karlsplatz.*
Gardekirche ◯ *tägl. 8–20 Uhr.*

Der Rennweg führt vom Schwarzenbergplatz am Belvedere vorbei. Haus Nr. 3 wurde von Otto Wagner *(siehe S. 57)* errichtet und ist heute Botschaftsgebäude. Obwohl die Fassade in schlechtem Zustand ist, bildet das Haus dennoch ein sehr interessantes Beispiel für Wagners Arbeit an der Schwelle vom Ringstraßen-Pomp zur späteren Jugendstil-Architektur.

In Haus Nr. 5 lebte von 1898 bis 1909 Gustav Mahler *(siehe S. 39)*. Nr. 5a ist die Gardekirche (1755–63) von Maria Theresias Hofarchitekten Nikolaus Pacassi (1716–1799). Sie wurde als Kaiserspital-Kirche erbaut und wird seit 1897 von der polnischen Gemeinde Wiens benutzt. Das gesamte Innere überspannt eine riesige Kuppel, die es noch geräumiger erscheinen lässt. Interessant ist die goldene Rokoko-Dekoration über den seitlichen Kapellen und zwischen den Rippen der Kuppel.

Direkt hinter den Toren des Belvedere steht Nr. 6a, ein barockes Herrenhaus. Der Vorhof von Haus Nr. 8 gehört seit 1988 zur Hochschule für Musik. Hinter den schmiedeeisernen Toren von Nr. 10 befindet sich die Salesianerinnenkirche (1717–30). Die Barockfassade wird von Klostergebäuden im gleichen Baustil flankiert. Der obere Stock verfügt über gekrümmte, hervorspringende Randfriese, auf denen Statuen thronen. Wie die Gardekirche ist auch diese Kirche ein Kuppelbau, dessen Entwurf teilweise von Joseph Emanuel Fischer von Erlach *(siehe S. 149)* stammt. Innen ist vor allem die Kanzel interessant.

In Nr. 27 lebte Fürst Metternich, bevor er 1848 aus der Stadt fliehen musste. Heute ist hier die Italienische Botschaft untergebracht.

Belvedere: Schlösser und Gärten ❿

Siehe S. 152–157.

Botanischer Garten ⓫

Rennweg 14. **Stadtplan** 4 F3.
4277-541 90. 71 ◯ *Ostern–Mitte Okt: tägl. 9 Uhr bis Sonnenuntergang; je nach Wetter auch im Winter geöffnet.*

Der Haupteingang des Botanischen Gartens liegt an der Ecke von Prätorius- und Mechelgasse. Weitere Eingän-

Teil der Fassade der Salesianerinnenkirche am Rennweg

ge befinden sich in der Jacquingasse und auf der Rückseite des Oberen Belvedere, wo ein kleines Tor zum Alpinum führt. Der Garten mit seinen mehr als 9000 Pflanzenarten wurde 1754 von Maria Theresia und ihrem Leibarzt van Swieten zur Kultivierung von Heilpflanzen gegründet. Im 19. Jahrhundert wurde er erweitert. Bis heute ist er ein wichtiges Forschungszentrum des Botanischen Instituts der Universität Wien. Doch auch für Laien bleibt er ein interessanter und beschaulicher Ort, um sich nach einer Stadtbesichtigung auszuruhen.

Der Botanische Garten, 1754 von Maria Theresia gegründet

Bestattungsmuseum ⓬

Goldeggasse 19. **Stadtplan** 4 E4. *501 954 227.* *Südtiroler Platz.* *Mo–Fr nach Vereinbarung.*

In Wien haben Tod und Pomp schon immer zusammengehört, und auch heute wollen Wiener stilvoll bestattet werden. Einen Einblick in diese faszinierende Seite der Wiener Einstellung zur irdischen Vergänglichkeit bietet ein Besuch des Bestattungsmuseums.

Eines der schaurigsten Exponate sieht man gleich beim Eintreten: das einstige schmiedeeiserne Türgitter (1784) des katholischen Friedhofs in Matzleinsdorf, das ein Skelett krönt. Es werden die verschiedenen Laternen und Livreen gezeigt, die die Sargträger vom 17. Jahrhundert an trugen, wie auch der Putz der Pferde, die den Leichenwagen zogen. Im 19. Jahrhundert boten Modeschöpfer in Wien Trauerkleidung für Witwen komplett mit schwarzer Handtasche sowie schwarzem Schmuck an. Aus diesem Jahrhundert stammen auch Särge mit einer Glocke, mit der der Verblichene sich, falls er nur scheintot sein sollte, melden konnte. Diese Vorrichtung war allerdings überflüssig, wenn man sich vor Zunageln des Sargdeckels das Herz durchbohren ließ – und auch das dafür verwendete Stilett ist zu sehen. Andere Exponate zeigen, wie Tote für ein letztes Foto angekleidet und auf einen Stuhl gesetzt wurden.

Ausgestellt ist auch eine der exzentrischeren Neuerungen von Joseph II. *(siehe S. 28)* aus dem späten 18. Jahrhundert – ein »Retoursarg« zur Wiederverwendung. Sobald er über dem Grab war, öffnete sich der Boden, und der in ein Leichentuch gehüllte Tote fiel in seine letzte Ruhestätte. Die Erfindung lässt ahnen, warum der unermüdliche Reformer nicht bei all seinen Untertanen beliebt war, die seine Ideen oft für unnötig hielten oder meinten, dass sie mehr schadeten als nutzten. In diesem Fall sah sich der Kaiser bald gezwungen, die unpopuläre Vorschrift zu widerrufen.

Torgitter des Friedhofs von Matzleinsdorf (1784)

Theresianum ⓭

Favoritenstraße 15. **Stadtplan** 4 E3. *Taubstummengasse.* *für Besucher.*

Die an dieser Stelle im frühen 17. Jahrhundert errichtete kaiserliche Sommerresidenz Favorita wurde nach der Zerstörung durch die Türken (1683) u. a. vom Baumeister und Theateringenieur Lodovico Burnacini (1636–1707) im Barockstil neu erbaut und entwickelte sich zum Lieblingsaufenthalt von Leopold I., Joseph I. und Karl VI. 1746 überließ Maria Theresia, die in ihren Sommerpalast in Schönbrunn *(siehe S. 172–175)* gezogen war, die Residenz den Jesuiten, die hier eine Schule für die Söhne des ärmeren Adels einrichteten. Sie wurden für die Beamtenlaufbahn ausgebildet.

Fassade des Theresianums

Auch heute noch ist das Theresianum eine Schule. Seit 1966 befindet sich in dem Gebäude zudem die österreichische Diplomaten- und Beamtenschule. Im Park des Theresianums in der Argentinierstraße steht das Funkhaus mit seiner wunderschönen Eingangshalle. Es wurde 1935 von Clemens Holzmeister entworfen.

Belvedere: Schlösser und Gärten ⑩

Detail eines Tors des Unteren Belvedere

Das Belvedere wurde von Johann Lukas von Hildebrandt als Sommerresidenz für Prinz Eugen von Savoyen erbaut, den brillanten Feldherrn, der 1683 einen herausragenden Anteil am Sieg über die Türken hatte. Das Belvedere besteht aus zwei Schlössern, die durch einen ansteigenden, von Dominique Girard geometrisch gestalteten Garten miteinander verbunden sind. Die Grünanlage ist auf drei Terrassen angelegt: Das Parterre zeigt das Wirken der Elemente und Jahreszeiten, die mittlere Ebene stellt den Parnass dar und die obere Terrasse den Olymp.

★ Obere Kaskade
Wasser fällt aus dem oberen Becken über fünf Stufen in das Bassin darunter.

Putten bei den Treppen *(1852)*
Die symmetrischen Treppen im Mittelteil des Gartens zieren Kinder und Putten, die die zwölf Monate darstellen.

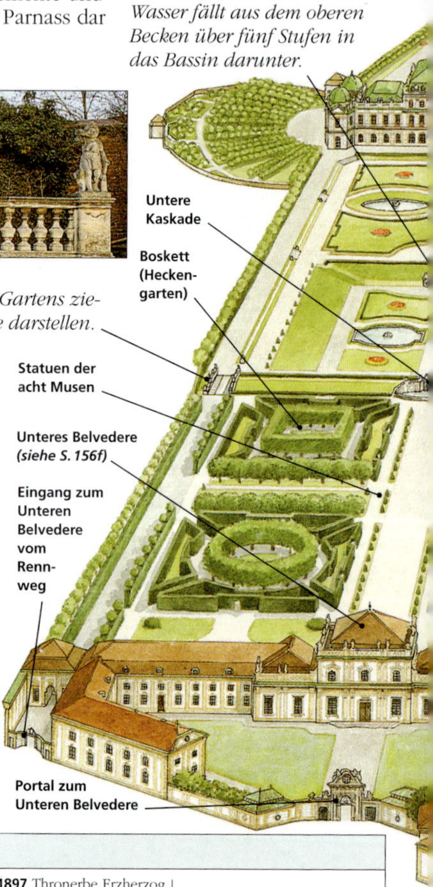

Johann Lukas v. Hildebrandt

Hildebrandt wurde 1700 Hofarchitekt in Wien und war einer von J. B. Fischer von Erlachs größten Rivalen. Neben dem Belvedere entwarf er Palais Schönborn *(siehe S. 115)*, Palais Kinsky *(siehe S. 110)* und die Piaristenkirche *(siehe S. 116)*.

Der kolorierte Stich (1784) von Karl Schütz zeigt das Obere Belvedere mit Park

Zeitskala

1717–19 Dominique Girard gestaltet den Garten

1720 Bau der Orangerie

1765 Unteres Belvedere wird Militärkaserne

1781–1891 Belvedere beherbergt kaiserliche Gemäldegalerie, die öffentlich zugänglich ist

1897 Thronerbe Erzherzog Franz Ferdinand bezieht das Obere Belvedere

1953 Museum mittelalterlicher österreichischer Kunst wird eröffnet

1750 | 1800 | 1850 | 1900 | 1950

1714–16 Bau des Unteren Belvedere

1721–23 Bau des Oberen Belvedere

1752 Habsburger erwerben das Belvedere

1779 Garten wird öffentlich

Detail der Oberen Kaskade

1923–29 Barockmuseum und Galerie des 19. und 20. Jahrhunderts werden eröffnet

1955 Im Marmorsaal wird der österreichische Staatsvertrag unterzeichnet

INFOBOX

Stadtplan 4 F3/4. ***Oberes Belvedere*** *siehe S. 154f.* ***Unteres Belvedere und Orangerie*** *siehe S. 156f.* ***Park*** *tägl. 6.30 Uhr bis Sonnenuntergang.*

★ Haupttor zum Oberen Belvedere
Das Barocktor (1728) von Arnold und Konrad Küffner mit einem »S« für Savoyen und dem Savoyen-Kreuz führt zur Südseite des Oberen Belvedere.

★ Fassade des Oberen Belvedere
Die üppige Fassade am Eingang zum Schloss (siehe S. 154f) *ist auffällig. Die kuppelförmigen Kupferdächer der Eckpavillons gleichen türkischen Zelten und erinnern an Prinz Eugens Siege über die Osmanen.*

Sphingen-Statuen
Mit Löwenkörpern und Menschenköpfen symbolisieren die Sphingen Stärke und Intelligenz.

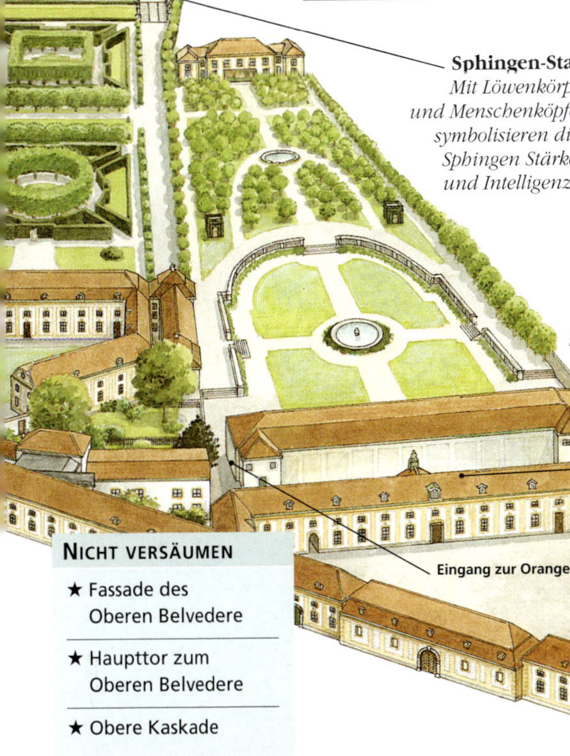

NICHT VERSÄUMEN

★ Fassade des Oberen Belvedere

★ Haupttor zum Oberen Belvedere

★ Obere Kaskade

Oberes Belvedere

Das Obere Belvedere befindet sich am höchsten Punkt des Parks und besitzt eine prächtigere Fassade als das Untere Belvedere. In ihm sollte sich der Ruhm Prinz Eugens symbolisch widerspiegeln, ursprünglich wurde es für Repräsentationszwecke genutzt. Neben der imposanten Eingangshalle (Sala Terrena) mit ihrer breiten Treppe, der Kapelle und dem Marmorsaal befindet sich im Schloss auch eine wertvolle Sammlung von Gemälden und Skulpturen österreichischer Künstler.

★ Schlosskapelle
Mittelpunkt der in Braun, Weiß und Gold gehaltenen Kapelle ist der von Engeln flankierte Altar mit der Auferstehung *von Francesco Solimena (1723). Prinz Eugen gelangte von seinen Gemächern in die Kapelle.*

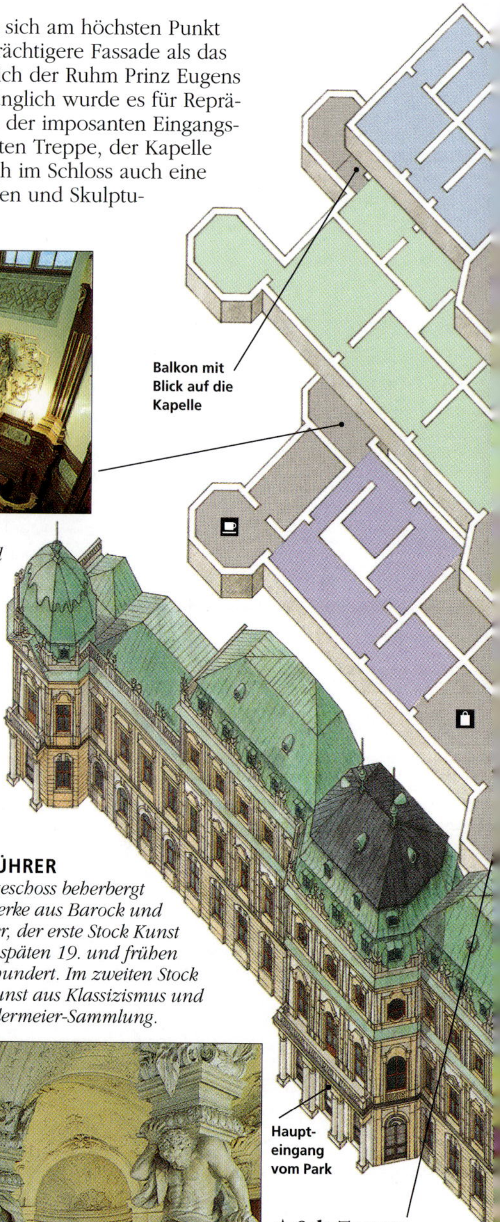

Lachendes Selbstbildnis *(1908)*
Das Bild stammt von Richard Gerstl, dem Wiener Maler, der sich mit 25 Jahren das Leben nahm. Er entwickelte einen eigenen Stil.

LEGENDE

- Klassizismus
- Biedermeier
- Frühes 20. Jahrhundert
- Historizismus, Realismus, Impressionismus
- Meisterwerke aus Barock und Mittelalter
- Kein Ausstellungsbereich

KURZFÜHRER
Das Erdgeschoss beherbergt Meisterwerke aus Barock und Mittelalter, der erste Stock Kunst aus dem späten 19. und frühen 20. Jahrhundert. Im zweiten Stock gibt es Kunst aus Klassizismus und eine Biedermeier-Sammlung.

★ Sala Terrena
Vier Atlanten von Lorenzo Mattielli stützen die gewölbte Decke der Eingangshalle. Weiße Stuckarbeiten von Santino Bussi schmücken Wände und Decke.

★ Gustav-Klimt-Sammlung
Die großartige Jugendstil-Sammlung mit den Werken von Gustav Klimt ist für viele das Highlight des Belvedere. Das Gemälde Judith I *(1901) zeigt die Figur des Alten Testaments als Wiener »Femme fatale«.*

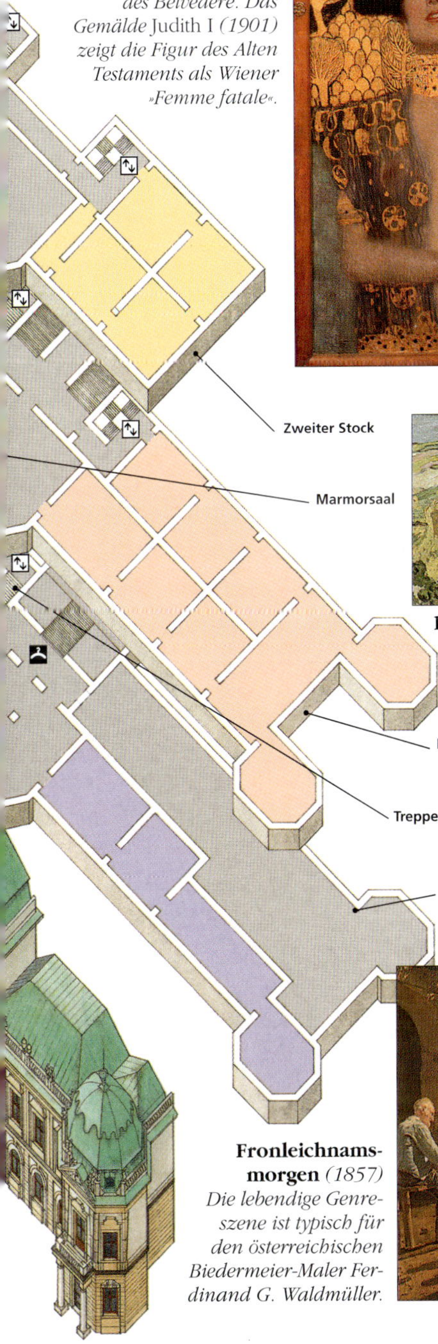

Infobox

Prinz-Eugen-Straße 27, A-1030.
Stadtplan 4 F4. *795 570.*
13A. *Südbahnhof.*
18, 71, D. *tägl. 10–18 Uhr.*
www.belvedere.at

Der Tigerlöwe *(1926)*
Das Bild aus der Sammlung des 20. Jahrhunderts stammt von Oskar Kokoschka, einem führenden Expressionisten Österreichs.

Die Ebene von Auvers *(1890)*
Van Goghs Landschaft aus der Sammlung des 20. Jahrhunderts fängt die Farben der Sommerwiesen Nordfrankreichs ein.

Nicht versäumen

★ Gustav-Klimt-Sammlung

★ Sala Terrana

★ Schlosskapelle

Fronleichnamsmorgen *(1857)*
Die lebendige Genreszene ist typisch für den österreichischen Biedermeier-Maler Ferdinand G. Waldmüller.

Unteres Belvedere und Orangerie

Mit dem Bau des Unteren Belvedere beauftragte Prinz Eugen von Savoyen im Jahr 1714 den Architekten Johann Lukas von Hildebrandt (1668–1745), nur zwei Jahre später war das Anwesen vollendet. Das Untere Belvedere ist für seine Wechselausstellungen bekannt. Weitere Attraktionen sind der Marmorsaal, das einstige Schlafzimmer von Prinz Eugen, der Groteskensaal und der Spiegelsaal. Zum Unteren Belvedere gehören darüber hinaus die Orangerie und der Prunkstall.

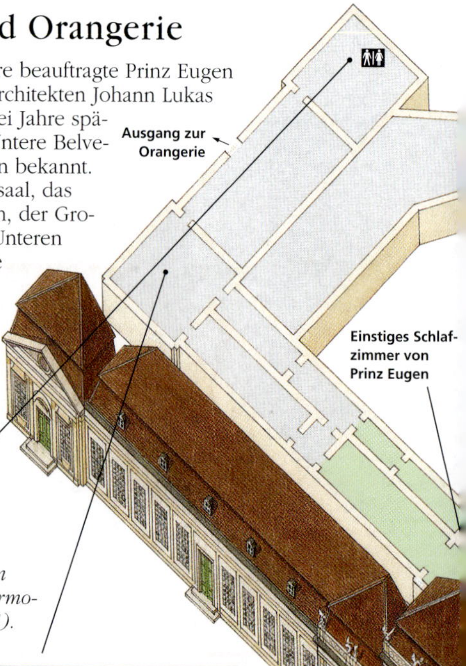

★ Spiegelsaal
In dem Raum, dessen Wände mit riesigen Spiegeln bedeckt sind, steht Balthasar Permosers Apotheose des Prinzen Eugen *(1721).*

Groteskensaal
Der Saal besitzt groteske Motive, inspiriert von alten römischen Fresken mit Fabelwesen. Sie stammen von dem deutschen Maler Jonas Drentwett.

ORANGERIE

Neben dem Unteren Belvedere erstreckt sich die Orangerie, in der einst frostempfindliche Pflanzen überwinterten. Später wurde in dem Gebäude eine Ausstellungshalle eingerichtet, die das Museum mittelalterlicher österreichischer Kunst mit Meisterwerken von Malern und Bildhauern der Gotik und Frührenaissance beherbergte. Heute finden hier regelmäßig wechselnde Ausstellungen statt. Von der südlichen Seite des hellen Gebäudes bietet sich eine wunderschöne Aussicht auf das Untere Belvedere und die Gartenanlagen.

Orangerie und Park im Winter

Prunkstall
Die Sammlung von Tafelbildern und Skulpturen umfasst rund 150 Werke sakraler mittelalterlicher Kunst.

Sieg des hl. Jakob über die Sarazenen *(1764)*
Franz A. Maulbertschs Gemälde zeigt den Sieg des hl. Jakob in der Schlacht von Clavigo.

INFOBOX

Rennweg 6a, A-1037.
Stadtplan 4 E3. *7955 7200.*
71, D. täglich 10–18 Uhr (Mi bis 21 Uhr). ***Prunkstall*** *tägl. 10–12 Uhr.*
Infos unter 7955 7134.
www.belvedere.at

★ Marmorsaal
Der sich über zwei Stockwerke erstreckende Marmorsaal ist rundum mit Marmor versehen. Das meisterhaft gestaltete Deckenfresko zeigt den Sonnengott Apoll.

Christus am Ölberg *(nach 1750)*
Paul Trogers Gemälde zeigt Christus nach dem Letzten Abendmahl auf dem Ölberg ins Gebet versunken. Bei seiner inneren Einkehr wird er von einem Engel getröstet.

KURZFÜHRER

Im Unteren Belvedere und in der Orangerie sind wechselnde Ausstellungen zeitgenössischer Kunst zu sehen. Von Zeit zu Zeit widmet man sich auch früheren Stilepochen.

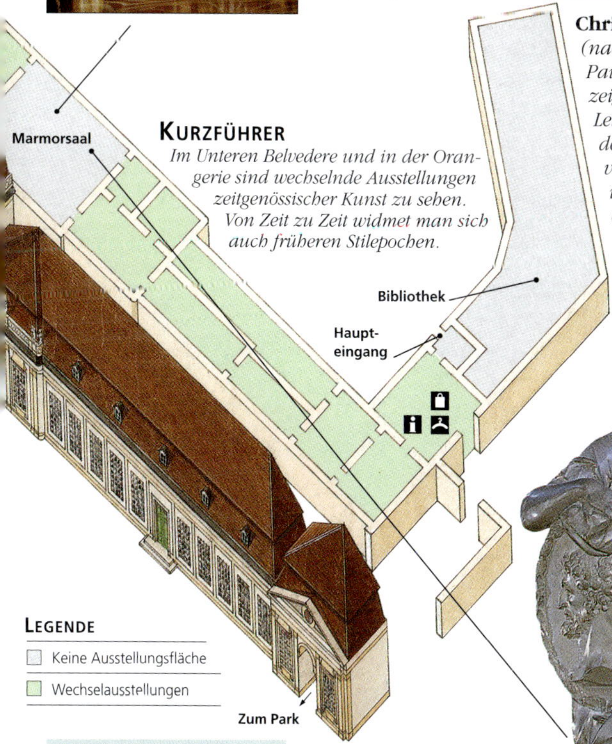

★ Figuren des Providentia-Brunnens *(1739)*
Im Marmorsaal stehen die Originalfiguren, die Georg Raphael Donner für den Providentia-Brunnen auf dem Neuen Markt (siehe S. 105) *schuf. Zentrale Figur ist die* Voraussicht.

NICHT VERSÄUMEN

- ★ Figuren des Providentia-Brunnens
- ★ Marmorsaal
- ★ Spiegelsaal

Abstecher

Für eine Stadt mit über 1,7 Millionen Einwohnern ist Wien recht kompakt. Dennoch liegen einige der interessantesten Sehenswürdigkeiten abseits des Zentrums. In Schönbrunn befindet sich die riesige Anlage des Schlosses, das Maria Theresia so liebte. Das nahe Klosterneuburg bietet einige der schönsten Kirchenkunstschätze Österreichs. Viele Parks und Gärten, darunter Prater, Augarten und Lainzer Tiergarten, die früher in habsburgischem Besitz waren, stehen heute Besuchern offen.

Schmuck an der Hofreitschule bei der Hermesvilla

Sehenswürdigkeiten auf einen Blick

Historische Gebäude
Amalienbad 16
Augarten-Palais und Park 9
Hundertwasserhaus 11
Karl Marx Hof 7
Otto-Wagner-Hofpavillon 20
Schloss und Park Schönbrunn S. 172–175 19
Wagner-Villen 1
Wasserturm in Favoriten 15
Werkbundsiedlung 21

Kirchen und Klöster
Kirche am Steinhof 2
Klosterneuburg 6
Wotruba-Kirche 23

Museen und Sammlungen
Geymüller-Schlössl 3
Heeresgeschichtliches Museum S. 166f 13
Kriminalmuseum 10
Technisches Museum 18

Parks und Gärten
Donaupark 8
Lainzer Tiergarten 22
Prater S. 162f 12

Historische Viertel
Grinzing 4
Kahlenberg 5

Denkmal
Spinnerin am Kreuz 17

Friedhof
Zentralfriedhof S. 168f 14

Legende
Wien Zentrum
Außenbezirke
Bahnhof (ÖBB)
Busbahnhof
Autobahn
Autobahntunnel
Hauptstraße
Nebenstraße

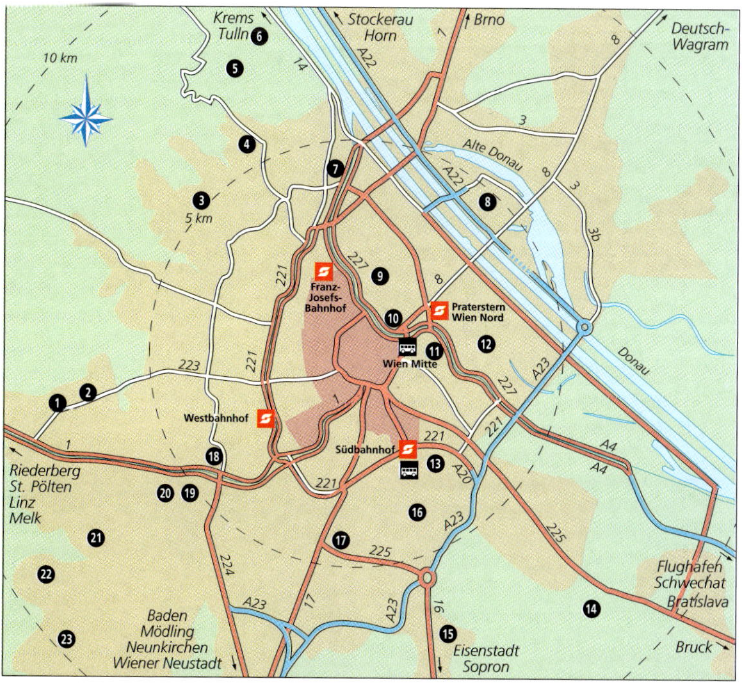

◁ **Teil der Fassade des Hundertwasserhauses (1985)**

Fassadenausschnitt von Ernst Fuchs' Brunnenhaus

Wagner-Villen ❶

Hüttelbergstraße 26, Penzing. ☎ *9148 575.* Ⓤ *Hütteldorf.* 🚌 *148, 152.* ◯ *Mo–Fr 10–16 Uhr.* 📷 **www**.ernstfuchszentrum.com

Die Villa, die sich Otto Wagner 1886–88 baute, liegt stilistisch zwischen seiner früheren Ringstraßen-Architektur und den dekorativen Elementen des Jugendstils *(siehe S. 54–57)*. Es ist ein imposantes Haus mit klassischen Elementen, etwa ionischen Säulen, und würde vielleicht besser zu einem sonnigen norditalienischen Berghang passen als in das kühlere Klima Österreichs. Der heutige Besitzer, der Maler Ernst Fuchs *(siehe S. 36)*, hat der Villa durch eine Fruchtbarkeitsstatue und grelle Farben seinen Stempel aufgedrückt.

Die schlichtere Villa nebenan wurde mehr als 20 Jahre später erbaut und 1913 vollendet. Es ist eine moderne, streng geometrische Konstruktion aus Stahl und Beton mit dunkelblauen Scheiben und dekorativen Befestigungsbolzen. Die Gestaltung der Verglasung stammt von Kolo Moser *(siehe S. 57)*.

Kirche am Steinhof ❷

Baumgartner Höhe 1, Penzing. ☎ *9106 011 204.* 🚋 *48A.* ◯ *Sa 16–17 Uhr.* *nach tel. Vereinbarung.* 📷

Die verblüffende Kirche von Otto Wagner *(siehe S. 54–57)* wurde 1907 vollendet und liegt auf dem Gelände des Psychiatrischen Krankenhauses. Sie gilt als Juwel des Wiener Jugendstils. Ihre Marmorverkleidung ist mit Kupfernägeln fixiert. Schlanke, spiralförmige Pfeiler tragen das Portal. Auf vier Steinsäulen an der Fassade stehen Engel von Othmar Schimkowitz (1864–1947). Die Statuen an den Ecken stellen den hl. Leopold (links) und den hl. Severin (rechts) dar. Sie wurden von Richard Luksch entworfen und sitzen auf Stühlen von Josef Hoffmann *(siehe S. 56f)*.

Die Kirche ist ein einziger Raum mit niedrigen Seitenkapellen. Der Hauptschmuck besteht aus goldenen und weißen Friesen sowie quadratischen Deckenpaneelen mit goldenen Befestigungsbolzen. Durch die blauen Glasfenster von Kolo Moser *(siehe S. 57)* fällt viel Tageslicht.

Jugendstil: Engel von Othmar Schimkowitz bewachen Otto Wagners Kirche am Steinhof

Geymüller-Schlössl ❸

Khevenhüllerstraße 2, Währing. ☎ *711 360.* 🚌 *41A.* 🚋 *41.* ◯ *Mai–Nov: So 11–16 Uhr.* 📷

Das Geymüller-Schlössl in Pötzleinsdorf im Nordwesten der Stadt ist ein wahrer Tempel des Biedermeier und war ein Zentrum der Salonkultur. Es wurde 1808 für den Bankier J. H. von Geymüller erbaut und ist heute eine Außenstelle des Österreichischen Museums für angewandte Kunst *(siehe S. 82f)*.

Das Gebäude beherbergt eine Sammlung wertvoller Biedermeier- und Empire-Möbel. Neben Gebrauchsgegenständen wie Schalen und Spucknäpfen finden sich im Haus auch Stillleben auf Porzellan und rund 200 Uhren aus den Jahren 1780 bis etwa 1850, der Blütezeit der Wiener Uhrenfabrikation.

Grinzing 4

U *Heiligenstadt.*
Bus *38A.* Tram *38.*

Grinzing ist der wohl bekannteste Heurigenort *(siehe S. 186f)*, allerdings auch der überlaufenste, da viele der Lokale riesige Besuchergruppen bewirten. Der malerische Flecken besteht aus dem oberen und dem unteren Ort. Im unteren Teil findet man in Straßen wie der Sandgasse die ursprünglicheren Lokale. Grinzing wurde während der Belagerungen Wiens *(siehe S. 26f)* mehrmals von türkischen Truppen zerstört und 1809 noch einmal durch Napoléons Soldaten *(siehe S. 30)* beschädigt.

Kahlenberg 5

Bus *38A.*

Mit 484 Metern ist der Kahlenberg *(siehe S. 186f)* die höchste Erhebung des Wienerwalds. Auf seinem Gipfel befinden sich ein Fernsehturm, eine Kirche, eine Aussichtsterrasse und ein Restaurant. Von hier aus hat man einen herrlichen Blick auf die unterhalb gelegenen Weinberge und die Stadt im Hintergrund mit den Donaubrücken links und dem Wienerwald rechts.

Der Kahlenberg spielt in der Geschichte der Stadt eine wichtige Rolle. 1683 kam von hier aus der polnische König Jan Sobieski mit seinem Heer den Wiener Truppen zu Hilfe.

Klosterneuburg 6

Stift Klosterneuburg. ☎ *02243-4110.* U *Heiligenstadt.* Bus *237, 238, 239.* ◯ *tägl. 9–17 Uhr.* *tägl., auch Themenführungen.* **www**.stift-klosterneuburg.at

Oberhalb der Donau, 13 Kilometer nördlich von Wien, steht das riesige Stift Klosterneuburg, das aus dem 12. Jahrhundert stammt und im Inneren den großartigen Verduner Altar aus dem Jahr 1181 beherbergt *(siehe S. 23)*. Es wurde im 18. Jahrhundert von Kaiser Karl VI. erweitert, der einen Komplex in der gewaltig anmutenden Größe des Escorial bei Madrid errichten lassen wollte. Nach seinem Tod 1740 wurden die Arbeiten aber wieder eingestellt. Seit 2006 ist die barocke Sala Terrena zugänglich.

Die pfirsich- und lachsfarbene Fassade des Karl Marx Hofs

Statue in Grinzing

Karl Marx Hof 7

Heiligenstädter Straße 82–92, Döbling. U *Heiligenstadt.* ● *für Besucher.*

Der Karl Marx Hof ist ein weitläufiger Gebäudekomplex mit 1382 Wohnungen, der 1927–30 erbaut wurde. Er ist der bekannteste Gemeindebau, den das »Rote Wien« *(siehe S. 36)* zwischen 1919 und 1934 errichtete. Damals entstanden in der Stadt 63 000 neue Gebäude. Architekt des Karl Marx Hofs war Karl Ehn, ein Schüler Otto Wagners *(siehe S. 54–57)*.

Donaupark 8

U *Alte Donau.* Bus *20B.* ◯ *24 Std. tägl.* **Donauturm** ☎ *2633 5720.* ◯ *Apr–Okt: tägl. 9.30–24 Uhr; Nov–März: tägl. 10–22 Uhr.*

Direkt neben der UNO-City *(siehe S. 37)*, in der mehrere Organisationen der Vereinten Nationen untergebracht sind, und der neuen Donau-City liegt der Donaupark. Er wurde 1964 anlässlich der Gartenschau angelegt und besitzt Radwege, eine Rollschuhbahn, Cafés und andere Einrichtungen. Ihn überragt der 252 Meter hohe Donauturm mit zwei Drehrestaurants und einer Aussichtsterrasse – mit fantastischem Blick auf Wien.

Blick auf Stift Klosterneuburg mit seiner Barockkuppel

Prater ⓬

Der Prater, ein großer Park zwischen Donau und Donaukanal, diente einst als kaiserliches Jagdrevier und wurde 1766 von Joseph II. dem Volk zugänglich gemacht. Die Hauptallee blieb jedoch lange den Adligen und ihren Lakaien vorbehalten. Im 19. Jahrhundert entstand am Westende des Praters ein großer Vergnügungspark mit Schieß- und Schaubuden, Biergärten und Wurstständen für Wiens Arbeiterschaft. Das Pratermuseum zeigt Erinnerungsstücke aus dem alten Wurstelprater.

Liliputbahn
Die Bahn fährt eine vier Kilometer lange Strecke.

★ Riesenrad
Das gewaltige Rad dreht sich mit etwa 75 Zentimeter pro Sekunde sehr langsam und erlaubt einen großartigen Blick über den Park und den Volksprater.

★ Volksprater
Einen Vergnügungspark gibt es seit Ende des 19. Jahrhunderts. Heute dominieren hier Hightech-Anlagen – von Geisterbahnen über Autoskooter bis zur Achterbahn.

Trabrennbahn
Das 1913 erbaute Krieau-Stadion ist von September bis Juni Schauplatz regionaler und internationaler Trabrennen (siehe S. 231).

NICHT VERSÄUMEN

★ Hauptallee

★ Riesenrad

★ Volksprater

Geschichte des Riesenrads

Eines der bekanntesten Wahrzeichen Wiens ist das Riesenrad (Durchmesser 61 m), das durch den Film *Der dritte Mann* nach Graham Greenes Roman weltberühmt wurde. Es wurde 1896 vom Engländer Walter Basset erbaut und besitzt seit einem Brand 1945 nur noch die Hälfte der Gondeln.

Infobox

Praterstern. 80A. 1, 5, 21. ***Volksprater*** *15. März– Ende Okt: tägl. 10–24 Uhr.* ***Riesenrad*** *7295 430. tägl. (Zeiten variieren).* ***Planetarium*** *Di, Do 8.30–12, 13–14.30 Uhr, Mi 8.30–12, 18–20 Uhr, Fr 15–20 Uhr, Sa, So, Feiertage 14–19 Uhr.* ***Liliputbahn*** *15. März–Ende Okt: tägl. 10–23 Uhr.* ***Golfplatz*** *Mo–Do 8–16 Uhr.* ***Stadionbad*** *Mai–Sep: Mo–Fr 9–19 Uhr, Sa, So 8–19 Uhr.* ***Maria-Grün-Kirche*** *So 10–15 Uhr.* ***Lusthaus*** *7289 565.* ***Pratermuseum*** *Okt–Apr: Di–Do 12–18 Uhr; Mai–Sep: Mo, Di, Do, Fr 12–23 Uhr, Sa, So, Feiertage 12–18 Uhr.*

www.prater.at

★ Hauptallee
Die kastaniengesäumte Allee durchzieht auf fünf Kilometer Länge die Prateranlagen.

Lusthaus
Das achteckige Jagdschlösschen aus dem 18. Jahrhundert beherbergt heute ein Restaurant.

Die Barockfassade des Augarten-Palais in einem Park aus dem 18. Jahrhundert

Augarten-Palais und Park ❾

Obere Augartenstraße 1. **Stadtplan** 2 E2. 5A. *Praterstern.* 31, 32. *tägl. 6 Uhr bis Sonnenuntergang.* ***Porzellanmuseum*** *Mo–Fr 9.30–17 Uhr.* ***Museum für zeitgenössische Kunst*** *Di–So 11–19 Uhr.*

An dieser Stelle steht schon seit den Zeiten von Leopold I. ein Schloss, damals war es die Alte Favorita. Das Gebäude wurde 1683 von den Türken zerstört und um 1700 wiederaufgebaut, vermutlich nach Plänen von J. B. Fischer von Erlach *(siehe S. 149)*. Seit 1948 ist es die Heimstatt der Wiener Sängerknaben *(siehe S. 39)*. Es ist nicht öffentlich zugänglich.

Der Park wurde in der zweiten Hälfte des 17. Jahrhunderts angelegt, 1712 ausgestaltet und 1775 von Joseph II. für seine Untertanen geöffnet. Die hübschen Eingangstore, die heute in den Park hineinführen, entwarf Isidor Canevale 1775. Im Gartenhaus gaben schon Mozart, Beethoven und Johann Strauß d. Ä. Konzerte. Während des Wiener Kongresses 1815 *(siehe S. 30)* fanden dort Empfänge und Versammlungen statt.

Im 18. Jahrhundert wurde im Gartenhaus die kaiserliche Porzellanmanufaktur untergebracht, die seit 1924 ein Staatsbetrieb ist. Das Museum zeigt die Geschichte des Augarten-Porzellans. Hinter dem Gartenhaus liegt das Atelier des Bildhauers Gustinus Ambrosi (1893–1975), heute das Ambrosi-Museum, das ebenfalls für die Öffentlichkeit zugänglich ist.

Der Augarten ist der älteste Barockgarten Wiens, dessen lange Wege von symmetrischen Hecken gesäumt werden. In der Ferne kann man zwei der riesigen und erschreckenden Flaktürme sehen, die noch immer zu Wiens Stadtbild gehören. In den 1942 von den Deutschen erbauten Flugabwehrbollwerken fanden Tausende von Soldaten Unterkunft. Die riesigen Betonmonolithen haben so dicke Mauern, dass bei ihrer Sprengung auch die umliegenden Wohngebiete zerstört werden würden. Vier weitere solcher Festungen befinden sich in anderen Teilen der Stadt.

Kriminalmuseum ❿

Große Sperlgasse 24. **Stadtplan** 6 E1. *2144 678.* *Nestroyplatz.* 5A. 1. *Do–So 10–17 Uhr.*

Seit 1991 beherbergt das einstige Seifensiederhaus, ein mittelalterliches Gebäude, das Wiener Kriminalmuseum. Die 20 Räume des Museums dokumentieren hauptsächlich Gewaltverbrechen, angefan-

Hundertwasserhaus ⓫

Löwen-/Kegelgasse. *Landstraße.* 4A. 1. *für Besucher.* ***Kunst Haus Wien*** *Untere Weißgerberstraße 13.* *tägl. 10–19 Uhr.* **www**.hundertwasserhaus.at

Der Künstler Friedensreich Hundertwasser *(siehe S. 37)* schuf 1985 das städtische Wohnungsbauprojekt, um damit ein Zeichen gegen die seiner Meinung nach seelenlose moderne Architektur zu setzen. Eine Tramhaltestelle vor dem Hundertwasserhaus liegt das Kunst Haus Wien mit einer Dauerausstellung zu Hundertwasser.

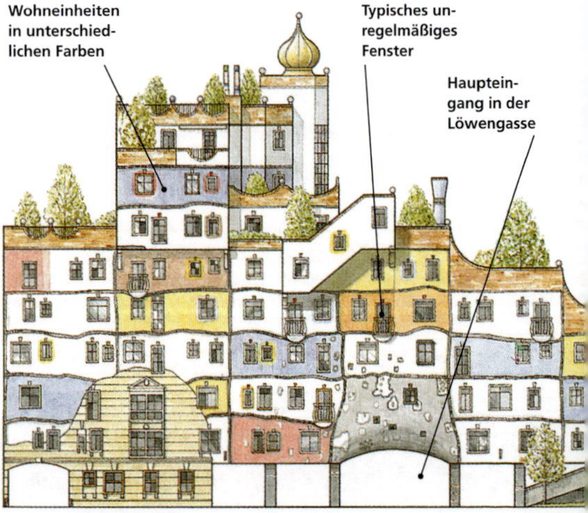

gen von spektakulären Morden in Wien vom Mittelalter bis zum 20. Jahrhundert. Das Museum beschäftigt sich zudem ausführlich mit der Geschichte der Justiz.

Viele Exponate stammen aus den Archiven der Wiener Polizei und sind ausgesprochen gruselig. Sie umfassen eine breite Palette an Mordwerkzeugen, mumifizierte Köpfe exekutierter Verbrecher, Totenmasken und durch Fotos und Drucke illustrierte Fälle. Viele der erschütternden Exponate vermitteln einen Eindruck, in welche Straftaten arme Wiener in früheren Jahrhunderten verwickelt waren. Auch politische Verbrechen werden dargestellt, beispielsweise der Lynchmord an einem Minister während der Revolution von 1848 *(siehe S. 31)*.

Darstellung eines Raubs, 1782

Das Museum bietet eine interessante Mischung aus Sozialgeschichte und Gruselkabinett, das mit Genuss auf die dunkleren Seiten des Wiener Lebens eingeht.

Prater ⓬

Siehe S. 162f.

Heeresgeschichtliches Museum ⓭

Siehe S. 166f.

Zentralfriedhof ⓮

Siehe S. 168f.

Wasserturm in Favoriten ⓯

Windtenstraße 3, Favoriten.
5995 931 006. Reumannplatz. 15A. 7A, 15A. für Führungen tel. anmelden.

Der Komplex, die Favoriten-Pumpstation, entstand 1889 nach Plänen von Franz Borkowitz im Rahmen eines städtischen Projekts. Man wollte Trinkwasser von den Alpen in die rasch wachsende Stadt führen.

1910 mussten die Bauarbeiten aufgrund der Konstruktion anderer Anlagen um Wien eingeschränkt werden. Anstelle der sieben ursprünglich geplanten Bauten entstand daher nur der sehr dekorative, aus gelbem und rotem Backstein errichtete 67 Meter hohe Wasserturm. Faszinierend an diesem etwas uneinheitlichen Bau ist vor allem die noch vorhandene originale Pumpenausrüstung, deren Zweckmäßigkeit im völligen Gegensatz zu den Türmchen und Dekorationen der Fassade steht. Das Innere ist heute restauriert und wird bei Führungen interessierten Besuchern erläutert.

Ganz in der Nähe liegt der Böhmische Prater, ein kleiner Vergnügungspark für Kinder mit kleinem Riesenrad.

Wasserturm in Favoriten

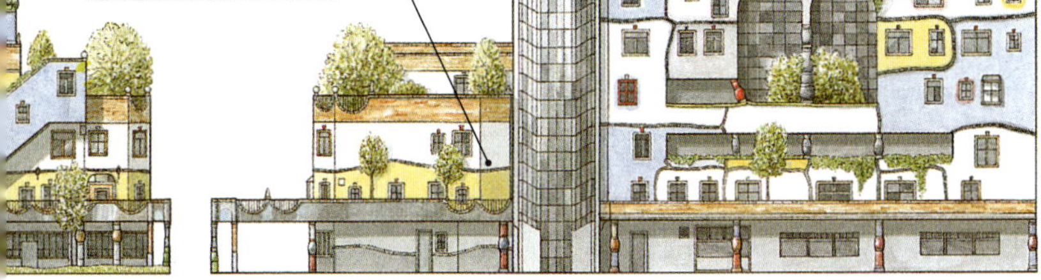

Heeresgeschichtliches Museum ⓭

Das Museum ist im Arsenal untergebracht, einem ehemaligen Militärkomplex, den Theophil Hansen 1850–56 im Stil einer Festung *(siehe Fassade rechts)* erbaute. Es enthält wertvolle Sammlungen zur Heeres- und Kriegsgeschichte vom 16. Jahrhundert bis zum Ersten Weltkrieg. Die Exponate erzählen von der türkischen Belagerung 1683, der Französischen Revolution und den napoleonischen Kriegen. Man kann auch den Wagen sehen, in dem Erzherzog Franz Ferdinand ermordet wurde, sowie Waffen aus dem Ersten Weltkrieg.

Nicht versäumen

★ Feldherrenhalle

★ *Für den unbekannten Soldaten* von Albin Egger-Lienz

★ Türkische Standarte

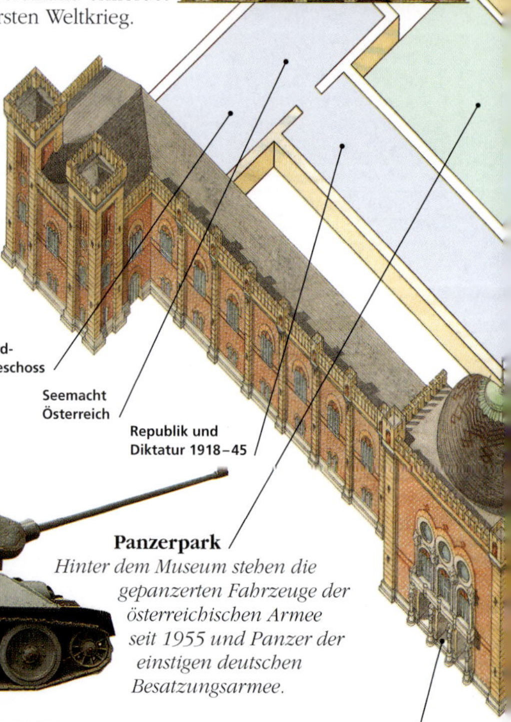

Legende

- Panzerpark
- 16.–19. Jahrhundert
- 19. und 20. Jahrhundert
- Kein Ausstellungsbereich

Panzerpark
Hinter dem Museum stehen die gepanzerten Fahrzeuge der österreichischen Armee seit 1955 und Panzer der einstigen deutschen Besatzungsarmee.

Attentat auf Franz Ferdinand

Am 28. Juni 1914 wurden Thronfolger Erzherzog Franz Ferdinand und seine Frau Sophie von Hohenberg in Sarajevo von Gavrilo Princip, einem serbischen Nationalisten, ermordet. Die dadurch ausgelöste internationale Krise führte zum Ersten Weltkrieg. Das Museum zeigt den Wagen, in dem das Paar damals fuhr.

Kurzführer

Das Museum erstreckt sich über zwei Etagen. Die Besichtigung beginnt man am besten im ersten Stock links, wo Exponate von der türkischen Belagerung erzählen. Andere Räume dokumentieren die Kriege des 18. Jahrhunderts und Napoléons Sieg über Österreich. Im Erdgeschoss befinden sich Objekte aus dem 19. und 20. Jahrhundert, darunter schwere Artillerie aus dem Ersten Weltkrieg.

★ Feldherrenhalle
In der Eingangshalle stehen 56 lebensgroße Marmorstatuen von Heerführern und Herrschern.

INFOBOX

Arsenal, Ghegastraße, Objekt 1, A-1030. *795 610.*
Südbahnhof (U1), Schlachthausgasse (U3). *Südbahnhof.*
13A, 69A. *18.*
tägl. 9–17 Uhr. *1. Jan, Ostersonntag, 1. Mai, Allerheiligen, 25., 31. Dez.*
www.hgm.or.at

★ Türkische Standarte
In der Mitte der Fahne steht das islamische Glaubensbekenntnis: »Es gibt keinen Gott außer Allah, und Mohammed ist sein Prophet.« Sie wurde den Türken vor der Belagerung 1683 (siehe S. 26) *abgenommen.*

Zehn-Pfund-Mörser
In dieses Geschütz sind der doppelköpfige Reichsadler und das Monogramm Karls VI. eingraviert.

Erinnerungsstücke an Franz Ferdinand, etwa seine Uniform und das Auto, in dem er ermordet wurde, werden hier gezeigt.

★ Für den unbekannten Soldaten *(1916)*
Mit dem Gemälde schuf der Tiroler Künstler Albin Egger-Lienz ein Mahnmal gegen den Krieg.

Zentralfriedhof 14

Büste von Johannes Brahms

Österreichs größter Friedhof mit zweieinhalb Millionen Gräbern wurde 1874 am Südrand der Stadt eröffnet. Im Mittelteil liegen Gräber von Malern, Komponisten, Schriftstellern, Architekten und Politikern. Beerdigungen sind meist recht luxuriös, da viele Wiener – je nach ihrer Stellung im Leben – angemessen stilvoll bestattet werden wollen. Auf dem Friedhof befinden sich zahllose Denkmäler, manche bescheiden, andere bombastisch, die Zeugnis von der Wiener Verbundenheit mit dem Tod ablegen.

★ Dr.-Karl-Lueger-Kirche
Die Kirche von Max Hegele ist dem Wiener Bürgermeister (1907–10) gewidmet.

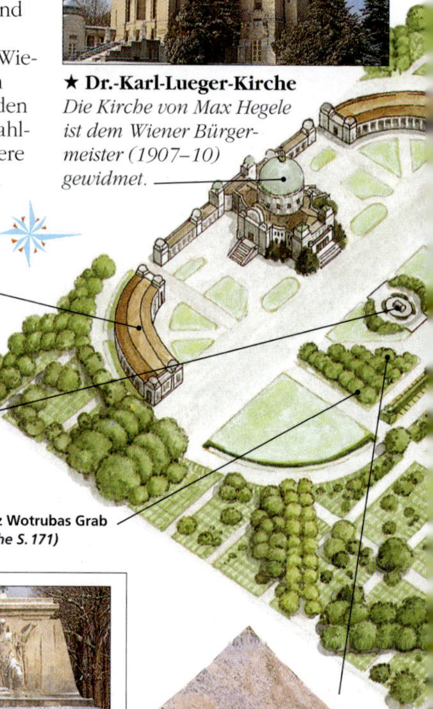

Arkaden um die Dr.-Karl-Lueger-Kirche

Gruft der Bundespräsidenten
Hier ruht u. a. Dr. Karl Renner, der erste Bundespräsident Österreichs nach dem Zweiten Weltkrieg.

Fritz Wotrubas Grab
(siehe S. 171)

Arnold Schönbergs Grab
Auf dem Grab des Wiener Komponisten Arnold Schönberg thront dieser prägnante Kubus von Fritz Wotruba.

Lageplan

Der Friedhof ist in nummerierte Bereiche unterteilt. In der Mitte befinden sich die Ehrengräber berühmter Persönlichkeiten. Es gibt einen alten und einen neuen jüdischen sowie einen protestantischen Friedhof, einen russisch-orthodoxen Teil, Kriegsgräber und Denkmäler. Zur Besichtigung nimmt man am besten den Bus, der hier verkehrt.

Das Ehrenmal für die Toten des Ersten Weltkriegs von Anton Hanak zeigt eine klagende Mutter.

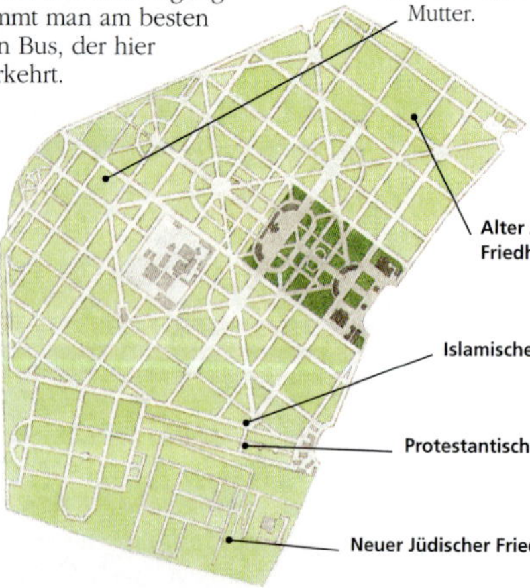

Nicht versäumen

- ★ Dr.-Karl-Lueger-Kirche
- ★ Komponistengräber

Theophil Hansens Grab
Der Architekt des Wiener Parlaments (siehe S. 121) *liegt dicht bei anderen Bauherren und Malern. Er starb 1891.*

INFOBOX

Simmeringer Hauptstraße 234, Tor 2, A-1110. *760 410.* *Zentralfriedhof, Kledering.* *71.* *Nov–Feb: tägl. 8–17 Uhr; März, Apr, Sep, Okt: tägl. 7–18 Uhr; Mai–Aug: tägl. 7–19 Uhr.*
www.zentralfriedhof.at

Denkmal für Dr. Johann Nepomuk Prix (1894), Viktor Tilgner.

Arkaden
Einige imposante Monumente finden sich in den halbrunden, zum Haupteingang ausgerichteten Arkaden, etwa das für den Bergmann August Zang von 1848. Es zeigt den Eingang einer Mine.

Haupteingang in der Simmeringer Hauptstraße

★ Komponistengräber
Folgende Wiener Komponisten sind hier begraben: Johann Strauß d.Ä. und d.J. (Grab links), *Beethoven, Brahms und Schubert. An Mozart, der auf dem Friedhof St. Marx liegt, erinnert ein Denkmal.*

Russisch-orthodoxe Kapelle
Die Kapelle (1894) wird von Wiens russischer Gemeinde genutzt.

Amalienbad 16

Reumannplatz 23, Favoriten.
6074 747. Reumannplatz. 7A, 14A, 66A, 67A, 68A. 6.
***Schwimmbad** Di 9–18 Uhr, Mi 9–21.30 Uhr, Do 7–21.30 Uhr, Fr 9–21.30 Uhr, Sa 7–20 Uhr, So 7–18 Uhr. **Sauna** Di 13–21.30 Uhr, Mi–Fr 9–21.30 Uhr, Sa 7–20 Uhr, So 7–18 Uhr.*

Ein Hallenbad ist vielleicht nicht unbedingt ein vorrangiges Besucherziel, doch das im Jugendstil erbaute Amalienbad (1923–26) zeigt, dass die Stadtverwaltung in den 1920er Jahren nicht nur notwendige öffentliche Einrichtungen schuf, sondern dies mit Engagement tat. Die beiden Architekten Otto Nadel und Karl Schmalhofer waren seinerzeit Angestellte des Stadtbauamts.

Über dem imposanten, von Galerien umgebenen Hauptbecken befindet sich ein Glasdach, das in Minutenschnelle geöffnet werden kann. Zudem sind im Gebäude Saunen und kleinere Becken für Therapiezwecke untergebracht. Bei seiner Eröffnung war das Bad für 1300 Personen eines der größten seiner Art in Europa. Das Innere ist mit fantasievollen Mosaiken und Fliesen geschmückt. Der im Zweiten Weltkrieg beschädigte Bau wurde 1986 restauriert und erstrahlt seither in alter Pracht.

Spinnerin am Kreuz

Spinnerin am Kreuz 17

Triester Straße 10, Meidling.
Meidling. 7A, 15A, 65A. 1.

Eine mittelalterliche Bildsäule (1452) markiert den südlichsten Punkt von Wiens Innerer Stadt. Hier soll der Sage nach eine Ehefrau jahrelang spinnend auf die Heimkehr ihres Mannes von einem Kreuzzug gewartet haben. Die *Spinnerin am Kreuz* genannte Säule wurde von Hans Puchsbaum entworfen und zeigt u. a. eine Kreuzigungsszene und eine groteske Figur, die Christus die Dornenkrone aufs Haupt setzt.

Technisches Museum 18

Mariahilfer Straße 212, Penzing.
899 980. 52, 58.
Mo–Fr 9–18 Uhr, Sa, So, Feiertage 10–18 Uhr.
www.tmw.ac.at

Den Grundstein für das Technische Museum legte Kaiser Franz Joseph 1908 mit habsburgischen Sammlungen. Zehn Jahre später öffnete es seine Pforten und zeigt seither die Entwicklung von Gewerbe und Industrie anhand von Exponaten wie Haushaltsgeräten bis hin zu Turbinen. Exponate der Sammlung, u. a. die Bereiche Energie, Physik, Musikinstrumente, Verkehr, sind in acht Dauerausstellungen zu sehen. Hinzu kommen Sonderausstellungen.

Seit der Wiedereröffnung 1999 sind ein Kohlebergwerk, eine Ölmühle (17. Jh.), ein Alchemistenlabor, eine Apotheke (um 1720) und eine Goldschmiede zu sehen, aber auch modernere Technik wie Computertechnologie oder Erdölraffinierung. Das »mini« ist ein interaktiver Bereich für Kinder von zwei bis sechs Jahren.

Schloss und Park Schönbrunn 19

Siehe S. 172–175.

Dekorative geometrische Fliesenmuster aus den 1920er Jahren im Amalienbad

Otto-Wagner-Hofpavillon ⓴

Schönbrunner Schloßstraße 13, Hietzing. *8771 571.* *Hietzing.* *51A, 56B, 58B, 156B.* *Westbahnhof nach Penzing.* *10, 60, 62.* *So 10.30–12.30 Uhr u. auf Anfrage.*

Den Bahnhof zwischen Schönbrunn und Hietzing entwarf Otto Wagner *(siehe S. 57)* 1899 für die kaiserliche Familie und Gäste des Hofs. Er besteht aus einem weißen Kubus mit grün lackiertem Eisenwerk und Kupferkuppel. Der Warteraum ist mit Holz-Glas-Vertäfelung, einem pfirsich- und rostfarbenem Teppich und einem Marmorkamin ausgestattet. Die Kuppel wurde mit Blumen- und Laubmotiven verziert. Wagner, der mit dem Pavillon sein Können zeigen wollte, baute ohne kaiserlichen Auftrag. Franz Joseph benutzte den Bahnhof allerdings nur zweimal.

Otto-Wagner-Hofpavillon

Werkbundsiedlung ㉑

Jagdschloßgasse, Veitingergasse u. Woinovichgasse, Hietzing. *54B, 55B.* *60.*

Die etwa 30 Musterhäuser im 13. Bezirk wurden zu Beginn der 1930er Jahre von einigen der führenden Architekten Europas erbaut. Da es Ziel des Vorhabens war, preiswerte Haustypen zu schaffen, die nur zwei Wohnräume besitzen und zudem einfach strukturiert und funktionell sein sollten, sind die Ergebnisse weder berauschend schön noch großzügig. Das Haus Woinovichgasse 19 stammt von Adolf Loos *(siehe S. 92)*, das Haus Veitingergasse 83–85 von Josef Hoffmann *(siehe S. 56)*. Die Siedlung war nur als zeitlich befristete Übergangslösung geplant, doch ist sie glücklicherweise erhalten geblieben.

Hermesvilla auf dem Gelände des Lainzer Tiergartens

Lainzer Tiergarten ㉒

Lainzer Tiergarten, Hietzing. ***Tiergarten*** *8041 315.* *60B.* *Mitte Feb–Mitte Nov: 8 Uhr bis Sonnenuntergang.* ***Hermesvilla und Park*** *8041 324.* *Apr–Sep: Di–So, Feiertage 9–18 Uhr; Okt–März: Di–So, Feiertage 9–16.30 Uhr (für Ausstellungen).*

Der Lainzer Tiergarten, einst kaiserliches Jagdrevier, wurde in ein riesiges Naturschutzgebiet im Wienerwald verwandelt *(siehe S. 176)*. Seit 1923 ist er zwar öffentlich zugänglich, dennoch umgibt ihn immer noch eine 24 Kilometer lange Mauer, vor allem, um das Rotwild und die Wildschweine zu schützen. Vom Eingang gelangt man in 15 Minuten zur Hermesvilla, 1884 von Karl von Hasenauer erbaut. Sie zählte zu den Lieblingsdomizilen von Kaiserin Elisabeth und Kaiser Franz Joseph. Wandgemälde im Haus zeigen Szenen aus Shakespeares *Mittsommernachtstraum*. Heute finden hier Sonderausstellungen zu künstlerischen und historischen Themen statt.

Wotruba-Kirche ㉓

Georgsgasse/Rysergasse, Mauer. *8885 003.* *60A.* *Sa 14–20 Uhr, So, Feiertage 9–16.30 Uhr.*

Die hochmoderne Kirche wurde in den Jahren 1965 bis 1976 erbaut und steht auf einer Anhöhe unweit des Wienerwalds. Sie besteht aus kubischen, ineinander verschachtelten Betonblöcken und Glasscheiben, von denen einige hoch hinaufreichen und damit viel Licht einlassen. Die Fenster erlauben der Gemeinde Aussichten auf Wälder und Hügel.

Das rohe, kompakt, aber dennoch imposant wirkende Gebäude wurde vom bekannten Bildhauer Fritz Wotruba (1907–1975) entworfen. Es sieht aus jedem Blickwinkel anders aus und besitzt eine stark skulpturale Qualität. Die Kirche bietet bis zu 250 Menschen Platz.

Die Wotruba-Kirche von Fritz Wotruba erinnert an eine moderne Plastik

Schloss und Park Schönbrunn ⓲

Die ehemalige Sommerresidenz der Kaiserfamilie verdankt ihren Namen einer schönen Quelle, die sich an dieser Stelle befand. Nachdem hier das Jagdschlösschen Katterburg von den Türken zerstört worden war, gab Leopold I. 1695 J.B. Fischer von Erlach den Auftrag, ein prächtiges Barockschloss zu schaffen, das erst Mitte des 18. Jahrhunderts unter Maria Theresia von Nikolaus Pacassi vollendet wurde. Das barocke Gesamtkunstwerk mit dem Park im französischen Stil ist mittlerweile UNESCO-Welterbe.

Irrgarten
Seinerzeit war es sehr beliebt, in Parks auch einen Irrgarten anzulegen. Heute erfreut das Labyrinth zahlreiche Besucher.

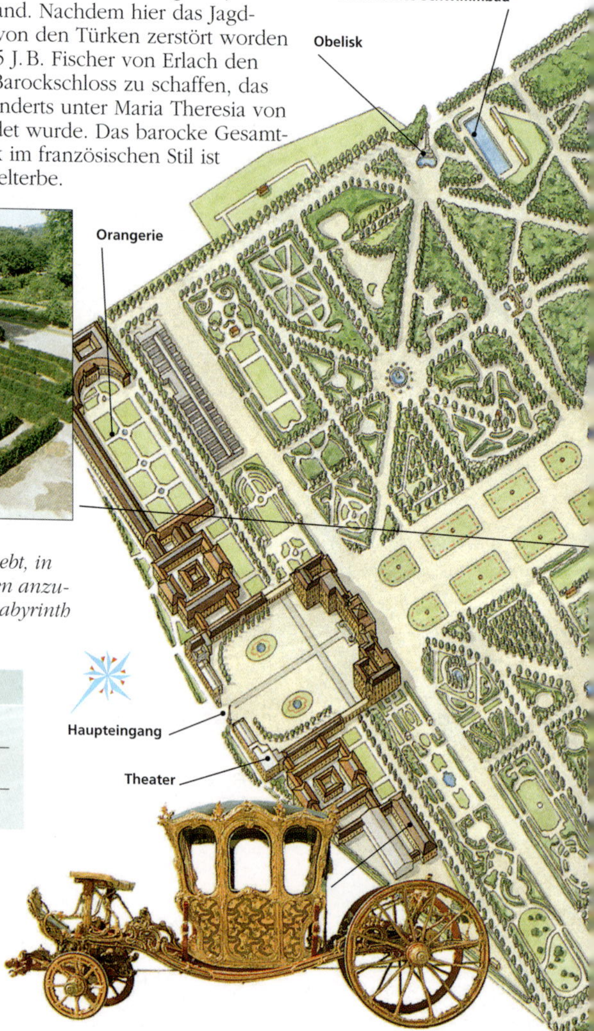

NICHT VERSÄUMEN

- ★ Gloriette
- ★ Palmenhaus
- ★ Wagenburg

★ Wagenburg
In der ehemaligen Winterreitschule sind die Kutschen, Schlitten und Sänften des Kaiserhauses zu bewundern.

ZEITSKALA

- **1683** Katterburg wird während der türkischen Belagerung zerstört
- **1705** Jean Trehet legt den Park an
- **1730** Das Schloss wird vollendet
- **1744–49** Nikolaus Pacassi richtet das Schloss für Maria Theresia her
- **1916** Kaiser Franz Joseph stirbt hier im Alter von 86 Jahren
- **1918** Kaiser Karl I. legt im Blauen Salon *(S. 174)* die Kaiserkrone nieder

1650 | 1700 | 1750 | 1800 | 1850 | 1900 | 1950

- **1696** Leopold I. beauftragt J.B. Fischer von Erlach, ein neues Schloss zu bauen

Kaiser Leopold I.

- **1752** Maria Theresias Gemahl, Franz I. Stephan, gründet die Menagerie, heute Zoo
- **1775** Bau der Gloriette
- **1805/1809** Hauptquartier von Napoléon
- **1882** Bau des Palmenhauses
- **1952** Abschluss der Wiederaufbauarbeiten nach dem Krieg

★ Gloriette
Der frühklassizistische Kolonnadenbau wurde 1775 von Ferdinand von Hohenberg errichtet und krönt den Hügel hinter dem Schloss.

INFOBOX

Schönbrunner Schloßstraße 47, A-1130. 8111 3239. Schönbrunn. 10A. 10, 58.
Schloss Apr–Juni, Sep, Okt: tägl. 8.30–17 Uhr; Juli, Aug: tägl. 8.30–18 Uhr; Nov–März: tägl. 8.30–16.30 Uhr. **Park** tägl. 6 bzw. 6.30 Uhr bis Sonnenuntergang. **Wagenburg** Apr–Okt: tägl. 9–18 Uhr; Nov–März: tägl. 10–16 Uhr.
Zoo 8779 294. tägl.
www.zoovienna.at

Neptunbrunnen
Der prächtige Brunnen am Fuß des Hügels wurde 1780 von Franz Anton Zauner gestaltet.

Schönbrunner Tiergarten
Der achteckige Kaiserpavillon steht in dem 1752 von Franz I. Stephan gegründeten Zoo.

★ Palmenhaus
Im 1882 errichteten imposanten Glashaus gedeiht eine Vielzahl an exotischen Pflanzen.

Fantastischer Anblick von der Parkseite aus: die Fassade von Schloss Schönbrunn

Schloss Schönbrunn: Innenräume

Das von Nikolaus Pacassi geschaffene Rokoko-Dekor beherrscht die Staatsräume von Schloss Schönbrunn. Viele Gemächer sind weiß getäfelt und mit vergoldeten Ornamenten ausgestattet. Manche wirken recht einfach, etwa die Suiten, die Franz Joseph und Kaiserin Elisabeth bewohnten, andere ungemein prunkvoll, etwa das Millionenzimmer. Es ist mit Rosenholz getäfelt, in das persische Miniaturen eingelassen sind.

★ Chinesisches Rundkabinett
Maria Theresia nutzte es für Geheimkonferenzen mit ihrem Staatskanzler. Die Wände sind mit Lacktafeln und Vasen geschmückt.

★ Große Galerie
Einst war sie Schauplatz kaiserlicher Bankette, heute dient sie für Staatsempfänge.

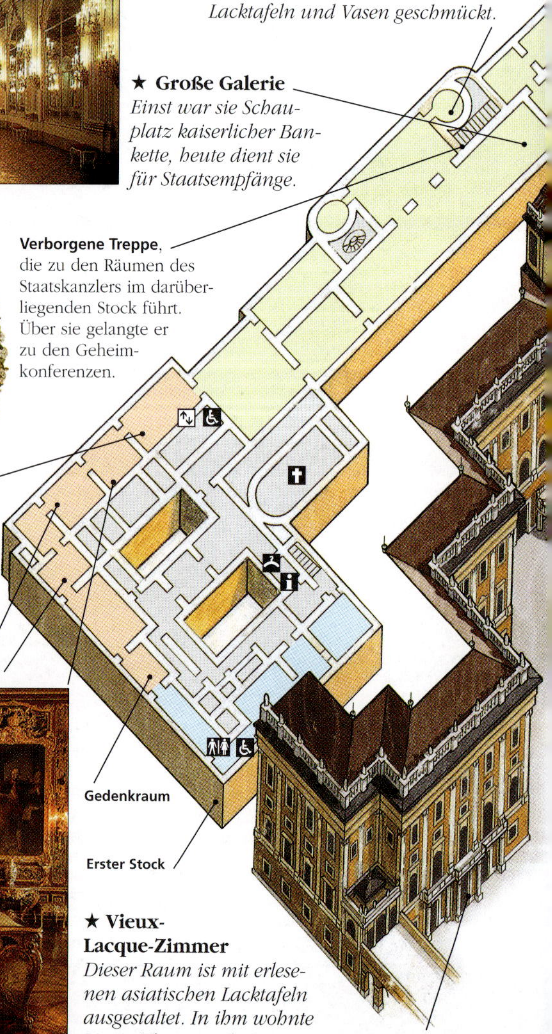

Verborgene Treppe, die zu den Räumen des Staatskanzlers im darüberliegenden Stock führt. Über sie gelangte er zu den Geheimkonferenzen.

Blauer Salon
Der Raum, in dem Karl I. 1918 abdankte, besitzt handgemalte chinesische Reispapiertapeten mit Genreszenen.

Napoléonzimmer

Millionenzimmer

Gedenkraum

Erster Stock

★ Vieux-Lacque-Zimmer
Dieser Raum ist mit erlesenen asiatischen Lacktafeln ausgestaltet. In ihm wohnte Maria Theresia als Witwe.

Haupteingang

Großes Rosa-Zimmer
Benannt ist der Raum nach Joseph Rosa, der die norditalienischen und Schweizer Landschaften schuf. Die Gemälde werden von vergoldetem Rokoko-Dekor eingerahmt.

Frühstückskabinett
Der Frühstücksraum Maria Theresias besitzt eine weiße Holztäfelung. Die gestickten Blumenbilder stammen von der Kaiserin und ihren Töchtern.

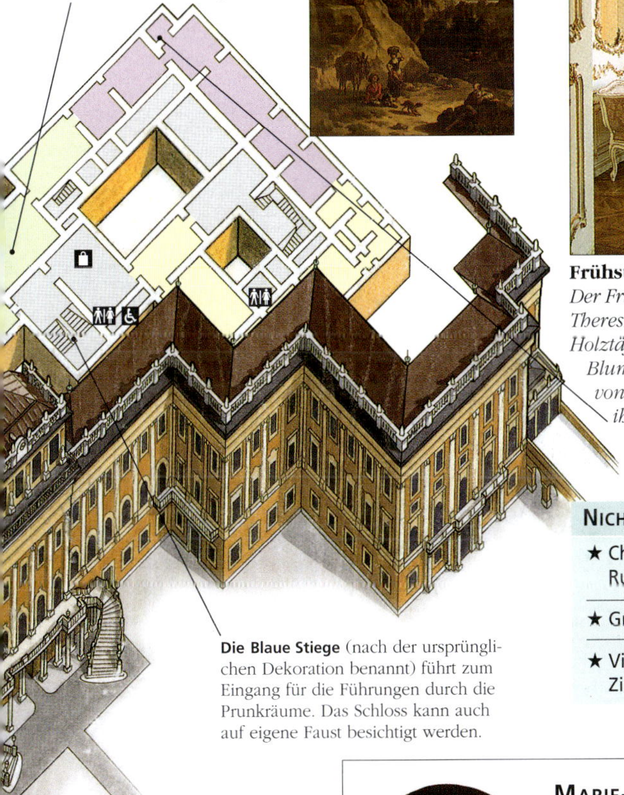

Die Blaue Stiege (nach der ursprünglichen Dekoration benannt) führt zum Eingang für die Führungen durch die Prunkräume. Das Schloss kann auch auf eigene Faust besichtigt werden.

Nicht versäumen

- ★ Chinesisches Rundkabinett
- ★ Große Galerie
- ★ Vieux-Lacque-Zimmer

Kurzführer

Die Prunkräume liegen im ersten Stock. In den Räumen rechts der Blauen Stiege wohnten Franz Joseph und Elisabeth. Zwei Galerien trennen sie vom Ostflügel, in dem Maria Theresia lebte. Es gibt zwei Führungen, die Imperial Tour (22 Prunkräume, 35 Min.) und die Grand Tour (40 Prunkräume, 50 Min.).

Legende

- Räume von Franz Joseph I.
- Räume von Kaiserin Elisabeth
- Staatstrakt
- Räume von Maria Theresia
- Räume von Franz Karl
- Kein Ausstellungsbereich

Porträt von Napoléon

Porträt von Marie-Louise

Marie-Louise und der König von Rom

Nach dem Fall Napoléons lebte der kleine Sohn seiner österreichischen Frau Marie-Louise in Schönbrunn wie ein Gefangener, bis er nach einer einsamen Kindheit 1832 mit 21 Jahren an Schwindsucht starb. Er trug die Titel Herzog von Reichstadt und König von Rom. Im Gedenkraum sieht man ein Porträt, das ihn im Alter von fünf Jahren zeigt, seine Totenmaske kann man ebenfalls betrachten. Unter einer Glashaube sitzt eine ausgestopfte Haubenlerche, von der der unglückliche Junge behauptet hatte, dies sei sein einziger Freund im ganzen Schloss gewesen.

Ausflüge

Ein bis zwei Stunden von Wien entfernt stößt man auf eine abwechslungsreiche Landschaft – an Ungarn erinnernde Ebenen, hohe Berge, breite Flüsse und idyllische Seen. Wien liegt im Zentrum der österreichischen Weinbauregion und ist umgeben von Burgen, Kirchen und Hügeln, zwischen die sich malerische Winzerorte schmiegen. Alle diese Plätze sind auch per Bus oder Bahn erreichbar. Verschiedene Ausflugsziele lassen sich gut kombinieren.

Im Wienerwald, einem beliebten Naherholungsgebiet

Mayerling und Wienerwald ❶

Vienna Sightseeing organisiert Ausflüge (siehe S. 238). *365 vom Südtiroler Platz nach Mayerling und Heiligenkreuz oder 265 nach Heiligenkreuz.* ***Mayerling: Kapelle*** *02258 2275. Sommer: tägl. 9–18 Uhr; Winter: tägl. 9–17 Uhr (So, Feiertage ab 10 Uhr). 1. Jan, Karfreitag, 25. Dez.* ***Heiligenkreuz: Abtei*** *02258 8703 167 (Öffnungszeiten tel. erfragen). obligatorisch.*

Wo die Alpen auf Donau und Wienerwald treffen, liegen mehrere interessante Ausflugsziele, die einen halb- oder ganztägigen Aufenthalt lohnen. Das Jagdschloss Mayerling, heute ein Kloster, erlangte 1889 Berühmtheit als Schauplatz des Doppelselbstmords von Kronprinz Rudolf *(siehe S. 32)* und seiner 17-jährigen Geliebten Mary Vetsera, Tochter des Diplomaten Baron Albin Vetsera. Ihr Tod erschütterte die Donaumonarchie schwer. Nach dem Tod seines Sohns schenkte Franz Joseph das Jagdschloss den Karmeliterinnen. Es wurde zwar vollständig umgestaltet, doch einige Erinnerungsstücke an Rudolf sind erhalten geblieben.

Wenige Kilometer weiter nördlich liegt das im Mittelalter gegründete Zisterzienserkloster Heiligenkreuz. Nach weitgehender Zerstörung durch die Türken 1529 und 1683 wurde es in der Barockzeit wiederaufgebaut. Das Mittelschiff stammt aus dem 12., der Kapitelsaal aus dem 13. Jahrhundert. Aus der Barockzeit sind Glockenturm und Dreifaltigkeitssäule erhalten. In Heiligenkreuz liegen 13 der Babenberger, die Österreich im Mittelalter regierten, begraben *(siehe S. 22f)*.

Baden ❷

552, 360W oder 1134 (Mariazell) von Wien Mitte. oder vom Südbahnhof. Badner Bahn (WLB) von Karlsplatz/Oper. 02252 2260 0600.

Südlich von Wien liegen in den Ausläufern des Wienerwalds mehrere Kur- und Weinorte. Der bekannteste unter ihnen ist Baden, in dessen heilenden Quellen schon die Römer ihre rheumatischen Leiden linderten. Neben warmen Schwefelquellen und Schlammbehandlungen gibt es auch ein Thermalfreibad mit 36 °C warmem Wasser.

Im frühen 19. Jahrhundert war Baden beim Wiener Hof sehr beliebt. Aus jener Zeit stammen viele elegante Villen, Bäder, Stadthäuser sowie ein Platz im Biedermeier-Stil. Auch der Kurpark, der sich von der Stadtmitte bis zum Wienerwald erstreckt, wurde damals angelegt. Neben dem Rosengarten bietet er auch ein Beethoven- und Mozart-Museum. Heute kann man in Badens Restaurants regionale Weine probieren.

Schloss Hof ❸

Shuttlebusse von Blaguss-Reisen von Mai–Okt: Sa, So u. Feiertage (Buchung unter 7982 900). **www**.blaguss.com
Schloss *02285 200 000. tägl. 10–18 Uhr.* **www**.schlosshof.at

Im Mai 2005 wurde die Anlage nach aufwendiger Renovierung als barocke Erlebniswelt wiedereröffnet. 1725 waren Schloss, Garten und Gutshof für Prinz Eugen von Savoyen errichtet worden. Unter Maria Theresia wurde daraus die größte Landschlossanlage der Habsburger.

Schloss Esterházy aus dem 17. Jahrhundert

Ausflugsziele auf einen Blick

Baden ❷
Donaufahrt von Krems nach Melk ❼
Eisenstadt ❹
Mariazell ❻
Mayerling und Wienerwald ❶
Rust und Neusiedler See ❺
Schloss Hof ❸

Legende

- Wien Zentrum
- Außenbezirke
- Flughafen
- Autobahn
- Hauptstraße
- Nebenstraße

Eisenstadt ❹

566 oder 766 von Wien Mitte nach Eisenstadt/Domplatz. vom Südbahnhof; umsteigen in Bruck a. d. Leitha. 02682 633 84. ***Schloss Esterházy*** *02682 7193 000. Apr–Nov: tägl. 9–17 Uhr (Juli–Sep bis 18 Uhr).* ***Haydn-Museum*** *02682 7193 900. März–Nov: tägl. 9–17 Uhr.* ***Jüdisches Museum*** *0268 265 145. Mai–Okt: Di–So 10–17 Uhr; Nov–Apr: nach Anmeldung.*

Hier steht das imposante Schloss der Fürsten Esterházy. Es wurde 1663–73 für Paul Esterházy erbaut. Sehenswert ist der Haydnsaal mit Fresken (18. Jh.), in dem Joseph Haydn *(siehe S. 38)* das fürstliche Orchester dirigierte. Haydn lebte 1766–78 in der Haydngasse, in der es heute ein Haydn-Museum gibt. Nicht weit vom Schloss ist ein Jüdisches Museum.

Rust und Neusiedler See ❺

566 oder 766 von Eisenstadt; 666 von Wien Mitte. 02685 502.

Etwa 15 Kilometer östlich von Eisenstadt liegt der 320 Quadratkilometer große Neusiedler See, der teilweise zu Ungarn gehört. Er ist von dichtem Schilf umgeben, das vielen Vögeln ein Zuhause bietet. Um den See laden mehrere Wein- und Ferienorte zum Verweilen ein, darunter das sehenswerte Rust, die kleinste Freistadt Österreichs, bekannt für ihre Storchennester und ihren Wein.

Mariazell ❻

552 über Baden oder 1150 von Wien Mitte. vom Westbahnhof, umsteigen in St. Pölten in die Mariazell Alpenbahn. 03882 2366. ***Kirche*** *tägl. 6–20 Uhr. 0388 225 95 für Führungen.* ***Dampfeisenbahn*** *0388 230 14. Juli–Sep: Sa, So, Feiertage 10.30–16.30 Uhr.*

Blick auf Mariazell, seit 1377 Marienwallfahrtsort

Nach Mariazell gelangt man von St. Pölten aus mit der Eisenbahn. Die Stadt zählt zu den wichtigen katholischen Wallfahrtsorten. Die im 17. Jahrhundert vergrößerte gotisch-barocke Kirche zeugt von ihrer Bedeutung. Innen finden sich viele Stuckarbeiten.

Mit einer Seilbahn, die alle 20 Minuten verkehrt, kann man vom Ortszentrum auf den Berg fahren. Zwischen Mariazell und dem nahe gelegenen See verkehrt die älteste Dampfeisenbahn (1884) der Welt.

Donaufahrt von Krems nach Melk ❼

Siehe S. 178f.

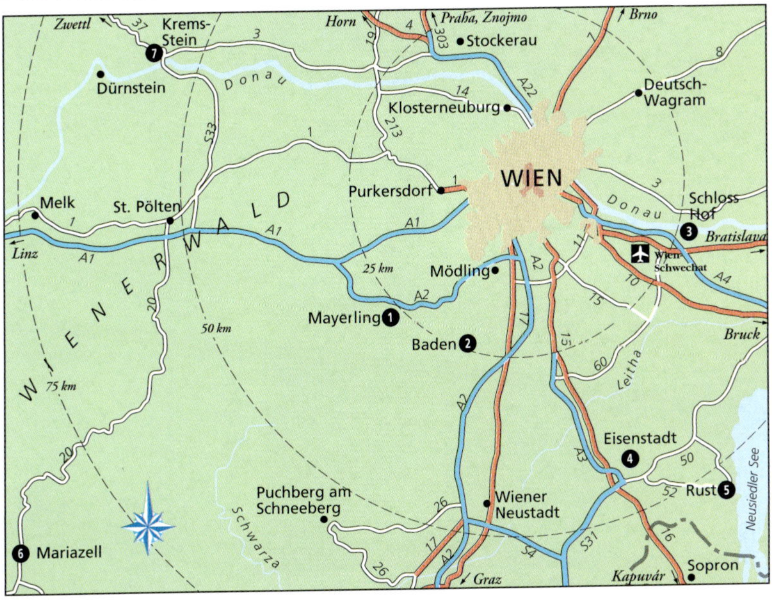

Donaufahrt Krems-Melk ❼

Etwa 80 Kilometer westlich von Wien liegt eine der großartigsten Flusslandschaften Europas. Zu beiden Seiten des Donautals schmiegen sich Kirchen und Weinorte an die Berghänge und krönen Burgen die Hügel. Die geschichtsträchtige, seit über 30000 Jahren besiedelte Landschaft zwischen Krems und Melk wird Wachau genannt. Den besten Eindruck gewinnt man auf einer Flussfahrt, die u.a. Vienna Sightseeing oder DDSG Blue Danube *(siehe S.238f)* anbieten.

Dürnstein – ein gut erhaltenes mittelalterliches Städtchen ④

Von Krems nach Dürnstein

Die schöne Renaissance-Stadt Stein ist heute mit Krems verwachsen, das einen mittelalterlichen Stadtkern besitzt ①. Am Ende der Steinerstraße steht das Haus des Barockmalers Kremser Schmidt. Geht man eine der schmalen Straßen hinauf, kann man über die Donau auf die Abtei Göttweig ② schauen, ein gelungenes Beispiel des österreichischen Barock. Im 17. Jahrhundert war das Stift Zentrum der Gegenreformation. Zudem sieht man den kleinen Ort Mautern ③, der einst aus einer römischen Festung (1. Jh.) entstand. Dort liegt heute am Südtirolerplatz das bekannte Gourmetlokal Landhaus Bacher.

Das Boot fährt nach etwa acht Kilometern am mittelalterlichen Dürnstein ④ vorbei, dessen Barockkirche von der Ruine einer Burg überragt wird. Herzog Leopold V. von Babenberg hielt hier nach dem dritten Kreuzzug (1192/93) den englischen König Richard Löwenherz gefangen *(siehe S.23)* und ließ ihn erst gegen Zahlung eines enormen Lösegelds frei. Hier hat man einen schönen Blick auf die Donau, Seitenstraßen führen zu Spazierwegen am Fluss. Wer Dürnsteins mittelalterliche und barocke Atmosphäre genießen will, sollte den Ort gesondert besuchen.

Weißenkirchen mit einstiger Wehrkirche zum Schutz vor den Türken

Weinorte von Rossatz bis Wösendorf

Gegenüber von Dürnstein am anderen Ufer liegt Rossatz ⑤, einst ein geschäftiger Hafen. Hier wird seit Jahrhunderten Wein produziert. Funde aus neolithischer und römischer Zeit zeugen von einer frühen Besiedlung. Im 10. Jahrhundert gehörte der Ort einem bayerischen Kloster, fiel dann aber

0 Kilometer 5

LEGENDE

- Bootsanlegestelle
- Bahnhof (ÖBB)
- Eisenbahn
- Fluss
- Hauptstraße
- Nebenstraße

den Babenbergern zu. Die Renaissance-Burg und die gotische Kirche wurden um 1700 im Barockstil umgebaut.

Die Kirche von Weißenkirchen ⑥ stammt großteils aus dem 15. und 16. Jahrhundert. Der Ort ist, wie auch Joching ⑦ und Wösendorf ⑧, für seinen Wein bekannt.

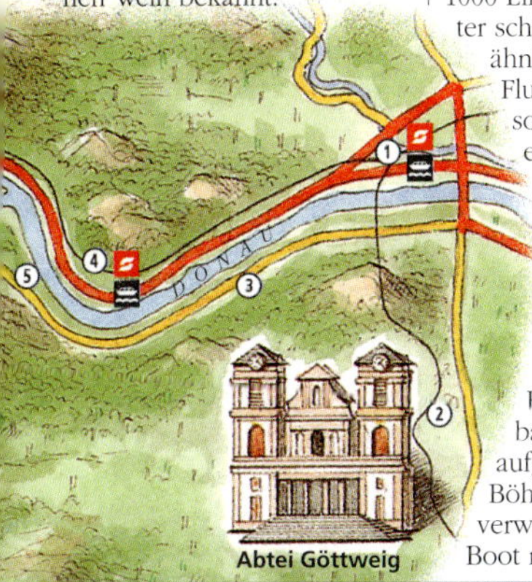

Die Ruinen der Burg oberhalb von Aggstein ⑯

Kirchen und Ruinen

Gut sichtbar liegt auf einer Anhöhe die Wehrkirche St. Michael ⑨ (1500–23). Ein ungewöhnliches Detail sind die Steinhasen auf ihrem Turm. Der Sage nach fiel hier einmal so viel Schnee, dass die Hasen auf das Dach springen konnten.

Auf derselben Seite des Flusses thront auf einem Hügel die Ruine des Roten Tors ⑩ (14. Jh.), durch das die Schweden 1645 im Dreißigjährigen Krieg *(siehe S. 25)* auf ihrem Weg nach Spitz zogen. In Mitterarnsdorf ⑪ finden sich römische Ruinen.

Von Spitz nach Aggsbachdorf

Spitz ⑫, ein hübscher Weinort, war während der Reformation eine protestantische Hochburg. Es liegt am Fuß des 1000-Eimer-Bergs, dessen Weingärten in guten Jahren angeblich genügend Wein für 1000 Eimer liefern. Etwas weiter schiebt sich ein mauerähnlicher Fels an den Fluss heran. Um diese sogenannte Teufelsmauer ⑬ ranken sich einige Legenden. Eine besagt, des Teufels Großmutter hätte eine Sperrmauer errichten wollen, um Pilger und Kreuzfahrer aufzuhalten. Die Kirche von Schwallenbach ⑭ wurde wieder aufgebaut, nachdem die Böhmen 1463 das Dorf verwüstet hatten. Vom Boot nicht zu erkennen, kommt man nun dicht am Ort Willendorf ⑮ vorbei, der für seine prähistorischen Funde bekannt ist, darunter die »Venus von Willendorf« *(siehe S. 20 und S. 128)*.

Weithin sichtbar erhebt sich die Burgruine Aggstein ⑯ über den Fluss. Der ursprüngliche Komplex wurde 1429 von Jörg Scheck umgebaut, der von einem Felsvorsprung am höchstgelegenen Punkt, seinem »Rosengärtlein«, Gefangene in den Tod springen ließ, wenn sie das geforderte Lösegeld nicht aufbrachten. Aggsbachdorf ⑰ wurde im 2. Jahrhundert von den Römern gegründet und befand sich im Mittelalter im Besitz der Raubritter von Kuenring.

Von Schloss Schönbühel nach Melk

Das malerische Schloss Schönbühel ⑱ steht auf einem Fels über der Donau. Obwohl bereits im 9. Jahrhundert dokumentiert, stammt das heutige Gebäude erst aus dem frühen 19. Jahrhundert. Etwas weiter, an der Mündung der 70 Kilometer langen Pielach ⑲, wurden 30 Gräber aus der Bronzezeit und die Fundamente eines römischen Turms gefunden.

Das Benediktinerstift Melk beherrscht Fluss und Stadt ⑳

Das höchstgelegene Ziel des Ausflugs ist das Benediktinerstift von Melk ⑳, einem hübschen Ort mit Renaissance-Bauten, romantischen kleinen Straßen, Türmen und Resten der mittelalterlichen Stadtmauer. Das Barockstift, in dem Umberto Ecos Roman *Der Name der Rose* beginnt und endet, ist eine wahre Schatzkammer mit zahllosen Kunstgegenständen. Die große Bibliothek enthält allein 2000 Bände (9.–15. Jh.). Sehenswert ist auch die Orgel der Stiftskirche. Einige Schätze der Abtei sind nicht ständig zu sehen.

Routeninfos

Start: *Krems, Dürnstein, Melk, für Autoreisende auch jede andere Anlegestelle. Fahrkarten sind vor Ort erhältlich.*
Anfahrt: *Mit dem Zug vom Franz-Josefs-Bahnhof nach Krems oder Dürnstein bzw. vom Westbahnhof nach Melk.*
Rasten: *In Dürnstein gibt es Heurigenlokale, Cafés und Läden, im Kloster Melk ein Restaurant.*
Kloster Melk *02752 555 232. Palmsonntag–1. So nach Allerseelen: 9–17 Uhr; Mai–Sep: 9–17.30 Uhr. 11, 14 Uhr.*
Mit dem Fahrrad: *An der Donau führt ein Radweg entlang. Mieträder gibt es an den Bootsanlegestellen und an den Bahnhöfen Krems, Melk, Spitz und Dürnstein (mit Bahnfahrkarte Sondertarif). Ausweis erforderlich.* **www**.stiftmelk.at

Drei Spaziergänge

Wien ist eine relativ überschaubare Stadt, in der man leicht mehrere Sehenswürdigkeiten auf einmal zu Fuß erreichen kann. Für alle sechs Stadtteile gibt es Detailkarten mit einer Routenempfehlung. Doch auch die Außenbezirke sind es wert, zu Fuß erkundet zu werden. Die folgenden Spaziergänge führen Sie durch einige der schönsten Gegenden, die alle mit öffentlichen Verkehrsmitteln leicht erreichbar sind. Der erste Spaziergang beginnt am Stadtpark und führt an der Karlskirche vorbei zu den Wagner Häusern und zum Naschmarkt auf der Linken Wienzeile. Hietzing in der westlichen Ecke des Parks von Schönbrunn ist Ziel des zweiten Spaziergangs. Die ruhigen Straßen des einstigen Dorfs säumen sehenswerte Biedermeier- und Jugendstil-Villen. Am Ende des Spaziergangs kommt man zum Schloss Schönbrunn und zum Botanischen Garten. Der dritte Spaziergang führt zum Weindorf Grinzing mit seinen vielen Heurigenlokalen. Auf dem Weg dorthin kommt man durch Heiligenstadt mit einigen Gebäuden namhafter Architekten des 20. Jahrhunderts. Zudem gibt es ausgewiesene Stadtwanderwege durch den Wienerwald und den Prater. Einzelheiten erfahren Sie von Wien Tourismus *(siehe S. 239)*.

Makart-Statue ***(siehe S. 182)***

Spaziergänge auf einen Blick

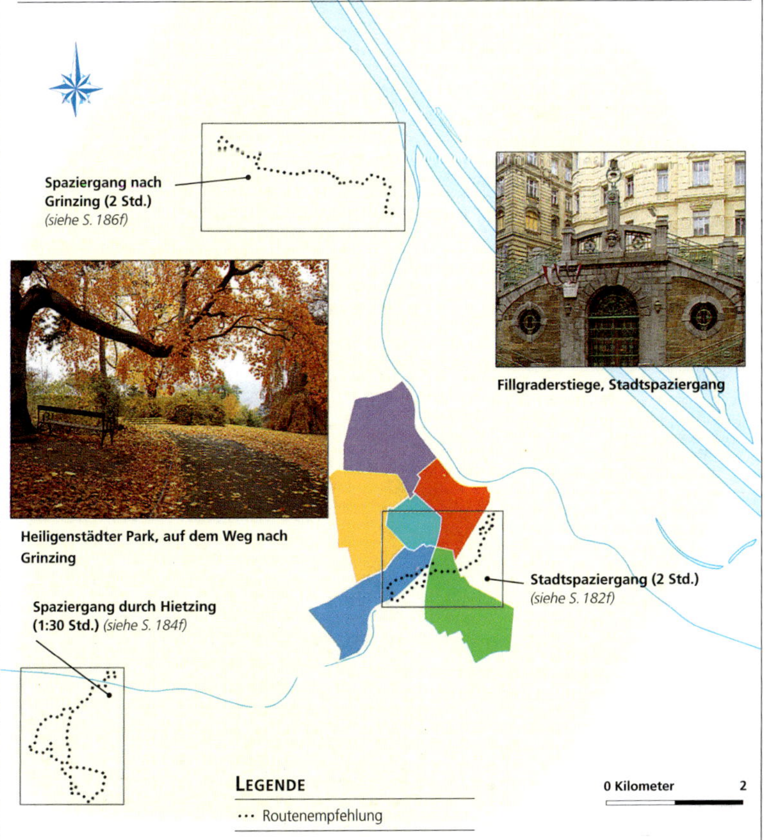

Heiligenstädter Park, auf dem Weg nach Grinzing

Fillgraderstiege, Stadtspaziergang

◁ **Im Park von Schönbrunn** ***(siehe S. 185)***

Stadtspaziergang (2 Std.)

Die zweistündige Tour führt am Südwestrand der Innenstadt und teilweise an der Wien entlang. Sie beginnt mit einem Spaziergang durch den im englischen Stil angelegten Stadtpark, der mit dem Bau der Ringstraße *(siehe S. 32)* entstand, und geht weiter über Schwarzenbergplatz und Karlsplatz zum Naschmarkt. Sie endet bei einigen architektonischen Meisterwerken des Jugendstils auf der Linken Wienzeile.

Jugendstil-Portal im Stadtpark, 1903/04 während der Flussregulierung errichtet ⑪

Stadtpark

Am Eingang des Stadtparks gegenüber der Weihburggasse beginnt der Weg. Fast vis-à-vis liegt ein imposanter Seiteneingang ① mit dekorativen Portalen (1857–62). Zur Innenstadt hin finden sich im Park viele Denkmäler von Komponisten und Malern. Das erste ist die vergoldete Statue von Johann Strauß d.J. *(siehe S. 39)*, der auf seiner Geige spielt (1921) ②. Man geht links vorbei und wieder links zu einem runden Sitzbereich mit dem Donauweibchen-Brunnen ③. Von hier wendet man sich nach rechts zu einer Eisenbrücke über die Wien mit Ausblick auf die Ufer ④.

Dann geht der Weg weiter zum nahen Teich ⑤. Auf seiner Südseite steht ein schönes Denkmal für den Wiener Landschaftsmaler Emil Jakob Schindler (1895) ⑥. Man folgt dem Weg bis zum Ende, überquert links die Brücke und geht wieder links zum Franz-Schubert-Denkmal (1872) von Karl Kundmann ⑦. Rechts am Teich vorbei und dann wieder rechts kommt man zum Denkmal des Malers Hans Makart, der die bildende Kunst Wiens in der zweiten Hälfte des 19. Jahrhunderts prägte. Es wurde 1898 von Viktor Tilgner geschaffen ⑧. Man geht am Parkausgang vorbei – rechts steht eine Büste von Franz Lehár ⑨, dem Komponisten der *Lustigen Witwe* – und weiter zum Kursalon ⑩, der 1867 für Konzerte, Bälle und Walzer eröffnet wurde. Dann verlässt man den Park durch eines der Jugendstil-Portale *(siehe S. 57)* ⑪.

Linke Wienzeile 38 ㉑

Routeninfos

Start: *Weihburggasse (am Parkring).*
Länge: *3 km.*
Anfahrt: *U-Bahn-Station Stubentor, dann weiter zu Fuß zur Weihburggasse.*
Rasten: *Im Kursalon des Stadtparks gibt es ein Café mit Terrasse. An einer Seite besitzt es einen Biergarten. Außerdem stehen im Stadtpark viele Bänke zum Ausruhen. Weitere Cafés finden sich im Resselpark und am Naschmarkt. Am Ende der Route liegt das Café Sperl in der Gumpendorfer Straße.*

Johannes-Brahms-Denkmal (1908) von Rudolf Weyr im Resselpark ⑯

Schwarzenbergplatz

Geradeaus weiter kommt man in die Lothringerstraße. Rechts steht ein Beethoven-Denkmal ⑫. Es zeigt den Komponisten von Figuren umgeben, die seine *Neunte Symphonie* symbolisieren (1880). Auf der anderen Straßenseite liegt das Konzerthaus (1912/13), Heimstatt des Wiener Symphonieorchesters *(siehe S. 228)* ⑬.

Über eine belebte Kreuzung zur Linken fällt der Blick auf den Schwarzenbergplatz mit dem imposanten Hochstrahlbrunnen, der 1873 errichtet wurde, um die Versorgung Wiens mit reinem Trinkwasser aus den Bergen zu feiern. Dahinter steht ein Denkmal für die gefallenen sowjetischen Soldaten ⑭.

Der Kursalon, erbaut im Stil der Renaissance ⑩

Resselpark

Über die Lothringerstraße gelangt man, vorbei am Wien Museum Karlsplatz *(siehe S. 146)* ⑮, in den Resselpark. Links steht ein Johannes-Brahms-Denkmal (1908) von Rudolf Weyr ⑯. An diesem vorbei blickt man – linker Hand – auf die Karlskirche *(siehe S. 148f)* ⑰. Nach den Wagner-Pavillons *(siehe S. 146f)* ⑱ und der klassizistisch erbauten Technischen Hochschule ⑲ verlässt man den Park und überquert die Wiedner Hauptstraße, um dann gleich links in die Operngasse einzubiegen, die man ebenfalls überquert. Durch den Bärenmühldurchgang gelangt man zum Naschmarkt ⑳.

Naschmarkt

Der Markt *(siehe S. 138)* fand früher auf dem Karlsplatz statt, wurde jedoch hierher verlegt, nachdem Teile der Wien Ende des 19. Jahrhunderts kanalisiert worden waren. Von hier kann man gut die eleganten Gebäude aus dem 19. Jahrhundert auf dem linken Ufer, der Linken Wienzeile, sehen. Nach Verlassen des Markts geht es auf die andere Straßenseite zu den Wagner-Häusern *(siehe S. 139)*. Nr. 38 ㉑ trägt goldene Medaillons von Kolo Moser, Nr. 40 ist das Majolikahaus ㉒. Wenn man neben Nr. 38 in die Köstlergasse biegt, sollte man den Eingang besichtigen.

Papageno-Tor des Theaters an der Wien ㉕

Beichtstuhl in der Karlskirche ⑰

Gumpendorfer Straße

Am Ende der Köstlergasse geht man rechts die Gumpendorfer Straße hinauf. Durch die Fillgradergasse ist die Fillgraderstiege ㉓ zu sehen. Dann geht es weiter zum historischen Café Sperl *(siehe S. 58)* ㉔, wo Franz Lehár häufig Gast war. Man biegt rechts in die Millöckergasse, um das Papageno-Tor des Theaters an der Wien *(siehe S. 138)* ㉕ zu besichtigen. Die Figur über dem Eingang zeigt den ersten Theaterdirektor Emanuel Schikaneder als Papageno in Mozarts *Zauberflöte*. Am Ende der Millöckergasse liegt die Linke Wienzeile, in die man einbiegt. Links, am Secessionsgebäude *(siehe S. 138)* ㉖ vorbei, gelangt man zur U-Bahn-Station Karlsplatz.

Spaziergang durch Hietzing (1:30 Std.)

Der anderthalbstündige Spaziergang führt durch das einstige Dorf Hietzing im Westen von Schloss Schönbrunn *(siehe S. 172–175)*. Zur Zeit Maria Theresias war dies eine vornehme Gegend, in der der Adel den Sommer verbrachte. Später ließ sich hier der reiche Mittelstand nieder. In den ruhigen Straßen stehen prunkvolle Biedermeier- und Jugendstil-Villen. Der Platz um die Pfarrkirche strahlt kleinstädtische Atmosphäre aus.

Fassade des Parkhotels ⑤

Von der U-Bahn zum Hietzinger Platz

Man verlässt die U-Bahn an der Station Hietzing ① und geht danach über Straßenbahnschienen zur Kennedybrücke. Dann biegt man rechts in die Hadikgasse und gelangt so zum Otto-Wagner-Hofpavillon *(siehe S. 171)* ②, einem Bahnhof, den Wagner für die Kaiserfamilie baute.

Das Kaiserstöckl, heute Postamt ⑥

Anschließend geht es zur U-Bahn-Station zurück und über die Straße in die Hietzinger Hauptstraße. Interessant ist das Haus Nr. 6 ③, an dem sich oben Engel an die Säulen schmiegen. Es wurde 1901/02 erbaut. Unten befinden sich heute Läden. Links liegt hinter einem Zaun der Park von Schönbrunn ④.

Auf der anderen Straßenseite erhebt sich das Parkhotel ⑤, dessen Fassade dem Schloss nachempfunden wurde. Ihm gegenüber steht das Kaiserstöckl (1770) ⑥, heute Postamt, einst Feriendomizil von Maria Theresias Außenministern. Danach öffnet sich der Hietzinger Platz mit seiner Pestsäule von 1730 ⑦. Daneben steht die Pfarrkirche Maria Geburt ⑧ aus dem 15. Jahrhundert, die im 17. Jahrhundert umgestaltet wurde. Der barocke Innenraum beherbergt Altäre von Matthias Steindl und Gewölbefresken von Georg Greiner. Wenn sich Maria Theresia in Schönbrunn aufhielt, besuchte sie diese Kirche. Vor der Kirche befindet sich ein Denkmal für Franz Josephs Bruder, Kaiser Maximilian von Mexiko, der 1867 ⑨ hingerichtet wurde.

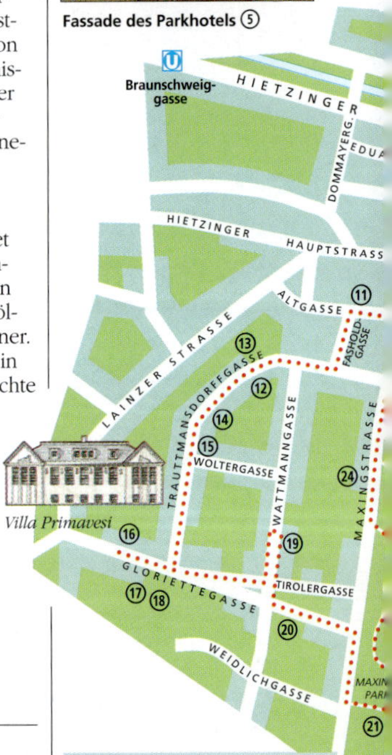

0 Meter 250

LEGENDE

• • • Routenempfehlung

Ⓤ U-Bahn-Station

Altar von Matthias Steindl in der Kirche Maria Geburt ⑧

ROUTENINFOS

Start: *U-Bahn-Station Hietzing.*
Länge: *5 km.*
Anfahrt: *U4 nach Hietzing. Vor der Station hält die Tram 58.*
Rasten: *Im BAWAG-Café am Hietzinger Platz kann man Kaffee trinken. Im Park Schönbrunn gibt es Stände und ein Café.*
Otto-Wagner-Hofpavillon (siehe S. 171).
Bezirksmuseum Hietzing
☐ *Mi 14–18, Sa 14–17, So 9.30–12 Uhr.*
Schloss und Park Schönbrunn (siehe S. 172–175).
Villa Primavesi
■ *für Besucher.*

In der Nähe beherbergt ein klassizistisches Gebäude das Bezirksmuseum Hietzing ⑩, vor ihm steht Wiens letzte Gaslaterne.

Trauttmansdorffgasse und Gloriettegasse

Man biegt nun links in die Maxingstraße, die ihren Namen von Maximilian erhielt, schließlich rechts in die Altgasse. Fast gegenüber der Fasholdgasse liegt in einem ockerfarbenen Biedermeier-Haus ⑪ ein altes Heurigen-

Ausschnitt der Majolikafassade des Lebkuchenhauses ⑲

Plakette, Trauttmansdorffgasse 50 ⑭

lokal. Über die Fasholdgasse gelangt man zur Trauttmansdorffgasse mit zahlreichen interessanten Häusern. Haus Nr. 40 ist eine großartig renovierte Biedermeier-Villa ⑫. Gegenüber, in Nr. 27, lebte der Komponist Alban Berg *(siehe S. 39)* ⑬. Nr. 48 und 50 sind zwei überaus gegensätzliche Beispiele Wiener Architektur der Jahrhundertwende ⑭. Weitere Biedermeier-Gebäude sind Nr. 54 und Nr. 56 ⑮.

Am Ende der Straße biegt man rechts in die Gloriettegasse. Rechter Hand liegt eine Villa (Nr. 14 und 16) ⑯, die 1913–15 von Josef Hoffmann für den Financier Robert Primavesi errichtet wurde. Beachtenswert sind die Skulpturen an den Giebeln.

Nach Überqueren der Straße fällt der Blick auf weitere Biedermeier-Häuser. Nr. 38 und 40 haben Lünetten über den Fenstern ⑰. Nr. 21, die Villa Schopp, wurde 1901/02 von Friedrich Ohmann entworfen ⑱. Man biegt links in die Wattmanngasse, um Haus Nr. 29, das Lebkuchenhaus ⑲, zu besichtigen. Es wurde nach dem dunkelbraunen Majolikadekor seiner Fassade benannt. Das Haus wurde 1914 nach Plänen eines Schülers von Otto Wagner *(siehe S. 54–57)* errichtet. Zurück in der Gloriettegasse sticht Haus Nr. 9 ins Auge, das der Schauspielerin Katharina Schratt gehörte, der Vertrauten von Kaiser Franz Joseph in späteren Jahren. Wie es heißt, pflegte der Kaiser in diesem Haus zu frühstücken ⑳.

Figur am Giebel der Villa Primavesi ⑯

Maxingpark und Park Schönbrunn

Man geht weiter bis zum Ende der Gloriettegasse, biegt rechts in die Maxingstraße ein und überquert die Straße beim Maxingpark. Wenn Sie den Spaziergang um eine halbe Stunde verlängern wollen, können Sie ein Stückchen weiter oben den Hietzinger Friedhof besuchen, auf dem u.a. Otto Wagner, Gustav Klimt, Kolo Moser und Franz Grillparzer liegen. Alternativ durchquert man auf dem Hauptweg den Maxingpark ㉑. Dann geht es durch die Tore mit dem Schild *Zum Tiergarten Schönbrunn* und vorbei am Forschungsinstitut. Obwohl es zum Gelände von Schönbrunn gehört, hat das stark bewaldete Gebiet wenig mit den angelegten Barockgärten gemein, und bisweilen sieht man sogar Hirsche. An der Kreuzung folgt man dem Schild zum Botanischen Garten nach links. Bald kommt man zu einem Holzgebäude, dem Spielhaus von Kronprinz Rudolf ㉒.

Schließlich führt der Weg zum Botanischen Garten ㉓, der 1848 unter Kaiser Franz Joseph I. angelegt wurde. Man folgt dem Weg, der sich nahe der Grenzmauer zu Hietzing entlangwindet, bis zum Ausgang in der Maxingstraße und geht in nördlicher Richtung weiter. Im Haus Nr. 18 schrieb Johann Strauß d.J. 1874 seine bekannte Operette *Die Fledermaus* ㉔. Dann kehrt man nach Norden über die Maxingstraße zur U-Bahn-Station Hietzing zurück.

Spaziergang nach Grinzing (2 Std.)

Der zweistündige Spaziergang durch den 19. Bezirk beginnt bei einer der bedeutendsten Sehenswürdigkeiten Wiens aus dem 20. Jahrhundert, dem Karl Marx Hof, und führt durch einen hübschen Park aus dem 19. Jahrhundert zum alten Weinort Grinzing. Obwohl das Dorf 1529 und 1683 von den Türken und 1809 dann von Napoléons Armee zerstört wurde und heute stark von Besuchern frequentiert wird, hat die alte Hauptstraße ihren Charme bewahrt.

Fassade des Heurigenlokals Reinprecht (16. Jh.) ⑮

Vom Karl Marx Hof zum Heiligenstädter Park

Beim Verlassen der Station Heiligenstadt fällt der Blick auf die Fassade des riesigen Karl Marx Hofs *(siehe S. 161)*, der 1927–30 von Karl Ehn im Rahmen des sozialen Wohnungsbaus errichtet wurde ①. Das Gebäude ist 1200 Meter lang und hat über 1000 Wohnungen.

Figur am Karl Marx Hof ①

Man überquert die Straße und geht durch einen der vier Torbogen, um die Fassade auf der anderen Seite zu besichtigen. Über jedem Torbogen steht eine große Statue von Joseph Riedl (1928) ②. Man überquert den Platz, geht an der Statue eines säenden Mannes (1928) von Otto Hofner ③ vorbei und biegt rechts in die Heiligenstädter Straße, die man am zweiten Zebrastreifen überquert. Der quadratische Durchgang im Gebäude, das sich unmittelbar gegenüber befindet, führt zu einer Treppe. Danach biegt der Weg links ab zum Heiligenstädter Park. An der Gabelung windet sich der linke Weg durch den Wald bergauf. Oben angekommen, biegt man rechts in den geometrisch angelegten Teil des Parks ④. Von hier bietet sich eine schöne Sicht auf den Kahlenberg ⑤.

Steinfeldgasse

Der zweite, kleine Weg zur Rechten führt langsam zur Steinfeldgasse hinab, wo mehrere Häuser des Secessionisten Josef Hoffmann stehen. Das erste ist die Villa Moser-Moll (Nr. 6–8) ⑥, die für Carl Moll und Kolo Moser erbaut wurde. Daneben liegt die Villa Spitzer ⑦, dahinter die »klassischere« Villa Ast (1909–11) ⑧. Wo die Steinfeld- auf die Wollergasse trifft, erhebt sich die hübsche Villa Henneberg von 1901 ⑨. In der Wollergasse 10 befindet sich das Mollhaus II (1906/07) mit seinen hübschen schwarz-weißen Details ⑩.

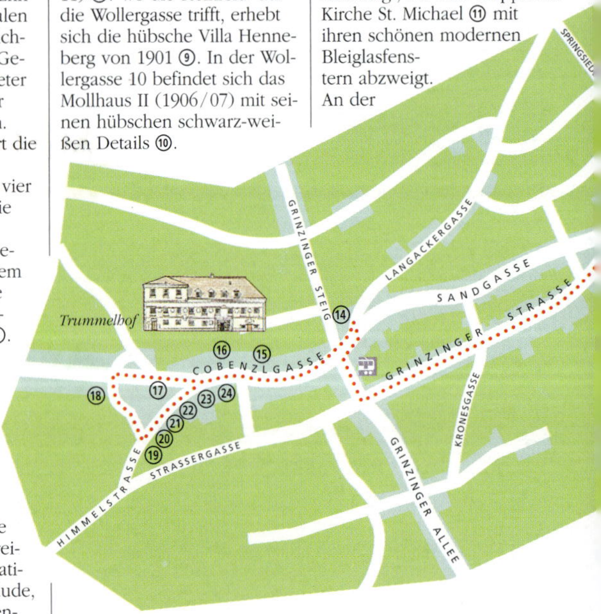

Der Heiligenstädter Park ④ lädt zu einer Rast ein

Von der Steinfeldgasse zur Grinzinger Straße

An der Kreuzung Steinfeld- und Wollergasse führt rechts ein Weg in den Wald, dem man folgt, bis eine Treppe zur Kirche St. Michael ⑪ mit ihren schönen modernen Bleiglasfenstern abzweigt. An der Kirche vorbei gelangt man über die Hohe Warte zur Grinzinger Straße, wo bald Haus Nr. 70 erreicht ist, in dem Albert Einstein von 1927 bis 1931 lebte ⑫. Auf der gleichen Straßenseite befindet sich Nr. 64 aus dem späten 18. Jahrhundert, ein Haus, in dem Beethoven und Grillparzer im Sommer 1808 logierten und Beethoven seine *Pastorale* komponierte ⑬.

Weiter oben in der Grinzinger Straße kommt man an mehreren Biedermeier-Häusern vorbei, bis man zur Grinzinger Allee gelangt, in die man rechts einbiegen sollte.

Nach einigen kleinen Weingärten geht es sofort wieder nach rechts. Werfen Sie einen Blick in die Sandgasse, wo sich weitere alte Heurigenlokale ⑭ befinden.

Grinzing

Nun wenden Sie sich wieder in Richtung Grinzing-Zentrum und gehen die Cobenzlgasse hinauf, den oberen Teil von Grinzings Hauptstraße. Das Heurigenlokal Reinprecht (Nr. 22) befindet sich in einem Haus aus dem 16. Jahrhundert, an dessen Fassade eine Tafel an den Komponisten Robert Stolz erinnert ⑮. Haus Nr. 30 ist der barocke Trummelhof, der an der Stelle einer Brauerei ⑯ von 1835 steht. Weiter oben liegt links der Passauer Hof (Nr. 9), eine Weinkelterei, die Reste eines weit älteren romanischen Gebäudes enthält ⑰. An der Ecke von Cobenzlgasse und Feilergasse erhebt sich das Alte Presshaus ⑱, in dessen Keller sich eine alte Weinpresse befindet.

Wenn Sie links in die Feilergasse einbiegen, gelangen Sie bald zu der imposanten weißen Jugendstil-Fassade der Himmelstraße 41–43 ⑲. Über der Tür des Lokals Das Alte Haus (Nr. 35) ⑳ hängt eine hübsche Plakette mit der Jungfrau Maria. Ein ähnliches Bild ziert Haus Nr. 31 ㉑: Es zeigt einen Heiligen mit verschiedenen Gegenständen. Am Haus Nr. 29 ㉒ erinnert eine Tafel an Sepp Fellner, einen Schrammelmusiker *(siehe S. 39)*, der »Schubert von Grinzing« genannt wurde. Eine Erinnerungstafel an den echten Schubert, der sich gern in Grinzing aufhielt, befindet sich am sehenswerten Haus Nr. 25 ㉓. Grinzing besitzt auch eine reizvolle spätgotische Kirche mit einer Kupferkuppel und einem restaurierten Innenraum ㉔. Weiter unten gelangt man zu einer Straßenbahnhaltestelle. Von hier aus kann man mit der Linie 38 bequem in die Stadt zurückkehren.

Die Cobenzlgasse, Grinzings Hauptstraße

Legende

- ••• Routenempfehlung
- Aussichtspunkt
- Straßenbahn-Endhaltestelle
- U-Bahn-Station
- Schnellbahn-Station
- Eisenbahn

Innenhof des Passauer Hofs, einer alten Weinkelterei ⑰

Routeninfos

Start: *Bahnhof Heiligenstadt.*
Länge: *3,5 km.*
Anfahrt: *Die U-Bahn-Station Heiligenstadt erreichen Sie mit der U4, S40, S45 und den Buslinien 10A, 11A, 38A und 39A. Straßenbahnlinie D hält in der Heiligenstädter Straße.*
Rasten: *In Grinzing gibt es eine große Zahl an Heurigenlokalen, Cafés und Restaurants. Meiden Sie die größeren Lokale – die kleineren servieren ihren eigenen Wein. Gut sind die Heurigenlokale am oberen Ende der Sandgasse.*

Heiligenbild am Haus Nr. 31 in der Himmelstraße ㉑

DEMEL
A. FÖRSTER
GESCHENKE
STILMÖBEL

Zu Gast in Wien

Hotels

Mit mehr als 500 Hotels und Pensionen jeder Preisklasse bietet Wien für jeden ein passendes Quartier. Das Spektrum reicht von einigen der großartigsten Hotels Europas bis hin zu einfachen kleinen Pensionen oder Unterkünften für Selbstversorger. Hotels sind in der Regel großzügig und komfortabel ausgestattet und auch auf die Bedürfnisse von Geschäftsreisenden eingestellt. Pensionen sind üblicherweise Frühstückspensionen.

Portier

Dieser Reiseführer listet Hotels für jedes Budget und jeden Geschmack auf. Die Unterkünfte sind nach Vierteln und Preiskategorien geordnet. Einzelheiten und eine Kurzbeschreibung der Häuser finden Sie in der *Hotelauswahl (siehe S. 194–199)*, weitere Übernachtungsmöglichkeiten in und um Wien stehen auf S. 192f.

Barockfassade des Mailberger Hofs, Annagasse *(siehe S. 195)*

Hotelsuche

Erfreulicherweise kann man mitten in Wien gleichermaßen luxuriös wie bescheiden übernachten. Fast alle berühmten Hotels – Sacher, Imperial, Bristol *(siehe Hotelauswahl S. 194–199)* – liegen an oder nahe der Ringstraße, ebenso die meisten Hotels von Hotelketten. Zudem befinden sich im Zentrum viele komfortable Hotels und zahlreiche Pensionen, meist in relativ ruhigen Seitenstraßen. Im Museums- und Rathausviertel gibt es einige recht günstige kleine Hotels mit gutem Preis-Leistungs-Verhältnis. Ferner wurden hier einige Hotels in oder nahe bei Weinorten im Norden aufgenommen *(siehe S. 199)*.

Über **WienTourismus** *(siehe S. 193)* erhalten Sie Prospekte mit über 500 Hotels und Pensionen. Auf der Website (www.wien.info) gibt es eine gute Übersicht über aktuelle Angebote und Packages.

Hotelpreise

Für die Übernachtungskosten müssen Sie in Wien einen relativ hohen Preis veranschlagen. Viele Hotels und Pensionen in guter Lage sind recht teuer. Doch schon direkt hinter der Ringstraße sind Zimmer oft 20 bis 25 Prozent billiger – ein wenig weiter vom Zentrum entfernt sind sie noch günstiger.

In den meisten Hotels oder Pensionen gibt es, je nach Komfort, Zimmer in verschiedenen Preiskategorien. Für ein Einzelzimmer muss man mit etwa 75 Prozent des Preises für ein Doppelzimmer rechnen. In einigen Hotels bekommt man Zusatzbetten, andere bieten Familien- oder Dreibettzimmer an. Es kann sich lohnen, nach Sonderkonditionen zu fragen.

Penthouse-Suite Nr. 663 im Hotel Bristol *(siehe S. 199)*

Nebensaison ist von November bis März (ausgenommen Weihnachten und Neujahr) sowie im Juli und August (wenn die Wiener Ferien machen). Im Sommer kann man aber kaum mit Rabatten rechnen, im Winter ist etwa die Hälfte der Hotels bis zu 25 Prozent billiger. Die großen Hotelketten senken in der Nebensaison und an Wochenenden die Preise.

Außerhalb der Saison kann man sich nach einem Preisnachlass bei Barzahlung er-

Die prunkvolle Lobby des Hotels Imperial *(siehe S. 199)*

◁ **Der Kohlmarkt – exklusive Shopping-Meile mit der Hofburg im Hintergrund**

kundigen. Viele Hotels gewähren bei Aufenthalten über eine Woche Preisermäßigungen. Zudem gibt es Sonderangebote, z. B. drei Übernachtungen zum Preis von zweien.

Versteckte Preisaufschläge

Mit Ausnahme der meisten Fünf-Sterne-Hotels ist das Frühstück im Preis enthalten, ebenso alle Steuern, wie etwa die Mehrwertsteuer.

Die Parkgebühren sind oft hoch. In der Ringstraße ist die Parkzeit auf 90 Minuten beschränkt, Privatgaragen gibt es nicht. Pensionsgäste müssen meist selbst eine Tiefgarage finden, Hotels haben nur teilweise feste Parkplätze. Einige verlangen dafür annehmbare Preise, andere jedoch völlig überhöhte Gebühren. Man sollte sich daher vorab erkundigen. Weiter außerhalb ist das Parken weniger eingeschränkt, Tiefgaragenparkplätze sind dort günstiger.

Teuer ist auch das Telefonieren vom Zimmer aus. Die meisten Hotels verlangen einen Pauschalpreis pro Einheit, obwohl es verbilligte Nacht- und Wochenendtarife gibt. Die Gebühren können das Dreieinhalbfache des Standardtarifs betragen, daher sind öffentliche Telefone oder sogar das Handy oft empfehlenswerter.

Da jeder zweite Wiener einen vierbeinigen Freund zu haben scheint, ist es nicht verwunderlich, dass man in vielen Hotels Hunde mitbringen darf. Manche berechnen dafür einen Extrapreis.

Statue in der Rezeption des Hotels Regina ***(siehe S. 197)***

Schild eines Wiener Hotels

Reservierung

Ostern, Mai, Juni, September, Oktober, Weihnachten und Neujahr gelten als Hauptsaison. Dann sind viele gute Hotels und Pensionen bis zu zwei Monate im Voraus ausgebucht.

Achtung: Auch bei der Annullierung einer Reservierung muss das Zimmer möglicherweise bezahlt werden. Wer erst nach 18 Uhr eintrifft, sollte dies rechtzeitig mitteilen.

Das Zimmer Ihrer Wahl können Sie auf der Website von **WienTourismus** (www.wien.info) buchen. Auch über www.austria.info kommen Sie zu Hotelbuchungs-Seiten. Wien-Hotels & Info, ein Service von WienTourismus, ist telefonisch erreichbar *(siehe S. 193)*. Vor Ort gibt es am Albertinaplatz ein Büro, das Buchungen vornimmt.

Eine weitere Möglichkeit ist die Reservierung per Brief, E-Mail, Internet, Fax oder Telefon direkt beim Hotel. Bei Hotels, die Kreditkarten akzeptieren, reicht ein Anruf. Andernfalls muss man die Reservierung eventuell schriftlich bestätigen.

Ausstattung

Hotels werden mit ein bis fünf Sternen bewertet, Pensionen nach einem Vier-Sterne-System. Die Ausstattung eines Drei-Sterne-Hotels entspricht etwa der einer Vier-Sterne-Pension. Fünf-Sterne-Hotels sind stets elegant und gut geführt. Vier- und Drei-Sterne-Hotels bezeichnen sich oft – nach Wiener Sprachverständnis vielleicht zutreffend – als Palais, doch sollte man nicht mehr als ein schönes Stadthaus erwarten. Im preiswerteren Bereich sind kleine Pensionen mit mehr als zwei Sternen oft freundlicher und angenehmer als günstige Hotels. Hotels und Pensionen mit ein oder zwei Sternen sind generell weniger komfortabel.

Meist sind nur Spitzenhotels mit sämtlichen Einrichtungen – Bar, Restaurant, Café und Aufenthaltsraum – ausgestattet. In den kleineren ist der Gesellschaftsraum oft nur eine Erweiterung der Rezeption. Auch wenn es keine Bar gibt, werden möglicherweise Getränke serviert.

Das Anna-Sacher-Restaurant im Hotel Sacher *(siehe S. 198)*

Fast alle Hotels und Pensionen besitzen ein Frühstückszimmer. Preiswerte Pensionen bieten ein kleines Frühstück an, bessere Häuser meist ein ausladendes Büfett.

Da sich die meisten Hotels in alten Gebäuden befinden, sind selten zwei Zimmer gleich. Auch in den einfachsten Zimmern steht fast immer ein Telefon, nicht unbedingt ein Fernseher. Zimmer mittlerer Kategorie sind oft mit Kabelfernsehen und Minibar und Badezimmer mit Dusche oder kleiner Badewanne ausgestattet. Da viele Wiener Gebäude über einen Innenhof verfügen, kann man oft zwischen einem ruhigen Zimmer zum Hof oder einem mit Aussicht wählen. Im 19. Jahrhundert gab es eine Beschränkung der Gebäudehöhe. Um diese zu umgehen, wurden (und werden) untere Stockwerke Hochparterre genannt. Demzufolge liegt der erste Stock möglicherweise bis zu drei Treppen hoch. In Pensionen gibt es meist einen Lift.

Der Service in den Luxushotels ist so gut wie überall auf der Welt. Sie sollten sich aber mit dem Portier gut stellen (vielleicht stecken Sie ihm frühzeitig ein Trinkgeld zu). Er kann Ihnen Tipps für nette Lokale und Bars geben und Karten für Vorstellungen der Spanischen Hofreitschule oder Oper herbeizaubern, die seit Monaten ausverkauft sind.

Mit Kindern reisen

Fast alle Hotels und Pensionen bieten Kinderbetten und organisieren auch Babysitter. Einige Häuser verlangen allerdings für ein Kinderbett im Elternzimmer ebenso viel wie für ein Erwachsenenbett. Gewöhnlich können nur in größeren Hotels Kinder unter einem bestimmten Alter gratis im Elternschlafzimmer übernachten.

Behinderte Reisende

Behindertengerechte Hotels finden sich in einer entsprechenden Broschüre, die von **WienTourismus** herausgegeben wird.

Saisonhotels

Jedes Jahr vom 1. Juli bis zum 30. September dienen zwei Dutzend Studentenwohnheime als Saisonhotels, die ein bis drei Sterne haben. In Letzteren sind die Zimmer recht passabel. Auskünfte erhalten Sie ganzjährig bei zwei der großen Anbieter – **Academia Hotels** und **Rosen-Hotels**. Man sollte rechtzeitig im Voraus reservieren und muss für die besseren Hotels für ein Doppelzimmer mit einem Betrag von bis zu 75 Euro rechnen.

Jugendherbergen

In der Stadt gibt es mehrere Jugendherbergen. Eine Broschüre von **WienTourismus** informiert Sie ebenso wie die Website über Jugendherbergen und Campingplätze. In besser ausgestatteten Herbergen kostet eine Übernachtung mit Frühstück zehn bis 15 Euro. Meist muss man bis Mitternacht zurück sein und benötigt einen internationalen Jugendherbergsausweis, der in jeder Herberge erhältlich ist. Infos gibt es beim **Österreichischen Jugendherbergsverband**.

Camping

In einem Umkreis von acht bis 15 Kilometer vom Stadtzentrum liegen fünf gut ausgestattete Campingplätze. Einer davon ist ganzjährig geöffnet. Die meisten Campingplätze bieten Kücheneinrichtungen, einige auch einen Supermarkt. Näheres zu Ausstattung und Preisen erfahren

Die hübsche Fassade des Hotels Josefshof *(siehe S. 198)*

Sie in der Camping- und Jugendherbergsbroschüre von **WienTourismus**, über den **Österreichischen Camping Club** sowie beim **Camping und Caravaning Club Austria**.

Ferienwohnungen

Die Möglichkeiten für Unabhängigkeit liebende Wien-Besucher sind begrenzt. Das Unternehmen **Pego**, das in ganz Österreich Ferienwohnungen vermietet, besitzt zwei Apartmenthäuser und einige Wohnungen in der Stadt und in der näheren Umgebung. Einzelheiten finden Sie auf der Website von Pego.

Einige Apartments besitzen ein Wohn-Schlaf-Zimmer. Die meisten sind mit Fernseher und Telefon ausgestattet. Die Übernachtung ist günstiger als in einer Pension.

Privatzimmer

Es ist möglich, auch privat zu wohnen. Man kann über **WienTourismus** ein Zimmer mieten, allerdings nur bei persönlicher Vorsprache. Privatunterkünfte vermittelt auch die **Mitwohnzentrale Odyssee**. Meist muss man allerdings mehrere Nächte bleiben. Die Kosten liegen bei rund 40 Euro pro Nacht.

Hotelketten

Hotelketten sind meist relativ unpersönlich, aber gut auf die Bedürfnisse von Geschäftsleuten eingestellt. Ihre Preise richten sich eher nach Auslastung und nicht nach Saison. Bekannte Adressen sind u. a.: **Inter-Continental Wien** *(siehe S. 199)*, **K+K Palais** *(siehe S. 195)* oder **Vienna Marriott** *(siehe S. 196)*.

Campingplatz an der Hüttelbergstraße 40

Auf einen Blick

Information

WienTourismus
Albertinaplatz, Ecke Maysedergasse, A-1010. **Stadtplan** 4 D1 u. 6 C4. ☎ *245 55.* FAX *2455 5666.* 🕘 *tägl. 9–19 Uhr.* *Postadresse:* WienTourismus, A-1025 Wien. **www**.wien.info

Österreich Werbung
Margaretenstraße 1, A-1040. **Stadtplan** 4 D2. ☎ *0810 101 818.* FAX *0810 101 819.* **www**.austria.info

Saisonhotels

Academia Hotels
Pfeilgasse 3a, A-1080. **Stadtplan** 1 A5. ☎ *4017 655.* FAX *4017 620.* **www**.academia-hotels.co.at

Rosen-Hotels
Linzerstraße 429, A-1140. ☎ *9114 910.* FAX *9114 910-69.* **www**.rosenhotel.at

Jugendherbergen

Österreichischer Jugendherbergsverband (ÖJHV)
Gonzagagasse 22, A-1010. **Stadtplan** 2 D4. ☎ *5335 353.* FAX *533 535 350.* **www**.oejhv.or.at

Camping

Camping und Caravaning Club Austria
Mariahilfer Straße 180, A-1150. **Stadtplan** 3 A3. ☎ *8912 1262.* FAX *8912 1274.* **www**.cca-camping.at

Österreichischer Camping Club
Schubertring 1–3, A-1010. **Stadtplan** 4 E2 u. 6 D5. ☎ *7136 151.* FAX *711 992 754.* **www**.campingclub.at

Ferienwohnungen

Pego
Rathausgasse 11, A-6700 Bludenz. ☎ *055 52-656 66.* FAX *055 52-656 665.* **www**.pego.at

Privatzimmer

Mitwohnzentrale Odyssee
Westbahnstraße 19, A-1070. **Stadtplan** 3 A2. ☎ *4026 061.* **www**.mwz.at

Hotelketten

Austria Hotels Hotel de France
Schottenring 3, A-1010. **Stadtplan** 2 D4. ☎ *313 680.* FAX *3195 969.* **www**.hoteldefrance.at

Austria Trend Parkhotel Schönbrunn
Hietzinger Hauptstraße 10–20, A-1131. ☎ *878 04.* **www**.austria-trend.at

Clima Cityhotel
Theresianumgasse 21a, A-1040. **Stadtplan** 4 E4. ☎ *5051 696.* **www**.climacity-hotel.com

Hilton Vienna
Am Stadtpark, A-1020. **Stadtplan** 4 F1. ☎ *717 000.* **www**.hilton.com

Hotel Ibis Wien
Mariahilfer Gürtel 22–24, A-1060. ☎ *599 98.* FAX *5979 090.* **www**.ibishotel.com

Hotel Johann Strauß
Favoritenstraße 12, A-1040. **Stadtplan** 4 D3. ☎ *5057 624.* FAX *5057 628.* **www**.hotel-johann-strauss.at

Novotel Wien West
Am Auhof, A-1140. ☎ *9792 542-0.* FAX *9794 140.* **www**.accorhotels.com

Renaissance Wien Hotel
Linke Wienzeile, Ullmannstraße 71, A-1150. ☎ *891 020.* **www**.marriott.de

SAS Palais Hotel
Parkring 14–16, A-1010. **Stadtplan** 4 E1. ☎ *515 170.* **www**.vienna.radissonsas.com

Sofitel Hotel Vienna
Am Heumarkt 35–37, A-1030. **Stadtplan** 4 E2/F2. ☎ *716 160.* FAX *7161 6844.* **www**.accorhotels.com

The Imperial Riding School Renaissance Vienna Hotel
Ungargasse 60, A-1030. **Stadtplan** 4 F1. ☎ *711 750.* FAX *711 758 143.* **www**.renaissancehotels.com

Hotelauswahl

Die folgenden Hotels wurden aufgrund ihrer Lage, ihres Charakters und Preis-Leistungs-Verhältnisses ausgewählt. Die Hotels sind nach Vierteln alphabetisch und nach Preiskategorien aufgelistet. Die Koordinatenangaben beziehen sich auf den *Stadtplan* von Wien *(siehe S. 256–267)*.

PREISKATEGORIEN
Die Preise gelten für ein Doppelzimmer pro Nacht, inklusive Steuern und Service:

€ unter 75 Euro
€€ 75–110 Euro
€€€ 110–145 Euro
€€€€ 145–200 Euro
€€€€€ über 200 Euro

STEPHANSDOMVIERTEL

Pension Christina — €€
Hafnersteig 7, 1010 ☎ *5332 961* FAX *533 296 111* ***Zimmer*** *33* — ***Stadtplan*** *2 E5, 6 E2*

In einer Kopfsteinpflastergasse mitten im Stephansdomviertel liegt diese kleine Pension, die im Art-déco-Stil ausgestattet ist. PC-Anschluss in den Zimmern. Haustiere willkommen. Ein angenehmes Etablissement, wo der Gast bei der Ankunft erst einmal einen Kaffee bekommt. **www.pertschy.com**

Post — €€
Fleischmarkt 24, 1010 ☎ *515 830* FAX *5158 3808* ***Zimmer*** *107* — ***Stadtplan*** *2 E5, 6 D2*

Früher stand an dieser Stelle ein Gasthaus, in dem seinerzeit Mozart, Richard Wagner und Friedrich Nietzsche abstiegen. Das traditionelle Haus bietet moderne Zimmer mit Komfort. Es gibt auch Geschäftszimmer mit Breitband-Internet-Anschluss. Restaurant-Café im Hause. Behindertengerecht. **www.hotel-post-wien.at**

Am Schubertring — €€€
Schubertring 11, 1010 ☎ *717 020* FAX *7139 966* ***Zimmer*** *39* — ***Stadtplan*** *2 F5, 6 D5*

Das Gebäude im Ringstraßen-Stil beherbergt eines der wenigen Jugendstil-Hotels der Stadt. Die Zimmer haben dicke Teppiche und schöne Möbel. Einige sind mit dunklen Jugendstil-Möbeln eingerichtet, andere im Biedermeier-Stil. Die Zimmer nach hinten sind sehr ruhig. Haustiere erlaubt. **www.schubertring.at**

Austria — €€€
Fleischmarkt 20, 1010 ☎ *515 23* FAX *5152 3506* ***Zimmer*** *46* — ***Stadtplan*** *2 E4, 6 D2*

Das geräumige Hotel mit hohen Decken liegt in einer Sackgasse und deshalb sehr ruhig. Im Erdgeschoss gibt es ein paar kleine Aufenthaltsräume und einen Frühstücksraum mit Brunnen. Die großen Zimmer sind modern möbliert, haben allerdings altmodische Bäder. **www.hotelaustria-wien.at**

Domizil — €€€
Schulerstraße 14, 1010 ☎ *5133 1990* FAX *5123 484* ***Zimmer*** *40* — ***Stadtplan*** *2 E5, 6 D3*

Das traditionelle Hotel liegt zentral in der Nähe von Läden, Restaurants und einem Casino. Die Zimmer haben TV, Telefon, Minibar und einen Safe. Im Haus gibt es eine Bar sowie einen Fahrradverleih. Das Personal ist freundlich und zuvorkommend. Haustiere erlaubt. Behindertengerecht. **www.hoteldomizil.at**

Hotel Schweizerhof — €€€
Bauernmarkt 22, 1010 ☎ *5331 931* FAX *5330 0214* ***Zimmer*** *55* — ***Stadtplan*** *6 D2*

Erstklassiger Service erwartet die Gäste dieses familiengeführten Hotels in unmittelbarer Nähe zum Stephansdom. Das freundliche Personal hilft beim Erwerb von Tickets für Theater und Oper sowie für Stadtrundfahrten. Kinder unter 16 Jahren übernachten im Zimmer der Eltern kostenlos. **www.schweizerhof.at**

Hotel Tigra — €€€
Tiefer Graben 14–20, 1010 ☎ *5339 6410* FAX *5339 645* ***Zimmer*** *79* — ***Stadtplan*** *2 D5, 5 C2*

Das Hotel in einem historischen Gebäude beim Stephansdom beherbergte einst Mozart, worauf eine Plakette hinweist. Die Zimmer sind mittlerweile moderner als zu Zeiten des Wunderkinds. Haustiere erlaubt. Kinder unter zwölf Jahren übernachten in Begleitung zweier Erwachsener kostenlos. **www.bestwestern.at**

Kärntnerhof — €€€
Grashofgasse 4, 1011 ☎ *5121 923* FAX *513 22 28 39* ***Zimmer*** *43* — ***Stadtplan*** *2 E5, 6 E3*

Das Hotel residiert mit einigen Cafés in einer Sackgasse, an deren Ende ein Tor in den Heiligenkreuzerhof führt, wo man sein Auto parken kann. Im Inneren des Gebäudes (19. Jh.) verbirgt sich ein Art-déco-Aufzug im Zentrum einer Wendeltreppe. Frühstück gibt es in einem rustikalen Frühstücksraum. **www.kartnerhof.com**

Marc Aurel — €€€
Marc-Aurel-Straße 8, 1010 ☎ *5333 6400* FAX *533 00 78* ***Zimmer*** *31* — ***Stadtplan*** *2 E5, 6 D2*

Das kleine Hotel bietet einfache, aber angenehme Zimmer sowie ein Restaurant, ein Café und im Sommer einen Essbereich im Garten. Alle Zimmer kann man günstiger für einen ganzen Monat belegen. Es gibt auch Zimmer mit Küche. Haustiere erlaubt. Behindertengerecht. **www.hotel-marcaurel.com**

Zeichenerklärungen *siehe hintere Umschlagklappe*

Zur Wiener Staatsoper €€€

Krugerstraße 11, 1010 Tel. *5131 274* FAX *513 12 74 15* ***Zimmer*** *22* ***Stadtplan*** *4 E1, 6 D5*

Das renovierte neobarocke Gebäude liegt in einer Fußgängerzone, nahe der Kärntner Straße. Die Fassade ist mit Karyatiden und Gesichtern verziert. Im Inneren müssen sich Frühstücksraum und Zimmer (alle mit Dusche) den wenigen Platz teilen. **www.zurwienerstaatsoper.at**

Capricorno €€€€

Schwedenplatz 3–4, 1010 Tel. *5333 1040* FAX *5337 6714* ***Zimmer*** *46* ***Stadtplan*** *2 E5, 6 E2*

Das Hotel in U-Bahn-Nähe bietet elegante Zimmer, von denen die meisten einen Balkon besitzen. In allen Zimmern hat man Internet-Zugang. Das freundliche Personal steht rund um die Uhr zu Diensten. Behindertengerecht. **www.schick-hotels.com**

Hotel am Parkring €€€€

Parkring 12, 1015 Tel. *514 800* FAX *514 8040* ***Zimmer*** *58* ***Stadtplan*** *4 E1, 6 E4*

Das Hotel in den oberen Etagen eines Gebäudes am »Ring« bietet eine herrliche Aussicht. Die meisten Zimmer haben entweder Balkon oder Terrasse. Im Restaurant gibt es eine gute Auswahl an österreichischen Weinen *(siehe S. 212)* und Bränden. Haustiere erlaubt. **www.bestwestern.at**

Mailberger Hof €€€€

Annagasse 7, 1010 Tel. *512 0641* FAX *512 06 41 10* ***Zimmer*** *40* ***Stadtplan*** *4 E1, 6 D4*

Hier wurden mittelalterliche Häuser zu einem hübschen Hotel umgewandelt. Man kann im Gewölberestaurant speisen oder im Sommer unter Sonnenschirmen im Garten. Eine große Steintreppe führt zu den großen, schön möblierten Zimmern, von denen die meisten auf den Innenhof gehen. **www.mailbergerhof.at**

Schlosshotel Römischer Kaiser €€€€

Annagasse 16, 1010 Tel. *5127 7510* FAX *5127 75113* ***Zimmer*** *24* ***Stadtplan*** *4 E1, 6 D4*

Das klassische Beispiel eines Wiener Miniatur-Barockpalais wurde 1684 für den Reichskanzler erbaut. Die stilvollen öffentlichen Bereiche weisen Kronleuchter und Teppiche auf den gefliesten Böden auf. Die Zimmer sind geräumig-luftig. Die Zimmer im Dachgeschoss sind preisgünstiger. Fahrradverleih. **www.hotel-roemischer-kaiser.at**

Starlight Suiten Hotel Salzgries €€€€

Salzgries 12, 1010 Tel. *535 9222* FAX *535 92 22 11* ***Zimmer*** *50* ***Stadtplan*** *2 E5, 6 D2*

Die Suiten haben Wohn- und Schlafzimmer, Bad sowie einen Arbeitsbereich. Hinzu kommen Minibar, Mikrowelle, Telefon und TV – ideal für einen längeren Aufenthalt. Café und Sauna sind im Haus. Kinder bis sechs Jahre übernachten in Begleitung ihrer Eltern kostenlos. Behindertengerecht. **www.starlighthotels.com**

Wandl €€€€

Petersplatz 9, 1010 Tel. *534 550* FAX *534 55 77* ***Zimmer*** *138* ***Stadtplan*** *2 D5, 5 C3*

Das charmante altmodische Hotel in Familienhand liegt bei der Peterskirche. In einigen Zimmer gibt es schöne Stuckierungen, ebenso im überdachten Innenhof, der als Frühstücksraum dient. Andere Zimmer haben einfacheres Dekor, sind allerdings groß und mit Parkettböden ausgestattet. **www.hotel-wandl.com**

Am Stephansplatz €€€€€

Stephansplatz 9, 1010 Tel. *534 050* FAX *534 05 711* ***Zimmer*** *56* ***Stadtplan*** *2 E5, 6 D3*

Das Hotel bietet moderne unprätentiöse Zimmer mit dunklen Parkettböden und heller Möblierung. 2005 wurde es nach ökologischen Gesichtspunkten renoviert. Im gesamten Hotel gibt es Wasser in Grander-Qualität. Rauchfreie Zonen. Behindertengerecht. **www.hotelamstephansplatz.at**

K+K Palais €€€€€

Rudolfsplatz 11, 1010 Tel. *533 1353* FAX *533 13 53 70* ***Zimmer*** *66* ***Stadtplan*** *2 E4, 6 D1*

Das moderne Hotel in einem Gebäude aus dem 19. Jahrhundert ist angenehm. Die eindrucksvolle Glaslobby führt zum hübschen Frühstücksraum und zur Bar. Über eine Marmortreppe geht es zu den einfachen, aber einladenden Zimmern. Das Hotel liegt an einem begrünten ruhigen Platz im Geschäftsviertel. **www.kkhotels.com**

Kaiserin Elisabeth €€€€€

Weihburggasse 3, 1010 Tel. *512 260* FAX *515 267* ***Zimmer*** *63* ***Stadtplan*** *4 E1, 6 D4*

Das reizende Stadthaus (14. Jh.) liegt in einer Seitengasse, nur wenige Schritte vom Stephansdom. Im 19. Jahrhundert beherbergte es berühmte Musiker wie Wagner und Liszt. Die Zimmer sind im Fin-de-Siècle-Stil eingerichtet. Perserteppiche liegen auf dem Parkett der öffentlichen Bereiche. Haustiere erlaubt. **www.kaiserinelisabeth.at**

König von Ungarn €€€€€

Schulerstraße 10, 1010 Tel. *515 840* FAX *515 848* ***Zimmer*** *33* ***Stadtplan*** *2 E5, 6 D3*

Die Wände des stimmungsvollen Hotels zieren Autogramme berühmter Gäste. Mozart soll hier (in einem Gebäudeteil) *Die Hochzeit des Figaro* komponiert haben. Der überdachte Innenhof mit einer eleganten Bar/Salon gehört zu den schönsten Wiens. Die großen Zimmer sind rustikal möbliert. **www.kvu.at**

Palais Coburg €€€€€

Coburgbastei 4, 1010 Tel. *518 180* FAX *5181 8100* ***Zimmer*** *35* ***Stadtplan*** *6 E4*

Das elegante Hotel in einem Gebäude aus dem 19. Jahrhundert wurde 2003 nach aufwendiger Renovierung wiedereröffnet. Nun bietet es 35 Suiten unterschiedlicher Größe an. Auf dem Dach gibt es ein fantastisches Spa mit Swimmingpool. Haustiere erlaubt. **www.palaiscoburg.at**

Stadtplan *siehe Seiten 256–267*

Radisson SAS Palais Hotel €€€€€

Parkring 16, 1010 ☎ *515 170* FAX *512 2216* **Zimmer** *247* **Stadtplan** *4 E1, 6 E4*

Das Gebäude in einem ehemaligen Palais am Stadtpark besitzt geschmackvoll eingerichtete Zimmer mit Annehmlichkeiten wie beheizten Badezimmerböden. Hier gibt es sowohl Sauna als auch einen Wellness-Bereich, wo Massagen und Beauty-Behandlungen angeboten werden. Haustiere erlaubt. Behindertengerecht. **www.radissonsas.com**

Vienna Marriott €€€€€

Parkring 12a, 1010 ☎ *515 180* FAX *515 18 67 36* **Zimmer** *313* **Stadtplan** *4 D1, 6 E4*

Zahlreiche Läden, Cafés, Bars und Restaurants *(siehe S. 212)* liegen im Atrium des modernen Glasbaus am »Ring«. Das Hotel besitzt zwar kein Business-Center, doch es bietet Einrichtungen für Geschäftsleute sowie einen Swimmingpool. Einige der großen Zimmer sind lauter als andere. **www.viennamarriott.com**

Hofburgviertel

Pertschy €€€

Habsburgergasse 5, 1010 ☎ *534 490* FAX *534 4949* **Zimmer** *55* **Stadtplan** *2 D5, 5 C3*

Einfache Ausstattung in 300 Jahre altem Ambiente. Man betritt die stimmungsvolle Pension durch alte Tore und geht eine breite Steintreppe hinauf zu den Zimmern, die im Rokoko-Stil eingerichtet sind. Der Frühstücksraum ist mit dunklen Möbeln im Kaffeehausstil ausgestattet. Haustiere erlaubt. **www.pertschy.com**

Graben €€€€

Dorotheergasse 3, 1010 ☎ *5121 5310* FAX *5121 53120* **Zimmer** *41* **Stadtplan** *4 D1, 5 C4*

Im 18. Jahrhundert war hier ein Gasthof, in dem Grillparzer verkehrte. Anfang des 20. Jahrhunderts zog das Lokal Autoren wie Franz Kafka und Max Brod an. Heute bietet das familiengeführte Hotel Zimmer mit italienischen Möbeln, ein Business-Center, eine Pizzeria und ein italienisches Lokal. Haustiere erlaubt. **www.kremslehnerhotels.at**

Pension Nossek €€€€

Graben 17, 1010 ☎ *5337 04 0* FAX *5353 646* **Zimmer** *31* **Stadtplan** *2 D5, 5 C3*

Wenn man ein Zimmer mit Balkon zum Graben hin will, muss man früh buchen. Die elegante, familiengeführte Pension erstreckt sich über drei Stockwerke. Die meisten Zimmer besitzen nur einfache Bäder. Dafür liegen Teppiche auf den Parkettböden, und es gibt hübsche Stilmöbel und Bilder. **www.pension-nossek.at**

Ambassador €€€€€

Neuer Markt 5, 1010 ☎ *961 610* FAX *513 2999* **Zimmer** *86* **Stadtplan** *4 D1, 6 D4*

Das Fünf-Sterne-Hotel in bester Lage besitzt eine Fassade und Kaffeehaus-Terrasse im Ringstraßen-Stil zur Kärntner Straße hin. Marmorsäulen, Wandteppiche und Kronleuchter verleihen dem Haus Atmosphäre. Die eleganten Suiten haben Wohnzimmer, die hinter schweren Vorhängen verborgen liegen. Behindertengerecht. **www.ambassador.at**

Astoria €€€€€

Kärntner Straße 32–34, 1015 ☎ *515 77* FAX *515 77 582* **Zimmer** *118* **Stadtplan** *5 C4*

Hübsches Hotel aus der Zeit der Jahrhundertwende. Das Jugendstil-Foyer führt zu einem grandiosen Speisesaal. Es gibt einige sehr schöne Zimmer. Platz, Stilmöbel und Stuckdekorationen rechtfertigen den etwas höheren Preis. **www.austria-trend.at**

Radisson SAS Style Hotel €€€€€

Herrengasse 12, 1010 ☎ *22 780* FAX *22 78 077* **Zimmer** *78* **Stadtplan** *2 D5, 5 B2*

Das zeitgemäße Hotel in guter Lager bietet individuell ausgestattete Zimmer mit LCD-Flachbildschirmen und CD/DVD-Spielern. Zudem gibt es Wireless LAN, eine Sauna, Massageangebote und Beauty-Behandlungen. Haustiere erlaubt. Behindertengerecht. **www.style.vienna.radissonsas.com**

Schottenring und Alsergrund

Arcotel Boltzmann €€

Boltzmanngasse 8, 1090 ☎ *316 120* FAX *316 1281 6* **Zimmer** *70* **Stadtplan** *1 C3*

Das kleine charmante Boltzmann bietet alle Vorzüge eines Vier-Sterne-Hotels. Es liegt nahe der romantischen Strudelhofstiege und inmitten von Gartenanlagen. Gleichwohl geht man nur zehn Minuten zum Zentrum. Zimmer mit Atmosphäre sowie kleiner Garten. **www.arcotel.at**

Goldener Bär €€

Türkenstraße 27, 1090 ☎ *317 5111* FAX *317 511 122* **Zimmer** *27* **Stadtplan** *1 C4*

Das kleine, komfortable Hotel liegt in der Nähe des »Rings«. Hier verbringt man ruhige Nächte in modern eingerichteten Zimmern mit Schallschutzfenstern. Zu den Pluspunkten zählt auch der kostenlose Internet-Zugang. Das Personal ist ausgesprochen freundlich und hilfsbereit. **www.goldbaerhotel.com**

Preiskategorien *siehe S. 194* **Zeichenerklärungen** *siehe hintere Umschlagklappe*

Mozart €€

Nordbergstraße 4, 1090 ☎ *317 1537* FAX *317 2477* ***Zimmer*** *56* **Stadtplan** *1 C2*

Das Hotel liegt in einem Gebäude, in dem die Alliierten einst untergebracht waren. Das Wasser des Hauses wird mit Solarenergie erhitzt. Die geschmackvollen Zimmer sind zeitgemäß möbliert. Bar. Haustiere erlaubt. Behindertengerecht. **www.hotelmozart-vienna.at**

Hotel Harmonie €€€

Harmoniegasse 5–7, 1090 ☎ *317 6604* FAX *317 66 04 55* ***Zimmer*** *68* **Stadtplan** *1 C3*

Ruhe und freundlicher Service zeichnen das Hotel aus. Die einfachen Zimmer sind komfortabel und modern eingerichtet. Café und Bar. Das Personal hilft Ihnen, Konzertkarten zu bekommen. Kinder unter zwölf Jahren übernachten in Begleitung zweier Erwachsener kostenlos. Haustiere erlaubt. **www.bestwestern.at**

Regina €€€€

Rooseveltplatz 15, 1096 ☎ *404 460* FAX *408 8392* ***Zimmer*** *164* **Stadtplan** *1 C4, 5 A1*

Das Innere des Hotels mit Kronleuchtern und Statuen wirkt grandios. Seit 1896 ist das Haus schon ein Hotel. Im Restaurant hängt ein Foto, welches das Personal von 1913 zeigt. Heute ist das Hotel auf Besuchergruppen ausgerichtet. Die altmodischen Zimmer sind durchweg komfortabel. **www.kremslehenerhotels.at**

Museums- und Rathausviertel

Academia €

Pfeilgasse 3a, 1080 ☎ *401 7655* FAX *401 7620* ***Zimmer*** *72* **Stadtplan** *1 A5*

Während des Semesters dient dieses Gebäude als Studentenwohnheim. In den Semesterferien (1. Juli–30. Sep) verwandelt es sich in ein Hotel. Die modernen luftigen Zimmer haben alle Telefon, einige besitzen auch einen Balkon. Behindertengerecht. **www.academia-hotels.co.at**

Arpi €

Kochgasse 15, 1080 ☎ *405 0033* FAX *405 00 33 37* ***Zimmer*** *20* **Stadtplan** *1 B4*

Das familiengeführte zentral gelegene Hotel wurde kürzlich renoviert und bietet nun moderne Zimmer. Das freundliche Personal ist Gästen beim Erwerb von Konzert- und Theaterkarten behilflich. Auch Stadtrundfahrten werden auf Wunsch arrangiert. **www.hotelarpi.com**

Hotel Korotan €

Albertgasse 18, 1080 ☎ *403 4193* FAX *403 41 93 99* ***Zimmer*** *61* **Stadtplan** *1 A5*

Das kleine Hotel hat moderne Zimmer und freundliches Personal. Alle Zimmer sind mit Internet-Zugang ausgestattet. Weitere Angebote des Hauses: eine Kapelle, eine Bibliothek und eine Galerie – sie machen den Ort zu mehr als einem Schlafplatz. Behindertengerecht. **www.hotel.korotan.com**

Alpha €€€

Buchfeldgasse 8, 1080 ☎ *403 52 91* FAX *403 52 91 62* ***Zimmer*** *58* **Stadtplan** *1 B5*

Das einfache moderne Hotel liegt in der Nähe des Parlaments und bietet frisch renovierte komfortable Zimmer. Der Frühstücksraum ist hell und luftig. In den öffentlichen Bereichen gibt es kostenlosen Internet-Zugang. Behindertengerecht. **www.hotelalpha.at**

Museum €€€

Museumstraße 3, 1070 ☎ *523 4426* FAX *523 44 26 30* ***Zimmer*** *15* **Stadtplan** *3 C1*

Hinter der Fassade mit schmiedeeisernen Balkonen verbirgt sich eine klassische Wiener Pension. Sie liegt über einem Kino situiert – und nur ein paar Schritte von den Museen entfernt. Die spartanischen Zimmer besitzen hohe Decken und Holzböden. Im Frühstücksraum gibt es Kamine und Kronleuchter. **www.hotelmuseum.at**

Zipser €€€

Lange Gasse 49, 1080 ☎ *404 540* FAX *404 5413* ***Zimmer*** *53* **Stadtplan** *1 B5*

Die Pension in der Josefstadt ist mit modernen Teppichen und Möbeln eingerichtet. Freundliche Atmosphäre. Fragen Sie nach einem größeren ruhigen, nach hinten gelegenen Zimmer. Sie haben schöne Bäder und große Holzbalkone, die auf einen attraktiven begrünten Hof hinausgehen. **www.zipser.at**

Altstadt Vienna €€€€

Kirchengasse 41, 1070 ☎ *522 6666* FAX *523 4001* ***Zimmer*** *42* **Stadtplan** *3 B1*

Das Hotel liegt westlich der großen Museen in einem Bürgerhaus aus dem 19. Jahrhundert. Das Etablissement ist ausgesprochen beliebt. Lichtdesign, farbenfrohe Wände und brandneue Möbel bringen Leben in die großen Räume. Die nach hinten liegenden Zimmer sind ruhig. Ausgezeichneter Service. **www.altstadt.at**

Cordial Theaterhotel Wien €€€€

Josefstädter Straße 22, 1080 ☎ *405 36480* FAX *405 1406* ***Zimmer*** *54* **Stadtplan** *1 A5*

Das Hotel in der Nähe des Theaters in der Josefstadt bietet einfache, aber komfortable Zimmer. Weitere Pluspunkte sind Bar, Sauna und Solarium. Gegen einen kleinen Aufpreis wird Ihnen das Frühstück ans Bett gebracht. Das Personal berät Sie für Ausflüge ins Umland. Behindertengerecht. **www.cordial.at**

Stadtplan *siehe Seiten 256–267*

Mercure Josefshof Wien

€€€€

Josefsgasse 4–6, 1080 404 19 FAX 404 19 150 **Zimmer** 121 **Stadtplan** 1 B5

Das Hotel in einer ruhigen Seitengasse liegt in der Nähe von Wiens English Theatre. Der Marmor-Glas-Eingang ist elegant. Die Zimmer haben Parkett und sind stilvoll möbliert. Kinder unter zwölf Jahren übernachten in Begleitung eines Erwachsenen kostenlos. Haustiere erlaubt. Behindertengerecht. **www.josefshof.com**

Rathaus

€€€€

Lange Gasse 13, 1080 400 1122 FAX 400 11 22 88 **Zimmer** 40 **Stadtplan** 1 B5

Das Designhotel liegt in einem historischen Gebäude in der Josefstadt. Jedes der luxuriösen Doppelzimmer ist einem österreichischen Spitzenwinzer gewidmet (dessen Weine in der Minibar stehen) und mit Wein-Kosmetikprodukten versehen. Exzellenter Service mit Wellness-Faktor. **www.hotel-rathaus-wien.at**

Oper und Naschmarkt

Terminus Hotel

€€

Fillgradergasse 4, 1060 5877 3860 FAX 5877 38676 **Zimmer** 41 **Stadtplan** 3 C2

Kleines Hotel in U-Bahn-Nähe, das unprätentiöse Unterkünfte mit den üblichen Standards (Telefon, TV) bietet. Jedes Zimmer ist individuell eingerichtet. Freundliches, hilfsbereites Personal. In der Lobby stehen verschiedene Automaten. Haustiere erlaubt.

Hotel Beethoven

€€€€

Millöckergasse 6, 1060 5874 4820 FAX 5874 442 **Zimmer** 36 **Stadtplan** 3 C2

Das stilvolle und angenehm gelegene Hotel – in der Nähe des Theaters an der Wien – bietet freundlichen professionellen Service. Internet-Zugang auf den Zimmern. Das Personal hilft bei der Beschaffung von Konzert- und Theaterkarten. Haustiere erlaubt. **www.hotel-beethoven.at**

Le Méridien Vienna

€€€€€

Opernring 13–15, 1010 588 90 FAX 588 90 90 90 **Zimmer** 294 **Stadtplan** 4 D1, 5 B5

Die Zimmer des eleganten Hotels sind in den Farben Blau, Grün und Pink gehalten. Außer den üblichen Annehmlichkeiten stehen hier noch Bademäntel, Badeschlappen und Schirme zur Verfügung. Es gibt ein Wellness-Center mit Jacuzzi, Sauna und Dampfbad. Erstklassige Erholung garantiert. Haustiere erlaubt. **www.lemeridien.com**

Sacher

€€€€€

Philharmonikerstraße 4, 1010 514 560 FAX 514 56 810 **Zimmer** 109 **Stadtplan** 4 D1, 5 C5

Seit 1876 ist das Sacher ein Treffpunkt der Gekrönten, Reichen und Schönen. Heute strömen massenweise Besucher in das Café, um die berühmte Sachertorte *(siehe S. 215)* zu probieren. Die Zimmer des Hauses sind opulent eingerichtet, selbst Standardzimmer verströmen k. u. k. Flair. Exzellenter Service. **www.sacher.com**

Belvedereviertel

Suzanne

€€

Walfischgasse 4, 1010 513 2507 FAX 513 2500 **Zimmer** 26 **Stadtplan** 4 D1, 6 D5

Die beliebte Pension liegt unweit der Kärntner Straße und der Oper oberhalb von einigen Läden. Die altmodischen Zimmer verteilen sich über mehrere Stockwerke und sind mit Bildern und Lehnsesseln ausgestattet. Die teureren Räume haben eine Küchenzeile. **www.pension-suzanne.at**

Clima Cityhotel

€€€

Theresianumgasse 21a, 1040 515 1696 FAX 504 3552 **Zimmer** 37 **Stadtplan** 4 E4

Trotz der zentralen Lagen ist es hier ruhig. Von den oberen Stockwerken hat man einen fantastischen Blick auf die Stadt. Die luftigen Zimmer mit gut geschnittenen Bädern garantieren einen entspannenden Aufenthalt. Das freundliche Personal ist beim Kartenerwerb behilflich. **www.climacity-hotel.com**

Hotel Erzherzog Rainer

€€€

Wiedner Hauptstraße 27–29, 1040 221 111 FAX 2211 1350 **Zimmer** 84 **Stadtplan** 3 C5

Das Hotel beim Künstlerhaus verströmt österreichische Gastfreundschaft. Die großen Zimmer sind geschmackvoll eingerichtet. Die Schallschutzfenster garantieren Ruhe. Weitere Pluspunkte sind das gemütliche Kaffeehaus und die Bar *(siehe S. 215)*. Haustiere erlaubt. **www.bestwestern.at**

Hotel Kaiserhof Wien

€€€€

Frankenberggasse 10, 1040 505 1701 FAX 505 88 75 88 **Zimmer** 74 **Stadtplan** 4 D2

Das Hotel in zentraler Lage bietet hübsch eingerichtete Zimmer mit allen Annehmlichkeiten, etwa Wireless LAN. Freundliches Personal. Für Gesundheitsbewusste gibt es ein Fitness-Center, Sauna, Dampfbad und Sanarium mit Farblichttherapie. **www.bestwestern.at**

Preiskategorien *siehe S. 194* **Zeichenerklärungen** *siehe hintere Umschlagklappe*

Bristol
€€€€€

Kärntner Ring 1, 1015 ☎ *515 160* FAX *515 16550* **Zimmer** *140* **Stadtplan** *4 D2, 6 D5*

Das Bristol ist ein Luxushotel in exzellenter Lage: am »Ring« gegenüber der Oper. Marmor, Blattgold, Antiquitäten und Gemälde schaffen eine Atmosphäre gediegener Eleganz. Zur Auswahl stehen auch Penthouse-Suiten und grandiose Konferenzräume. Behindertengerecht. **www.starwoodhotels.com**

Imperial
€€€€€

Kärntner Ring 16, 1015 ☎ *501 100* FAX *501 1041 0* **Zimmer** *138* **Stadtplan** *4 D2, 6 D5*

Ein Hauch von Exklusivität: Wer hier übernachtet, schläft unter demselben Dach wie manche Staatsoberhäupter. In den 1950er Jahren wurde das Haus um zwei Stockwerke erweitert, die kleinere Zimmer mit Kirschbaummöbeln enthalten. Kleine Haustiere erlaubt. Behindertengerecht. **www.imperial.viennahotels.it**

Abstecher

Lindenhof
€

Breitenleer Straße 256, 1220 ☎ *734 3637* FAX *734 2980* **Zimmer** *24*

Der Gasthof ist seit 1928 in Familienhand. Das Gebäude aus dem 15. Jahrhundert besitzt einfache, gleichwohl komfortable Zimmer. Der Gastronomiebetrieb bietet verschiedene Räumlichkeiten, darunter auch eine Terrasse. Hier gibt es zudem Live-Musik und verschiedene Events. **www.lindenhof-breitenlee.com**

Roter Hahn
€€

Landstraßer Hauptstraße 40, 1030 ☎ *7132 5680* FAX *7132 568 190* **Zimmer** *48* **Stadtplan** *6 F4*

Der Rote Hahn liegt in einem denkmalgeschützten Gebäude. Jedes Zimmer ist individuell ausgestattet und besitzt alle modernen Standardeinrichtungen. Das Personal ist bei der Kartenorganisation behilflich. Es gibt einen Extraraum für Gepäck. Haustiere erlaubt. Behindertengerecht.

Gartenhotel Glanzing
€€€

Glanzinggasse 23, 1190 ☎ *4704 2720* FAX *4704 27214* **Zimmer** *14*

Das efeuumrankte Gebäude stammt aus den 1930er Jahren und steht in einem schönen Garten. Von hier ist man gleich bei den Weindörfern. Große Zimmer und Flügel im Aufenthaltsraum. Kinder unter 15 Jahren übernachten in Begleitung eines Erwachsenen kostenlos. Haustiere erlaubt. **www.gartenhotel-glanzing.at**

Hotel Fürstenhof
€€€

Neubaugürtel 4, 1060 ☎ *523 3267* FAX *523 32 67 26* **Zimmer** *58*

Freundlicher Service und saubere, hübsche Zimmer sind das Markenzeichen des familiengeführten Hotels in einem Gebäude aus dem frühen 20. Jahrhundert. Die renovierten Zimmer sind sowohl traditionell als auch modern eingerichtet. Einige haben Kronleuchter. Den Aufenthalt wert. **www.hotel-fuerstenhof.com**

Hotel Jäger
€€€

Hernalser Hauptstraße 187, 1170 ☎ *4866 6200* FAX *4866 6208* **Zimmer** *17*

Das angenehme Hotel wird seit 90 Jahren von der Familie Jäger gemanagt. Erstklassiger Service in traditionellem österreichischem Ambiente. Zimmer mit Küche sind verfügbar. Kinder unter zwölf Jahren übernachten in Begleitung ihrer Eltern kostenlos. Haustiere erlaubt. **www.hoteljaeger.at**

Hotel Stefanie
€€€

Taborstraße 12, 1020 ☎ *211 50* FAX *211 50160* **Zimmer** *122* **Stadtplan** *2 F4, 6 E1*

Das älteste Vier-Sterne-Hotel Wiens stammt aus dem Jahr 1703. Es liegt nicht weit vom Stephansdom. Die komfortablen Zimmer sind klassisch-traditionell oder modern eingerichtet. In einigen Zimmern sowie in den öffentlichen Bereichen gibt es Wireless LAN. Haustiere erlaubt. Behindertengerecht. **www.schick-hotels.com**

Landhaus Fuhrgassl-Huber
€€€

Neustift am Walde, Rathstraße 24, 1190 ☎ *440 3033* FAX *440 2714* **Zimmer** *38*

Das familiengeführte Etablissement liegt in einem typischen Weinort. Gleich nebenan ist ein Heurigenlokal *(siehe S. 201)*. Der Hotelbesitzer betreibt sein eigenes Weinlokal ein paar Schritte weiter. Rustikale Ausstattung mit Holzböden. Direkt vor dem Hotel ist die Haltestelle für den Bus nach Wien. **www.fuhrgassl-huber.at**

Mercure Grand Hotel Biedermeier Wien
€€€€

Landstraßer Hauptstraße 28, 1030 ☎ *716 710* FAX *716 71503* **Zimmer** *203* **Stadtplan** *4 F1*

Das Hotel nimmt eine Biedermeier-Passage ein, ganz in der Nähe der Wiener Shopping-Meilen. Die geräumigen Zimmer liegen fast alle zum kopfsteingepflasterten Innenhof hin und sind sehr ruhig. Fahrradverleih. Haustiere erlaubt. Behindertengerecht. **www.accor.com**

Inter-Continental Wien
€€€€€

Johannesgasse 28, 1037 ☎ *711 220* FAX *713 4489* **Zimmer** *453* **Stadtplan** *4 E1, 6 E5*

Das kosmopolitische Inter-Continental liegt in Gehweite zum »Ring«. Im Barbereich des eleganten, von Kronleuchtern erhellten Foyers erklingt abends Klaviermusik. Aus den oberen Zimmern hat man einen schönen Blick über den Stadtpark. Behindertengerecht. **www.vienna.intercontinental.com**

Stadtplan *siehe Seiten 256–267*

RESTAURANTS, CAFÉS UND BARS

Die Grundlagen der Wiener Küche wurden von ganz verschiedenen europäischen Einflüssen geprägt: Das Schnitzel kommt aus Norditalien, das Gulasch aus Ungarn, die Knödel stammen aus Böhmen und die Grillgerichte, Würstchen und Cevapcici aus den Balkanländern. Nach dem Zweiten Weltkrieg, als viele Einwanderer aus dem Osten nach Österreich kamen, hat sich dies noch verstärkt. Wien bietet eine reichhaltige Auswahl an Essmöglichkeiten – vom Straßenverkauf an den einfachen Würstelständen bis zur hochpreisigen Nouvelle Cuisine. Das Angebot an Restaurants reicht von traditionellen Wirtshäusern über Wein- oder Heurigenlokale mit idyllischen Gärten bis hin zu barocken Weinkellern. Warme Mahlzeiten werden in der Regel von 11.30 Uhr bis Mitternacht angeboten. Die Restaurantauswahl (siehe S. 210–217) und die Tipps für Cafés und Co. (siehe S. 218f) konzentrieren sich auf typische österreichische Spezialitäten, nennen Ihnen aber auch einige gute Alternativen.

Bedienung aus Pappmaschee vor einem Restaurant

IMBISSE UND SNACKS

Die einfachen Würstelstände verkaufen die üblichen Imbissbudengerichte, etwa Käsekrainer, Hotdogs und Bosna. Etwas größer ist die Auswahl in den vielen kleinen Snackbars, die Sandwiches, belegte Semmeln, Backwaren und Getränke anbieten. Bei **Duran** (mehrere Filialen, *siehe S. 218*) und im bekannten **Trzesniewski** *(siehe S. 219)* gibt es hervorragende Snacks, die mit einem Pfiff (etwa 0,1 Liter Bier) besonders gut schmecken.

Wer mittags etwas Kräftiges zu essen braucht, wird auch das Angebot der sogenannten Stehbeisln zu schätzen wissen. Sie sind meist in Metzgereien oder Lebensmittelmärkten situiert und bieten warme Gerichte und Suppen, die an einem kalten Wintertag aufwärmen. In besseren Restaurants erhalten Sie am späten Vormittag auch ein Gabelfrühstück, eine Art Lunch mit kalten oder warmen Gerichten. Eine andere, typisch wienerische Mahlzeit ist die Jause, eine »Brotzeit« mit Käse, Wurst und Brot, die in vielen Lokalen den ganzen Tag über serviert wird.

Weinkellerschild

All diese Angebote lohnen sich vor allem für preisbewusste Reisende, denn in der Regel sind sie billiger und oft ebenso gut wie die Snackbars und Cafés in den Museen. Auch die meisten Selbstbedienungsrestaurants sind empfehlenswert, darunter das **Markt-Restaurant Rosenberger** in der Maysedergasse hinter der Oper. Weitere Restaurants dieses Typs finden Sie im Einkaufszentrum an der Ringstraße.

Ein Musikant im Gewölbe des Augustinerkellers

Die meisten dieser Lokale schließen allerdings schon recht früh und eignen sich daher am besten für ein schnelles Mittagessen, während die Kaffeehäuser oder Weinkeller eher für eine kleine, unkomplizierte Mahlzeit am Abend oder späten Abend zu empfehlen sind.

Lecker Belegtes gibt es bei »Zum Schwarzen Kameel« ***(siehe S. 212)***

WEINKELLER

Weinkeller gehören einfach zu Wien dazu. Sie sind oft in Residenzen untergebracht, die zu den alten Barockklöstern der Region gehören. Hier wird der regionale Wein aus Fässern ausgeschenkt. Dazu gibt es meist ein kaltes Büfett oder kalte und vereinzelt auch warme Mahlzeiten. Wer vor einem Theater- oder Opernbesuch noch etwas Wiener Flair tanken möchte, ist in einem Weinkeller richtig. Manchmal wird auch Schrammelmusik gespielt.

Eingang eines Heurigenlokals: Das »Ausg'steckt«-Schild zeigt, dass hier Heuriger angeboten wird

Heurigenlokale

Heurige sind eine typisch österreichische Institution, der Begriff hat eigentlich zwei Bedeutungen: Zum einen bezeichnet er den jungen Wein der letzten Ernte, zum andern auch das Lokal, die Buschenschank, die diesen Wein offen ausschenken und verkaufen darf. Ein Wein ist bis zum 11. November,

Ein typischer Würstelstand im Stadtzentrum

dem Sankt-Martinstag des auf die Ernte folgenden Jahres, ein Heuriger.

In den Weinbaugebieten rund um Wien gibt es annähernd 200 Heurigenlokale (z. B. in Neustift am Walde, Grinzing, Heiligenstadt). Die meisten haben erst ab dem Nachmittag geöffnet. Lediglich die bei Besuchern beliebten Lokale und Gärten öffnen schon um die Mittagszeit.

In den meisten Heurigenlokalen holen Sie sich Ihr Essen am Büfett. Dann setzen Sie sich an einen der großen Tische und bestellen Ihren Wein. Viele Wiener verbringen hier etliche Stunden der Muße bei einigen Gläsern Wein.

Selbstverständlich können Sie auch Mahlzeiten bestellen. Da viele Heurigenlokale idyllische Gärten oder Innenhöfe haben, sind sie vor allem im Sommer beliebt. Ursprünglich hatten die Lokale nur im Sommer geöffnet. Dass neuer Wein ausgeschenkt wurde, war am »Ausg'steckt«-Schild erkennbar – dies geht zurück auf die *ausg'steckten* Zweige über der Tür nach einem Erlass (1784) von Kaiser Joseph II. Doch die größeren Heurigenlokale haben inzwischen ganzjährig offen und bieten in den gemütlichen Gaststuben auch im Winter eine ungezwungene Atmosphäre.

Kaffeehäuser und Konditoreien

Wiens berühmte Kaffeehäuser *(siehe S. 58–61)* sind etwas gruppenspezifisch »eingefärbt«: Beispielsweise gehen Politiker ins **Landtmann**, literarisch Interessierte kommen gern im **Hawelka** *(siehe S. 218)* zum Ideenaustausch zusammen. Die verschiedenen Kaffeearten sind eine Wissenschaft für sich – sie werden nach Stärke und Milchzugabe unterschieden *(siehe S. 60f)*.

Die Preise variieren nach Lage und Ausstattung. Traditionelle Wiener Institutionen wie das **Café Ministerium** *(siehe S. 218)*, in dem die Angestellten der nahen Ministerien verkehren, werden mehr verlangen als die kleinen verräucherten Cafés in irgendwelchen Gässchen und Seitenstraßen.

Während Sie in den Kaffeehäusern eine kleine Auswahl an einfachen warmen Gerichten erhalten, gibt es in Konditoreien hauptsächlich Kuchen, Torten und Gebäck (übrigens meist auch eine große Auswahl für Diabetiker). Wer sich mit den vielfältigen Spezialitäten nicht auskennt, kann direkt an der Kuchentheke wählen und bestellen. Meiden Sie jedoch die großen Konditoreien in der Innenstadt – zur Hauptsaison sind die Preise dort oft überhöht.

Eine Alternative sind die Filialen der Aida-Kette, die in ganz Wien zu finden sind. Sie sind zwar weniger komfortabel, aber deutlich billiger – selbst bei der Sachertorte.

Tunnel, eine Szenebar in der Florianigasse *(siehe S. 219)*

Das Restaurant Do & Co *(siehe S. 212)* mit Blick auf den Stephansdom

Auch bei den Suppen hat die Wiener Küche einiges zu bieten. Die beliebteste Suppe ist nach wie vor die Eierschwammerlsuppe, die mit Pfifferlingen zubereitet wird.

Vor allem aber die Desserts bzw. Süßspeisen lassen einem das Wasser im Mund zusammenlaufen. Powidltascherln (Teigtaschen mit Pflaumenmusfüllung) und Zwetschgenknödel sind allseits beliebt, und die Portionen sind oft so groß, dass Sie das Hauptgericht getrost ausfallen lassen können.

Wiener Beisln

Was dem Italiener seine Trattoria ist dem Wiener sein Beisl, ein einfaches Lokal, in dem Wiener Küche angeboten wird. Die Bezeichnung geht auf das hebräische Wort *beth* (Haus) zurück. Im 18. Jahrhundert gab es in Wien nämlich viele jüdische Gastwirte.

Inzwischen sind viele Beisln nobler und teurer geworden, doch in allen bekommt man noch die typischen Wiener Gerichte, etwa Tafelspitz, Vanillerostbraten, Kalbsbeuschel (Kalbslunge und Kalbsherz) und natürlich das obligatorische Wiener Schnitzel. Besonders riesige Schnitzel, angeblich die größten und besten der Stadt, gibt es im **Figlmüller** *(siehe S. 210)*.

Eine der vielen Café-Konditoreien der Stadt

Gutbürgerliche und internationale Küche

Die besseren Beisln bieten in etwa die gleiche Qualität wie ein gutbürgerliches Restaurant. Der Begriff ist nicht abwertend gemeint – oft verbergen sich dahinter hochwertige Schmankerl, etwa im Restaurant **Zum Herkner** am Rand des Wienerwalds *(siehe S. 217)*. In Lokalen wie **Kern's Beisl** *(siehe S. 210)* oder im **Restaurant Sperl** *(siehe S. 215)* herrscht ein hervorragendes Preis-Leistungs-Verhältnis. Gleiches gilt für Restaurants mit Ethno-Küchen, etwa für **Beim Czaak** *(siehe S. 210)* mit böhmischen Spezialitäten oder für das **Ilona Stüberl** *(siehe S. 213)* mit ausgezeichneten ungarischen Gerichten.

Auch griechische Lokale wie das **Kostas** *(siehe S. 215)* sind recht preisgünstig. Das lässt sich für die asiatischen und japanischen Lokale sowie die Sushibars nicht allgemein sagen. Sie erlebten in den letzten Jahren einen wahren Boom. Einige sind mittlerweile so beliebt, dass sie wochenlang ausgebucht sind. Dies gilt für das **Tenmaya** *(siehe S. 212)*, das ein traditionelles japanisches Ambiente inklusive Bedienungen im Kimono bietet, und für das **Kim kocht** *(siehe S. 217)*, das zudem einen Gourmetladen besitzt.

Pizza und Pasta erhält man fast überall, doch viele Italiener sind recht hochpreisig. Das mag teilweise an der Umgebung liegen. Im **Da Capo** *(siehe S. 210)* werden die Holzofenpizzas in einem attraktiven Kellergewölbe serviert.

Allmählich verbessert sich die Lage für Vegetarier. Immer mehr vegetarische Restaurants eröffnen, das älteste ist das **Wrenkh** *(siehe S. 212)*.

Weitere beliebte Orte sind spanische Lokale wie das **Cantino** *(siehe S. 215)*, das Paella und Tapas serviert, sowie türkische und kroatische Etablissements. Im Restaurant **Dubróvnik** *(siehe S. 216)* erhalten Gäste kroatische Spezialitäten wie *pljeskavica*. Lokale wie das **Aux Gazelles** *(siehe S. 215)* offerieren nicht allein französisch-marokkanische Küche, sondern vermitteln auch eine komplette Nordafrika-Erfahrung. Hier gibt es nämlich noch Dampfbad, Café, Bar, Bazar und einen Nachtclub.

Rote Bar, eines der beiden Restaurants im luxuriösen Hotel Sacher

Luxusrestaurants

Auch die besten Gourmetrestaurants der Stadt integrieren oft typische Wiener Elemente in ihre Kochkünste. Luxushotels bieten in ihren Restaurants meist hervorragendes Essen, etwa das Hotel Sacher *(siehe S. 198)*, das Bristol oder das Imperial *(siehe S. 216)*.

Wiens herausragendes Seafood-Lokal ist sicherlich die **Kervansaray-Hummerbar** *(siehe S. 215)*. Dort gibt es im Restaurant im ersten Stock immer noch Hummer, Austern und Muscheln zu fairen Preisen – bei täglich wechselndem Angebot. Das **Steirereck** *(siehe S. 217)*, das hübsch im Grünen im Stadtpark liegt und den Fokus der Küche auf österreische Traditionen legt, gilt nach wie vor als eines der besten Gourmetlokale ganz Österreichs. Die **Trattoria Martinelli** *(siehe S. 214)* ist auf traditionelle toskanische Küche auf hohem Niveau spezialisiert. Die Gerichte werden im barocken Ambiente des Palais Harrach serviert.

Gemütlichkeit an Sommerabenden: Schrammelmusik im Gartenlokal

Bezahlung

Wiener Restaurants bieten meist ein gutes Preis-Leistungs-Verhältnis. Wer sich allerdings an vielen kleinen Leckerbissen schadlos hält, kann schnell eine saftige Rechnung präsentiert bekommen. Auch die traditionsreichen Kaffeehäuser und Konditoreien verlangen zum Teil stolze Preise – eine Tasse Kaffee kostet um die drei Euro. Wenn man sich noch ein Stück Kuchen oder Torte oder einen kleinen Aprikosenschnaps genehmigt, kann sich die Rechnung leicht mehr als verdoppeln.

Schild der bekannten Café-Konditorei Demel

Häufig gibt es preiswerte Tagesgerichte bzw. Tagesmenüs (oft Mittagsmenüs) für etwa fünf bis zehn Euro, wobei Sie in einem Selbstbedienungsrestaurant oder einem der stärker touristischen Weinkeller mit mehr rechnen müssen. In einem der üblichen Beisln bezahlt man für ein Abendessen mit einem Glas Wein schnell 20 Euro. Wer sich an die Menüangebote hält, speist um einiges billiger.

Die Preise der breiten Masse an Mittelklasse-Restaurants bewegen sich im Rahmen des Üblichen. In Gourmetrestaurants übersteigen sie dagegen schnell die 50-Euro-Grenze pro Person. Abends sind die Preise generell höher als am Tag. Ein ähnlicher Preisanstieg ist leider bisweilen in der Hauptsaison zu beobachten.

Bitte beachten Sie, dass viele der kleineren Lokale keine Kreditkarten akzeptieren. Fragen Sie am besten vorher nach.

Restaurant Altwienerhof in der Herklotzgasse

Reservierung

Alle, die eine besondere Dienstleistung benötigen (z. B. Behinderte oder Familien mit Kindern), sollten sich erkundigen, ob das Lokal ihre Bedürfnisse (rollstuhlgerecht, Nichtraucherzone, Kinderstühle, Kinderkarte etc.) erfüllen kann. Meist genügt es, ein oder zwei Tage im Voraus zu reservieren. Bitte bedenken Sie: Selbst die einfachen Beisln haben treue Stammgäste und sind oft voll. Vermeiden Sie also lieber eine Enttäuschung, indem Sie rechtzeitig reservieren.

Service und Trinkgeld

Aufmerksamer Service ist ein Markenzeichen fast aller Wiener Restaurants. Dieser Service ist zwar in der Rechnung inbegriffen, trotzdem sollten Sie die Bedienung sowohl in Restaurants als auch in Kaffeehäusern mit Trinkgeld (etwa zehn bis 15 Prozent) honorieren.

Wiener Spezialitäten: Deftiges

Die Wiener Küche ist ein Erbe der Donaumonarchie, als die Köche des Wiener Hofs von unterschiedlichen europäischen Genüssen beeinflusst wurden. Sie ist daher ausgesprochen vielfältig. Italienische, polnische und ungarische kulinarische Traditionen inspirierten die Gerichte. Auch die Gewürze des Balkans machen sich bemerkbar. Das Wiener Schnitzel war einst ein Import aus Mailand, als die Stadt unter Habsburger Herrschaft stand. Das Gulasch ist die österreichische Version des Kesselgerichts aus der ungarischen Puszta. Aus Böhmen kamen Mehlspeisen, vor allem die Knödel.

Pfifferlinge

Käsestand auf einem Bauernmarkt

Fleisch, Geflügel und Milch

Rindfleisch essen die Österreicher einen Tick lieber als Schweinefleisch. Rindfleisch wird beispielsweise im aus Ungarn eingeführten Gulasch verwendet. Das berühmteste Gericht ist wohl das Wiener Schnitzel, zu dem traditionellerweise Kalbfleisch verwendet wird. Schweinefleisch wird eher für Schinken und Wurst verwendet. Schinken und Speck werden geräuchert und/oder luftgetrocknet, eine alpenländische Tradition. Bratwürste können aus Rind-, Kalb- oder Schweinefleisch bestehen. Beliebt sind die Frankfurter (die außerhalb Österreichs meist »Wiener« heißen) und die Käsekrainer. Der Name »Bierwurst« zielt nicht auf die Zubereitungsart, sondern auf die Tatsache, dass diese Wurst gern zum Bier gegessen wird. Das Backhendl ist seit dem 18. Jahrhundert eine Spezialität der Wiener Küche. Entenbraten wird oft mit einer süßen Sauce serviert, manchmal mit Blaukraut. Auch Gänsebraten und Gänseleber sind beliebt. Die Milch der Kühe, die auf den Alpenmatten grasen, ergibt einige exzellente Käsesorten, etwa den würzigen Schnitt-

Auswahl an österreichischen Wurstwaren

Typische Gerichte

Paprika

Die meisten Wiener Klassiker findet man überall in Österreich, obwohl sich die Regionen auch ihre Eigenheiten bewahrt haben. Im Osten des Landes sind eher Knödel beliebt. Das gilt auch für Karpfen, Wild und Schweinefleisch. Rind- und Lammfleisch findet man eher im Westen und in den Bergen. Gutes Rindfleisch braucht es für den Tafelspitz, der oft als Nationalgericht gehandelt wird. Speck ist u.a. Bestandteil der Speckknödel. Das liebste Schweinefleisch ist den Österreichern wohl das Kassler (Surbraten), das gern mit Sauerkraut serviert wird. Fischgröstl ist eine Mischung aus Fischstücken, Zwiebeln, Kartoffeln und restlichen Fleischstücken – ein typisches Resteverwertungsgericht, deshalb findet man es selten auf einer normalen Speisekarte.

Tafelspitz, *ein Stück aus der Rinderkeule, wird mit Wurzelgemüse gekocht und mit Kren (Meerrettich) serviert.*

Frische bunte Vielfalt – Gemüse auf einem Wiener Markt

käse Wälder oder den Vorarlberger Bergkäse.

Fisch

Österreich ist ein Binnenland, folglich gibt es keine Seafood-Tradition, wobei man natürlich heute in entsprechenden Lokalen von Hummer über Jakobsmuscheln bis zu Seefisch alles erhält. Allerdings wurden Süßwasserfische schon immer gern gegessen: Forelle ist am beliebtesten, meist wird sie gegrillt oder als Forelle blau serviert. Heringe werden gern als Vorspeise gegessen. An Ostern gibt es geräucherten Hering mit Apfelsalat. Karpfen ist ein beliebtes Weihnachtsessen. Scholle (Goldbutt) wird das ganze Jahr über gegessen. Oft wird sie in einer Gemüsesauce serviert.

Gemüse

Österreichisches Gemüse ist von hoher Qualität. Zudem hat Österreich im Vergleich zu anderen europäischen Ländern einen hohen Anteil an Öko-Landbau. Saisonale Verwendung von Obst und Gemüse wird immer noch favorisiert – am deutlichsten sichtbar bei der Spargelsaison von Ende April bis Juli –, obwohl Importware das ganze Jahr über erhältlich ist. Küchenchefs richten oft die Speisekarte am saisonalen heimischen Marktangebot aus. Pilze stellen eine weitere saisonale Gruppe dar. Dies gilt insbesondere für Pfifferlinge (Eierschwammerl). Kartoffeln (Erdäpfel) werden nicht nur als Gemüsebeilage, sondern oft auch für Knödel (deftig oder süß) verwendet. Kohl ist eine häufige Beilage, etwa zur Ente. Beliebt ist auch Lauch.

Weißer Spargel: Angebot auf einem Markt

Leckere Snacks

Burenwurst: Grobe österreichische Brühwurst, die zum Standardangebot der Würstelstände gehört.

Liptauer: Ziegen- oder Schafskäse, angemacht mit Paprika, Kümmel, Kapern, Senf, Schnittlauch und Zwiebeln, ist ein Klassiker in Weinlokalen.

Maroni: Im Winter liegt der Duft der Esskastanien überall in Wien in der Luft.

Saure Blunzen: Saure (in Essig eingelegte) Blutwurst mit Brot wird gern zum Bier gegessen.

Schmalzbrot: Aufs Schmalzbrot kommen Zwiebeln oder saure Gurken.

Wiener Schnitzel *sollte klassischerweise vom Kalb stammen. Das Schnitzel wird ohne Sauce serviert.*

Rindsgulasch *kommt ursprünglich aus Ungarn. In Wien wird es mit Paprika und Kümmel gewürzt.*

Forelle blau *erhält man, wenn man den Fisch (mit äußerer Schleimschicht) in Essigwasser pochiert.*

Wiener Spezialitäten: Süßes

Nur wenige Städte können mit Wiens Angebot an Süßspeisen kokurrieren. Ob vormittags oder nachmittags – Wiener lieben ihren Kaffee mit Kuchen. Die besten Torten, Kuchen und Feingebäck gibt es in den Konditoreien *(siehe S. 201)*, die auch gleich den Kaffee dazu anbieten. Traditionelle, recht kalorienreiche Desserts werden in allen besseren Lokalen serviert – vom klassischen Wiener Apfelstrudel bis zum Guglhupf aus Tirol. Auch jede österreichische Region ist stolz auf ihre jeweiligen Süßspeisen, doch Wien war und ist das Zentrum der »Zuckerbäcker«.

Mohnsamen

Bei Kaffee und Kuchen in einem Wiener Kaffeehaus

Torten und Kuchen

Die österreichische Zuckerbäckerei und Süßspeisenherstellung blickt auf eine lange Tradition zurück. Sogar Dörfer haben ihre typischen Spezialitäten. Ungefähr nach jeder österreichischen Stadt ist auch ein Kuchen oder Gebäck benannt. Die berühmteste Torte des Landes ist allerdings eine Wiener Kreation: die Sachertorte, eine gehaltvolle Schokoladentorte mit einer Schicht Aprikosenmarmelade, die Franz Sacher 1832 für Metternich erfand. Während sich die Wiener der Sachertorte rühmen, sind die Linzer stolz auf ihre Linzertorte, ein mit Teiggittern verzierter Kuchen, der mit Himbeer- oder Johannesbeermarmelade gefüllt ist. Zudem soll das Rezept sehr alt sein, nämlich bis ins 17. Jahrhundert zurückgehen. An der Grenze zu Ungarn favorisiert man die Dobostorte, die nach ihrem Schöpfer, dem Budapester Konditor Josef Dobos (19. Jh.), benannt ist. Die Schichttorte aus Biskuitböden ist mit einer Schokolade-Butter-Creme gefüllt und mit Karamellsauce glasiert. Aus Salzburg stammen die Salzburger Nockerln, ein

Auswahl an österreichischen Kuchen und Torten

Wiener süsse Sünden

Haselnüsse

Vom Topfentascherl bis zum Kastanieneis: Wiener Süßspeisen sind reichhaltig und abwechslungsreich. Es gibt zarte Taschen, Knödel mit Fruchtfüllungen (etwa Aprikosen), Fettgebackenes, Palatschinken oder Strudel. Die sogenannten Mehlspeisen enthalten nicht unbedingt Mehl, sondern oft Haselnüsse oder Mandeln. Nüsse, aber auch Pinienkerne spielen eine wichtige Rolle – Haselnüsse etwa gehören in den Apfelstrudel. Ungewöhnlicher sind andere Mehlspeisen, beispielsweise die süßen Mohnnudeln oder Böhmisches Omelett, das mit Schlagsahne und Pflaumenmus serviert wird. Dagegen gibt es die normalerweise süßen Palatschinken auch als herzhafte Variante.

Mohr im Hemd – *der Schoko-Nuss-Pudding wird in Schokoladensauce und mit Schlagsahne serviert.*

Auslage in einer Wiener Konditorei

warmes süßes Soufflé. Die Esterházytorte besteht aus Meringueböden mit Haselnusscreme und Fondantglasur. Der Stollen kommt zwar aus Deutschland, ist aber mittlerweile auch ein österreichisches Weihnachtsgebäck. Ob in Wien oder irgendwo auf dem Land: Süßes muss sein.

Weitere Süssspeisen

Im perfekten globalen Dorf werden österreichische Konditoreien und Kaffeehäuser immer an der Hauptstraße liegen. Schon das französische *Viennoiserie* unterstreicht die Vorherrschaft der Österreicher für Feingebäck. Die österreichische Kaffeehauskultur soll ihren Anfang bei den Türkenbelagerungen genommen haben: Die Türken ließen angeblich ihre Kaffeevorräte zurück, als sie nach der erfolglosen Belagerung Wiens 1529 abzogen. Auch die halbmondförmigen Kipfel – mindestens so beliebt wie Croissants – sollen auf die Zeit der türkischen Belagerung zurückgehen und dem

Schokoladengeschäft, in dem Mozartkugeln verkauft werden

Halbmond der osmanischen Flagge nachgebildet sein. Derartige Herleitungen sind mittlerweile in Vergessenheit geraten – doch die Kaffeehauskultur ist bis heute präsent geblieben. Noch immer betrachten die Wiener Kaffeehäuser und Cafés quasi als die Verlängerung ihres Wohnzimmers und verbringen dort Stunden, um Zeitung zu lesen, zu plaudern etc. Jedes Kaffeehaus bietet mindestens Apfelstrudel, Cremeschnitten und Punschkrapfen an. Letztere Leckerei ist ein Biskuit mit Marmelade, Rum und Schokolade, der mit einer rosa Glasur (eben der Punschglasur) überzogen ist.

Mozartkugeln

Edle Schokokugeln in aufwendiger Verpackung mit dem Porträt Mozarts – sie sind wahrscheinlich das beliebteste Österreich-Souvenir. Die Mozartkugeln kommen aus Salzburg, wo Mozart lebte, als er seine »Schokoladenoper« *Così fan tutte* komponierte. 1890 kreierte der Konditormeister Paul Fürst die ersten »Mozartbonbons«, kleine Kugeln aus Pistazienmarzipan mit Marmelade, ummantelt von Nugat und dunkler Kuvertüre. Die Mozartkugel fand sofort viele Nachahmer und führte zu einem Streit um das Namensrecht. Die Produkte der Konditorei Fürst fungieren mittlerweile als »Original Salzburger Mozartkugeln«.

Apfelstrudel *enthält eine Füllung aus Äpfeln, Rosinen, Zimt, Nüssen und manchmal Mohnsamen.*

Palatschinken – *die ungarischen Pfannkuchen werden mit Süßem gefüllt oder mit Saucen serviert.*

Topfenknödel – *die Quarkknödel, bestreut mit in Butter gerösteten Bröseln oder Nüssen, gibt's mit Kompott.*

Wiener Getränke

Österreich produziert exzellente Weine und viele verschiedene Biersorten. Wien liegt mitten in einem Weinbaugebiet. Rund um die Stadt befinden sich unzählige Weinberge und -dörfer, in denen der bekannte Heurige produziert und angeboten wird. Gute österreichische Weine findet man auch in den Restaurants *(siehe S. 210–217)*. Meist handelt es sich um Weißweine, wenngleich in letzter Zeit auch Rotweine an Bedeutung gewinnen. Der süße Eiswein wird aus Trauben gekeltert, die nach dem ersten Frost geerntet worden sind. Auch erstklassige Schnäpse werden in Österreich gebrannt.

In den Weinbergen nahe den Dörfern im Norden und Westen von Wien reift der Heurige

Chardonnay aus der Steiermark und Sekt aus Niederösterreich

Österreichische Weine

Der beliebteste Wein ist der Grüne Veltliner, der durch seine Frische besticht. Darüber hinaus gibt es trockene Riesling-Weine, vor allem aus der Wachau, und kräftige Weißburgunder aus dem Burgenland. Die Rotweine sind eher leicht und mild, sie werden meist aus der Blaufränkischen Traube gekeltert. 1999, 2000, 2002, 2003 und 2006 waren gute Weinjahre.

Riesling aus der Wachau kann leicht oder vollmundig sein.

St. Laurent ist ein leichter Rotwein mit Volumen vom Neusiedler See.

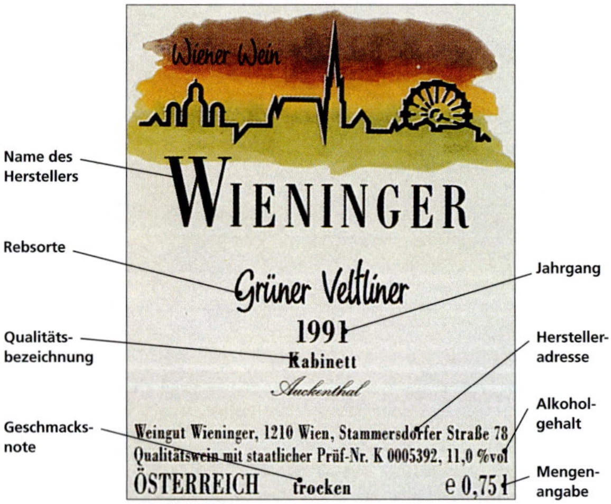

Grüner Veltliner ist ein frischer, fruchtiger Weißwein – normalerweise trocken –, der aber auch als Eiswein hervorragend schmeckt.

Blaufränkischer ist ein Rotwein aus dem Burgenland mit Charakter.

Krügerl, Steinkrug (0,5 l)

Seidl, Bierglas (0,3 l)

Krügerl, Bierglas (0,5 l)

Pfiff, Glas (max. 0,17 l)

Österreichische Biere

In Wien wird seit über 150 Jahren gutes Bier gebraut. Wiens Lagerbiere sind von goldbrauner Farbe und süß im Geschmack. Besonders gut schmecken sie zu den deftigen Gerichten, die in den Beisln *(siehe S. 202)* angeboten werden. *Gold Fassl* aus der Ottakringer Brauerei ist ein typisches Bier dieser Sorte. Leichtere Biere wie das *Weizengold* gibt es ebenfalls überall. Eines der beliebtesten österreichischen Biere ist das *Gösser*, das aus der Steiermark kommt. Als Spezialität gilt das *Eggenberger Urbock*, eines der deftigsten Starkbiere der Welt, das in der seit dem 17. Jahrhundert bestehenden Brauerei Schloss Eggenberg hergestellt wird.

Kaiser, ein leichtes Bier

Weizengold, Weizenbier

Gösser Spezial, kräftiges Bier

Bierhof-Bierdeckel aus einem Lokal im Haarhof

Null Komma Josef, alkoholfreies Bier der Ottakringer Brauerei

Weitere österreichische Getränke

Neben Alkoholika gibt es auch eine Vielzahl an nichtalkoholischen Getränken, vor allem Fruchtsäfte wie Johannisbeer- oder Himbeersaft. Eine nichtalkoholische österreichische Spezialität ist auch der *Almdudler*, eine Kräuterlimonade. Obst ist die Grundlage für viele hervorragende Schnäpse, etwa den Wacholderschnaps, den Marillen- (Aprikosen-) oder den Quittenbrand. Es lohnt sich, die hervorragenden Schnäpse zu probieren. Zur Weinlese im Herbst gibt es den *Sturm*, einen jungen, nicht durchgegorenen Wein, eine Art Federweißer, der leicht und süß schmeckt, aber recht schnell zu Kopf steigt.

Marillenbrand

Der Wiener Rathauskeller bietet viele verschiedene Biersorten an

Restaurantauswahl

Die folgenden Restaurants wurden wegen ihrer Qualität, des guten Preis-Leistungs-Verhältnisses oder des attraktiven Ambientes ausgewählt. Sie sind nach Stadtvierteln aufgelistet und dort alphabetisch und nach Preiskategorien geordnet. Die Koordinatenangaben beziehen sich auf den *Stadtplan* von Wien *(siehe S. 256–267)*.

PREISKATEGORIEN
Die Preise gelten für ein Drei-Gänge-Menü pro Person, ohne Getränk, inkl. Steuern und Service:

€ unter 20 Euro
€€ 20–30 Euro
€€€ 30–40 Euro
€€€€ 40–50 Euro
€€€€€ über 50 Euro

STEPHANSDOMVIERTEL

Bettelstudent €

Johannesgasse 12, 1010 ☎ 513 2044 FAX 513 20442 **Stadtplan** *4 E1, 6 D4*

Das lebhafte preisgünstige Lokal existiert seit 1986. Es bietet österreichische Weine und über 30 Biere. Die Küche bietet Traditionelles und Internationales wie Lasagne und Spareribs. Das Restaurant ist dafür bekannt, dass man hier noch sehr spät etwas zu essen bekommt.

Beim Czaak €€

Postgasse 15 / Ecke Fleischmarkt, 1010 ☎ 513 7215 FAX 512 7464 **Stadtplan** *2 E5, 6 E3*

Das Lokal liegt seit 1920 in Familienhand. Das hübsche unprätentiöse Restaurant serviert Wiener und tschechische Gerichte. Es strahlt noch die Atmosphäre eines Wiener Beisl aus – mit ein paar Zugeständnissen an den Sitzkomfort. Freundlicher Service. Haustiere dürfen mit rein. *So geschl.*

Da Capo €€

Schulerstraße 18, 1010 ☎ 512 4491 FAX 512 4491-4 **Stadtplan** *2 E5, 6 D3*

Pizzeria und Restaurant in einem: Das Da Capo gehört zur gehobeneren Preisklasse, doch man sitzt sehr attraktiv im Kellergewölbe. Außer Pizzas erhält man natürlich Antipasti, Pasta-, Fleisch- und Seafood-Gerichte. Es gibt auch ein Menü. Reservierung empfohlen.

Da Conte €€

Kurrentgasse 12, 1010 ☎ 533 6464 FAX 532 6997 **Stadtplan** *5 C2*

Traditioneller Italiener, der für seine Pasta-, Lamm- und Kalbfleischgerichte, aber auch für frische Fischgerichte bekannt ist. Zum Nachtisch gibt es Tiramisu oder *crema caramella.* Mittagsmenüs für Geschäftsleute. Reservierung empfohlen. *So geschl.*

East to West €€

Seilerstätte 14, 1010 ☎ 512 91 49 FAX 512 91 49 **Stadtplan** *4 E1, 6 D4*

In dem beliebten asiatischen Restaurant mit attraktiver moderner Einrichtung gibt es leckere chinesische, japanische und Thai-Gerichte. Das Essen ist leicht und aromatisch. Zudem gibt es eine gute Auswahl an passenden Weinen. Reservierung empfohlen.

Figlmüller €€

Wollzeile 5, 1010 ☎ 512 6177 FAX 320 425 720 **Stadtplan** *2 E5, 6 D3*

Das anheimelnde Gasthaus ist ein Wahrzeichen der Wiener Küche. Es ist für seine riesigen Wiener Schnitzel stadtbekannt und ein Ort, um gepflegt Weine zu probieren (werden glasweise ausgeschenkt). Es gibt glutenfreie Gerichte. Haustiere darf man mitbringen. *Aug geschl.*

Gulaschmuseum €€

Schulerstraße 20, 1010 ☎ 512 1017 FAX 512 1018 **Stadtplan** *2 E5, 6 D3*

Für alle Gulasch-Fans ist das Gulaschmuseum natürlich ein Muss. Hier gibt es jede Menge Varianten des ursprünglich aus der ungarischen Tiefebene stammenden Kesselgerichts mit unterschiedlichem Fleisch, Gemüse und Gewürzen. Reservierung unabdingbar.

Kern's Beisl €€

Keeblattgasse 4, 1010 ☎ 533 9188 **Stadtplan** *2 D5, 5 C3*

Beliebt, hübsch, voll: Das Beisl serviert klassische Wiener Küche einschließlich Backhendl, Schnitzel und Gulasch. Es gibt auch eine umfassende Weinkarte und eine große Auswahl an Schnäpsen. Probieren Sie die hausgemachten Strudel zum Dessert. *Sa, So geschl.*

Mandarin €€

Singerstraße 11, 1010 ☎ 512 2804 FAX 513 6084 **Stadtplan** *4 E1, 6 D3*

Das bekannte und meist volle asiatische Restaurant serviert östliches Essen in elegantem Ambiente. Das Lokal ist auf Sichuan- und Kanton-Küche spezialisiert. Zudem gibt es immer interessante ausgefallene Tagesgerichte auf der Karte. Reservierung empfohlen.

Zeichenerklärungen *siehe hintere Umschlagklappe*

Toko-Ri

V ☐ €€

Salztorgasse 4, 1010 ☎ *532 7777* FAX *532 7777-17* **Stadtplan** *2 E4, 6 D2*

Der Japaner – eine von vier Filialen einer Kette – bietet Sashimi, Maki-Sushi, Tempura und mehr. Das Interieur des Toko-Ri ist minimalistisch gestylt. Die Sushi-Theke dient zugleich als Aquarium. Der richtige Ort für Fans japanischer Fischgerichte.

Weibels Wirtshaus

€€

Kumpfgasse 2, 1010 ☎ + FAX *512 3986* **Stadtplan** *4 E1, 6 E3*

Das traditionelle Lokal bietet österreichische Küche auf hohem Niveau. Im holzgetäfelten Gastraum gibt es Sitznischen. Die Speisekarte orientiert sich am saisonalen Angebot. Empfehlenswert, wenn angeboten: die Kürbissuppe. Die Weine werden glasweise ausgeschenkt. Reservierung empfohlen.

Zanoni Luciano

€€

Lugeck 7, 1010 ☎ *512 7979* FAX *512 7979-76* **Stadtplan** *6 D3*

Das relaxte, preiswerte Esslokal serviert Frühstück genauso wie Sandwiches, Crêpes, allerlei Gebäck und Kuchen. Ideal für ein kleines Zwischengericht oder für das leichte Mittagessen. Viele der Essensangebote kann man auch mitnehmen.

Cantinetta Antinori

€€€

Jasomirgottstraße 3–5, 1010 ☎ *533 7722* FAX *533 7722-11* **Stadtplan** *2 D5, 6 D3*

Das Restaurant gehört zu einer Kette, die in Italien, der Schweiz und Russland vertreten ist. Angeboten werden toskanische Gerichte, einschließlich Pasta und Fisch. Der Wein stammt aus eigenen Weinbergen. Ambiente und Service sind sehr italienisch. Reservierung unabdingbar.

Enoteca Cinque Terre

€€€

Marc-Aurel-Straße 10, 1010 ☎ + FAX *533 8265* **Stadtplan** *2 E5, 6 D2*

Kleines Restaurant mit mediterraner Küche. Die Gäste können zusehen, wie ihr Gericht zubereitet wird. Der Schwerpunkt liegt auf italienischer Küche, darunter Pasta mit fantastischen Sugos und perfekt zubereiteter Fisch. Exzellente österreichische, italienische und spanische Weine. *Sa, So geschl.*

Fadinger

€€€

Wipplingerstraße 29, 1010 ☎ *533 4341* FAX *532 4451* **Stadtplan** *2 D4, 5 C2*

Das elegante Restaurant mit »Wintergarten«-Speiseraum serviert solide, internationale, vegetarische und regionale Spezialitäten. Der Küchenchef ist für seine originellen Saucen und Gewürzmischungen bekannt. Reservierung empfohlen. *Sa, So geschl.*

Griechenbeisl

€€€

Fleischmarkt 11, 1010 ☎ *533 1977* FAX *533 1977-12* **Stadtplan** *2 E5, 6 D2*

Seit 1447 gibt es Wiens ältestes Gasthaus – und seither serviert es Wiener Küche. Mittlerweile hat das familiengeführte Beisl auch einige internationale Gerichte auf der Karte. Lecker: die Kürbiscremesuppe. Im Mark-Twain-Zimmer hängen Autografen des Schriftstellers an der Wand. *24. Dez geschl.*

Ofenloch

€€€

Kurrentgasse 8, 1010 ☎ *533 88 44* FAX *532 98 22* **Stadtplan** *5 C2*

In dem historischen Restaurant mit gut erhaltenem Wirtshausdekor werden Klassiker der Wiener Küche serviert. Für die Gerichte werden nur frische, meist ökologische Produkte verwendet. Falls das Wetter mitspielt, können die Gäste auch im Freien, in einer der ältesten Wiener Gassen, essen. *So geschl.*

Oswald & Kalb

€€€

Bäckerstraße 14, 1010 ☎ *512 1371* FAX *512 137110* **Stadtplan** *2 E5, 6 D3*

Das kleine, freundliche Restaurant hinter dem Stephansdom gilt als Künstlertreffpunkt. Hier kommen traditionelle und regionale Speisen auf den Tisch, darunter natürlich auch Wiener Schnitzel. Hausweine und einige Biersorten erhältlich.

Plachutta

€€€

Wollzeile 38, 1010 ☎ *512 1577* FAX *512 1577-20* **Stadtplan** *2 E5, 6E3*

In komfortablem grünem und cremefarbenem Ambiente wird typische Wiener Küche serviert. Das Restaurant ist auf Fleischgerichte spezialisiert und vor allem für seinen guten Tafelspitz bekannt. Elegantere Kleidung erwünscht. Für Männer sind Jackett und Krawatte obligatorisch. Reservierung empfohlen.

Salut

€€€

Wildpretmarkt 3, 1010 ☎ *533 1322* FAX *533 1322* **Stadtplan** *2 D5, 6 D3*

In Wien gibt es nur wenige französische Restaurants. Das Salut, das klassische französische Küche anbietet, gleicht dies ein bisschen aus. Sein Dekor bringt ein bisschen Pariser Flair an die Donau. Fisch gehört zu den Spezialitäten des Hauses. Empfehlenswert: die Bouillabaisse. Günstigere Mittagsmenüs. *So geschl.*

Salzamt

€€€

Ruprechtsplatz 1, 1010 ☎ *533 5332* **Stadtplan** *2 E5, 6 D2*

Das beliebte Restaurant, das in den 1980er Jahren öffnete, serviert österreichische und Wiener Küche. In dem »Intellektuellentreff« kann man bis spät in die Nacht an der trendigen Theke sitzen. Zu essen gibt es ausgezeichnete Fleisch-, Fisch- und Pastagerichte sowie leckere Desserts. Reservierung empfohlen.

Stadtplan *siehe Seiten 256–267*

Wrenkh €€€

Bauernmarkt 10, 1010 ☎ *533 1526* FAX *535 0840* **Stadtplan** *2 E5, 6 D3*

Das komfortable, moderne Wrenkh gehört zu den besten vegetarischen Restaurants in Wien. Abgesehen von den leckeren Gerichten gibt es auch frisch gepresste Fruchtsäfte. Abwechslungsreiches Angebot an Tagesgerichten. Reservierung empfohlen. *Sa mittags, So geschl.*

Zum Basilisken €€€

Schönlaterngasse 3–5, 1010 ☎ *513 3123* FAX *513 3123* **Stadtplan** *6 E5*

Restaurant, Bar und Café. Das holzgetäfelte Etablissement bietet traditionelle Wiener und regionale Küche. Zu den Spezialitäten des Hauses gehören Truthahnfilet, Schweinelende und Kalbfleischgerichte wie Tafelspitz. Einzigartig: der Wildschweinbraten. Und zum Nachtisch: Palatschinken mit Brombeeren.

Zum Schwarzen Kameel €€€

Bognergasse 5, 1010 ☎ *533 8125* FAX *533 8125-23* **Stadtplan** *2 D5, 5 C3*

Das beliebte familiengeführte Restaurant ist zugleich auch Bar und Café. Serviert werden Klassiker wie Tafelspitz, aber auch leichte Gerichte. Unschlagbar: die delikaten belegten Brote. Täglich gibt es auch Fischspezialitäten. Im Art-déco-Speiseraum kann man stilvoll essen. *So geschl.*

Do & Co €€€€

Stephansplatz 12, 1010 ☎ *533 3969* FAX *535 3959* **Stadtplan** *2 E5, 6 D3*

Das Do & Co ist Teil eines Catering-Unternehmens, aber auch eine Wiener Institution. Es liegt im 7. Stock des Haas-Hauses und bietet einen unvergleichlichen Blick auf den Stephansdom. Exzellente internationale und regionale Gerichte. Spezialität des Hauses sind Kebabs. Reservierung empfohlen.

Drei Husaren €€€€

Weihburggasse 4, 1010 ☎ *512 1092* FAX *512 1092-18* **Stadtplan**

Die Drei Husaren gelten als Wiens ältestes Luxusrestaurant. Hier hat man das Gefühl, in Habsburger Zeiten zurückversetzt zu sein. Alle Gerichte sind ausgezeichnet zubereitet und werden elegant serviert. Zum Dessert sollte man die *Drei-Husaren-Torte* probieren. Für Männer sind Jackett und Krawatte obligatorisch. Reservierung empfohlen.

Fabios €€€€

Tuchlauben 6, 1010 ☎ *532 2222* FAX *532 2225* **Stadtplan** *2 D5, 5 C3*

Das beliebte internationale Restaurant bietet noch eine Bar und eine Lounge. Auf der Speisekarte stehen Ravioli, Risotto, Wildgerichte, Lammkeule und Rinderfilet. Auch im Angebot: das Kochbuch, in dem sich einige der berühmtesten Rezepte des Hauses finden. Reservierung empfohlen. *So geschl.*

Himmelsstube €€€€

Parkring 12, 1010 ☎ *514 8041 7* FAX *514 8040* **Stadtplan** *4 E1, 6 E4*

Im zwölften Stock des Hotels Am Parkring serviert die Himmelsstube österreichische und Wiener Küche. Während des Essens kann man die herrliche Aussicht auf die Stadt genießen. Regionale Weine und Schnäpse sind ebenfalls im Angebot. Vier-Gänge-Menüs gibt es zum Festpreis. *Juli/Aug geschl.*

König von Ungarn €€€€

Schulerstraße 10, 1010 ☎ *515 84 15* FAX *515 848* **Stadtplan** *2 E5, 6 D3*

Das Lokal liegt im gleichnamigen historischen Hotel *(siehe S. 195)* in einem Gebäude aus dem 16. Jahrhundert. Das Restaurant bietet internationale wie regionale Küche. Lecker: Entenbraten oder gefüllte Kalbsbrust. Auch der gemischte Grillteller ist empfehlenswert.

Parkring Restaurant €€€€

Parkring 12a, 1010 ☎ *515 18 6800* FAX *515 18-6803* **Stadtplan** *4 D1, 6 E4*

Das Restaurant liegt im Marriott Hotel *(siehe S. 196)*. Das Edellokal bietet eine fantastische Aussicht auf den Stadtpark. In elegantem Ambiente wird Internationales und Wiener Küche serviert. Perfekt für den Abschluss eines anstrengenden Geschäftstages. *Mi–So abends und So vormittags geöffnet.*

Tenmaya €€€€

Krugerstraße 3, 1010 ☎ *512 7397* FAX *512 4686* **Stadtplan** *6 D5*

Das japanische Restaurant ist bei Besuchern und Einheimischen gleichermaßen beliebt. Es bietet delikates Sushi und Teppanyaki. Authentisches traditionelles Dekor – die Bedienungen tragen Kimonos. Insgesamt erfreuliche Esserfahrung. Reservierung empfohlen.

Walter Bauer €€€€

Sonnenfelsgasse 17, 1010 ☎ + FAX *512 9871* **Stadtplan** *6 E3*

Das Restaurant ist bei Einheimischen und Promis beliebt. Es serviert internationale und Gourmetküche, aber auch traditionelle regionale Gerichte. Zur Auswahl stehen etwa Thunfisch, Lachs, Hummer und Wild. Der Walnussschmarrn ist ein Traum von Nachtisch. Reservierung empfohlen. *Mo mittags, Sa, So geschl.*

Le Siècle €€€€€

Parkring 16, 1010 ☎ *515 170* FAX *512 2216* **Stadtplan** *4 E1, 6 E4*

Das preisgekrönte internationale Restaurant im Hotel Radisson SAS Palais *(siehe S. 196)* serviert auch eine Anzahl regionaler Spezialitäten. Wenn Sie besonders stimmungsvoll speisen möchten, sollten Sie ein Candle-Light-Dinner reservieren. *Sa, So, Feiertage und zwei Wochen im Sommer geschl.*

Hofburgviertel

Ilona Stüberl €

Bräunerstraße 2, 1010 533 9029 FAX 533 9029-6 **Stadtplan** 2 D5, 5 C3

In dem kleinen familiengeführten Restaurant kommt ungarische Küche auf den Tisch, etwa große Portionen Pörkölt (Gulasch), Krautwickel, Hühnerpaprikasch etc. Auf der Fußgängerzone stehen ein paar Tische im Freien. Haustiere darf man mitnehmen. *Mo, Okt–März geschl.*

Reinthaler's Beisl €

Dorotheergasse 2–4, 1010 513 1249 **Stadtplan** 2 D5, 5 B3

Das typische Wiener Beisl überzeugt durch bodenständige Küche und ein solides Preis-Leistungs-Verhältnis. Auf der Speisekarte findet man eine große Auswahl österreichischer Gerichte. Bei schönem Wetter wird das Essen auch auf der Terrasse serviert. Vor allem mittags sollte man reservieren. *So geschl.*

Café Hofburg €€

Hofburg, Innerer Burghof 1, 1010 241 00-420 FAX 241 00-419 **Stadtplan** 4 D1, 5 B4

Das elegante Café-Restaurant im Komplex der Hofburg serviert traditionelle Wiener Küche, etwa Rindsgulasch, Original Wiener Würstel, diverse Salate und eine Palette an Palatschinken. Lecker: der Kaiserschmarrn mit Apfelmus und Zwetschgenröster.

Regina Margherita €€

Wallnerstraße 4, Palais Esterházy, 1010 533 08 12 FAX 533 08 12-20 **Stadtplan** 2 D5, 5 B3

Beliebtes italienisches Restaurant und Pizzeria in der Nähe des Kohlmarkts. Es bietet die perfekte Pizza à la Napoli, frisch und knusprig aus dem Holzkohleofen. Die italienischen Bedienungen sind ausgesprochen freundlich. Reservierung empfohlen.

Yugetsu €€

Führichgasse 10, 1010 512 2720 FAX 512 2720-21 **Stadtplan** 4 D1, 5 C4

Die hohe Anzahl der Japaner, die hierher zum Essen kommt, verspricht Authentizität und Qualität. Das Restaurant zeigt ein ultramodernes Interieur. Im Erdgeschoss gibt es eine Sushibar, im ersten Stock wird Teppanyaki serviert. Für einige Gäste ist dieser der beste Japaner Wiens.

Ephesus €€€

Bräunerstraße 8, 1010 533 9091 FAX 533 9091 **Stadtplan** 2 D5, 5 C3

Im Gewölbe des Ephesus speist man in elegantem Ambiente mit Nachbildungen von antiken Friesen an den Wänden. Serviert wird türkisch-levantinische Küche, darunter Standards wie Tsatsiki und Moussaka. Die Weine kommen aus Österreich, der Türkei, Griechenland und Italien. *So geschl.*

Novelli Bacaro con Cucina €€€€

Bräunerstraße 11, 1010 513 4200 FAX 513 42001 **Stadtplan** 5 C3

Das gehobene Restaurant mit Mittelmeerküche liegt im Palais Pallavicini. Die hübsche Inneneinrichtung ist toskanisch inspiriert. Die italienischen Klassiker umfassen Antipasti, hausgemachte Pasta, Lamm- und Rindfleischgerichte. Exzellente Weinkarte. Haustiere sind willkommen *So geschl.*

Palmenhaus €€€€

Burggarten, 1010 533 1033 FAX 533 1033-10 **Stadtplan** 4 D1, 5 B4

Das Restaurant liegt grandios: im Palmenhaus und ganz in der Nähe des Schmetterlingshauses im Burggarten. Hier erhält man eine Reihe internationaler Gerichte, die fast jede Geschmacksrichtung abdecken, darunter Suppen, Salate, Fisch- und Fleischgerichte.

Sky Restaurant €€€€

Kärntner Straße 19, 1010 513 1712-40 FAX 513 1712-20 **Stadtplan** 4 D2, 5 C5

Das Restaurant mit Bar und Café liegt im obersten Stock des Kaufhauses Steffl und bietet einen grandiosen Blick auf den Stephansdom und die Innenstadt. Tagsüber gibt es Kaffeespezialitäten und Snacks, abends werden Wiener Klassiker, italienische Spezialitäten und asiatische Wokgerichte serviert. Reservierung empfohlen. *So geschl.*

Mörwald im Ambassador €€€€€

Kärntner Straße 22, 1010 961 61161 FAX 961 61160 **Stadtplan** 5 C4

Das Restaurant im Hotel Ambassador *(siehe S. 196)* bietet traditionelle und moderne Wiener Küche und ist ein hipper Gourmet-Treffpunkt in Wien. Da sich hier die Schönen, Reichen und Prominenten versammeln, ist eine Reservierung unabdingbar.

Sapori Restaurant €€€€€

Herrengasse 12, 1010 227 8078 FAX 227 8079 **Stadtplan** 2 D5, 5 B2

Das Sapori im Radisson SAS Style Hotel *(siehe S. 196)* serviert sowohl Frühstück *à la carte* als auch innovative mediterrane Küche in einem komfortablen, modernen Ambiente. Saisonal inspirierte Speisekarte und Mittagsmenüs für Geschäftsleute. Zudem gibt es die exklusive H12 Wine & Bar. *Sa mittags, So, Feiertage geschl.*

Stadtplan *siehe Seiten 256–267*

Schottenring und Alsergrund

Flein
€

Boltzmanngasse 2, 1090 + *319 7689* **Stadtplan** *1 C3*

Das angenehme Restaurant liegt hübsch im Garten des *Lycée Français de Vienne*. Serviert wird delikate, gleichwohl preiswerte traditionelle österreichische und französische Küche. Das Lokal ist bei den Einheimischen beliebt. Testen Sie die saisonal inspirierten Tagesgerichte. *Sa, So geschl.*

Rembetiko
€€

Porzellangasse 38, 1090 + *317 4127* **Stadtplan** *1 C3*

Dies ist wohl der richtige Ort für alle Griechenland-Fans, die Lammfleisch und gegrillten Fisch präferieren. Das Interieur des Lokals ist blau-weiß gehalten, der Service freundlich. Das Rembetiko zieht viele Stammgäste an. Ein weiterer Pluspunkt ist die große Auswahl an griechischen Weinen.

Stomach
€€€

Seegasse 26, 1090 + *310 2099* **Stadtplan** *1 C3*

Die Speisekarte des Restaurants ist riesig – genau wie die Portionen. Hauptsächlich gibt es Wiener Standards, aufgelockert von ein paar internationalen wie saisonalen Gerichten. Das Stomach liegt in einem Biedermeier-Haus mit dem wohl schönsten Innenhof Wiens. Reservierung empfohlen. *Mo, Di, Mi–Sa mittags geschl.*

Trattoria Martinelli
€€€

Freyung 3, Palais Harrach, 1010 *533 6721* *533 6721-20* **Stadtplan** *2 D5, 5 B2*

Vorwiegend serviert das elegante Restaurant edle toskanische Gerichte in genuiner italienischer Atmosphäre. Besonders empfehlenswert sind das Ossobuco und die Ravioli mit Wildente. Für Fans der italienischen Küche ein Muss. Sehr gute Weinkarte (mit italienischen Weinen).

Museums- und Rathausviertel

Lux – Café-Bar-Gasthaus
€€

Schrankgasse 4 / Spittelberggasse 3, 1070 *526 9491* *526 0984* **Stadtplan** *3 B1*

Mit seiner Auswahl an Sitzmöglichkeiten (Glasatrium, Gasthaus, Bistro mit roten Lederbänken) ist das Restaurant, das gleichzeitig Café und Bar ist, eine gute Wahl. Die regional und international beeinflusste Speisekarte umfasst saisonale Gerichte, Suppen, Salate und wunderbare Fischgerichte.

Spatzennest
€€

St.-Ulrichs-Platz 1, 1070 + *526 1659* **Stadtplan** *3 B1*

Das Beisl bei St. Ulrich liegt malerisch in der Nähe der belebten Fußgängerzone des Spittelbergs. Es bietet traditionelle Wiener Küche und regionale Spezialitäten, darunter Wiener Schnitzel, Knödel und Backhendl. Gut sind auch die Tagesgerichte. Hundefreundlich. *Fr, Sa geschl.*

Zu ebener Erde und erster Stock
€€

Burggasse 13, 1070 *523 6254* **Stadtplan** *3 B1*

In dem charmanten Biedermeier-Haus – der Name ist ein Zitat von Nestory – isst man hervorragende, saisonal ausgerichtete Speisen. Im Erdgeschoss liegt das rustikale Beisl, in dem es preiswerte Schmankerln gibt, im ersten Stock das elegantere Restaurant. Reservierung erforderlich. *Sa mittags, So geschl.*

Lebenbauer
€€€

Teinfaltstraße 3, 1010 *533 5556* *533 5556-11* **Stadtplan** *1 C5, 5 B2*

Das preisgekrönte Restaurant serviert vegetarische und Vollwertküche. Hier gibt es eine große Auswahl an attraktiv zubereiteter gesunder Kost. Auch Fischgerichte werden serviert. Bei entsprechendem Wetter kann man im hübschen Garten dinieren. Nichtraucherlokal. Reservierung empfohlen. *Sa, So geschl.*

Schnattl
€€€

Lange Gasse 40, 1080 + *405 3400* **Stadtplan** *1 B5*

Das beliebte Restaurant mit postmodernem Dekor legt den Schwerpunkt auf steirische Küche und auf Bioprodukte. Probieren Sie die Salate mit Kürbiskernöl-Dressing oder ein Wildgericht. Wechselnde Tagesgerichte und steirische Weine. Reservierung empfohlen.

Selina
€€€

Laudongasse 13, 1080 *405 6404* *408 0459* **Stadtplan** *1 A4*

Das Lokal in der Nähe des Rathauses ist anheimelnd-elegant. Hier bekommt man sowohl österreichische als auch internationale Küche. Bekannt sind die italienischen und vegetarischen Speisen. Empfehlenswert sind auch die Seafood-Gerichte. Reservierung erforderlich.

Oper und Naschmarkt

Kostas €€
Friedrichstraße 6, 1010 586 3729 **Stadtplan** 4 D2

Nahe beim Secessionsgebäude und beim Naschmarkt liegt dieser kleine Grieche, der als besonders authentisch gilt: Sehr gut sind die Lammgerichte. Griechische Musik trägt zur Atmosphäre bei. Auf Wunsch gibt es kleinere Probierportionen. *So geschl.*

Restaurant Shambala €€
Opernring 13, 1010 588 900 FAX 588 9090-90 **Stadtplan** 4 D1, 5 B5

Das französische Restaurant im Le Méridien *(siehe S. 198)* in der Nähe der Hofburg bietet in minimalistisch-modernem Ambiente eine anspruchsvolle Küche. Die Tagesgerichte sind französisch inspiriert, gekocht wird mit gesunden Produkten. Besonders lecker: Desserts und Gebäck.

Shalimar €€
Schmalzhofgasse 11, 1060 596 4317 **Stadtplan** 3 B3

Ein Hauch von Orient mitten in Wien: Das 1970 eröffnete und damit nach eigener Aussage älteste indische Restaurant in Wien verwöhnt seine Gäste mit kulinarischen Spezialitäten aus Südasien, darunter einer großen Auswahl an Curries. Die Mangocreme zum Dessert ist ein absolutes Muss. Gemütlicher Innenhof.

Aux Gazelles €€€€
Rahlgasse 5, 1060 585 6645 FAX 585 6645-39 **Stadtplan** 3 C2, 5 A5

In dem einzigartigen, nordafrikanisch gestalteten Komplex kann man bei einem Candle-Light-Dinner entspannen und französisch-marokkanische Küche genießen, bevor man zu den anderen Attraktionen schlendert: einem türkischen Dampfbad, Café, Bar, Basar und Nachtclub. Reservierung empfohlen. *So geschl.*

Restaurant Anna Sacher €€€€
Philharmonikerstraße 4, 1010 514 560 FAX 514 56810 **Stadtplan** 5 C5

Im eleganten Hotel Sacher *(siehe S. 198)* bietet das Gourmetrestaurant internationale Küche vom Feinsten, darunter Sieben-Gänge-Menüs. Ein absolutes Muss ist hier natürlich auch die Sachertorte. Für Männer sind Jackett und Krawatte obligatorisch. Reservierung unabdingbar. *Mo geschl.*

Belvedereviertel

Salm Bräu €
Rennweg 8, 1030 799 5992 FAX 799 5992 **Stadtplan** 4 F3

Genießen Sie das freundliche Treiben in dem immer vollen Bierkeller, der in den ehemaligen Stallungen des Klosters der Salesianerinnen untergebracht ist. Die Surstelze für zwei Personen ist die Spezialität des Hauses. Dazu trinkt man das Bier, das vor Ort gebraut wird.

Cantino €€
Seilerstätte 30, 1010 512 5446 FAX 512 5550-28 **Stadtplan** 4 E1, 6 D5

Das beliebte Restaurant ist auf italienische und spanische Küche spezialisiert und für seine frappierend große Auswahl an Tapas bekannt. Auch empfehlenswert: die Paella und der Schafsfrischkäse mit Paprika. *Sa mittags, So abends geschl.*

Restaurant Sperl €€
Karolinengasse 13, 1040 504 7334 FAX 504 7334-30 **Stadtplan** 4 E4

In dem anheimelnden, holzgetäfelten Speiseraum des Sperl lässt man sich das Angebot an Wiener und österreichischer Küche schmecken. Hervorragend sind die Spinatknödel, Schweinemedaillons und Grillgerichte. Es gibt aber auch sehr gute vegetarische Alternativen.

Wiener Wirtschaft €€
Wiedner Hauptstraße 27–29, 1040 5011 1364 FAX 5011 1350 **Stadtplan** 3 C5

Das Restaurant im Hotel Erzherzog Rainer *(siehe S. 198)* ist der österreichischen Küche verpflichtet. Spezialitäten des Hauses sind die Gulaschgerichte – von denen es 14 Sorten gibt. Gruppen können beim »Gulaschfest'l« die unterschiedlichen Interpretationen des Wiener Klassikers probieren. Im Sommer sitzt man im Schanigarten.

Korso €€€€
Mahlerstraße 2, 1010 515 16546 FAX 515 16575 **Stadtplan** 4 D1, 5 C5

Das Lokal im Hotel Bristol *(siehe S. 199)* bietet traditionelle Wiener und internationale Küche. Die Weinkarte ist beeindruckend. Elegante Atmosphäre und exzellenter Service. Für Männer sind Jackett und Krawatte obligatorisch. Reservierung unabdingbar. *Sa mittags, So abends im Juli geschl.*

Stadtplan *siehe Seiten 256–267*

Restaurant Hummerbar
€€€€

Mahlerstraße 9, 1010 512 8843 FAX 512 8843-75 **Stadtplan** *4 E1, 6 D5*

Das populäre Seafood-Restaurant ist auf Austern, Muscheln, Kaviar und Hummer spezialisiert. Ein Muss: die Bouillabaisse. Die Karte wechselt täglich. Es gibt aber auch beispielsweise Lammgerichte. Sonderwünsche werden nach vorheriger Absprache erfüllt. Reservierung empfohlen. *So, Feiertage geschl.*

Restaurant Imperial
€€€€

Kärntner Ring 16, 1015 501 10356 FAX 501 10410 **Stadtplan** *4 D2, 6 D5*

Das gleichnamige Restaurant im Hotel Imperial *(siehe S. 199)* ist ein Gourmettempel. Das Café Imperial ist eine Hommage an die Wiener Kaffeehaustradition. In der Bar kann man den Tag stilvoll ausklingen lassen. Sonntags gibt es preiswerte Mittagsmenüs sowie einen Brunch. Reservierung empfohlen.

Abstecher

Das Möbel
€

Burggasse 10, 1070 524 9497 FAX 524 9497-13 **Stadtplan** *3 A1, 5 A3*

Café-Bar, die gleichzeitig als Ausstellungs-Schauraum für Prototypen, limitierte Auflagen und Einzelstücke von Möbeln dient. Man sitzt an und auf den Einrichtungsgegenständen, die man auch kaufen kann. Für Hungrige: Empfehlenswert sind die Quiches.

Schweizerhaus
€

Prater 116, 1020 728 0152 FAX 728 0152-29

Das beliebte Restaurant mit großem Biergarten im Prater serviert Traditionelles und Osteuropäisches, etwa slowakische Krautsuppe, Znaimer Rindergulasch und Budweiser Bierfleisch. Bier-Liebhaber können hier frisch gezapftes Budweiser Budvar genießen. *Nov–Mitte März geschl.*

Babu
€€

Stadtbahnbogen 181–184, 1090 479 4849

Für alle Nachteulen ist das Babu der richtige Ort. Hier kann man in einem außergewöhnlichen Umfeld – das cool designte Bar-Restaurant liegt in vier Bogen der Stadtbahn – fast rund um die Uhr Sushi bis Tafelspitz essen. Gute Cocktails an der Bar.

Gmoa-Keller
€€

Am Heumarkt 25, 1030 + FAX 712 5310 **Stadtplan** *4 E2*

Das beliebte Restaurant – eines der ältesten Wirtshäuser Wiens und ein Treffpunkt für die Musikgemeinde des nahen Konzerthauses – bietet traditionelle Küche und gute Weine. Empfehlenswert sind Suppen, Kalbs- und Rindfleischgerichte sowie die Palatschinken. *So geschl.*

Motto Club Restaurant-Bar
€€

Schönbrunner Straße 30, 1050 587 0672 FAX 587 0672-11 **Stadtplan** *3 A4*

In dem schicken, gleichwohl freundlichen Bar-Restaurant gibt es regional-asiatisch-mediterrane Fusionsküche. Man kann also beispielsweise sowohl Spinatsalat als auch Teriyaki essen. Lecker: die Schokoladenmousse. Später am Abend legt ein DJ auf.

Restaurant Dubróvnik
€€

Am Heumarkt 5, 1030 713 71 02 FAX 713 71 02-14 **Stadtplan** *4 E2, 6 E5*

Hier gibt es noch authentische Balkanküche. In dem lebhaften Bar-Restaurant isst man kroatische Spezialitäten wie marinierte Sardien und *pljeskavica* mit *ajvar* (dünne gegrillte Fleischlaibchen mit Paprika-Auberginen-Mus). Gelegentlich gibt es dalmatinische Volksmusik.

Schloss Concordia
€€

Simmeringer Hauptstraße 283, 1110 769 8888 FAX 769 8822

Das Restaurant mit österreichischer Küche liegt etwas ungewöhnlich – gegenüber dem Zentralfriedhof. Das mag manchen bizarr erscheinen, doch das Essen, darunter besonders große Wiener Schnitzel, ist delikat und preiswert. Gute Auswahl an Bieren.

Silberwirt
€€

Schloßgasse 21, 1050 544 4907 FAX 548 8466 **Stadtplan** *3 C4*

Der Silberwirt ist Teil des Komplexes im sogenannten Schlossquadrat (einstiger Gutshof Margareten, der in den Türkenkriegen zerstört wurde). Hier werden Wiener Gerichte serviert. Gute Auswahl an österreichischen Weinen. Der Garten gilt als einer der schönsten Wiens. Reservierung empfohlen.

Stadtwirt
€€

Untere Viaduktgasse 45, 1030 713 3828 FAX 713 38284

Das immer volle Restaurant mit netten Sitzecken sowie großen Tischen für Gruppen ist bei den Einheimischen beliebt. Wiener und regionale Küche kommen zu akzeptablen Preisen auf den Tisch. Dazu gibt es Hausweine, Fassbier und Brände. Reservierung empfohlen. *Sa mittags, So geschl.*

Preiskategorien *siehe S. 210* **Zeichenerklärungen** *siehe hintere Umschlagklappe*

Tempel €€
Praterstraße 56, 1150 Tel. + Fax *214 0179* **Stadtplan** *2 F4, 5 F2*

Das Spektrum der hier angebotenen Speisen reicht von Fleischgerichten bis Seafood. Auch die lange Weinkarte mit einer Auswahl österreichischer Tropfen und die verführerischen Desserts tragen zur Beliebtheit des Tempel bei. Bei schönem Wetter nimmt man im Freien Platz. *Sa mittags, So, Mo geschl.*

Zu den drei Buchteln €€
Wehrgasse 9, 1050 Tel. *587 8365* **Stadtplan** *3 C3*

Das Ambiente des Lokals passt zur böhmisch-mährischen Küche. Probieren Sie *svickova* (Rindfleisch in leckerer Sahnesauce) oder *brimsenbaluska* (Knödel mit Schafskäse). Unwiderstehlich sind die Desserts. Die Köstlichkeiten kann man mit tschechischem Bier oder mährischem Wein begießen. *So, letzte Woche im Juli–Mitte Aug geschl.*

Zum Herkner €€
Dornbacher Straße 123, 1170 Tel. + Fax *485 4386*

Die längere Anfahrt zum Herkner nehmen viele in Kauf, denn im rustikalen Ambiente am Rand des Wienerwalds gibt es hervorragende und bezahlbare gutbürgerliche und internationale Küche. Auf der saisonal geprägten Speisekarte finden sich Gerichte mit Kalbfleisch, Pfifferlingen und Karpfen. Reservierung unabdingbar. *Sa, So geschl.*

Eckel €€€
Sieveringer Straße 46, 1190 Tel. *320 32 18* Fax *320 66 60*

Das charmante traditionsreiche Restaurant bietet ein anheimelndes Inneres im Winter und einen fantastischen Garten im Sommer. Ausgezeichnete Wiener und internationale Küche, darunter auch Hummer. Exzellente Weinkarte mit meist österreichischen Weinen. Reservierung unabdingbar. *So geschl.*

Green Cottage €€€
Kettenbrückengasse 3, 1050 Tel. *586 6581* Fax *586 6581* **Stadtplan** *3 C3*

Jugendstil trifft auf Orient (Einrichtung) und Nouvelle Cuisine auf China (Speisekarte)! Das Essen reicht hier von der Sichuan-Variante des mongolischen Lamms über gegrillten Fisch bis zu den leichten Desserts auf Reisbasis. Manche Gerichte mögen etwas zu sehr gewürzt sein. Aufmerksamer, freundlicher Service. *So geschl.*

Kronprinz Rudolf €€€
Taborstraße 12, 1020 Tel. *211 50423* Fax *211 50160* **Stadtplan** *2 F4, 6 E1*

Das Lokal im Hotel Stefanie *(siehe S. 199)* bietet traditionelle Wiener Küche in einem elegant-raffinierten Setting. Das Restaurant ist dafür bekannt, dass die Rezepte seiner Gerichte aus den Zeiten der Donaumonarchie stammen. Bei gutem Wetter kann man im Innenhofgarten dinieren.

Mediterraneo €€€
Johannesgasse 28, 1037 Tel. *711 22110* **Stadtplan** *4 E1, 6 D4*

Das Lokal mitten auf dem Naschmarkt bietet eine gute Auswahl an regionalen Gerichten. Daneben gibt es alles, was international beliebt ist, also italienische, französische, spanische und griechisch-türkische Gerichte. Pluspunkt: Hier kann man auch frühstücken.

SteirerStuben €€€
Wiedner Hauptstraße 111, 1050 Tel. *544 4349* Fax *544 0888* **Stadtplan** *3 C5*

In den SteirerStuben wird feine Küche angeboten. Exzellent: das Alpenlamm, der Saibling in einer Sauce von wildem Knoblauch oder das Karpfengelee. Bei den Desserts gibt es ausgezeichnete Sorbets. Das Essen ist appetitlich angerichtet – denn »das Essen soll zuerst das Auge erfreuen« (Goethe). Reservierung empfohlen. *So, Feiertage geschl.*

Vikerl's Lokal €€€
Würffelgasse 4, 1150 Tel. *894 3430* Fax *892 4183*

Das Lokal wurde 2006 von Sternekoch Sandro Balogh übernommen. Hier wird nur mit frischen, saisonalen Zutaten neue Wiener Küche kreiert, entsprechend oft wechselt die Speisekarte. Hübscher Schanigarten. Kochkurse. Reservierung empfohlen. *Mittags, So abends, Mo geschl.*

Kim kocht €€€€
Lustkandlgasse 6, 1090 Tel. *319 0242* Fax *319 0242* **Stadtplan** *1 B2*

Das beliebte Restaurant ist nicht ganz billig, dennoch aber wochenlang ausgebucht. Spezialität des Hauses ist asiatische Fusionsküche, die künstlerisch präsentiert wird. Probieren Sie die Sushis und als Nachtisch ein Sorbet. Gourmetladen. Ab 18 Uhr gibt es Musik in der Bar. Reservierung unabdingbar. *Sa–Di geschl.*

Vincent €€€€
Große Pfarrgasse 7, 1020 Tel. *214 1516* Fax *212 1414* **Stadtplan** *2 E3*

Der Name des Lokals spiegelt die Vorliebe des Besitzers für moderne Kunst wider, davon zeugen auch die Bilder an den Wänden. Exzellente Wiener Küche aus ökologischen Zutaten mit Einflüssen der Nouvelle Cuisine. Falls auf der Karte, sollten Sie Muscheln oder Kalbsnierchen in Portwein probieren. Reservierung erforderlich. *So geschl.*

Steirereck €€€€€
Meierei im Stadtpark, 1030 Tel. *713 3168* Fax *713 3168-2* **Stadtplan** *6 F4*

Fabelhafter Service, kulinarische Kunst – das Lokal gehört wahrscheinlich zu den besten Wiens. Die Speisekarte bietet sowohl Wiener als auch internationale Küche auf hohem Niveau. Wenn Sie die Inszenierung eines Dinners lieben, sind Sie hier am richtigen Ort. Reservierung unabdingbar. *Sa, So geschl.*

Stadtplan *siehe Seiten 256–267*

Cafés und Co.

Die folgende Liste stellt einen kleinen Querschnitt durch Wiener Cafés, Weinkeller, Selbstbedienungsrestaurants und Kaffeehäuser dar. Genannt werden sowohl traditionsreiche Häuser als auch neue trendige Lokale. Einzelne Bars werden nicht aufgeführt, doch sind in einigen Lokalen auch Bars enthalten. Bitte rechnen Sie damit, dass Sie in bekannten Kaffeehäusern (etwa im Demel) relativ viel für Kaffee und Kuchen bezahlen müssen – dafür dürfen Sie bleiben, solange Sie wollen.

Stephansdomviertel

Café-Konditorei Gerstner

Kärntner Straße 13–15, 1010 ☎ *512 4963-77* FAX *512 4963-44* **Stadtplan** *4 D1, 6 D4*

Dies ist eine der großen k. u. k. Konditoreien mit einer wunderbaren Auswahl an Torten und Kuchen, die nicht nur gut schmecken, sondern auch kunstvoll verziert sind. Versuchen Sie die Nusstorte oder den Topfenstrudel. Ebenfalls erhältlich sind Trüffel, Petits Fours und Marzipan.

Café Ministerium

Georg-Coch-Platz 4, 1010 ☎ *512 9225* **Stadtplan** *2 F5, 6 F3*

Hier gibt es Hausmannskost zu moderaten Preisen, darunter auch einige vegetarische Gerichte. Auch im Angebot: jede Menge Kaffeespezialitäten. Weitere Pluspunkte: Schach, Billard und Live-Musik am Mittwoch und Donnerstag. Wer im Internet surfen will, kann das über Wireless LAN tun. *Sa, So geschl.*

Duran Sandwiches

Rotenturmstraße 11, 1010 ☎ *533 71 15* FAX *533 71 15* **Stadtplan** *2 E5, 6 D3*

Esslokal mit Straßenverkauf, das eine große Auswahl an Sandwiches ausgesprochen preiswert anbietet. Ob mit Wurst, Fisch oder vegetarischen Zutaten: Sie sind nicht nur eine Augenweide, sondern schmecken aus sensationell. Sandwiches zum Mitnehmen kann man auch per Fax bestellen. *So geschl.*

È Tricaffè

Rotenturmstraße 25, 1010 ☎ *533 8990* FAX *533 8985* **Stadtplan** *2 E5, 6 E2*

Alle Cafés der trendigen Kette (eine Filiale gibt es auch Am Hof 2/Ecke Bognergasse) servieren italienische Köstlichkeiten wie Antipasti oder Tiramisu. Sehr gute Weinkarte, die italienischen Weine gibt es glasweise. Auch der Espresso ist exzellent.

Vis-à-Vis

Wollzeile 5, 1010 ☎ + FAX *129 350* **Stadtplan** *2 E5, 6 D3*

Eines der ältesten und beliebtesten Weinlokale der Stadt, das über 300 Weine anbietet. Lassen Sie sich von der Größe dieser Vinothek nicht irritieren. Sie ist ein Muss für jeden Weinliebhaber. Es gibt auch delikate Häppchen zu essen. *Sa, So geschl.*

Hofburgviertel

Café Bräunerhof

Stallburggasse 2, 1010 ☎ *512 3893* FAX *513 0549* **Stadtplan** *4 D1, 5 C3*

Das klassische altmodische Café mitten in der Altstadt bietet Frühstück und Mittagstisch. Der Autor Thomas Bernhard war hier Stammgast, wenn er sich in Wien aufhielt. Man kann auch Schach und Billard spielen. Am Wochenende gibt es Live-Musik.

Café Hawelka

Dorotheergasse 6, 1010 ☎ *512 8230* **Stadtplan** *2 D5, 5 C3*

Die Wiener Institution ist ein Überbleibsel der glorreichen Kaffeehaustradition der Stadt. Das Hawelka (Inneneinrichtung vom einem Loos-Schüler) ist noch immer ein Treff für Intellektuelle und Schriftsteller. Abends weht noch immer der Duft der legendären Buchteln durch den Raum. *Di geschl.*

Café-Konditorei Demel

Kohlmarkt 14, 1010 ☎ *5351 7170* FAX *5351 717-26* **Stadtplan** *2 D5, 5 C3*

Die 1786 gegründete Konditorei, einst k. u. k. Hoflieferant, bietet leichte Mittagsgerichte und eine Riesenauswahl an Gebäck und Konfekt. Das elegante klassizistische Dekor der verschiedenen Salons (originaler Rokoko-Eingangsbereich) ist bei Besuchern beliebt.

Trzesniewski

Dorotheergasse 1, 1010 *512 3291* FAX *513 9565* **Stadtplan** 2 D5, 5 C3

Berühmter Stehimbiss (mit acht Filialen in Wien), der appetitlich belegte Brote anbietet. Die Auflagen stammen aus ökologischem Anbau, die Produkte sind immer superfrisch. Die preiswerten Sandwiches gibt es in allen Varianten. Ideal für die ganz schnelle Mahlzeit. *So geschl.*

Schottenring und Alsergrund

Tunnel

Florianigasse 39, 1080 *947 5720* FAX *405 3465* **Stadtplan** 1 A5

Das dreistöckige Lokal mit Kunstgalerie in der Josefstadt serviert eine Auswahl an Sandwiches sowie warme Gerichte. Hier gibt es auch Frühstücksbüfett. Die international orientierte Küche – auch Pizza ist im Angebot – ist ausgesprochen preiswert. Gleiches gilt für die Getränke.

Museums- und Rathausviertel

Café Landtmann

Dr.-Karl-Lueger-Ring 4, 1010 *241 00111* FAX *532 0625* **Stadtplan** 1 C5, 5 B2

Das populäre Landtmann war einst das Stammcafé von Sigmund Freud. Hier gibt es häufig Pressekonferenzen. Abends ist das Kaffeehaus grundsätzlich überfüllt. Exzellente Frühstückskarte sowie Kaffee- und Teespezialitäten, leckere Desserts und Gebäck (auch für Diabetiker).

Sluka

Rathausplatz 8, 1010 *405 7172* FAX *406 88944* **Stadtplan** 1 C5, 5 A3

Das Sluka versteckt sich unter den Bogen des neugotischen Rathauses. Hier gibt es leichte Mittagsgerichte und ein fantastisches Vorspeisenbüfett. Beliebt sind die Kaviar-Sandwiches. Doch hier sollte man auf jeden Fall auch eine Torte probieren (gute Auswahl für Diabetiker). *So geschl.*

Oper und Naschmarkt

Café Mozart

Albertinaplatz 2, 1010 *2410 0211* FAX *2410 0219* **Stadtplan** 4 D1, 5 C4

Das Café Mozart liegt bei der Oper und ist schon seit 1794 ein Kaffeehaus. Heute ist es sowohl bei Einheimischen als auch bei Besuchern beliebt, die sich österreichische und Gourmetküche in elegantem Ambiente schmecken lassen. Natürlich gibt es auch beste Kuchen und Torten.

Abstecher

Heuriger Zimmermann

Armbrustergasse 5, 1190 *370 2211* FAX *370 6130*

Das verwinkelte Heurigenlokal bietet sowohl eine Auswahl an warmer Wiener Küche als auch ein Büfett mit den typischen Heurigenschmankerln. Vegetarier werden die große Salatauswahl lieben. An einem sonnigen Tag sitzt man wunderbar im Freien.

Jazzland

Franz-Josefs-Kai 29, 1010 *533 2575* **Stadtplan** 2 D4, 6D1

Der älteste Jazzclub Österreichs liegt in einem 500 Jahre alten Kellergewölbe. Im Jazzland kann man jeden Abend regionale und internationale Musiker hören. Zu essen gibt es Wiener Küche, italienische Klassiker, Salate und serbische Gerichte. Live-Musik ab 21 Uhr. *So geschl.*

Mayer am Pfarrplatz

Pfarrplatz 2, Heiligenstadt, 1190 *370 1287* FAX *370 4714*

Das Heurigenlokal liegt in dem romantischen Weindorf, in dem Beethoven sein »Heiligenstädter Testament« verfasste. Im rustikalen Ambiente des Hauses kann man die Schmankerln des kalten und warmen Büfetts genießen. Die Weinpresse stammt von 1617.

Stadtplan *siehe Seiten 256–267*

Shopping

Zu allen Jahreszeiten eignet sich Wien hervorragend für einen ausgedehnten Shopping-Bummel. Die wichtigsten Geschäftsstraßen sind Fußgängerzonen mit vielen netten Cafés und gemütlichen Restaurants – folglich kann man hier sehr entspannt flanieren. Typisch österreichische Produkte wie Glas, Lebensmittel oder Kunsthandwerk findet man überall, wobei sie häufig einen eher konservativen Geschmack bedienen. Es gibt eine Vielzahl von Märkten, die von exotischen Früchten über Bücher und Schmuck bis zu Trödel alles anbieten. In der Fußgängerzone um die Kärntner Straße, den Graben und den Kohlmarkt sind die teureren Läden angesiedelt. Die Adressen von Läden und Märkten finden Sie im Kasten *Auf einen Blick (siehe S. 225)*.

Augarten-Porzellan, Lipizzaner

Shopping-Tipps

Vieles von dem, was man in Wien gut einkaufen kann, ist klein und leicht zu transportieren: Kaffeeliebhaber sollten nicht versäumen, eine Packung der stets frisch gerösteten Bohnen mitzunehmen. In Wien gibt es hervorragende Kaffeesorten.

Wenn Sie Süßes mögen, sind Sie hier richtig. Die Stadt ist berühmt für ihre Torten *(siehe S. 206f)*, Kuchen und ihr Gebäck. Fast jede gute Konditorei in Wien verschickt ihre Waren auch per Post. Im November oder Dezember sollten Sie auf jeden Fall einen Christstollen probieren, den Sie bei **Julius Meinl** *(siehe S. 223)* oder in jeder anderen guten Bäckerei erhalten. Oder kaufen Sie eine der schön verpackten Sachertorten *(siehe S. 206)*, die das ganze Jahr über angeboten werden. Die Confiserien *(siehe S. 223)* sind schon aufgrund der großen Vielfalt an Schokoladen- und Pralinensorten und der überaus schönen Verpackungen eine Sünde wert.

Süßer Eiswein (so genannt, weil die Trauben nach dem ersten Frost geerntet werden) ist ein ungewöhnlicher und köstlicher Dessertwein. **Zum Schwarzen Kameel** *(siehe S. 223)* verkauft auch den seltenen roten Eiswein.

Glaswaren, auch wunderschöne Leuchten, Kandelaber und Augarten-Porzellan *(siehe S. 222)* zählen zu den typischen, wenngleich eher exklusiven Andenken aus der Donaustadt.

Ein typisch österreichisches Produkt ist Lodenbekleidung. Nicht nur Trachtengeschäfte *(siehe S. 223)* bieten eine reiche Auswahl an Jacken, Mänteln und Hüten. Auch landestypische Hosen, Röcke und Blusen für Erwachsene wie für Kinder sind reizvoll.

Gilhofer *(siehe S. 223)* verkauft alte Karten und Drucke. Frühe Ausgaben von Sigmund Freud oder Karl Kraus finden Sie in Antiquariaten *(siehe S. 223)*.

Wenn Sie noch viel Platz in Ihrem Auto oder Koffer haben, dann lassen Sie sich doch Betttücher nach Maß anfertigen, oder kaufen Sie ein exklusives Federbett »Made in Austria«.

Süßes in Kommodenverpackung bei Altmann & Kühne *(siehe S. 223)*

Öffnungszeiten

Die Läden öffnen meist um 8.30 oder 9 Uhr und schließen um 18 oder 19 Uhr. Immer mehr Läden haben an Werktagen auch bis 20 Uhr oder noch später geöffnet. Den Läden in Wien ist es mittlerweile erlaubt, am Samstagnachmittag zu öffnen, viele tun dies bis 18 Uhr.

An Sonn- und Feiertagen sind die meisten Läden geschlossen. Blumen, Bücher, Filme und dergleichen kann man dann am Bahnhof kaufen. Auch der Supermarkt am Flughafen hat sieben Tage pro Woche geöffnet.

J. & L. Lobmeyrs Glasgeschäft in der Kärntner Straße *(siehe S. 222)*

Bezahlung

Mit Kreditkarte zu zahlen ist in Wien inzwischen fast überall möglich. Viele Geschäfte akzeptieren die gängigen Karten. Für Einkäufe in kleinen Läden ist allerdings Bargeld üblicher.

Shopping-Meilen

In der Fußgängerzone zwischen Graben, Kohlmarkt und Kärntner Straße liegen die bekanntesten und teuersten Läden Wiens. Hier konzentrieren sich Nobelboutiquen, Flagship-Stores und Juweliere, etwa Helmut Lang, Hermès und Cartier am Graben oder Gucci, Chanel und Chegini am Kohlmarkt. In der Kärntner Straße liegen die Österreichischen Werkstätten mit einer großen Auswahl an österreichischem Kunsthandwerk, ebenso wie Prada, die Wiener Filiale der Mailänder Modepäpstin. Das Kaufhaus Steffl bietet nicht allein Shoppingspaß, sondern auch eine Bar und ein exklusives Restaurant.

Billiger und beliebter sind die Läden entlang der Mariahilfer Straße. Hier findet man auch die großen Kaufhäuser, die nicht nur Mode, sondern auch Haushaltswaren führen, sowie Ketten wie C & A, H & M oder The Body Shop.

Umtausch und Service

Ist etwas, das Sie gekauft haben, defekt, haben Sie das Recht, es umzutauschen. Dies trifft bei reduzierter Ware nicht immer zu – prüfen Sie die Artikel also stets, bevor Sie sie kaufen. Viele Läden in Wien verpacken die Ware auch für Sie, oft ohne zusätzliche Gebühr, und verschicken sie, wohin auch immer Sie möchten.

Mehrwertsteuer

Die Mehrwertsteuer in Österreich liegt für die meisten Waren bei 20 Prozent. Besucher aus Ländern außerhalb der EU können sich diese Mehrwertsteuer rückerstatten lassen.

Blick auf den Kohlmarkt, eine von Wiens Fußgängerzonen

Souvenirs

Besucher, die nach typischen Mitbringseln Ausschau halten, werden sicher leicht fündig. Die Auswahl an Artikeln, die mit charakteristischen Motiven Wiens verziert sind, ist groß. Neben Kunstgegenständen *(siehe S. 224f)* aus den Wiener Werkstätten sind dies vor allem Porzellan, Gläser und Bilder mit dem Stephansdom, dem Riesenrad, den berühmten Lipizzanerpferden oder Konterfeis von Komponisten, darunter Mozart, Haydn oder Beethoven. Auch kulinarische Spezialitäten sowie österreichische Weine und Spirituosen sind beliebte Mitbringsel.

Einer der berühmten Lodenmäntel von Resi Hammerer *(siehe S. 223)*

Schlussverkauf

Zweimal im Jahr, im Januar und im Juli, findet in Wien der Saisonschlussverkauf statt. Dann sind viele Waren, vor allem Kleidung und Haushaltswaren, entsprechend herabgesetzt.

Shopping-Zentren

Shopping-Zentren gibt es in Wien noch nicht sehr lange. Die modernsten sind die **Ringstraßen-Galerien**, das prächtige **Haas-Haus** und das schicke **Generali-Center**. Die **Freyung-Passage** im Palais Ferstel *(siehe S. 110)*, die im gleichen Stil wie das Café Central *(siehe S. 58–61)* erbaut wurde, bietet elegante Geschäfte.

Adressen

Freyung-Passage
Palais Ferstel 1, Freyung 2.
Stadtplan 2 D5 u. 5 B2.

Generali-Center
Mariahilfer Straße 77–79.
Stadtplan 3 A3.

Haas-Haus
Stock-im-Eisen-Platz 4.
Stadtplan 2 D5 u. 5 C3.

Ringstraßen-Galerien
Kärntner Ring 5–7.
Stadtplan 6 D5.

Läden und Boutiquen

Auch wenn Wien nicht ganz so viele exklusive Läden wie manch andere Hauptstadt Europas anzubieten hat, kann es doch eine ganze Reihe von Produkten vorweisen, die man kaum anderswo bekommt. So sind beispielsweise österreichische Glaswaren wegen ihrer hohen Qualität zu Recht international bekannt. Einige Geschäfte wie etwa Knize (am Graben), geplant und eingerichtet von Adolf Loos, lohnen allein wegen ihrer Jugendstil-Architektur den Besuch.

Fachgeschäfte

In Wien werden zwar immer noch Lederwaren hergestellt, doch ein Großteil der angebotenen Lederartikel stammt mittlerweile aus Italien. **Robert Horn** entwirft und produziert Taschen, Reisekoffer und Accessoires aus Leder. So bietet er etwa ein leicht verändertes Modell der Aktentasche an, die Metternich beim Wiener Kongress bei sich trug und die noch heute jedem Vergleich standhält.

Petit-Point-Stickereien sind ebenfalls etwas sehr Spezielles. Einige der schönsten Beispiele findet man im **Petit Point** (wo sogar die Türklinke bestickt ist) und bei **Maria Stransky**.

Ein hübsches Geschäft für Partyspäße und alles, was zum Zaubern gehört, ist die **Zauberklingl**. **Kober** *(siehe S. 232)* ist eine renommierte Adresse für schön gearbeitete Puppen und Spielzeug. Einen Einkauf im Spiel- und Spaß-Laden **Witte** können Sie mit dem Besuch des Naschmarkts verbinden. Witte verkauft Kostüme, Masken und ausgefallene Papierdekorationen im alten Stil, die sich gut für eine Feier eignen. **Metzger** ist ein Laden, der sich auf Produkte aus Bienenwachs spezialisiert hat und selbst gezogene Kerzen, Kerzenleuchter und Mitbringsel aus Honigkuchen und Schokolade anbietet.

Musik

Wie zu erwarten, gibt es in der »Stadt der Musik« auch viele Musikgeschäfte. Die größte Auswahl an CDs und Schallplatten mit klassischer Musik bieten **EMI** und **Gramola**. Erwarten Sie allerdings keine Schnäppchen. CDs und DVDs sind in Österreich teurer als in anderen EU-Ländern. Auf Opern- und Operettenaufnahmen hat sich **Arcadia** spezialisiert. Die Beratung in allen diesen Läden ist sehr kompetent.

Doblinger ist der Spezialist für Noten, hier gibt es jedoch auch CDs und eine Secondhand-Abteilung für CDs und Platten.

Schmuck

Wiens Juweliere waren schon immer berühmt für ihre erlesenen Arbeiten. Frucht- und Blumenornamente in Halbedelsteine eingraviert und manchmal mit Diamanten besetzt sind die neuesten Kreationen.

Juwelier Wagner bietet eine große Auswahl an Schmuck unterschiedlichster Preislagen. Sowohl **Köchert** als auch **Heldwein** waren einst k. u. k. Hofjuweliere, und noch heute schaffen sie in den eigenen Werkstätten wunderbaren Schmuck. Köchert verkauft auch antike Stücke, Heldwein ist bekannt für seine bunten Ketten aus Halbedelsteinen. Vor einigen Jahren gewann eines der Schmuckstücke, das von **Schullin** entworfen worden war, den begehrten *Diamonds International Award*. Vor den Schaufenstern des Geschäfts drängen sich fast immer Menschen, die die neuesten Kreationen des Hauses bewundern. Lassen Sie sich nicht abschrecken: Die Preise beginnen hier auf erschwinglichem Niveau.

Falls Sie nur schauen möchten: Erlesene Schmuckkunst der besonderen Art präsentiert die **Galerie Slavik** in der Himmelpfortgasse 17.

Glaswaren

Die Lüster in Wiens Opernhaus, in der Metropolitan Opera New York, im Kreml und an vielen anderen Orten der Welt schuf **J. & L. Lobmeyr**. Der Familienbetrieb, heute in der fünften Generation, produziert seit Beginn des 19. Jahrhunderts wunderschöne Kristallleuchter, oft entworfen von berühmten Künstlern. Eine der Jugendstil-Glasserien, die heute auf dem Markt sind, wurde von Josef Hoffmann *(siehe S. 56)* entworfen. Sie besteht aus Musselinglas, einer besonders feinen und zerbrechlich wirkenden Glassorte. Zum Haus gehört auch ein kleines, ausgezeichnetes Glasmuseum, in dem Lobmeyr außer seinen eigenen Produkten auch ausgesuchte Stücke ungarischen Herend-Porzellans verkauft.

Inneneinrichtung

Wiens Porzellan-Hersteller **Augarten** ist der zweitälteste Betrieb dieser Art in Europa. Die Manufaktur wurde 1718 gegründet und 1744 vom Haus Habsburg übernommen. Seit jener Zeit sind die Augarten-Produkte mit dem Habsburger Wappen signiert. Jedes einzelne Porzellanstück von Augarten ist handgearbeitet und bemalt. Alle Muster und Formen basieren auf Originalen aus der Zeit des Barock, des Rokoko, des Biedermeier, des Jugendstils und auf Entwürfen zeitgenössischer Künstler. Die Manufaktur steht für Besucher offen.

Backhausen wurde 1849 gegründet und ist bekannt für seine exklusiven Möbel- und Dekostoffe, die nach originalen Jugendstil-Mustern gewebt werden, sowie für Seidenschals und passende Handtaschen aus Samt. Zudem gibt es hier qualitativ hochwertige Federbetten und Haushaltswäsche.

Bettzeug und Leinen sehr guter Qualität führt auch **Gans** in verschiedenen Geschäften. In der Filiale am Flughafen Wien-Schwechat kann man vor dem Abflug noch ein Geschenk in letzter Minute erstehen.

Gunkel verkauft Haushaltswäsche und Bademäntel.

Seit Generationen sind die Wiener der **Schwäbischen Jungfrau** treu. 1720 wurde der Laden gegründet, in dem man Leinen aller Art nach Maß anfertigen lassen oder auch Produkte von der Stange kaufen kann.

Delikatessen

Eines von Wiens bekanntesten und beliebtesten Feinkost- und Weingeschäften heißt **Zum Schwarzen Kameel** *(siehe S. 212)*. Hier verkauft man exquisite Köstlichkeiten, die einem das Wasser im Munde zusammenlaufen lassen.

Auch **Julius Meinl** bietet leckere Feinkost an. Wenn Sie das Geschäft über die Naglergasse betreten, können Sie, wenn Sie möchten, in Meinls Lukullus Bar einen Drink oder einen kleinen Imbiss zu sich nehmen.

Eine Kette von Weinhandlungen firmiert unter dem Namen **Wein & Co**, eine Filiale befindet sich in der Jasomirgottstraße.

Altmann & Kühne ist bekannt für seine kleinen, handgefertigten Schokoladen-Köstlichkeiten. Sie sind in wunderschönen Schachteln verpackt, die die Form von Kommoden, Büchern und Engeln haben.

Geschenke

Als Nachfolger der berühmten Wiener Werkstätte bieten die **Österreichischen Werkstätten** eine große Auswahl exklusiver österreichischer Produkte an. Sie können emaillierten Schmuck der Designerin Michaela Frey kaufen, Keramik, mundgeblasenes Glas, Kerzen und – etwa ab Spätherbst – auch die unterschiedlichsten Weihnachtsdekorationen. Verschiedene Märkte für Kunst und Kunsthandwerk *(siehe S. 224)* bieten ebenfalls reichlich Gelegenheit, das eine oder andere Mitbringsel – auch günstig – zu erwerben.

Kristallschmuck, Figuren und andere Accessoires des in Tirol ansässigen Unternehmens **Swarovski** sind weltberühmt.

Bücher

Die renommierte Buchhandelskette **Thalia** ist in Wien mit mehreren Filialen vertreten. Englischsprachige Bücher können Sie u. a. bei **Shakespeare & Co.** finden. Antiquarische Raritäten und neue Bücher bekommen Sie bei **Heck**. **Gilhofer** ist auf alte Karten und Drucke spezialisiert. Der **Taschenbuchladen** führt, wie schon der Name verspricht, vor allem Paperbacks.

Zeitungen und Zeitschriften

Die meisten Zeitungskioske innerhalb der Ringstraße bieten auch ausländische Zeitungen an. Gleiches gilt für die besseren Kaffeehäuser Wiens, wo man sie zudem umsonst lesen kann. Bei **Morawa** gibt es eine große Auswahl von Zeitungen und Zeitschriften in fast allen Sprachen.

Kleidung und Accessoires

Wien gilt zwar nicht gerade als Modehauptstadt, doch inzwischen haben auch internationale Modeschöpfer wie Escada, Hermès, Gucci und Chanel in Wien Dependancen eröffnet.

Qualitativ hochwertige Bekleidung dagegen war schon immer ein Faible der Wiener. **Resi Hammerer** ist bekannt für schicke Trachtenmode mit Jacken, Mänteln und Capes aus Loden. Ursprünglich herrschten bei Lodenbekleidung dunkle Grau- und Grüntöne vor, heute gibt es den unverwüstlichen Stoff in vielen modischen Farben.

Auch **Tostmann** ist vor allem für Trachten bekannt. Seine Dirndl sind aus einer Vielfalt von Stoffen gefertigt – von Baumwolle bis hin zu Brokat. Insbesondere die Kindertrachten sind ganz entzückend.

Fürnkranz besitzt einige Niederlassungen in Wien, sein Hauptgeschäft für elegante Tages- und Abendgarderobe und internationale Designermode liegt in der Kärntner Straße. Auch die Filiale am Neuen Markt führt internationale Top-Marken, allerdings eher Streetwear Fashion.

Ebenfalls am Neuen Markt bekommen Sie bei **Flamm** Seiden- und Wollmode in einfachem, klarem Stil.

Ein alteingesessenes Wiener Traditionshaus für Herrenbekleidung ist **Knize**, zu k. u. k. Zeiten ein berühmter Schneider und Hoflieferant. Das von Adolf Loos entworfene elegante Geschäft ist sehenswert. In den 1920er Jahren wurde Knize unter der Leitung von Ernst Dryden zu einer der ersten Adressen der Modewelt.

Kettner – etwas versteckt in einer Seitenstraße gelegen – führt schicke Damen- und Herrenoberbekleidung.

Eine der führenden Adressen für jugendlich-avantgardistische Mode ist **Neumann** in der Seilergasse. Modisches für junge Leute bekommt man in den Boutiquen in der Judengasse, die für jeden Geschmack und Geldbeutel etwas zu bieten haben.

Eine ganze Reihe hipper Läden, die meist zu internationalen Ketten gehören, findet man in der Mariahilfer Straße. Hier ist z. B. der (neben Mailand) größte Benetton-Laden Europas. Auch die Kette **H & M** ist dort zu finden. In der H & M-Filiale am Graben ist der alte Lift mit seinem vergoldeten Käfig einzigartig. Bei **D. G. Linnerth** können sich junge Männer modisch einkleiden.

Bally importiert alle seine Schuhe aus Italien, auch **D'Ambrosio** führt schicke italienische Schuhe zu annehmbaren Preisen. **Kurt Denkstein** ist für seine relativ günstigen Schuhe bekannt.

Der Optiker **Erich Hartmann** kaufte 1980 einen Laden mit großem Warenbestand an Horn und Schildpatt. Heute umfasst sein Sortiment neben handgearbeiteten Brillen auch aus Horn gefertigte Kämme und Ketten. Sein Geschäft erinnert an ein Kaffeehaus und ist in ganz Wien bekannt.

Antiquitäten und Märkte

Viele Bezirke Wiens haben ihre eigenen Märkte – einige sogar mehrere –, die Kunst und Kunsthandwerk, Lebensmittel, Blumen, importierte oder Secondhand-Ware anbieten. Bekannt sind überdies die Weihnachtsmärkte, die sich auch bei den Wienern großer Beliebtheit erfreuen. Wenn Sie sich für Antiquitäten oder Trödel interessieren, lohnt es sich, in die Antiquitätengeschäfte und die Auktionshäuser der Stadt zu gehen. Alternativ hierzu bietet sich der Naschmarkt an, ursprünglich Wiens größter Lebensmittelmarkt.

Antiquitäten

Wien ist bekannt für seine Antiquitätengeschäfte. Die meisten liegen rund um den Stephansdom und in der Schönbrunner Straße, wo wertvolle alte Stücke und Secondhand-Ware angeboten werden. Das **Dorotheum** *(siehe Auktionen)*, den **Kunst- und Antikmarkt** und den **Flohmarkt** *(siehe Kunstmärkte)* sollten Sie nicht versäumen. Hier kann man vor allem Schmuck und antike Gemälde finden. Zu den besten Adressen für alten Schmuck zählt die **Galerie Rauhenstein**, sie bietet Schmuck bis etwa 1940.

Wenn Sie an altem Schmuck oder Silber bzw. an wirklichen Antiquitäten interessiert sind, lohnt sich ein Besuch bei **Herbert Asenbaum**. Größere Stücke in reicher Auswahl finden Sie bei **Subal & Subal** in der Spiegelgasse oder bei **Reinhold Hofstätter** in der Bräunerstraße. Beide Geschäfte führen sehr schöne antike Möbel.

Auktionen

Es wurde 1707 als Pfandleihhaus für die »neuen Armen« eröffnet und wird noch immer als Armenhaus bezeichnet: das **Dorotheum**, heute das bedeutendste Auktionshaus Wiens. 1788 wurde es an die Stelle des ehemaligen Konvents Dorotheenkirche, so benannt wegen eines Bilds der hl. Dorothea, verlegt. Das Dorotheum lädt zum Bummeln ein. Da es keine festgesetzten Auktionszeiten gibt, kann man jederzeit zu günstigem Preis etwas Schönes erstehen. In der Stadt gibt es verschiedene Zweigstellen.

Naschmarkt

Zwischen Linker und Rechter Wienzeile liegt der **Naschmarkt** *(siehe S. 138)*, der allemal einen Besuch lohnt. Exotisches Obst und Gemüse, griechische, türkische und asiatische Spezialitäten stapeln sich hier an Ständen und Buden. Die Atmosphäre ist faszinierend. Der Markt ist das ganze Jahr über geöffnet und ein Treffpunkt der verschiedensten Nationalitäten, die hier Obst und Gemüse, Kräuter, Tee und Gewürze kaufen und verkaufen. Der Bereich nahe dem Karlsplatz ist den teureren Ständen vorbehalten, Richtung Flohmarkt kommt man zu den bunten und reichhaltigen türkischen Ständen.

Neben Buden mit exotischen Spezialitäten bieten tschechische Verkäufer Handpuppen an, russische Händler offerieren Matrjoschka-Puppen und Türken Unmengen an Kleidung. Übrigens: Hier bekommt man auch um Mitternacht noch einen Imbiss.

Passionierte Marktgänger sollten nicht versäumen, den **Bauernmarkt** aufzusuchen. Verschiedenste Lebensmittel, zum Teil aus biologischem Anbau, werden hier am Samstagvormittag in großer Auswahl feilgeboten.

Kunstmärkte

Antikmärkte und Märkte für Kunst und Kunsthandwerk sind relativ neu in Wien, doch der Flohmarkt am **Naschmarkt** *(siehe S. 138)* und der **Kunst- und Antikmarkt** gelten als etablierte Institutionen für Secondhand-Ware und Antiquitäten. Man erwartet hier nicht, dass Sie die angeschriebenen Preise bezahlen – im Gegenteil, hier heißt es handeln.

Der Spittelbergmarkt *(siehe S. 117)* nahe am Volkstheater bietet die bessere Qualität in Bezug auf Kunsthandwerk. Hier verkaufen Künstler und Handwerker ihre eigenen Werke und keine Massenware. In dem attraktiven Ambiente findet man auch schöne Geschenke. In der näheren Umgebung gibt es einige Cafés und Galerien mit Kunstausstellungen.

Der Kunstmarkt im **Heiligenkreuzerhof** *(siehe S. 75)* befindet sich in einem sehr ruhigen, abgeschlossenen Innenhof. Ausgewählte Gruppen von Ausstellern sind hier vertreten und diskutieren gern mit Ihnen über ihre Werke. Verkauft werden Schmuck, Keramik und Kunsthandwerk. Unterhaltung bietet ein Akkordeonspieler und Sänger, der österreichische Volksmusik zum Besten gibt.

Weihnachtsmärkte

Weihnachtsmärkte in Wien sind etwas Besonderes. Der berühmteste von allen ist der **Christkindlmarkt** *(siehe S. 64)* vor dem Rathaus. Die Attraktionen wechseln von Jahr zu Jahr, doch gibt es immer Darbietungen, schön geschmückte Weihnachtsbäume und Advents- oder Weihnachtsspiele auf einer Bühne sowie natürlich unzählige Buden und Stände, aber auch Bastel- und Backstuben für Geschenke und Weihnachtsbäckerei. Hier kann man Honigkuchen, Bienenwachskerzen, Baumschmuck und vieles mehr kaufen. Am schönsten ist die Atmosphäre abends, wenn alle Lichter funkeln. Der **Alt Wiener Christkindlmarkt** *(siehe S. 64)* findet auf der Freyung statt, ist kleiner und eher traditionell. Zwei Wochen vor Ostern wird hier auch ein Ostermarkt abgehalten, auf dem ausgeblasene und handbemalte Eier verkauft werden.

Christkindlmärkte gibt es außerdem am Spittelberg, im Heiligenkreuzerhof, vor Schloss Schönbrunn und bei der Karlskirche.

AUF EINEN BLICK

FACHGESCHÄFTE

Kober
Graben 14–15. **Stadtplan** 2 D5 u. 5 C3.
☎ *5336 0180.*

Maria Stransky
Hofburg-Passage 2.
Stadtplan 5 C4.
☎ *533 6098.*

Metzger
Stephansplatz 7. **Stadtplan** 2 E5. ☎ *512 3433.*

Petit Point
Kärntner Str. 16. **Stadtplan** 4 D1. ☎ *512 4886.*

Robert Horn
Bräunerstr. 7. **Stadtplan** 5 C4. ☎ *513 8294.*

Witte
Linke Wienzeile 16.
Stadtplan 3 A4.
☎ *586 43050.*

Zauberklingl
Führichgasse 4. **Stadtplan** 5 C4. ☎ *512 6868.*

MUSIK

Arcadia
Kärntner Str. 40. **Stadtplan** 4 D2. ☎ *513 9568.*

Doblinger
Dorotheergasse 10. **Stadtplan** 5 C3. ☎ *515 030.*

EMI
Kärntner Str. 30. **Stadtplan** 4 D1 u. 6 D4.
☎ *512 36750.*

Gramola
Graben 16. **Stadtplan** 2 D5. ☎ *533 5034*

SCHMUCK

Galerie Slavik
Himmelpfortgasse 17.
Stadtplan 4 E1 u. 6 D4.
☎ *512 5147.*

Heldwein
Graben 13. **Stadtplan** 5 C3. ☎ *512 5781.*

Juwelier Wagner
Kärntner Straße 32.
Stadtplan 4 D1.
☎ *512 0512.*

Köchert
Neuer Markt 15.
Stadtplan 5 C4.
☎ *5125 8280.*

Schullin
Kohlmarkt 7. **Stadtplan** 2 D5. ☎ *5339 0070.*

GLASWAREN

J. & L. Lobmeyr
Kärntner Str. 26. **Stadtplan** 2 D5. ☎ *512 0508.*

INNENEINRICHTUNG

Augarten
Stock-im-Eisen-Platz 3–4.
Stadtplan 2 D5.
☎ *512 1494.*
Mehrere Filialen.
Manufaktur:
Obere Augartenstraße 1.
Stadtplan 2 E2.
☎ *211 240.*

Backhausen
Schwarzenbergstr. 10
Stadtplan 6 D5.
☎ *514 040.*

Gans
Brandstätte 1–3. **Stadtplan** 4 D1. ☎ *533 3560.*

Gunkel
Tuchlauben 11. **Stadtplan** 2 D5. ☎ *5336 3010.*

Zur Schwäbischen Jungfrau
Graben 26. **Stadtplan** 2 D5. ☎ *535 5356.*

DELIKATESSEN

Altmann & Kühne
Graben 30. **Stadtplan** 2 D5. ☎ *533 0927.*

Julius Meinl
Graben 19. **Stadtplan** 2 D5. ☎ *532 3334.*

Wein & Co
Jasomirgottstr. 3–5. **Stadtplan** 6 D3. ☎ *533 0916.*

Zum Schwarzen Kameel
Bognergasse 5. **Stadtplan** 5 C3. ☎ *533 8125.*

GESCHENKE

Österreichische Werkstätten
Kärntner Str. 6. **Stadtplan** 4 D1. ☎ *512 2418.*

Swarovski
Kärntner Str. 8. **Stadtplan** 6 D4. ☎ *512 9032.*

BÜCHER

Gilhofer
Rathausstr. 19. **Stadtplan** 1 C5. ☎ *4096 1900.*

Heck
Kärntner Ring 14. **Stadtplan** 4 E2. ☎ *505 5152.*

Shakespeare & Co.
Sterngasse 2. **Stadtplan** 2 E5. ☎ *535 5053.*

Taschenbuchladen
Garnisongasse 7. **Stadtplan** 1 B4. ☎ *405 6857.*

Thalia
Mariahilfer Straße 99.
Stadtplan 3 A2.
☎ *595 4550.*
Mehrere Filialen.

ZEITUNGEN UND ZEITSCHRIFTEN

Morawa
Wollzeile 11. **Stadtplan** 2 E5 u. 6 D3. ☎ *515 620.*

KLEIDUNG UND ACCESSOIRES

Bally
Kärntner Str. 9. **Stadtplan** 6 D5. ☎ *516 490.*

D'Ambrosio
Jasomirgottstraße 6.
Stadtplan 6 D3.
☎ *533 0146.*

D. G. Linnerth
Lugeck 1–2. **Stadtplan** 6 D3. ☎ *512 5888.*

Erich Hartmann
Singerstr. 8. **Stadtplan** 6 D3. ☎ *512 1489.*

Flamm
Neuer Markt 12. **Stadtplan** 5 C4. ☎ *512 2889.*

Fürnkranz
Kärntner Str. 39. **Stadtplan** 6 D4. ☎ *488 4426.*

H & M
Graben 8. **Stadtplan** 2 D5. ☎ *512 5505.*

Kettner
Plankengasse 7. **Stadtplan** 5 C4. ☎ *5132 239.*

Knize
Graben 13. **Stadtplan** 5 C3. ☎ *5122 1190.*

Kurt Denkstein
Stephansplatz 4. **Stadtplan** 6 D3. ☎ *512 7465.*

Neumann
Seilergasse 3. **Stadtplan** 5 C4. ☎ *512 3438.*

Resi Hammerer
Kärntner Str. 29–31.
Stadtplan 4 D1 u. 5 C5.
☎ *512 6952.*

Tostmann
Schotteng. 3a. **Stadtplan** 5 B2. ☎ *5335 3310.*

ANTIQUITÄTEN

Galerie Rauhenstein
Rauhensteingasse 3. **Stadtplan** 6 D4. ☎ *513 3009.*

Herbert Asenbaum
Kärntner Str. 28. **Stadtplan** 4 D1. ☎ *512 2847.*

Reinhold Hofstätter
Bräunerstr. 12. **Stadtplan** 5 C4. ☎ *533 5069.*

Subal & Subal
Spiegelgasse 8. **Stadtplan** 4 D1. ☎ *513 1349.*

AUKTIONEN

Dorotheum
Dorotheergasse 17. **Stadtplan** 4 D1. ☎ *51 560.*

MÄRKTE

Alt Wiener Christkindlmarkt
Freyung. **Stadtplan** 2 D5 u. 5 B2. ◯ *17. Nov–24. Dez: tägl. 9.30–19.30 Uhr.*

Bauernmarkt
Freyung. **Stadtplan** 2 D5.
◯ *März–Ende Okt: Di, Do 10–18.30 Uhr.*

Christkindlmarkt
Am Neuen Rathaus.
Stadtplan 1 C5 u. 5 A2.
◯ *Mitte Nov–24. Dez: tägl. 10–19 Uhr.*

Heiligenkreuzerhof
Stadtplan 2 E5 u. 6 E3.
◯ *März–Nov: Sa, So 10–18 Uhr.*

Kunst- und Antikmarkt
Donaukanalpromenade.
Stadtplan 6 F2.
◯ *Mai–Ende Sep: Sa 14–20, So 10–20 Uhr.*

Naschmarkt
Stadtplan 3 C2.
◯ *Mo–Fr 6–18.30, Sa 6–18 Uhr.*

Stadtplan *siehe Seiten 256–267*

UNTERHALTUNG

Die Donaustadt bietet viele Möglichkeiten der Unterhaltung, vor allem im Bereich der Musik. In der Staatsoper *(siehe S. 140f)* werden die großen Opern aufgeführt. Weitere Opern können Sie im Theater an der Wien *(siehe S. 138)* sehen. Die pompösen Bälle während der Faschingssaison werden von Orchestermusik und natürlich vom eleganten Wiener Walzer begleitet. Letzterer ist auch in entspannterer Umgebung im Stadtpark zu genießen. Sogar die edlen Lipizzaner treten zu Wiener Musik auf – schon deshalb ist ein Besuch der Spanischen Hofreitschule *(siehe S. 98f)* ein Muss. Wien verfügt über sehr gute Theater. Einige Kinos sind auf Filmklassiker spezialisiert. Restaurants schließen zwar relativ früh, doch gibt es z. B. innerhalb der Ringstraße eine Vielzahl an Jazzclubs wie den Roten Engel, diverse Discos, Casinos und Bars mit Live-Musik. Sie können aber auch in einem der bekannten Kaffeehäuser in aller Ruhe noch einen Mitternachtskuchen und -kaffee genießen *(siehe S. 218f)*.

Pipo bei Ronacher ***(siehe S. 228)***

Bühnenraum des Theaters in der Josefstadt ***(siehe S. 116)***

PRAKTISCHE HINWEISE

WienTourismus *(siehe S. 238)* bringt monatlich einen kostenlosen Veranstaltungskalender heraus. In den meisten Hotels und auf Plakaten an allen Litfaßsäulen kann man die Wochenprogramme der Oper und der Theater mit den wichtigsten Rollenbesetzungen lesen. Die vier großen Tageszeitungen der Stadt – *Presse*, *Kronen Zeitung*, *Standard* und *Kurier* – veröffentlichen täglich Veranstaltungsprogramme, informieren über Kinofilme, Konzerte und die wichtigsten Sportveranstaltungen und drucken natürlich auch Rezensionen.

KARTENVORVERKAUF

Eintrittskarten kann man an den jeweiligen Veranstaltungsorten kaufen (informieren Sie sich über die Öffnungszeiten, sie variieren) oder dort telefonisch bestellen. Die Telefonnummern der Verkaufsstellen finden Sie unter den Rubriken Musik, Theater und Kino unter *Auf einen Blick* *(siehe S. 229f)*.

Karten für die vier Wiener Staatstheater, **Staatsoper** *(siehe S. 140f)*, **Volksoper** *(siehe S. 229)*, **Burgtheater** *(siehe S. 132f)* und **Akademietheater** *(siehe S. 230)*, erhalten Sie bei den **Bundestheaterkassen** *(siehe S. 229)*. Der Kartenverkauf für eine Vorstellung beginnt mindestens einen Monat, meist deutlich länger im Voraus.

Sie können ab diesem Termin auch im Internet (www.bundestheater.at) reservieren. Telefonische Reservierungen – die Zahlung erfolgt dann mittels Kreditkarte – werden ab einen Tag nach Beginn des Vorverkaufs angenommen. Schriftliche Vorbestellungen für die vier Staatstheater müssen mindestens drei Wochen vor dem jeweiligen Vorstellungstermin eingegangen sein.

Stehplätze (über 500 in der Oper und 100 in der Volksoper) werden an der Abendkasse, direkt vor Beginn der Veranstaltung, verkauft. Die Staatstheater bieten Schülern, Studenten, Lehrlingen und Arbeitslosen Ermäßigungen: Ab 30 Minuten vor Beginn der Veranstaltung können Sie alle nicht verkauften Restkarten sehr günstig bekommen.

Karten für die Staatstheater, das **Theater an der Wien** *(siehe S. 138)*, das **Konzerthaus** *(siehe S. 228)* und das **Raimund Theater** *(siehe S. 229)* gelten mittlerweile in den öffentlichen Verkehrsmitteln *nicht* mehr als Fahrscheine – diese frühere Regelung wurde gestrichen.

Litfaßsäule

Theater

Wenn Sie Ihre Karte im Vorverkauf persönlich erwerben, können Sie sich auf einem in den Vorverkaufsstellen ausgelegten Plan des Zuschauerraums über die Anordnung der Sitzplätze informieren und dann Ihre Wahl treffen. Die monatlichen Veranstaltungskalender der Staatstheater verfügen ebenfalls über einen solchen Plan, sodass Sie auch bei telefonischen Reservierungen Ihre Platzwünsche äußern können. In vielen Hotels liegen die Pläne ebenfalls aus.

Bedenken Sie bei Reservierungen immer, dass mit *Parkett* die vordersten Sitzplätze gemeint sind, die auch am teuersten sind. In manchen Theatern werden diese Plätze auch als *Orchestersitze* bezeichnet. *Parterre* ist etwas billiger, dann folgen *Erster* und *Zweiter Rang* oder *Balkon*. Burgtheater und Staatsoper haben eine zusätzliche

Casino Wien im Palais Esterházy

Kategorie, die *Galerie*. Je höher man sitzt, umso billiger sind die Plätze. Dies gilt auch für die *Logen*, wo hintere Reihen ebenfalls weniger kosten.

An der Wiener Volksoper gibt es noch die sogenannten *Säulensitze*, von denen aus die Sicht auf die Bühne durch eine Säule zum Teil verstellt ist. Solche Plätze werden vor allem von Musikliebhabern bevorzugt, denen es weniger auf den optischen als auf den akustischen Genuss ankommt. Die Volksoper bietet vier Kategorien an Sitzplätzen: *Parterre, Balkon, Erster* und *Zweiter Rang*.

Die Büfetts in den großen Wiener Theatern bieten alkoholische und nichtalkoholi-

Cellist an der Pestsäule

sche Getränke, belegte Brötchen mit Kaviar, Ei, Lachs, Käse und Salami sowie Eis und Süßigkeiten an.

Die Büfetts öffnen meist eine Stunde vor Beginn der Vorstellung und eignen sich, um in entspannter Atmosphäre noch ein Glas Wein oder Sekt zu trinken und auch eine Kleinigkeit zu essen.

In den Theatern ist es nicht üblich, Trinkgelder zu geben, jedoch kann man beim Kauf des Programmhefts z. B. durchaus den Betrag nach oben aufrunden.

Mäntel, Hüte oder Schirme gibt man vor Beginn der Vorstellung an der Garderobe ab. Hier gibt es keine festgesetzten Preise, die Höhe des Trinkgelds bleibt Ihnen überlassen.

Entertainment für Behinderte

Viele Veranstaltungsorte in Wien haben Einrichtungen für Rollstuhlfahrer, zum Teil auch für Hörbehinderte. Doch sollten Sie immer nachfragen, bevor Sie die Karte reservieren.

Die Broschüre *Wien für Gäste mit Handicaps* von WienTourismus *(siehe S. 238)* informiert über Einrichtungen für Behinderte. Im Internet finden Sie unter www.wien.info ebenfalls Informationen über behindertengerechte Veranstaltungsorte.

Öffentliche Verkehrsmittel

Normale Busse und Straßenbahnen fahren bis etwa 23.30 Uhr, U-Bahnen bis etwa Mitternacht *(siehe In Wien unterwegs, S. 250–255)*. Nachtbusse sind beliebt. Es fahren diverse Linien (mit »N« gekennzeichnet) auf den normalen Routen (Infos unter www.wienerlinien.at). Sie starten ab 0.30 Uhr bis etwa 4 Uhr jede halbe Stunde. Normale Fahrscheine sind gültig *(siehe S. 255)*.

Taxis können Sie sich rufen lassen oder auf der Straße anhalten. Nach Veranstaltungen stehen die Taxis meist in großer Anzahl direkt vor dem Haus. Ansonsten gehen Sie zu einem Taxistand, der sich oft schon an der nächsten Straßenecke befindet. Taxis, die schon besetzt sind, halten nicht, wenn man sie herbeiwinkt.

Spielcasino

Casinos Austria ist zum Gütesiegel für Casinos auf der ganzen Welt geworden. Das **Casino Wien** ist ein Spielcasino im barocken Palais Esterházy *(siehe S. 80)* mit Roulette und Kartenspielen wie Bakkarat oder Poker. Zum Anwesen gehören auch eine Bar, ein Restaurant und das **Jackpot Casino**, ein typisches Wiener Etablissement.

Casino Wien

Kärntner Straße 41. **Stadtplan** 4 D1.
Casino Wien *tägl. 15–4 Uhr.*
Jackpot Casino *tägl. 10–1 Uhr.*
5124 836.

Tanz beim Opernball *(siehe S. 141)*

Musik

Die Wiener Staatsoper *(siehe S. 140f)* ist eine der größten der Welt und wird, wie alle vier Staatstheater, stark subventioniert. Die Akustik des Hauses ist exzellent – der weltberühmte Dirigent Arturo Toscanini war hier beratend tätig, als die Oper nach dem Zweiten Weltkrieg wiederaufgebaut wurde. Das Orchester des Hauses, die Wiener Philharmoniker, spielt zwischen September und Juni. Die meisten Opern werden in der Originalsprache gesungen. Neben den Philharmonikern spielen auch das Wiener Symphonieorchester und einige Kammermusik-Ensembles. Darüber hinaus gibt es regelmäßig Gastspiele von Musikern aus aller Welt. Die Kirchenmusik hat oft Konzertqualität. Im Stadtpark, wo im Sommer regelmäßig ein Orchester gastiert, wird eher leichtere Musik geboten. Live-Rock gibt es in den Discos. Darüber hinaus findet alljährlich das Jazz Fest Wien *(siehe S. 63)* statt.

Oper und Musical

Karten für die **Staatsoper** kosten zwischen zehn (Stehplätze) und 200 Euro. Sie werden mindestens einen Monat im Voraus verkauft (mit Ausnahme der Stehplätze, die erst eine Stunde vor Beginn der Aufführung zu haben sind). Die Neujahrsvorstellung in der Oper zeigt traditionell *Die Fledermaus*, in deren zweitem Akt hin und wieder Überraschungsgäste auftreten.

Die **Wiener Volksoper** ist bekannt für ihre hervorragenden Operettenproduktionen berühmter Komponisten – von Strauß über Millöcker und Ziehrer bis zu Léhar und Kálmán. Sie bietet auch Musicals und leichtere Opern von Mozart, Puccini und Bizet in deutscher Sprache. Karten kosten zwischen vier (Säulenplätze) und 150 Euro (Stehplätze: 1,50 €).

In einer schmalen Seitenstraße nahe dem Stephansdom liegt eine der bedeutendsten kleinen Bühnen Wiens, die **Wiener Kammeroper**. Viele Sänger wie Waldemar Kmentt, Eberhard Waechter und Walter Berry starteten hier ihre Karriere. Gespielt wurden klassische Operetten, auch Rock-Versionen von *Hoffmanns Erzählungen* oder *Carmen*. Mittlerweile stehen Barockoper, Opera buffa, Kammer-Musical und zeitgenössisches Musiktheater auf dem Programm.

Das historische **Theater an der Wien** *(siehe S. 138)*, das große **Raimund Theater** und das sanierte **Ronacher** gehören zu den Vereinigten Bühnen Wiens. Das Raimund Theater und das Ronacher präsentieren große internationale Musical-Produktionen. Das Theater an der Wien, das früher ebenfalls Musicals zeigte, ist seit 2006 das neue, zusätzliche Opernhaus der Stadt.

Im Mai/Juni finden an mehreren Veranstaltungsorten der Stadt die Wiener Festwochen *(siehe S. 62)* mit Opern- und Theateraufführungen statt. Zentrale Spielstätte ist Halle G im MuseumsQuartier. Der Kaiserhof in Klosterneuburg ist im Juli Schauplatz des Festivals **Oper Klosterneuburg**.

Von Mitte Juli bis Mitte August finden im **Schönbrunner Schlosstheater** Operettenaufführungen statt. Reservieren können Sie telefonisch und im Internet (www.musik-theater-schoenbrunn.at), die Karten kosten zwischen zehn (Stehplätze) und 85 Euro. Die **Seefestspiele Mörbisch** *(siehe S. 63)* finden meist donnerstags bis sonntags im Juli und August am Neusiedler See statt.

Klassik

Die bedeutendsten Konzertsäle Wiens, in denen klassische Musik gespielt wird, sind der **Musikverein** *(siehe S. 146)* mit Großem Saal, Brahmssaal und drei weiteren Sälen sowie die Säle im **Konzerthaus**. Konzertaufführungen bieten auch die **Stadthalle** *(siehe S. 231)*, Schuberts Geburtshaus in Nußdorf und viele Wiener Palais.

Das Neujahrskonzert *(siehe S. 65)*, das jedes Jahr im Musikverein stattfindet, wird live im Fernsehen übertragen. Karten kann man schriftlich bei den **Wiener Philharmonikern** bestellen, Reservierungen müssen am 2. Januar für das Konzert des darauf folgenden Jahres eingegangen sein.

Walzerkonzerte und Operetten mit den Stars der Wiener Volksoper werden von April bis Oktober dienstags, donnerstags und samstags im Musikverein, in der Neuen Burg *(siehe S. 95)* und im Konzerthaus gegeben. Mittwochs finden in der Neuen Burg Mozart- und Strauß-Konzerte statt. Sänger und Solisten des Wiener Mozart Orchesters spielen in historischen Kostümen u. a. in Staatsoper, Musikverein und Konzerthaus. Es gibt einen Einheitspreis – man sollte also rechtzeitig erscheinen, um einen guten Platz zu belegen.

Kirchenmusik

Einzelheiten über die vielen Kirchenkonzerte in Wien können Sie den Zeitungen entnehmen. Achten Sie vor allem auf die Sonntagsmessen in den folgenden Kirchen: Augustinerkirche *(siehe S. 102)*, Minoritenkirche *(siehe S. 103)*, Jesuitenkirche *(siehe S. 73)*, Stephansdom *(siehe S. 76–79)* und Michaelerkirche *(siehe S. 92)*. Im Juli und August bieten auch viele andere Kirchen Orgelrezitationen.

Die Wiener Sängerknaben *(siehe S. 39)* singen (ausgenommen von Juli bis Mitte September) jeden Sonn- und Feiertag um 9.15 Uhr während der Messe in der Burgkapelle *(siehe S. 103)*, Kartenverkauf ist am Freitag davor. Im Mai, Juni, September und Oktober treten sie jeden Freitag um 15.30 Uhr im **Konzerthaus** auf. Karten hierfür erhalten Sie im Hotel oder in Reisebüros. Bei größeren Veranstaltungen sind sie begehrt.

Salonmusik

Am Haus des **Konzertcafés Schmid Hansl** steht zu lesen: »Haus des Wiener Liedes«. Der ursprüngliche Besitzer des kleinen Cafés, das warme Gerichte serviert, bis es schließt, war Hansl Schmid, ein Musiker. Und manchmal ergab es sich, dass ein berühmter Sänger hier mit ihm zusammen im Duett sang oder auch eigene Vorstellungen gab. Der heutige Besitzer, ein Sohn von Hansl Schmid und einst Mitglied der Wiener Sängerknaben, führt die Tradition des Vaters fort. Auf diese Weise kommt es bisweilen zu spontanen Vorträgen von anwesenden Opernstars.

Beliebt ist auch der **Wiener Kursalon**, hier finden täglich Dinners und Walzerabende mit dem Johann Strauß Salonorchester statt, aber auch klassische Ballettaufführungen. Im Sommer gibt es Konzerte im Stadtpark.

Rock, Pop und Jazz

Was heute in der Musikszene »in« ist, kann morgen schon wieder »out« sein. Das **Tanzcafé Volksgarten** mit der Clubdiskothek gehört zu den am längsten bestehenden Discos. Gespielt wird House, Hip-Hop und Salsa. Ebenso beliebt ist das **Take Five**. Im **Roten Engel** im Bermuda-Dreieck gibt es jede Nacht Live-Musik, das **Nachtwerk** bietet eine Midnight-Show. Live-Konzerte finden im **Café Szene**, im **Jazzland** und sonntags im **Chelsea** statt. In Künstlerkreisen beliebt ist die **Broadway Piano Bar**, in der jeden Abend Live-Musik zu hören ist: Montags ist Jazz Night, samstags treten im Rahmen der Night Line berühmte Musiker auf.

Die Disco **U4** bietet jede Nacht Programm unter einem anderen Motto – von Techno bis »Flowerpower«. Die verschiedensten Musikstile – von Techno über House bis hin zu alternativer Musik – hört man im **Café Leopold**, in der **Schikaneder Bar** und im **Flex**.

Für Jazzfans interessant ist das alljährliche **Jazz Fest Wien** in der ersten Julihälfte mit Veranstaltungen an mehreren Orten der Stadt: in der Staatsoper *(siehe S. 140f)*, im Volkstheater *(siehe S. 230)*, im Neuen Rathaus *(siehe S. 130)* und auch in Form von Open-Air-Events.

Auf einen Blick

Oper und Musical

Bundestheaterkassen
Haupt-Kartenvorverkauf. Operngasse 2, A-1010. **Stadtplan** 5 C4. *513 1 513.* *Mo–Fr 8–18, Sa, So u. Feiertage 9–12 Uhr.* **www**.bundestheater.at

Oper Klosterneuburg
Kaiserhof, Klosterneuburg. *02243 444 425.*

Raimund Theater
Wallgasse 18. *588 85.* **www**.musicalvienna.at

Ronacher
Seilerstätte 9. **Stadtplan** 4 E1. *588 85.* **www**.musicalvienna.at

Schönbrunner Schlosstheater
Schönbrunner Schloßstraße 47, A-1130. *0664-1111 600.*

Seefestspiele Mörbisch
Mörbisch am Neusiedler See, Burgenland. *(02685) 8181 (Juli, Aug).* **www**.seefestspiele-moerbisch.at

Wiener Kammeroper
Fleischmarkt 24, A-1010. **Stadtplan** 2 E5 u. 6 D2. *512 010 077.* **www**.wienerkammeroper.at

Wiener Volksoper
Währinger Straße 78, A-1090. **Stadtplan** 1 B2. *514 443 670.* **www**.volksoper.at

Klassik

Konzerthaus
Lothringerstraße 20, A-1030. **Stadtplan** 4 E2 u. 6 E5. *242 002.* **www**.konzerthaus.at

Musikverein
Bösendorferstraße 12, A-1010. **Stadtplan** 6 D5. *5058 190.* **www**.musikverein.at

Raimund Theater
Siehe Oper und Musical.

Wiener Hofburg-Orchester
Margaretenstraße 3, A-1040. **Stadtplan** 4 D2. *5872 552.* **www**.hofburgorchester.at

Wiener Philharmoniker
Bösendorferstraße 12, A-1010. **Stadtplan** 4 E2. *5056 5250.* **www**.wienerphilharmoniker.at

Salonmusik

Konzertcafé Schmid Hansl
Schulgasse 31, A-1180. **Stadtplan** 1 A2. *4063 658.* *Di–Sa 8–4 Uhr.* **www**.schmidhansl.at

Wiener Kursalon
Johannesgasse 33, A-1010. **Stadtplan** 6 E5. *5125 790.* **www**.soundofvienna.at

Rock, Pop und Jazz

Broadway Piano Bar
Bauernmarkt 21. **Stadtplan** 5 D3. *5332 849.*

Café Leopold
Museumplatz 1. **Stadtplan** 5 A5. *5236 732.*

Café Szene
Hauffgasse 26. *7493 341.*

Chelsea
Stadtbahnbogen 29–31. **Stadtplan** 4 D2. *4079 309.*

Flex
Donaukanal/Augartenbrücke. **Stadtplan** 1 D3. *5337 525.*

Jazz Fest Wien
408 60 30 (Karten). **www**.viennajazz.org

Jazzland
Franz-Josefs-Kai 29. **Stadtplan** 2 E5 u. 6 E2. *5332 575.*

Nachtwerk
Dr. Gonda-Gasse 9. *6168 880.*

Porgy & Bess
Riemergasse 11. **Stadtplan** 5 E4. *5128 811.*

Roter Engel
Rabensteig 5. **Stadtplan** 6 D2. *5354 105.*

Schikaneder Bar
Margaretenstraße 22–24. **Stadtplan** 3 C3. *5852 867.*

Take Five
Annagasse 3a. **Stadtplan** 4 D1. *5129 277.*

Tanzcafé Volksgarten
Burgring/Heldenplatz. **Stadtplan** 3 C1 u. 5 B4. *5330 518.*

U4
Schönbrunner Straße 222. **Stadtplan** 3 A4. *8158 307.*

Theater und Kino

Wien bietet eine große Auswahl an Theatern, die vom klassischen Drama bis hin zur Avantgarde alles spielen. Einige davon, etwa das Theater in der Josefstadt *(siehe S. 116)* oder das kürzlich restaurierte Ronacher, lohnen allein schon wegen ihrer Architektur einen Besuch. In Wien werden auch eine Vielzahl von Performances dargeboten, und wenn Sie Englisch beherrschen, können Sie auch ins English Theatre gehen. Einige Kinos bringen Filme in der Originalsprache. Ein Klassiker, der in Wien immer irgendwo läuft, ist *Der dritte Mann*, der im Wien der Nachkriegszeit spielt.

Theater

Wiens Theater zählen zu den besten Bühnen in Europa, das **Burgtheater** *(siehe S. 132f)*, eines der vier Staatstheater in Wien, ist das berühmteste. Hier und in der zweiten Spielstätte des Burgtheaters, im **Akademietheater**, werden klassische wie moderne Stücke gespielt. Falls möglich, sollte man einmal eine der Theaterproduktionen erleben.

Das **Theater in der Josefstadt** *(siehe S. 116)* lohnt einen Besuch allein schon wegen seines Interieurs. Darüber hinaus bietet es exzellente Produktionen österreichischer Autoren wie auch fremdsprachiger Klassiker, bisweilen auch Musicals.

Die **Kammerspiele** sind das »Kleine Haus« des Theaters in der Josefstadt. Das alte und seit Langem etablierte **Volkstheater** führt vor allem moderne Stücke auf, gelegentlich auch Klassiker und Operetten. Modernes, unangepasstes Theater kann man im **Schauspielhaus** sehen. Zudem gibt es in Wien eine große Anzahl freier Theater, die, angefangen von Ein-Mann-Stücken bis hin zum Cabaret, alles bieten. Sehr unterhaltsam ist es z. B. im renommierten **Kabarett Simpl**, das kürzlich wiedereröffnet wurde.

Es gibt auch drei Theater, die englischsprachige Aufführungen inszenieren, darunter das English Theatre, das die Stücke meist nur sehr kurze Zeit, aber oft mit internationaler Besetzung spielt, und das recht kleine International Theater.

Das Ronacher war einst Wiens glamourösestes Theater, eine Varietébühne, auf der sogar Josephine Baker auftrat. Später war es ein Restaurant, doch als das Burgtheater im Zweiten Weltkrieg zerstört wurde, fanden bis zum Wiederaufbau hier erneut Theateraufführungen statt. Vor Kurzem wurde es saniert. Nun ist es eine Musical-Bühne *(siehe S. 228)*.

Kinos

Das Kino, das die neuesten Filme in Originalfassung bringt, ist das **Burg Kino**, auch **Haydn Cinema** und **Artis International** haben sich auf Filme in Originalsprache spezialisiert. Einige Kinos zeigen vor allem alte und neue Klassiker oder Filme jenseits des Mainstreams. Dazu gehören insbesondere das **Österreichische Filmmuseum**, **Filmhaus Stöbergasse**, **Filmcasino** und **Votiv-Kino**, das sonntags sogar ein Kino-Frühstück anbietet. Das **Apollo Center** ist eines der modernsten Kinos in ganz Österreich. Mitte bis Ende Oktober findet das Filmfestival Viennale statt *(siehe S. 64)*.

Auf einen Blick

Theater

Akademietheater
Lisztstraße 1, A-1030.
Stadtplan 4 E2.
514 444 740.
Kartenvorverkauf: siehe Burgtheater.

Burgtheater
Dr.-Karl-Lueger-Ring 2, A-1010.
Stadtplan 1 C5 u. 5 A2.
514 444 440.
Kartenvorverkauf für beide Theater:
Bundestheaterkassen
Operngasse 2.
Stadtplan 5 C4.
514 447 810.
Informationen über beide Theater im Internet:
www.burgtheater.at

Kabarett Simpl
Wollzeile 36, A-1010.
Stadtplan 2 E5 u. 6 E3.
5124 742.

Kammerspiele
Rotenturmstraße 20, A-1010. **Stadtplan** 2 E5 u. 6 E2. *4270 0300.*

Schauspielhaus
Porzellangasse 19, A-1090. **Stadtplan** 1 C3.
3170 101.

Theater in der Josefstadt
Josefstädter Straße 26.
Stadtplan 1 B5.
427 00-300.
www.josefstadt.org

Volkstheater
Neustiftgasse 1, A-1070.
Stadtplan 3 B1.
5211 1400.

Kinos

Apollo Center
Gumpendorfer Straße 63.
Stadtplan 3 A4 u. 5 B5.
5879 651.

Artis International
Schulgasse 5, A-1010.
Stadtplan 1 A2.
5356 570.

Burg Kino
Opernring 19.
Stadtplan 4 D1 u. 5 B5.
5878 406.

Filmcasino
Margaretenstraße 78.
Stadtplan 3 C3.
5879 062.

Filmhaus Stöbergasse
Stöbergasse 11–15.
Stadtplan 3 B5.
466 630.

Haydn Cinema
Mariahilfer Straße 57.
Stadtplan 3 B2.
5872 262.

Österreichisches Filmmuseum
Augustinerstraße 1.
Stadtplan 4 D1 u. 5 C4.
5337 054.
www.filmmuseum.at

Votiv-Kino
Währinger Straße 12.
Stadtplan 1 C4.
3173 571.

Kartenkauf per Internet

www.bundestheater.at
www.viennaticketoffice.com

Sport und Tanz

Outdoor-Aktivitäten erfreuen sich in Österreich allgemeiner Beliebtheit, und Fußballspielen ist hier ebenso populär wie in anderen Ländern. Wenn Sie gern schwimmen gehen, können Sie dies in einem der vielen Bäder der Stadt tun. Schlittschuhlaufen ist ebenfalls sehr beliebt. Die Trabrennbahn Krieau veranstaltet Pferderennen. In der gut ausgebauten Stadthalle finden Box- und Ringkämpfe statt, sie besitzt auch ein Schwimmbad, eine Bowling- und eine Eisbahn. Viele Wiener Tanzschulen bieten während der Faschingssaison spezielle Kurse für Walzer an.

Eislaufen

Schlittschuhlaufen ist in Wien beliebt. Die **Eislaufanlage Engelmann** und der Wiener Eislaufverein *(siehe S. 234)* bieten Bahnen.

Schwimmen

Die Stadt besitzt eine Reihe von Freibädern, etwa das **Schönbrunner Bad** im Schönbrunner Schlosspark *(siehe S. 172f)*. Das **Krapfenwaldlbad** bietet einen wunderschönen Blick über Wien. Im **Schafbergbad** gibt es dienstags und donnerstags Unterwassergymnastik. Das **Thermalbad Oberlaa** verfügt über drei Freibecken und ein Hallenbad. Das **Kinderfreibad Augarten** *(siehe S. 234)* ist vor allem bei kleinen Gästen beliebt – sie können hier auch beaufsichtigt werden. An der Alten Donau kann man im **Strandbad Gänsehäufel** oder im **Strandbad Alte Donau** Badehäuschen für einen Tag mieten, Gleiches gilt für Boote. Das Strandbad Gänsehäufel bietet einen Strand, ein beheiztes Becken und Tischtennisplatten. Die **Donauinsel** besitzt die längste Wasserrutschbahn der Welt, Grillplätze – und am Wochenende fährt der Nachtbus zurück ins Stadtzentrum.

Fussball

Die Wiener sind fußballbegeistert. Es gibt zwei überdachte Fußballstadien: das **Ernst-Happel-Stadion** (ca. 50 000 Plätze) im Prater, wo das Finale der Fußball-EM 2008 stattfand, und das **Hanappi-Stadion** (20 000 Plätze) in Hütteldorf.

Pferderennen

Die Galopprennbahn Freudenau im Prater wird anderweitig genutzt. Trabrennen finden von September bis Juni auf der **Trabrennbahn Krieau** *(siehe S. 162f)* statt.

Tanz und Tanzschulen

Mitte Juli bis Mitte August findet das Avantgarde-Tanzfestival **ImPulsTanz** *(siehe S. 63)* mit Workshops statt.

Im Fasching gibt es in Wien viele Bälle und Maskenbälle, vor allem in der Wiener Hofburg, im Neuen Rathaus *(siehe S. 130)* und im Musikverein *(siehe S. 229)*. Das größte Ereignis ist der Opernball *(siehe S. 141)* am Donnerstag vor dem letzten Faschingswochenende, der traditionell vom Staatsopernballett eröffnet wird und die Debütantinnen Wiens vorstellt. Karten hierfür bekommen Sie an den bekannten Verkaufsstellen. In der Neuen Burg findet an Silvester der Kaiserball statt. WienTourismus *(siehe S. 238)* gibt für diese Bälle einen eigenen Kalender heraus.

Während der Faschingssaison können Sie Tanzkurse für Wiener Walzer belegen. Bei **Elmayer-Vestenbrugg** kann man auch an Benimmkursen teilnehmen.

Auf einen Blick

Allgemein

Stadthalle
Vogelweidplatz 15.
Schwimmbad
9810 0433.
Mo, Mi, Fr 8–21.30, Di u. Do 6.30–21.30, Sa 7–21.30, So u. Feiertage 7–18 Uhr.

Eislaufen

Eislaufanlage Engelmann
Syringgasse 6–8.
4051 425.
Ende Okt–Anfang März: Mo 9–18, Di, Do, Fr 9–21.30, Mi, Sa, So 9–19 Uhr.

Schwimmen

Donauinsel
U1, Haltestelle Donauinsel.

Krapfenwaldlbad
Krapfenwaldlgasse 65–73.
321 501.
Mai–Sep: Mo–Fr 9–20, Sa u. So 8–20 Uhr.

Schafbergbad
Josef-Redl-Gasse 2.
4791 593.

Strandbad Alte Donau
Strandbad Alte Donau 22, Arbeiterstrandbadstraße 91.
2636 538.

Strandbad Gänsehäufel
Moissigasse 21.
2699 016.

Thermalbad Oberlaa
Kurbadstraße 14.
680 099 600.
Mo–Sa 8.45–22, So, Feiertage 7.45–22 Uhr.

Fussball

Ernst-Happel-Stadion
Meiereistr 7. *7280 854.*

Hanappi-Stadion
Keißlergasse 6. *9145 519.*
Beide Stadien: **www.**wien-vienna.at/sport.htm

Pferderennen

Trabrennbahn Krieau
Nordportalstraße 247.
7280 046-39 (Information).
www.krieau.at
(siehe S. 64 u. 162)

Tanz und Tanzschulen

ImPulsTanz
www.impulstanz.com

Elmayer-Vestenbrugg
Bräunerstraße 13.
Stadtplan 5 C4.
5127 197. *Mo–Sa 15–20, So 17–22 Uhr.*
www.etikette.at

Wien mit Kindern

Früher sagte man den Wienern nach, sie seien nicht besonders kinderfreundlich, doch das hat sich längst geändert. Die meisten Lokale bieten Kindergerichte an, in einigen der teureren Restaurants können Kinder sonntags zum halben Preis essen. Unkompliziert geht es in den Heurigenlokalen zu: Hier können Sie im Sommer mit den Kindern draußen sitzen. Wien verfügt über eine ganze Reihe von Spielplätzen und viele unterhaltsame Museen mit speziellen Abteilungen, Veranstaltungen und Programmen für Kinder. Es gibt einige großzügige Parkanlagen zum Toben, Schwimmbäder, Eisbahnen und auch einen Zoo.

Kinder lieben Tramfahrten

Praktische Tipps

In Wien halten Autofahrer an Zebrastreifen nicht unbedingt automatisch, wenn Fußgänger über die Straße möchten. Sicherer überqueren Sie Straßen an Fußgängerampeln. Achten Sie hier vor allem auf Radfahrer, die oft sehr schnell sind und sich nicht immer regelkonform verhalten.

Kinder bis zu sechs Jahren fahren in den öffentlichen Verkehrsmitteln kostenlos. Kinder bis zu 15 Jahren bezahlen den halben Preis. Während der Schulferien und an gesetzlich schulfreien Tagen fahren alle Schüler (bis maximal 19 Jahre) kostenlos. Sie müssen allerdings einen Schülerausweis vorlegen können.

Kinderspielplätze gibt es in allen Bezirken, nicht jedoch direkt im Zentrum. Sie sind meist gut ausgestattet. An einigen Orten lässt die Sauberkeit allerdings zu wünschen übrig. Hier macht sich leider oft die Liebe der Wiener zu Hunden unangenehm bemerkbar.

Für öffentliche Toiletten, die in der Regel sehr sauber sind, sollten Sie etwas Kleingeld parat haben.

Kinderläden

Traditionelle österreichische Kleidungsstücke wie Trachten gibt es auch für Kinder. **Lanz Trachtenmoden** verkauft u.a. Lederhosen und Dirndl, bietet aber auch eine gute Auswahl an Strickmoden in allen Farben und Ausführungen. Den meisten Kindern gefallen vor allem die bunten Hüttenschuhe aus Wolle, die aus Tirol kommen.

Dohnal verkauft Kleidung aus Österreich für Kinder und Jugendliche bis zu 16 Jahren. Internationale Ladenketten wie **Benetton 012**, **Jacadi** oder **H & M** bieten ebenfalls eine große Auswahl an modischer Kinderbekleidung.

Haas & Haas führt schön gearbeitetes Kunsthandwerk auch für Kinder, etwa Holzspielzeug oder Puppen. Zudem können Sie hier im wintergartenähnlichen Teehaus auch gut mit Kindern essen gehen, etwa Palatschinken.

Eher konventionelles Kinderspielzeug, jedoch in großer Auswahl, bietet **Kober** am Graben.

Kinderausflug zum Josefsplatz, Hofburg

Mit Kindern essen

Auch in Wien gehen viele Familien mit Kindern zu **McDonald's**, **Da Bizi** oder in Pizza-Restaurants. Die **Wienerwald-Restaurants** bieten Kindermenüs, einige haben auch

Kostümiertes Kind auf dem Kinderfasching des Maxim ***(siehe S. 65)***

einen Garten, z.B. die Filiale an der Freyung. Ein weiterer Tipp ist **Lustig essen**, wo viele Gerichte zu erschwinglichen Preisen in kleinen Portionen serviert werden.

Einige der etwas teureren Hotelrestaurants bieten sonntags spezielle Kinder- und Familienmenüs. Das beste dieser Art gibt es wohl im **Vienna Marriott** *(siehe S. 196)*, wo Kinder unter sechs Jahren kostenlos essen und Kinder zwischen sechs und zwölf Jahren nur zum halben Preis. Hier steht auch ein Spielzimmer mit Aufsicht zur Verfügung.

Das **SAS Palais Hotel** offeriert ein ähnliches Angebot, jedoch gibt es hier kein Spielzimmer.

Ein Heurigenlokal, wo man im Sommer auch draußen sitzen kann, ist vor allem für Fa-

Besucher schauen den Pinguinen im Zoo zu

milien mit kleineren Kindern gut geeignet. Gehen Sie am besten ab etwa vier Uhr am Nachmittag dorthin, wenn noch nicht so viel los ist wie später am Abend. Das Heurigenlokal Zimmermann in Nußdorf *(siehe S. 219)* hat einen Streichelzoo, der Kinder begeistert.

Kinderbetreuung

Viele Hotels organisieren Ihnen einen Babysitter. Nach 23 Uhr wird erwartet, dass Sie für die Heimfahrt des Babysitters ein Taxi bestellen und bezahlen.

Sie können sich auch an die **Babysitterzentrale** (www.babysitterzentrale.at) wenden, die ohne Profit arbeitet und daher relativ preiswert ist. Zusätzlich zur Stundenpauschale müssen Sie hier das Fahrgeld erstatten bzw. nach 22 Uhr ein Taxi stellen.

Sollten Sie einen vereinbarten Babysitter-Termin kurzfristig absagen, müssen Sie bei der Agentur dennoch für drei Stunden bezahlen. Am besten ist es, Sie versuchen schon ein paar Tage im Voraus, einen Babysitter zu bekommen, für die Wochenenden spätestens bis Freitagabend.

Sightseeing mit Kindern

Wien besitzt eine erstaunliche Anzahl an Attraktionen für Kinder jeden Alters, darunter Themenparks, Vergnügungsparks, Museen, Sportanlagen, Bäder und natürlich den Zoo.

Der Eintritt in Museen kostet für Kinder normalerweise die Hälfte. Diverse Museen haben auch Kinderabteilungen oder bieten Führungen oder Veranstaltungen speziell für Kinder an.

Eine grüne Alternative sind die vielen Parks der Stadt. In manchen darf man zwar bestimmte Rasen- oder andere Flächen nicht betreten, doch in einigen kann man auch ein Picknick veranstalten *(siehe S. 234)*. Essen und Trinken kann man leicht in einem Supermarkt kaufen, oder Sie greifen auf einige der süßen Sünden in Wiener Konditoreien zurück. Auch eine Fahrt auf der Donau macht Spaß.

Köstlich: heiße Schokolade

Spielplätze sind in Wien generell sicher und meist gepflegt. Die »Robinson-Insel« (Greinergasse 7, Nähe Karl Marx Hof) ist ein naturnaher Abenteuerspielplatz.

Auf einen Blick

Kinderläden

Benetton 012
Goldschmiedgasse 9. **Stadtplan** 5 C3. ☎ *5339 005.*

Dohnal
Kärntner Straße 12. **Stadtplan** 4 D1 u. 6 D4. ☎ *5127 311.*

Haas & Haas
Stephansplatz 4. **Stadtplan** 2 E3 u. 6 D3. ☎ *5129 770.*

H & M
Kärntner Straße 11–15. **Stadtplan** 4 D1.

Jacadi
Trattnerhof 1. **Stadtplan** 5 C3. ☎ *5331 037.*

Kober
Graben 14–15. **Stadtplan** 2 D5 u. 5 C3. ☎ *5336 019.*

Lanz Trachtenmoden
Kärntner Straße 10. **Stadtplan** 4 D1 u. 6 D4. ☎ *5122 456.*

Essen gehen

Da Bizi
Rotenturmstraße 4. **Stadtplan** 6 D3. ☎ *5133 705.*

Lustig essen
Salvatorgasse 6. **Stadtplan** 2 E5 u. 6 D2. ☎ *5333 037.*

McDonald's
Singerstraße 4. **Stadtplan** 4 E1 u. 6 D3. ☎ *5139 279.*

SAS Palais Hotel
Parkring 16. **Stadtplan** 4 E1 u. 6 E4. ☎ *515 170.*

Wienerwald
Annagasse 3. **Stadtplan** 4 D1. ☎ *5123 766.* Goldschmiedgasse 6. **Stadtplan** 6 D3. ☎ *05015 1515.*

Familienausflug mit dem Fahrrad im grünen Teil des Praters

Elefanten des Tiergartens Schönbrunn im Schlosspark ***(siehe S. 172f)***

Zoo und Lainzer Tiergarten

Der **Tiergarten Schönbrunn** liegt im Park von Schloss Schönbrunn *(siehe S. 172–175)*. Hübsch sind die barocken Tierhäuser, in denen u. a. die Elefanten untergebracht sind. Es gibt Tierfütterungen und Attraktionen wie Tropengewitter. Durch Zoo und Park fährt eine Panoramabahn, »der Schönbrunner«.

Im Wienerwald liegt der Lainzer Tiergarten *(siehe S. 171)*, einst Jagdrevier, heute Naturpark mit Hirschen, Wildschweinen und Pferden. Hier gibt es Spielplätze und einen Weiher. Ein Spaziergang führt zum ehemaligen Jagdsitz Hermesvilla mit Café und Ausstellungen zur Naturgeschichte.

Tiergarten Schönbrunn
Maxingstraße 13b. *8779 294.* *Hietzing.* *51A, 56B, 58B, 156B.* *10, 58, 60.* *tägl. ab 9 Uhr.* **www**.zoovienna.at

Vergnügungsparks

Ideal für einen Familienausflug ist der Prater *(siehe S. 162f)* mit dem berühmten Riesenrad. Im Park gibt es Spielplätze, kleine Teiche und Bäche – und viel Platz zum Herumtoben.

Minopolis ist eine Stadt im Kinderformat mit Bank, Krankenhaus, Polizei etc. – für Kinder von vier bis zwölf.

Minopolis
Wagramer Straße 2. *0810 970 270.* *Mai–Sep: Fr 14–19, Sa, So 13–19 Uhr; Okt–Apr: Fr 14–19, Sa, So 10–18 Uhr.* **www**.minopolis.at

Schwimmen und Eislaufen

Einige Schwimmbäder *(siehe S. 231)*, etwa das Dianabad, sind für Kinder unter sechs Jahren kostenlos.

Eislaufen im Wiener Eislaufverein

Das **Kinderfreibad Augarten** hat ein sehr seichtes Becken, Kinder zwischen sechs und 15 Jahren haben freien Eintritt. Jugendliche und Erwachsene dürfen nur mit Kindern hinein. Das **Stadionbad** besitzt drei Kinderbecken und eine Wasserrutsche. Mittwochs ist hier der Eintritt für alle unter 15 Jahren frei. Im Sommer kann man auch auf der Donauinsel *(siehe S. 231)* baden, im Winter im beheizten Thermalbad Oberlaa *(siehe S. 231)*.

Von Oktober bis März kann man sich im **Wiener Eislaufverein** und in der **Eislaufanlage Engelmann** vergnügen. Danach macht es besonderen Spaß, in einem der Cafés der Ringstraße, etwa im Café Prückel *(siehe S. 59f)* oder im Café Schwarzenberg *(siehe S. 60f)* am Kärntner Ring, eine heiße Schokolade zu trinken.

Eislaufanlage Engelmann
Syringgasse 6–8. *4051 425.* *Ende Okt–Anfang März: Mo 9–18, Di, Do, Fr 9–21.30, Mi, Sa, So 9–19 Uhr.*

Wiener Eislaufverein
Lothringerstraße 28. **Stadtplan** 4 E2. *7136 3530.* *Okt–März: Di, Do, Fr 9–21, Sa–Mo 9–20, Mi 9–22 Uhr.*

Unterhaltung

Das Theater **Märchenbühne der Apfelbaum** führt beliebte Märchengeschichten auf. Märchen, mit Musik und Liedern untermalt, bietet auch das **Lilarum Puppentheater**. Im **Konzerthaus** stehen sechs-

Das Riesenrad, das bekannte Wahrzeichen des Praters ***(siehe S. 162f)***

mal im Jahr, jeweils an einem Samstag- oder Sonntagnachmittag, Konzerte für Kinder auf dem Programm. Im Januar sollten Sie auf die zahlreichen Faschingsfeste für Kinder achten, zu denen diese natürlich verkleidet kommen können. Im November und Dezember bieten Staatsoper *(siehe S. 140f)* und Wiener Volksoper *(siehe S. 229)* traditionell den Kinderzyklus. Die Produktionen schließen bekannte Werke wie Mozarts *Zauberflöte* mit ein, ebenso Engelbert Humperdincks *Hänsel und Gretel*.

Einige Kinos in Wien zeigen Kinderfilme – informieren Sie sich im Veranstaltungsprogramm der Tageszeitungen und unter »Kinos« *(siehe S. 230)*.

Stand auf dem Christkindlmarkt vor dem Rathaus *(siehe S. 130)*

Besondere Aktivitäten

Das Rathaus *(siehe S. 130)* bietet einmal im Monat Aktivitäten für Kinder. Ab Mitte November gibt es hier einen Christkindlmarkt *(siehe S. 224f)*, der auch einen Kinderzug, Ponyreiten und Stände mit Spielzeug und Nüssen bietet. In der Volkshalle des Rathauses finden dann täglich von 9 bis 18 Uhr (am Wochenende bis 19 Uhr) Workshops, etwa für Weihnachtsbäckerei, Weihnachtsdekorationen und Seidenmalerei, statt.

Museen

Die Wiener Museen und Schlösser bemühen sich sehr um junge Besucher. In der Hofburg hat man im Sisi Museum manchmal die Möglichkeit, sich zu verkleiden. Unter dem Motto »Schloss Schönbrunn erleben« werden Kinderführungen und Kinderaktivitäten angeboten.

Im Haus der Musik *(siehe S. 80)* kann man mit Geräuschen und Musik experimentieren, im Theatermuseum *(siehe S. 104)* erfährt man viel über die Abläufe auf einer Bühne. Das Naturhistorische Museum *(siehe S. 128f)* beherbergt zahlreiche Fossilien, u.a. auch von Dinosauriern. Im **Haus des Meeres** kann man über 3000 Meerestiere, darunter Piranhas, Krokodile und Haie, besichtigen. Fütterung ist um 15 Uhr.

Attacus atlas* im Naturhistorischen Museum *(siehe S. 128f)

Das Wiener Museum für Völkerkunde *(siehe S. 95)* zeigt Kunstgewerbe aus allen Kontinenten, darunter Musikinstrumente und Masken. Kinder bis zu 13 Jahren haben im **Kunst Haus Wien** freien Eintritt. Die farbenfrohe Privatgalerie wurde von Friedensreich Hundertwasser entworfen.

Das **Wiener Straßenbahnmuseum** beherbergt die weltweit größte Sammlung von alten Straßenbahnen und Bussen. Man kann auch Touren mit den alten Trams buchen. Interessant sind zudem das **Cirkus- und Clownmuseum** sowie – ganz besonders – das ZOOM Kindermuseum *(siehe S. 120)* im MuseumsQuartier mit seinen interaktiven Exponaten und dem ZOOM-Lab.

Montezumas Haarschmuck im Völkerkundemuseum *(siehe S. 95)*

Auf einen Blick

Schwimmen

Kinderfreibad Augarten
Eingang Karl-Meißl-Gasse, Augarten. **Stadtplan** 2 E1.
☎ *3324 258.*
◷ *Mo–Fr 10–18 Uhr.*

Stadionbad
Prater, Krieau. ☎ *7202 102.*
◷ *Mai–Okt: tägl. 10–18 Uhr.*

Unterhaltung

Konzerthaus
Lothringerstraße 20. **Stadtplan** 4 E2. ☎ *242002.*

Lilarum Puppentheater
Göllnergasse 8. ☎ *7102 666.*

Märchenbühne der Apfelbaum
Kirchengasse 41. **Stadtplan** 3 B1.
☎ *523 172 920.*

Museen

Cirkus- und Clownmuseum
Karmelitergasse 9. **Stadtplan** 2 E4 u. 6 E1. ☎ *3691 111.*
◷ *Mi 17.30–19, Sa 14.30–17, So 10–12 Uhr.*

Haus des Meeres
Esterházypark. **Stadtplan** 3 B2.
☎ *5871 417.* ◷ *tägl. 9–18 Uhr.*

Kunst Haus Wien
Untere Weißgerberstraße 13.
☎ *7120 491.* ◷ *tägl. 10–19 Uhr.*

Wiener Straßenbahnmuseum
Straßenbahnremise Erdberg, Zugang über Ludwig-Koeßler-Platz.
☎ *7860 303.* ◷ *Anfang Mai–Anfang Okt: Sa, So u. Feiertage 9–16 Uhr.*

GRUND-INFORMATIONEN

Praktische Hinweise

Zu Fuß lässt sich Wien am besten erkunden, da viele Sehenswürdigkeiten nahe beieinanderliegen. An Wochenenden sind Museen und Sammlungen oft sehr voll, weitaus angenehmer ist es, sie während der Woche zu besuchen. Immer wieder werden einzelne Sehenswürdigkeiten restauriert: Bevor Sie ein weiter entferntes Ziel ansteuern, erkundigen Sie sich besser rechtzeitig über eventuell geänderte Öffnungszeiten. Bei WienTourismus erhalten Sie eine kostenlose Broschüre mit aktuellen Informationen zu Museen. Die Tourismusbüros haben auch samstags bis mindestens 18 Uhr geöffnet.

Tourismus-Information

Einreise und Zoll

Mit dem Schengener Abkommen wurden die Grenzkontrollen zwischen Deutschland und Österreich abgeschafft, sodass Sie seither ohne Kontrolle nach Österreich fahren können. Dennoch herrscht auch in Österreich Ausweispflicht, Sie sollten also immer einen Personalausweis oder Pass mit sich führen. Waren für den persönlichen Gebrauch dürfen zollfrei eingeführt werden. Für die Mitnahme eines Haustiers ist der EU-Heimtierausweis erforderlich.

Information

Sowohl zu Hause als auch in Wien bekommen Sie eine Reihe von Broschüren von **WienTourismus** oder der **Österreich Werbung**. Auch für Ausflüge ins Umland von Wien *(siehe S. 176f)* ist die Österreich Werbung eine gute Adresse.

In Wien finden Sie Tourismusbüros nicht nur in der Innenstadt, sondern auch an den Autobahnabfahrten *(siehe S. 239)*. Von dort können Sie auch Hotels reservieren. Der Flughafen Wien-Schwechat verfügt ebenfalls über eine Informationsstelle, in der Sie auch Zimmer buchen können. Der Innenstadtplan Wiens, den Sie dort bekommen, verzeichnet die wichtigsten Sehenswürdigkeiten und gibt eine Übersicht über die öffentlichen Verkehrsmittel *(siehe hintere Umschlaginnenseiten)*.

Interessantes für junge Menschen findet man auf der Internet-Seite von **WienXtra – jugendinfo**. Hier können Sie auch eine Reihe von Broschüren bestellen – das Angebot reicht vom Familientage-Service bis zum monatlichen Printmagazin *jugendinwien*.

Wien bemüht sich um junge Gäste

Führungen und Ausflüge

Der größte Anbieter von Stadtbesichtigungstouren ist **Vienna Sightseeing Tours**. Mit den Trams 1 und 2 sehen Sie Teile der Ringstraße. Oldtimer-Trams der Baujahre 1909 bis 1953 sind für Gruppen über das **Straßenbahnmuseum** buchbar.

DDSG Blue Danube organisiert Schifffahrten auf Donau und Donaukanal, zur Schleuse von Otto Wagner bei Nußdorf oder auch zum Heizkraftwerk in Spittelau von Friedensreich Hundertwasser.

Von Juni bis Oktober fährt der **Twin City Liner**, ein Hochgeschwindigkeitskatamaran, dreimal pro Tag nach Bratislava.

Eine geführte Tour im Areal der Hofburg *(siehe S. 96f)*

Vor allem im Sommer werden viele Themenführungen zu Fuß angeboten. Infos gibt es z. B. beim **Verein Wiener Spaziergänge**.

Von Mai bis September kann man Fahrradtouren buchen, etwa bei **Vienna Bike** oder **Pedal Power** *(siehe S. 252)*.

Tipps für Besichtigungen

Die Eintrittspreise der Museen variieren, für Wechselausstellungen muss oft ein Aufschlag bezahlt werden. Kinder, Senioren und Studenten erhalten Vergünstigungen. Am 26. Oktober, dem österreichischen Nationalfeiertag, ist der Eintritt frei oder verbilligt.

Montags haben viele Museen geschlossen – die Öffnungszeiten finden Sie im Buch direkt bei den einzelnen Museen. Infos zu Karten für Oper, Konzerte, Theater und Musicals *siehe S. 226–230*.

◁ Dr.-Karl-Lueger-Kirche (1907–10) – imposantes Bauwerk im Zentralfriedhof

Behinderte Reisende

In den letzten Jahren wurde viel in Einrichtungen für Behinderte investiert. So wurden etwa die Zugänge von Museen rollstuhlgerecht gestaltet. Bei WienTourismus können Sie die hilfreiche Broschüre *Wien für Gäste mit Handicaps* anfordern. Die Busse der Wiener Linien sind Niederflurbusse, die meisten Bahnhöfe und U-Bahn-Stationen haben Lifte.

Studenten

Alle großen Wiener Theater bieten auch Stehplätze an. Diese Karten werden ab einer Stunde vor Beginn der jeweiligen Aufführung verkauft. Bei sehr beliebten Vorstellungen müssen Sie sich allerdings schon Stunden vorher in die Schlange vor der Kasse einreihen. Nicht verkaufte Karten für Sitzplätze werden 30 Minuten vor Beginn der Aufführung angeboten. Mit einem internationalen Studentenausweis (ISIC) und dem Ausweis der jeweiligen Universität kann man auch verbilligte Fahrkarten sowie Ermäßigungen für Museen und Sportveranstaltungen erhalten.

WienTourismus bietet jederzeit aktuelle Informationen über die Verfügbarkeit von Zimmern in preisgünstigen Hotels und Pensionen sowie über Jugendherbergen *(siehe S. 192)*.

Typischer Kiosk mit Zeitungen und Zeitschriften

Radio, Fernsehen und Zeitungen

Österreich verfügt über drei öffentlich-rechtliche Radiosender und mehrere private Stationen. Ö1 spielt vor allem klassische Musik und bringt mehrmals am Tag Nachrichten, Ö3 bietet aktuelle Rock- und Popmusik und informiert regelmäßig über die Verkehrslage auf Österreichs Straßen und in den großen Städten des Landes. FM4 ist der Jugendradiosender des ORF.

Die beiden Fernsehsender ORF 1 und ORF 2 sowie deutsche und Schweizer Fernsehstationen und große Privatsender können praktisch überall empfangen werden.

Die größte Zeitschrift mit vielen Informationen zu Veranstaltungen aller Art ist der *Falter*. Auch die beiden großen österreichischen Tageszeitungen *Die Presse* und *Der Standard* sowie der *Kurier* und die *Kronen Zeitung* veröffentlichen Kinoprogramme und andere Veranstaltungshinweise.

Auf einen Blick

Information

WienTourismus/ Wiener Tourismusverband
Albertinaplatz, Ecke Maysedergasse, A-1010 Wien. **Stadtplan** 4 D1 u. 6 C4. ☎ *245 55.* FAX *2455 5666.* ◷ *tägl. 9–19 Uhr.* **Postadresse:** WienTourismus, A-1025 Wien. **www**.wien.info

Österreich Werbung
Margaretenstraße 1, A-1040 Wien. **Stadtplan** 4 D2. ☎ *0810 101 818.* FAX *0810 101 819.* **www**.austria.info

Wien Xtra – jugendinfo
Babenbergerstr. 1/Ecke Burgring, A-1010 Wien. **Stadtplan** 3 C1 u. 5 B5. ☎ *400 084 100.* **www**.jugendinfowien.at

Flughafen Wien-Schwechat
Ankunfts-/Abflughalle. ◷ *tägl. 8.30–21 Uhr.* ☎ *7007 22233.* **www**.viennaairport.com

Austrian Airlines
☎ *05/1766-1000 (tel. Reservierung).*

Lufthansa
☎ *0810 1025 8080 (tel. Reservierung).*

Swiss
☎ *0810 810 840 (tel. Reservierung).*

Österreich-Info in D und CH

Österreich Werbung in Berlin
Klosterstraße 64, 10179 Berlin. ☎ *(030) 2191 480.*

Österreich Werbung in Zürich
Zurlindenstrasse 60, 8036 Zürich. ☎ *(044) 4571 040.*

Führungen und Ausflüge

Vienna Sightseeing Tours
Weyringergasse 28a–30. **Stadtplan** 4 E4. ☎ *7124 683-0.* **www**.viennasightseeingtours.com

DDSG Blue Danube
Handelskai 265. ☎ *588 80.* **www**.ddsg-blue-danube.at

Straßenbahnmuseum
☎ *7860 303.*

Twin City Liner
☎ *588 80 (tel. Buchung).* **www**.twincityliner.com

Verein Wiener Spaziergänge
☎ *4899 674.* **www**.wienguide.at

Vorwahl Wien

Von D und CH: ☎ *0043 1.*

Botschaften

Deutsche Botschaft
Metternichgasse 3, A-1030 Wien (Eingang Konsularabteilung: Reisnerstraße 44). ☎ *711 540.* **www**.wien.diplo.de

Schweizer Botschaft
Prinz-Eugen-Straße 7, A-1030 Wien. ☎ *795 050.* **www**.eda.admin.ch/wien

Österreichische Botschaft in Deutschland
Stauffenbergstraße 1, 10785 Berlin. ☎ *(030) 202 870.* **www**.bmeia.gv.at/berlin

Österreichische Botschaft in der Schweiz
Kirchenfeldstrasse 77/79, 3005 Bern. ☎ *(031) 3565 251.* **www**.bmeia.gv.at/bern

Sicherheit und Notfälle

A für Apotheke

Wien ist im Vergleich zu anderen europäischen Großstädten eine sehr sichere Stadt. Besucher haben hier kaum etwas zu befürchten. Im Ernstfall sind sowohl Polizei als auch Notfalldienste leicht zu erreichen. In Apotheken können Sie jederzeit medizinische Auskünfte erhalten. Bei leichteren Krankheitsfällen oder Problemen können Sie zunächst, wie viele Einheimische auch, in eine Apotheke gehen. Notruf-Telefone unterhalten u.a. auch die Anonymen Alkoholiker und die Aids-Selbsthilfegruppen.

Notrufnummern

Ambulanz (Rettung)
112 (Euro-Notruf) oder 144.

Bereitschaftsarzt
112 oder 141.

Feuerwehr
112 oder 122.

Polizei
112 oder 133.

Aids-Hilfe
599 37.

Gift-Notruf
406 43 43.

Zahnärztlicher Nacht- und Wochenenddienst
5122 078.

Medizinischer Notdienst
401 44.

Pannenhilfe
123 (ARBÖ)
120 (ÖAMTC)
(01) 251 20 60 (ADAC).

Persönliche Sicherheit

Es gibt nur wenige Plätze in Wien, von denen man sich fernhalten sollte. Die U-Bahn ist grundsätzlich Tag und Nacht sicher. Die U-Bahn-Station Karlsplatz jedoch, bekannt als Drogenumschlagplatz, ist vor allem nachts, wenn Dealer und Kunden sich hier treffen, eher unangenehm. Die letzten U-Bahn-Züge sind meist sehr voll, die Fahrgäste manchmal etwas laut. Alle U-Bahn-Stationen haben Notrufsäulen, von denen man den Stationsbeamten rufen kann.

Nachts sollten Sie im Prater vorsichtig sein. Hier gibt es Taschendiebe, und zuweilen kommen auch Raufereien vor. Rund um die großen Bahnhöfe der Stadt ist es nicht gerade schön, jedoch sicher. Der Gürtel zwischen West- und Südbahnhof gilt als Rotlicht-Bezirk.

Rotes Kreuz

Achten Sie auf Ihr Hab und Gut. Passen Sie auf, wenn Sie an Geldautomaten Bargeld abheben – am besten erledigen Sie dies tagsüber.

Polizei

In Notfällen wenden Sie sich an die nächstgelegene Polizeistation. Die verschiedenen Gruppen wurden 2005 zur Bundespolizei zusammengelegt. Alle Polizisten tragen seit 2008 eine einheitliche blaue Uniform. Jede Polizeiwache hat ein Fundbüro.

SOS-Schild in der U-Bahn

Gefahren im Freien

Zeckenbisse können in Österreich eine mögliche Gefahr für Ihre Gesundheit darstellen (Infektion mit Frühsommer-Meningoenzephalitis und Borreliose). Man sollte eine FSME-Impfung erwägen. Wenn Sie von einer Zecke gebissen wurden, versuchen Sie vorsichtig, das Tier zur Gänze (mit dem Kopf!) herauszuziehen. Gehen Sie anschließend zum Arzt. Die Lobau, der Lainzer Tiergarten und der Wienerwald sind Zeckengebiete. Hier sollten Sie feste Schuhe, lange Hosen und langärmlige Oberbekleidung tragen.

Medizinische Versorgung

Die medizinische Versorgung ist in Österreich kostenlos, sofern Sie Ihren Ausweis und Ihre Europäische Krankenversicherungskarte (EHIC) vorlegen. Darüber hinaus ist es emp-

Polizei-Motorrad

Polizist

Feuerwehrauto

Polizeiauto

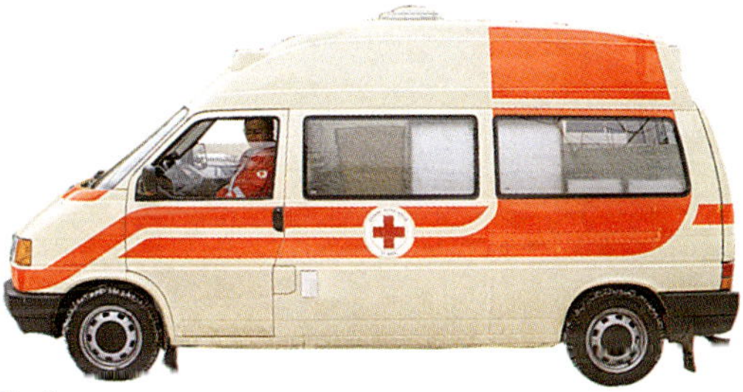

Krankenwagen

fehlenswert, bei längeren Auslandsaufenthalten eine Reise-Krankenversicherung abzuschließen. In Wien gibt es einige Privatkrankenhäuser. Das größte Krankenhaus von Wien und ganz Europa ist das **Allgemeine Krankenhaus (AKH)** im 9. Bezirk. In Notfällen rufen Sie die **Ambulanz** oder den **Medizinischen Notdienst**. Ärzte mit Wochenend- und Nachtdienst stehen in den Tageszeitungen.

In Österreich gilt die Widerspruchsregelung, d.h., wer hier verstirbt, kann einer Organentnahme nur entgehen, wenn er Widerspruch im »Widerspruchsregister« eingelegt hat (www.oebig.at)

Polizistin

Feuerwehrmann

Apotheken

Apotheken erkennt man an einem großen roten »A«. Sie verfügen über einen gut organisierten Notdienst. Alle geschlossenen Apotheken informieren auf Schildern über die nächste geöffnete Apotheke. Zudem können Sie das **Apotheken-Notruftelefon** konsultieren, um die nächstgelegene Notdienst-Apotheke zu erfragen.

Fassade einer Apotheke

Fundbüros

Wenn Sie etwas in der Stadt verloren haben, gehen Sie zum Fundamt. Haben Sie etwas im Flugzeug vergessen, wenden Sie sich an Ihre Fluggesellschaft, bei Verlusten im Zug an die Bahn.

Auf einen Blick

Notfallinfos

Fundamt
Bastiengasse 22. ☎ *4000 8091.*
◯ *Mo–Fr 8–15.30 Uhr.*

Apotheken-Notruftelefon
☎ *15 50.*

AKH
Währinger Gürtel 18–20.
Stadtplan 1 C4 u. 5 A1.
☎ *40 40 00.*

Apotheken

Internationale Apotheke
Kärntner Ring 17.
Stadtplan 4 E2 u. 6 D5.
☎ *5122 825.*

Schweden-Apotheke, Pharmacie Internationale
Schwedenplatz 2.
Stadtplan 2 E2 u. 6 E2.
☎ *5332 9110.*

Zum Heiligen Geist
Operngasse 16.
Stadtplan 4 D2.
☎ *5877 367.*

Zur Universität
Universitätsstraße 10.
Stadtplan 1 C4 u. 5 A1.
☎ *4025 2980.*

Banken und Währung

Eine der größten Banken Österreichs

Mit dem Euro hat sich für Urlauber innerhalb der EU viel vereinfacht: Es gibt zahlreiche Geldautomaten, Euro und Devisen können ohne Begrenzung ein- und ausgeführt werden. Noch immer gilt für Österreich: Bargeld ist üblicher als Kreditkarten.

Banken und Geldwechsel

Wenn man aus einem Land der Euro-Zone nach Österreich kommt, erübrigt sich jeder Geldwechsel. Ansonsten sollte man in einer Bank wechseln. Sie bietet gegenüber Hotels oder Wechselstuben den besseren Kurs und verlangt eine geringere Kommission.

Die meisten Banken haben von 8 bis 12.30 Uhr und von 13.30 bis 15 Uhr geöffnet, donnerstags bis 17.30 Uhr. Einige wie die Hauptfiliale der Bank Austria Creditanstalt in der Schottengasse schließen mittags nicht. Die Banken an den Bahnhöfen und am Flughafen haben länger geöffnet.

Die meisten Banken verfügen über ein dichtes Netz an Geldautomaten. Viele funktionieren mit Kreditkarten (mit PIN) und mit Debitkarten wie der Maestro-/EC-Karte. Diese Möglichkeit ist auf den Automaten jeweils verzeichnet. Große österreichische Banken sind die Bank Austria Creditanstalt, die BAWAG und die Raiffeisenbank.

Reiseschecks

Reiseschecks sind eine sichere Methode, um größere Geldsummen bei sich zu haben. Schecks eines großen Instituts (z. B. American Express) können Sie bei österreichischen Banken (und auch Wechselstuben) einlösen oder – wenn sie auf Euro ausgestellt sind – an manchen Stellen (meist dort, wo es um größere Beträge geht, etwa in Hotels) direkt zum Bezahlen verwenden.

Kreditkarten

In den meisten Hotels, Restaurants und Läden können Sie mit den gängigen Kreditkarten zahlen: **Visa**, **MasterCard**, **American Express** und **Diners Club**. Kreditkarten sind jedoch in Österreich noch nicht ganz so verbreitet wie in anderen Ländern. Nehmen Sie also immer auch etwas Bargeld mit. In manchen Lokalen z. B. kann man erst ab einem bestimmten Betrag mit einer Kreditkarte oder Debitkarte zahlen.

Bei Verlust einer Kredit- oder Debitkarte sollten Sie diese unverzüglich sperren lassen *(siehe Kasten)*. Erst ab der Sperrung der Karte kann Ihnen kein Schaden mehr entstehen. Zum Sperren müssen Sie in der Regel Ihre Kartennummer bzw. Kontonummer wissen – notieren Sie diese also vor der Reise an einer sicheren Stelle.

Geldautomat – die akzeptierten Karten sind abgebildet

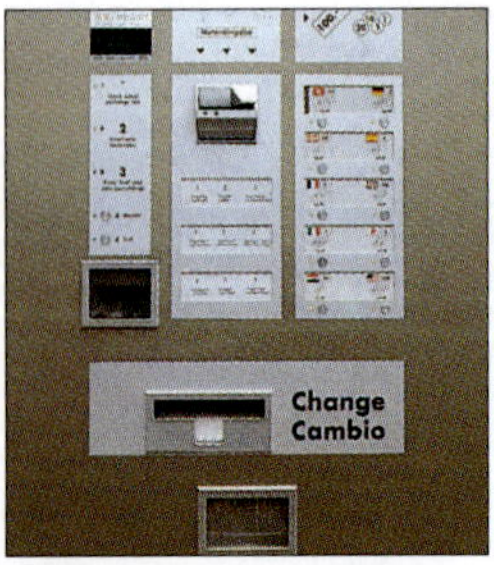

Wechselautomat, der andere Währungen in Euro eintauscht

Österreichische Bankdepots

Österreich bietet, ähnlich wie die Schweiz, auch Ausländern Möglichkeiten, Geld anzulegen oder vertrauliche Bankkonten zu eröffnen, die absolut sicher und diskret sind. Zu diesen Depots hat man nur mithilfe eines Codeworts Zugang, vergleichbar den Schweizer Nummernkonten.

Auf einen Blick

Wechselstuben

Oper-Karlsplatz-Passage
tägl. 8–19 Uhr.

Flughafen Schwechat
Ankunfts- und Abflughalle.
tägl. maximal 6–23 Uhr (Zeiten variieren je nach Bank oder Wechselstube).
www.viennaairport.com

Südbahnhof
tägl. 7–21 Uhr.

American Express

Kärntner Straße 21–23.
Stadtplan 4 D1 u. 6 D4.
515 670.

Kreditkartenverlust

Allgemeine Notrufnummer
(0049) 116 116.
www.116116.eu

American Express
(0049) 6997 971 000.

Diners Club
(01) 5013 514.

MasterCard
(01) 717 014 500.

Visa
0800 200 288 oder 0800 892 8134.

Maestro-/EC-Karte
(0049) 69 740 987.

Währung

Die europäische Gemeinschaftswährung Euro (€) gilt in 17 EU-Staaten: Belgien, Deutschland, Estland, Finnland, Frankreich, Griechenland, Irland, Italien, Luxemburg, Malta, Niederlande, Österreich, Portugal, Slowakei, Slowenien, Spanien und Republik Zypern.

Alte Schilling-Scheine sind ungültig, können aber bei der Nationalbank umgetauscht werden (www.oenb.co.at).

Alle Euro-Banknoten sind einheitlich gestaltet, bei den Münzen prägt jedes Land unterschiedliche Rückseiten. Seit 2004 kann jeder Euro-Staat einmal jährlich eine Zwei-Euro-Gedenkmünze bedeutender Ereignisse (z. B. Olympische Spiele) herausgeben. Alle diese Münzen gelten in jedem Staat der Euro-Zone.

Euro-Banknoten
Euro-Banknoten gibt es in sieben Werten (5, 10, 20, 50, 100, 200 und 500 €). Die unterschiedlich großen Scheine wurden vom Österreicher Robert Kalina entworfen und zeigen Architekturelemente und Baustile verschiedener Epochen, eine Europakarte und die EU-Flagge mit den zwölf Sternen.

5-Euro-Schein
(Baustil: Klassik)

10-Euro-Schein (Baustil: Romanik)

20-Euro-Schein
(Baustil: Gotik)

50-Euro-Schein
(Baustil: Renaissance)

100-Euro-Schein (Baustil: Barock & Rokoko)

200-Euro-Schein
(Eisen- und Glasarchitektur)

500-Euro-Schein (Moderne Architektur des 20. Jh.)

2-Euro-Münze

1-Euro-Münze

50-Cent-Münze

20-Cent-Münze

10-Cent-Münze

Euromünzen
Euromünzen gibt es in acht Werten (2 €, 1 € sowie 50, 20, 10, 5, 2 und 1 Cent). Die einheitlichen Vorderseiten entwarf der Belgier Luc Luycx. Die Rückseiten sind in jedem Land anders gestaltet. Auch San Marino, der Vatikanstaat und Monaco prägen eigene Münzen.

5-Cent-Münze

2-Cent-Münze

1-Cent-Münze

Telefon

Das österreichische Telefonnetz wurde modernisiert, wodurch die Telekom Austria ihre Monopolstellung verloren hat. Es gibt jetzt auch andere Anbieter und verschiedene Zeittarife für inländische und ausländische Telefonate. Viele Telefonnummern haben sich dadurch geändert. Wenn Sie keine Verbindung bekommen, können Sie die Telefonauskunft *(siehe unten)* anrufen. Preisgünstige Gespräche ins Ausland führt man am besten am Kartentelefon oder im Postamt, wo man am Schalter bezahlt.

Telefonzelle mit Münztelefon

Zeichen für Notruftelefon

Zeichen für Kartentelefon

Öffentliche Telefone

Öffentliche Telefone funktionieren entweder mit Münzen oder mit Karten. Achten Sie also darauf, dass Sie entweder genügend Kleingeld oder eine Telefonkarte zur Hand haben.

Münztelefone nehmen Münzen à 10, 20, 50 Cent, 1 und 2 Euro. Telefonkarten kann man in Trafiken (Tabakläden), Postämtern oder an Zeitungskiosken kaufen.

Telefonieren

Telefonbücher findet man im Postamt oder in Telefonzellen. Dort sind sie allerdings oft zerrissen. Manchmal ist es einfacher, die Auskunft *(siehe unten)* anzurufen. Wenn Sie ins Ausland telefonieren wollen, sollten Sie dies wegen der hohen Gebühren nicht vom Hotel aus tun. Billiger telefoniert man montags bis freitags zwischen 18 und 8 Uhr sowie am Wochenende.

Das Mobiltelefonnetz ist in Wien (inklusive UMTS) flächendeckend. Gängige GSM-Handys funktionieren problemlos. Die EU begrenzt die Roaming-Gebühren in den Mitgliedsstaaten. Der Minutenpreis für ein abgehendes Telefonat beträgt 0,39 Euro, ein ankommendes Gespräch kostet 0,15 Euro pro Minute (ab Juli 2011: 0,35 bzw. 0,11 €; jeweils zzgl. Mehrwertsteuer).

Kartentelefon

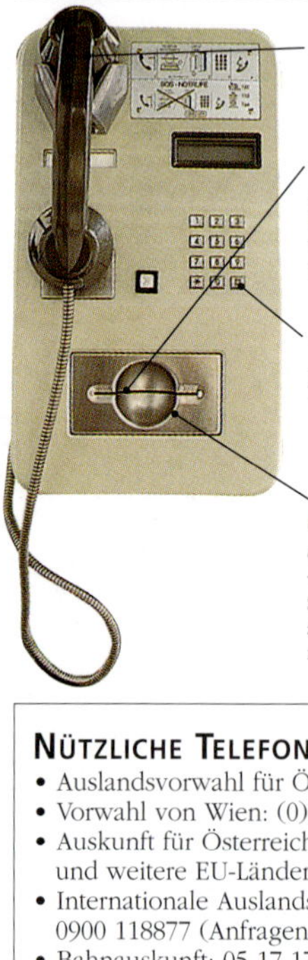

1 Nehmen Sie den Hörer ab.

2 Stecken Sie die Karte in Pfeilrichtung ins Telefon, und warten Sie auf das Freizeichen.

3 Wählen Sie die gewünschte Telefonnummer.

4 Legen Sie nach Beendigung des Gesprächs den Hörer wieder auf. Vergessen Sie nicht, Ihre Karte aus dem Apparat zu nehmen.

Münztelefon

1 Nehmen Sie den Hörer ab.

2 Werfen Sie die Münzen ein (mindestens 10 Cent), und warten Sie auf das Freizeichen.

3 Wählen Sie die gewünschte Telefonnummer.

4 Legen Sie nach Beendigung des Gesprächs den Hörer wieder auf, und nehmen Sie die restlichen Münzen aus dem Fach.

Nützliche Telefonnummern

- Auslandsvorwahl für Österreich: 0043.
- Vorwahl von Wien: (0)1.
- Auskunft für Österreich, Deutschland und weitere EU-Länder: 118877.
- Internationale Auslandsauskunft: 0900 118877 (Anfragen 1,35 Euro/Min.).
- Bahnauskunft: 05 17 17.
- Straßenbericht: 15 84.
- Postauskunft: 0810 010 100.
- Deutschland Direkt: 0800 200 206.
- Auslandsvorwahl für Deutschland: 0049.
- Auslandsvorwahl für die Schweiz: 0041.
- Von Österreich nach Deutschland (bzw. in die Schweiz) wählen Sie 0049 (bzw. 0041), dann die Ortsvorwahl (erste 0 auslassen) und die Teilnehmernummer.
- Notrufnummern zur Sperrung von Handykarten (jeweils nach der Landesvorwahl): *Vodafone* 172 1212; *T-Mobile* 1803 302 202; *E-Plus* 177 1000; O_2 179 55 222.

Post

Alte Sondermarke

Postämter verkaufen Briefmarken, auch Sammelmarken und Telefonkarten, verschicken Telegramme, Einschreiben, Pakete und Päckchen. Auf dem Postamt können Sie über EMS (Express Mail Service) Sendungen verschicken, die innerhalb Österreichs am nächsten Tag bis 12 Uhr, an internationale Adressen innerhalb von zwei Tagen ihr Ziel erreichen. Wenn Sie postlagernde Sendungen abholen, müssen Sie sich mit Personalausweis bzw. Pass ausweisen. In Postämtern gibt es auch Fax- und Kopiergeräte, in manchen PCs mit Online-Anschluss.

Briefe und Postkarten

Die österreichische Post ist zuverlässig und effektiv. Die meisten Wiener Postämter sind montags bis freitags von 8 bis 18 Uhr und samstags von 8 bis 10 Uhr geöffnet. Kleinere Postämter machen eine Mittagspause. Die Öffnungszeiten sind an jedem

Gelber Briefkasten

Postamt angeschrieben. Die Postämter am **Westbahnhof**, **Südbahnhof** und **Franz-Josefs-Bahnhof** *(siehe S. 249)* haben täglich von 6 bis 23 Uhr bzw. von 7 bis 22 Uhr geöffnet. Das Hauptpostamt im ersten Bezirk hat 24 Stunden offen, jedoch ist der Postservice hier außerhalb der normalen Öffnungszeiten auf bestimmte Dienstleistungen beschränkt. Das Postamt am Flughafen Schwechat ist täglich von 7 bis 20 Uhr offen.

In Postämtern werden auch Kartons zum Verpacken von Päckchen, Briefkuverts, Papier und andere Schreibmaterialien verkauft, seit Neuestem auch Telefone und Handys.

Briefmarken kann man auch in Zeitungsläden kaufen oder aus Briefmarkenautomaten ziehen, die oft außen an den Postämtern angebracht sind. Standardbriefe bis 20 Gramm kosten innerhalb Europas 65 Cent, Postkarten 55 Cent (weitere Infos zu Tarifen: www.post.at).

Briefe ins Ausland sollten Sie vor dem Bestimmungsort in der Adresse mit dem jeweiligen nationalen Postcode versehen, also »D« für Deutschland oder »CH« für die Schweiz.

Gelbes Schild eines Postamts

Internet-Cafés

In Wien gibt es diverse Internet-Cafés, in denen Sie bei einer Tasse Kaffee E-Mails versenden und im Internet surfen können. Die Preise sind in der Regel günstig.

Nützliche Adressen

Hauptpost
Fleischmarkt 19.
Stadtplan 2 E5 u. 6 D2.
515 090.

Südbahnhof
Wiedner Gürtel 10.
Stadtplan 4 F4.
501 810.

Westbahnhof
Gasgasse 2.
8923 260.

Post Kundenservice
0810 010 100.
EMS Kundenservice
0810 010 101.
www.post.at

Surfland Internet Café
Krugerstraße 10. **Stadtplan** 6 D5.
tägl. 10–23 Uhr.
www.surfland.at

Wiens Bezirke
Wien ist in 23 Bezirke aufgeteilt, deren Nummern Teil der Postleitzahl sind. Die Postleitzahl für den 23. Bezirk lautet z. B. A-1230. Der umrahmte Innenstadtbereich auf der Karte entspricht dem Teil Wiens auf den Karten 1–4 des Stadtplans (siehe S. 256–267).

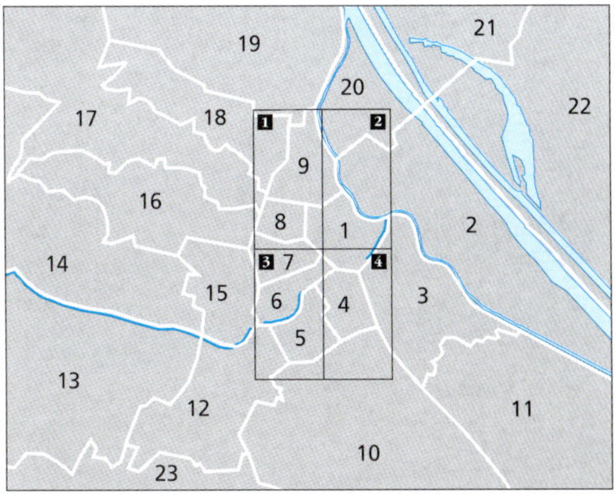

Anreise

An der Nahtstelle zwischen West- und Osteuropa gelegen, ist Wien sowohl mit dem Flugzeug als auch mit der Bahn gut zu erreichen. Es gibt von allen europäischen Hauptstädten Direktflüge in die Donaustadt, ebenso von Übersee. Züge und Busse verbinden Wien mit vielen europäischen Städten – zahlreiche Züge sind Nachtzüge. Verglichen mit den Bahnpreisen in Deutschland ist Zugfahren in Österreich billiger. Alle Autobahnen und manche Schnellstraßen in Österreich sind mautpflichtig. Denken Sie daran, sich vor oder an der Grenze eine Vignette (»Pickerl«) zu besorgen. Vergessen Sie auch nicht, vor allem wenn Sie aus Deutschland kommen, dass auf österreichischen Autobahnen eine Höchstgeschwindigkeit von maximal 130 Stundenkilometern gilt.

Flugzeug der Austrian Airlines

Mit dem Flugzeug

Von allen größeren Flughäfen in Deutschland und in der Schweiz kann man direkt nach Wien fliegen. Bei Linienflügen hat man die Wahl zwischen der nationalen österreichischen Fluglinie **Austrian Airlines** sowie **Lufthansa** und **Swiss**. Des Weiteren fliegt Air Berlin in Kooperation mit NIKI, der Fluggesellschaft des ehemaligen Formel-1-Weltmeisters Niki Lauda, von Zürich und mehreren deutschen Städten aus Wien an.

Flüge nach Wien sind meist nicht ganz billig, Pauschalreisen inklusive Übernachtung erweisen sich oft als günstigere Alternative. Sondertarife gibt es für Frühbucher.

Flughafen Wien-Schwechat – Vienna International Airport

Der Flughafen Schwechat gehört zu den modernsten in Europa. Er wurde in den letzten Jahren erweitert und hat eine neue Abflughalle. Im Flughafen gibt es Restaurants, einen Supermarkt, Läden, Banken und eine Informationsstelle. Der Flughafen liegt 19 Kilometer vom Stadtzentrum entfernt.

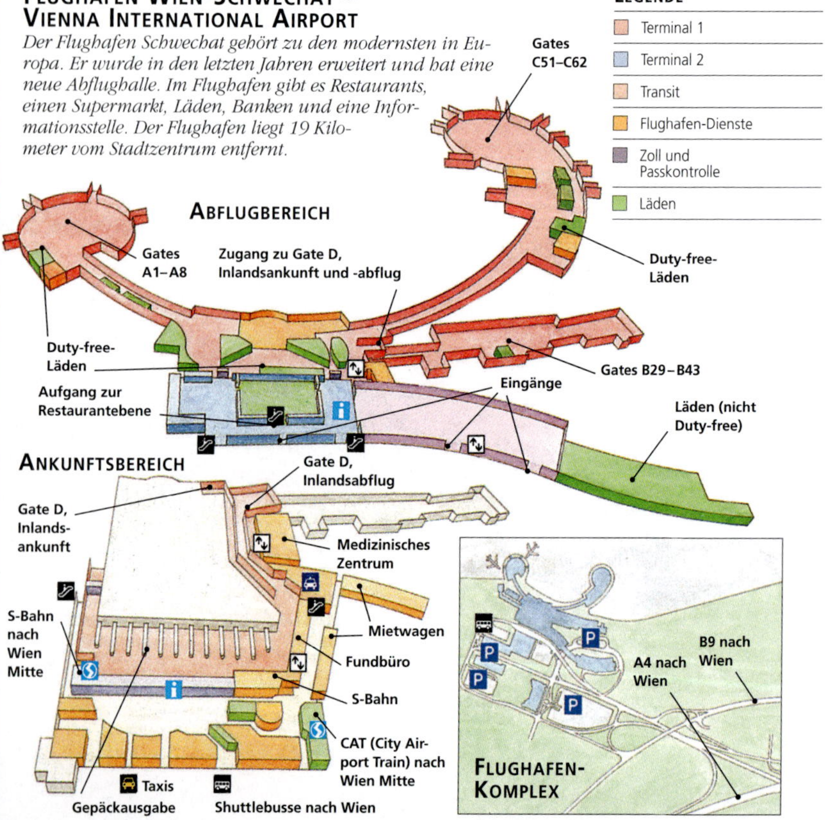

Das moderne Gebäude des Flughafens Schwechat – Vienna International Airport

Wien-Schwechat

Wiens internationaler Flughafen besitzt zwei Terminals und liegt 19 Kilometer südöstlich des Stadtzentrums. Der moderne Flughafen ist sehr übersichtlich und gut organisiert. Im dortigen Supermarkt kaufen oft auch Wiener ein, da er täglich von 7.30 bis 19 Uhr geöffnet hat. Daneben hat Schwechat über 70 Läden, in denen Sie von

Flughafen Schwechat International, Transitbereich

Produkten des täglichen Lebens bis hin zu Wien-Souvenirs alles finden, sowie Apotheke, Post und Banken mit Geldwechsel.

Im An- und Abflugbereich sind WLAN-Zonen: in allen Lounges, im Pier-Ost und Pier-West sowie in den meisten Gastronomiebetrieben.

Das World Trade Center, ein Bürogebäude, und der Office Park mit weiteren Büros und Konferenzsälen liegen direkt am Flughafen.

Vom Flughafen in die Stadt

Die einfachste Möglichkeit, in die Stadt zu kommen, ist per Taxi oder CAT (City Airport Train). Wenn Sie im Terminal ankommen, sehen Sie schon die Hinweisschilder zum Taxistand. Taxis brauchen über die Flughafenautobahn A4 zwischen 15 und 25 Minuten ins Zentrum.

Mit dem CAT (City Airport Train) gibt es eine schnelle Direktverbindung (16 Minuten nonstop) zwischen Flughafen und Wien Mitte (City Airport Terminal). Der Zug fährt halbstündlich (zwischen 5.38 Uhr und 23.35 Uhr) im Untergeschoss des Flughafens ab und kostet pro Strecke zehn Euro, hin und zurück 15 Euro. Beim Rückflug können Sie bis 75 Minuten vor Abflug oder auch schon am Vorabend zwischen 18 und 21 Uhr am City Airport Terminal einchecken (Abfahrten zwischen 5.38 und 23.38 Uhr). Ihr Gepäck wird direkt zu den Maschinen geliefert. Der Service ist mit einem CAT-Ticket kostenlos.

Die S-Bahn, die ebenfalls im Untergeschoss des Flughafens nach Wien Mitte abfährt, ist die preiswerteste Möglichkeit, in die Stadt zu gelangen. Sie fährt zwischen 4.54 und 0.18 Uhr jede halbe Stunde, benötigt 24 Minuten und kostet ab 3,60 Euro.

Zwischen Flughafen und Schwedenplatz (Fahrzeit ca. 20 Minuten, Fahrpreis 6 Euro) verkehren die Busse von Vienna Airport Lines – zwischen 6.20 bzw. 5 Uhr und 0.20 bzw. 23.30 Uhr jede halbe Stunde.

Shopping-Zentrum im Flughafen Schwechat

Auf einen Blick

Airlines in Wien

Austrian Airlines
Kärntner Ring 18.
Stadtplan 4 E2 u. 6 D5.
In A: 051 789.
Flughafen: 051 766-1000.
In D: 0180 3000 520.
In CH: 044 2868 087.
www.aua.com

Lufthansa
Mariahilfer Straße 123.
Flughafen: 0810 1025 8080.
In D: 0180 583 8426 bzw. 0180 LUFTHANSA.
www.lufthansa.com

Swiss
Marc-Aurel-Straße 4.
Flughafen: 0810 810 840.
In CH: 0848 700 700.
In D: 0180 3000 337.
www.swiss.com

Air Berlin
Flughafen: 0820 737 800.
In D: 01805 737 800.
In CH: 0848 737 800.
www.airberlin.com

Flughafen Schwechat – Vienna International Airport
Fluginformation
700 722 233 (tägl. 24 Std.).
www.viennaairport.com

CAT
City Airport Terminal
U und S Wien Mitte.
252 50 (tägl. 24 Std.).
www.cityairporttrain.at

Mit dem Zug

Wien hat drei große Bahnhöfe: Westbahnhof, Südbahnhof und Franz-Josefs-Bahnhof. Züge aus dem Westen (also aus Deutschland und der Schweiz) kommen am Westbahnhof an, von wo einige Züge auch nach Budapest fahren. Ansonsten verkehren die Züge nach Osten wie auch nach Süden vom Südbahnhof, die Züge nach Norden vom Franz-Josefs-Bahnhof (*siehe gegenüberliegende Seite:* Wiens wichtigste Bahnhöfe und Busbahnhöfe).

Am Westbahnhof hat man Anschluss zur U-Bahn (U3 und U6), zur Schnellbahn sowie zu Bussen und Trams. Auch der Südbahnhof bietet

Das Reisebüro am Westbahnhof reserviert Ihnen auch ein Hotel

Verbindungen mit Schnellbahn, Bus und Tram. Vom Franz-Josefs-Bahnhof durchqueren die Schnellbahn und die Trams der Linie 3 die Stadt bis zur Ringstraße. An allen Bahnhöfen gibt es Taxistände.

Zugstrecke nach Wien mit Kloster Melk *(siehe S. 179)* im Hintergrund

Schilder am Westbahnhof weisen die Wege zu Ausgang, Regionalbahn, Schnellbahn, Fahrscheinautomaten und Regionalbussen

Das Informationsbüro von WienTourismus am Westbahnhof hat täglich von 8 bis 19 Uhr und samstags von 8 bis 13 Uhr geöffnet. Sie erhalten Informationen und können ein Zimmer reservieren lassen. Den gleichen Service bietet das Büro im Südbahnhof (Mo–Fr 8–19 Uhr, Sa 8–13 Uhr; von November bis April gelten kürzere Öffnungszeiten).

Die Österreichische Bundesbahn (ÖBB) bietet moderate Preise und einen hervorragenden Service. Die modernen EuroCity-Züge (mit den Buchstaben EC gekennzeichnet) oder der InterCityExpress legen Langstrecken schnell zurück. Die Nachtzüge EuroNight (EN) oder CityNight sind mit Schlaf- und Liegewagen ausgestattet, haben aber oft keinen Speisewagen.

Der Franz-Josefs-Bahnhof, wo die Züge aus dem Norden Österreichs und aus Prag ankommen

Österreichische Bundesbahn (ÖBB)
Reiseservice-Center:
051 717.
www.oebb.at

Mit dem Bus

Der Internationale Busbahnhof Wien (Vienna International Bus Terminal; VIB) befindet sich nahe der U-Bahn-Station Erdberg (U3). Von hier bestehen Verbindungen u. a. nach Berlin und in osteuropäische Metropolen

Bus von Eurolines

wie Bratislava, Prag und Budapest. Der wichtigste Busbahnhof für Inlandsverbindungen liegt am Südbahnhof.

Mit dem Auto

Wer mit dem Auto anreist, bemerkt den Grenzübertritt kaum. Autobahnen und einige Schnellstraßen sind mautpflichtig, die Vignette erhalten Sie u. a. an den Grenzen, an Tankstellen, beim ADAC etc. 2011 kostet die Pkw-Vignette für zehn Tage 7,90 Euro, für zwei Monate 23 Euro, für ein Jahr

76,50 Euro. Kleben Sie die Vignette an die linke Ecke der Windschutzscheibe, sonst ist sie ungültig. Sie müssen Führerschein und Fahrzeugpapiere dabeihaben. Die Grüne Versicherungskarte ist nicht

Hinweisschild am Gürtel

Pflicht, aber anzuraten. Sinnvoll ist auch ein Europäisches Unfallprotokoll (bei Ihrer Versicherung erhältlich). Pflicht im Auto: Erste-Hilfe-Kasten, rotes Warndreieck und Warnweste. Es besteht Gurtpflicht. Mobiltelefone dürfen nur mit Freisprecheinrichtung verwendet werden. Die Alkoholgrenze liegt bei 0,5 Promille. (Weitere Infos unter www.oeamtc.at, www.arboe.at und www.adac.de, ADAC-Notruf: 01 251 20 60).

Von Westen erreichen Sie Wien über die A1 (Westautobahn), von Süden über die A2 (Südautobahn) und A3, von Norden über die A22 (Donauufer-Autobahn), von Osten über die A4 (Ostautobahn). Alle münden in den äußeren Straßenring um Wien, den Gürtel, der die Bezirke der Innenstadt von den Vororten trennt. Für das Zentrum brauchen Sie einen Parkschein (in Tabakläden oder bei den Wiener Linien erhältlich).

Mit dem Schiff

Von April bis Oktober kann man von Bratislava und Budapest, aber auch von Passau aus mit dem Schiff auf der Donau nach Wien fahren. Anlegestelle ist der Landungsplatz der Donaudampfschifffahrtsgesellschaft (DDSG) an der Reichsbrücke *(siehe S. 238)*, in der Nähe der U-Bahn-Station Vorgartenstraße (U1). Am Kai befindet sich ein Informationsbüro der DDSG.

Schild für Schiffsanlegestelle

DDSG-Blue-Danube-Schiff aus Osteuropa bei der Ankunft in Wien

Wiens wichtigste Bahnhöfe und Busbahnhöfe

Die wichtigsten Ankunftspunkte in Wien liegen sehr zentral und bieten direkten Anschluss an U-Bahnen oder die Schnellbahn. Die Kästen zeigen, ob eine Bus- oder Bahnlinie eine Verbindung zur Schnell- oder U-Bahn hat.

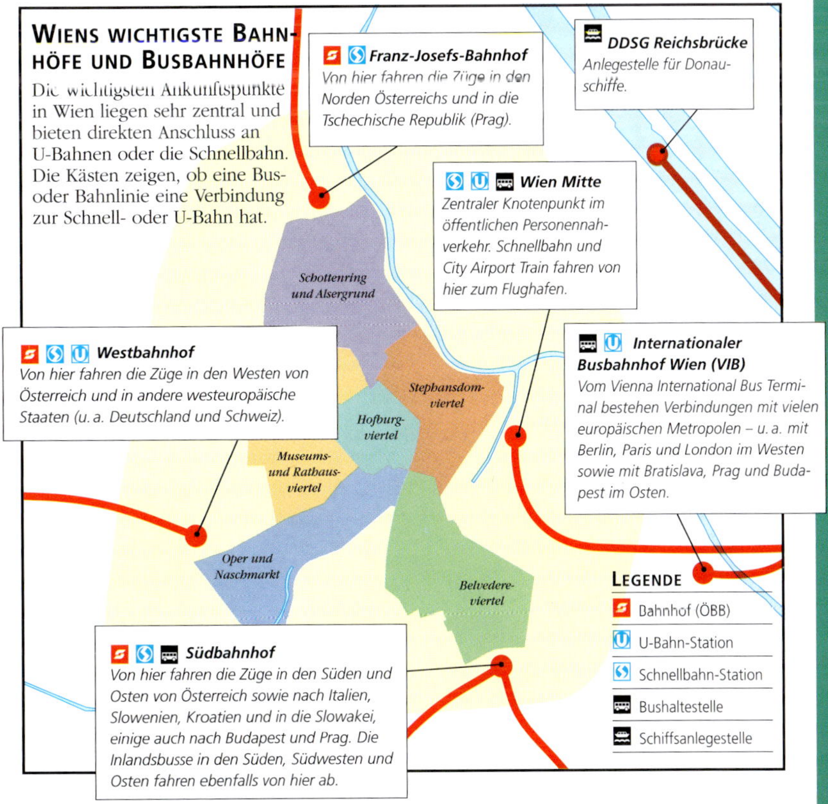

In Wien unterwegs

Die vielen Sehenswürdigkeiten Wiens lassen sich am einfachsten und angenehmsten zu Fuß entdecken. Im Zentrum gibt es genügend interessante Orte, und wenn Sie müde oder hungrig sind, finden Sie schnell ein Kaffeehaus oder ein Lokal. Für Fußgänger wirkt es sich positiv aus, dass viele Wiener Autofahrer die Innenstadt meiden, da diese fast nur noch aus Fußgängerzonen bzw. einem für Autofahrer komplizierten System von Einbahnstraßen besteht und es zudem kaum Parkmöglichkeiten gibt. Wenn Sie nicht gern zu Fuß gehen, besteigen Sie einen der Minibusse, die kreuz und quer durch die Innenstadt fahren. Die öffentlichen Verkehrsmittel sind recht komfortabel. U-Bahnen, Busse und Straßenbahnen bilden einen Verkehrsverbund und fahren von etwa 5 Uhr morgens bis 0.30 Uhr.

Wiener Fiaker

Zu Fuss

Durch Wien zu gehen ist eine gute Art, die Stadt zu erkunden, doch Sie sollten dabei einige Dinge beachten. Autofahrer bleiben bei Fußgängerüberwegen nur selten stehen – hier ist also Vorsicht geboten. Auf der Ringstraße fährt die Straßenbahn entgegen der allgemeinen Fahrtrichtung. Beim Überqueren der Straße müssen Sie also immer nach beiden Seiten schauen.

Überqueren Sie nach Möglichkeit immer bei Fußgängerampeln die Straße, oder benutzen Sie die Fußgänger-Unterführungen. Auf die Missachtung roter Ampeln steht in Österreich ein Bußgeld. Achten Sie immer auch auf Fahrradfahrer. Sie teilen sich die Bürgersteige mit den Fußgängern und sind oft so schnell, dass sie nicht mehr rechtzeitig bremsen können, wenn Fußgänger auf dem Fahrradweg stehen.

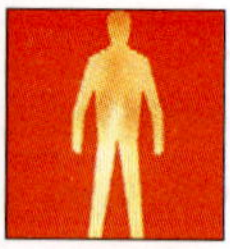
Stehen

Gehen

Im Sommer werden etwa 50 Führungen zu Fuß rund um das Stadtzentrum angeboten, die zum Teil unter ganz bestimmten Themen wie Biedermeier, Barock oder Wien um 1900 stehen. Informationen erhalten Sie bei WienTourismus *(siehe S. 239)* oder beim Verein Wiener Spaziergänge (www.wienguide.at).

Mit dem Fiaker

Wien mit einer Pferdekutsche, einem Fiaker, zu besichtigen ist sehr entspannend und angenehm. Ein Stück weit geht die Fahrt auch über die belebte Ringstraße. Fiaker können Sie am Stephansdom, am Helden- und Albertinaplatz mieten. Um unangenehme Überraschungen zu vermeiden, sollten Sie zuerst Preis und Dauer einer solchen Fahrt aushandeln. Schon eine kurze Fahrt mit dem Fiaker kann recht teuer sein.

Mit dem Fahrrad

Radfahrer werden Wien lieben. Der Radweg an der Ringstraße führt an vielen Sehenswürdigkeiten vorbei. Es gibt auch Radwege zum Hundertwasserhaus *(siehe S. 164)* und zum Prater *(siehe S. 162f)*. Die Broschüre *Radwege* (in Buchläden erhältlich) verzeichnet alle Radwege der Stadt. An einigen Bahnstationen kann man Fahrräder mieten, eine weitere Option ist Citybike (www.citybikewien.at) mit vielen Mietstationen im Zentrum. Organisierte Fahrradtouren starten im Sommer unter der Salztorbrücke. Die dreistündigen Touren von **Pedal Power** *(siehe S. 252)* beginnen täglich um 10 Uhr am Riesenrad im Prater.

Verkehrszeichen für Fahrradfahrer

Fahrradweg

Fahrradweg im winterlichen Prater

Anfang des Halteverbots

Ende des Halteverbots

Schild für Vorfahrt

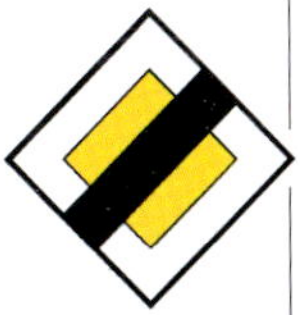

Vorfahrt aufgehoben

Mit dem Auto

Grundsätzlich gilt die Vorfahrtsregel »rechts vor links«, es sei denn, es ist anders ausgewiesen. Als Autofahrer müssen Sie den Weg für Straßenbahnen, Busse, Polizei, Feuerwehr und Rettungswagen jederzeit frei machen. Im Hinblick auf Unfälle, Pannen oder Reparaturen ist es von Vorteil, Mitglied bei einem Automobilclub wie dem ADAC zu sein, der mit dem Österreichischen Automobilclub (ÖAMTC) kooperiert. Verkehrsnachrichten und Staumeldungen laufen im Radio u. a. auf Ö3. Die Geschwindigkeitsbegrenzung in österreichischen Städten liegt bei 50 km/h, auf Landstraßen bei 100 km/h, auf Autobahnen bei 130 km/h. In und um Wien führt die Polizei regelmäßig Radarkontrollen durch. Wenn Sie mit mehr als 0,5 Promille Alkohol im Blut Auto fahren, droht Ihnen eine hohe Geldstrafe.

In Österreich gibt es ausschließlich bleifreies Benzin und Diesel. Die meisten Tankstellen akzeptieren die gängigen Kreditkarten (weitere Infos für Autofahrer: *siehe S. 248f*).

Parken

Außer am Sonntag, wenn die Läden geschlossen sind, ist es frustrierend und zeitraubend, in Wien einen Parkplatz zu suchen. Fast überall in der Innenstadt herrscht Parkverbot. Entsprechend markierte Parkverbotszonen gehen manchmal auch um Straßenecken. Wurde Ihr Wagen abgeschleppt, wenden Sie sich an die nächste Polizeidienststelle. Dort erfahren Sie, von welchem der Wiener Depots Sie Ihr Auto – gegen Bezahlung – abholen können. Für das Parksystem im 1. bis 9. sowie im 20. Bezirk *(siehe S. 245)* kann man Parkscheine in Tabakläden, bei den Wiener Linien und an Tankstellen kaufen (Parkzeit: maximal zwei Stunden). Die anfallenden Parkgebühren kann man auch mit dem Handy bezahlen (Informationen unter www.handyparken.at). In den anderen Bezirken sind Parkplätze durch blaue Linien gekennzeichnet. Parkhäuser sind meist relativ teuer.

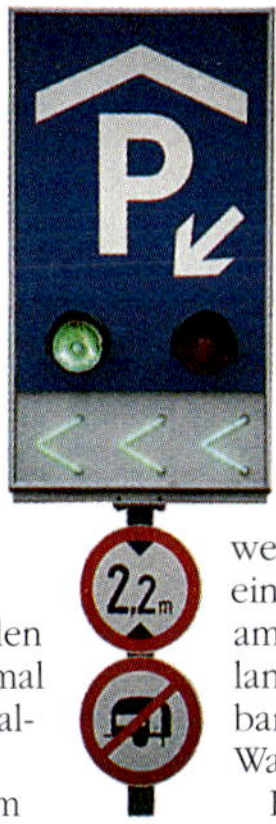

Parkhauszeichen

Mietwagen

Um ein Auto zu mieten, brauchen Sie Personalausweis und nationalen Führerschein. Die großen Mietwagenfirmen haben Büros am Airport und im Zentrum. Am Flughafen sind die Preise höher, doch besteht hier die einzige Möglichkeit, auch nachts oder am Wochenende einen Wagen zu mieten.

Taxis

Wenn ein Taxi frei ist, ist das Schild auf dem Wagendach beleuchtet. Im Stadtzentrum ist es oft einfacher, ein Taxi am Taxistand zu bekommen, als eines unterwegs anzuhalten. Sie können auch über eine der drei Taxi-Rufnummern (31300, 40100 oder 60160) telefonisch ein Taxi bestellen, das dann meist wenige Minuten später eintrifft. Man wird Ihnen am Telefon sagen, wie lange Sie an der vereinbarten Stelle auf den Wagen warten müssen.

Eine kurze Taxifahrt in der Stadt kostet etwa sieben bis zehn Euro. Zusätzliche Gebühren werden für Gepäck sowie für Nacht- und Wochenendfahrten erhoben. Für eine Fahrt zum Flughafen müssen Sie mit rund 35 Euro rechnen. Ein Trinkgeld von etwa zehn Prozent des Fahrpreises ist üblich.

Taxameter

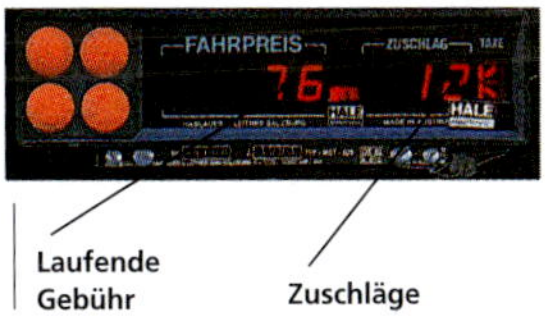

Wiener Taxis sind sehr bequem, oft ist es ein Mercedes – wenn auch nicht immer das neueste Modell

Fahrscheine und Karten

Die Benutzung der öffentlichen Verkehrsmittel ist in Wien sehr unkompliziert. Alle Fahrscheine gelten für U-Bahn, Bus und Straßenbahn des Verkehrsverbunds.

Am einfachsten kaufen Sie Fahrscheine schon im Voraus in einer Tabaktrafik oder an einem Fahrkartenschalter oder Automaten in den U- und S-Bahnhöfen. Mit einem normalen Fahrschein können Sie auch umsteigen, sooft Sie wollen, und das Verkehrsmittel wechseln, jedoch dürfen Sie Ihre Fahrt nicht länger unterbrechen.

Eine Wochenkarte, gültig von Montag bis Montag, lohnt sich bereits, wenn Sie länger als vier Tage bleiben. Verschiedene Personen können sie benutzen.

Die Wien Karte (18,50 €) gilt vom Zeitpunkt der Entwertung 72 Stunden lang. Benutzer können ein Kind bis 15 Jahre mitnehmen, zudem gibt es Rabatte in Museen und bestimmten Restaurants.

Sinnvoll für Besuchergruppen ist die 8-Tage-Karte (28,80 €). Jede Karte hat acht Streifen, die, abgestempelt, jeweils für einen Tag gültig sind (bis 1 Uhr des Folgetages). Die einzelnen Tage müssen nicht nacheinander liegen. Jede Person muss einen Streifen entwerten.

Es gibt auch 24-, 48- und 72-Stunden-Tickets, eine Streifenkarte für vier Fahrten sowie Spezialtickets für Kinder, Schüler und Senioren.

24-Stunden-Ticket

72-Stunden-Ticket

Wochenkarte

Streifenkarte, gültig für vier Fahrten

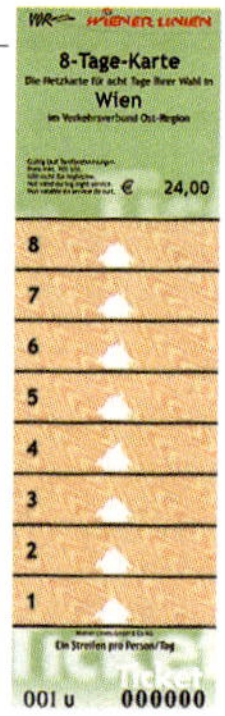

8-Tage-Karte, gültig für acht Tage bzw. für bis zu acht Personen an einem Tag

1 Berühren Sie den Touchscreen, um die Sprache und die Art Ihres Tickets auszuwählen.

2 Befolgen Sie die Instruktionen, und werfen Sie die entsprechenden Münzen ein. Oder Sie schieben Geldscheine bzw. Ihre Kreditkarte in die dafür vorgesehenen Öffnungen.

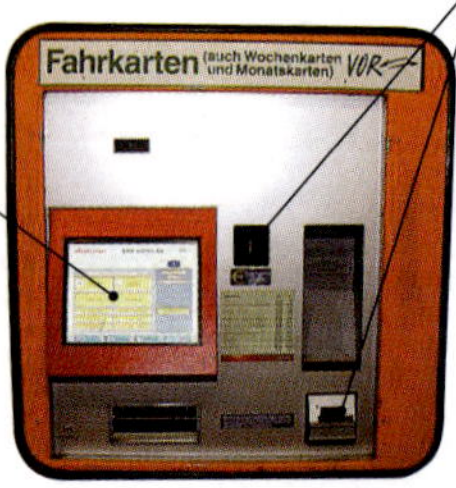

Fahrscheinautomat der Wiener Linien

3 Stecken Sie Ihren Fahrschein in Pfeilrichtung in den Automaten. Ein Klingelzeichen zeigt an, dass Ihr Fahrschein entwertet ist.

Fahrkartenentwerter

Auf einen Blick

Mietwagen

Avis City
Südbahnhof. **Stadtplan** 4 F4. *5876 241.* *Flughafen:* *700 732 700.* **www**.avis.at

Budget City
Vienna Hilton. **Stadtplan** 4 F1 u. 6 F4. *746 565.* *Flughafen:* *700 732 711.* **www**.budget.at

Europcar
Schubertring 9. **Stadtplan** 6 E5. *7146 7717.* *Flughafen:* *700 732 699.* **www**.europcar.at

Hertz City
Kärntner Ring 17. **Stadtplan** 4 D1. *5128 677.* *Flughafen:* *700 732 961.* **www**.hertz.at

Fahrradverleih

Citybike
www.citybikewien.at

Pedal Power
Ausstellungsstraße 3. *7297 234.* **www**.pedalpower.at

Parkplätze

Am Hof. **Stadtplan** 2 D5 u. 5 C2.

Börsegasse. **Stadtplan** 2 D4 u. 5 C1.

Dr.-Karl-Lueger-Ring. **Stadtplan** 1 C5 u. 5 A2.

Morzinplatz. **Stadtplan** 2 E4 u. 6 D2.

Wollzeile 7. **Stadtplan** 2 E5 u. 6 D3.

Weitere Parkplätze finden Sie auf dem Stadtplan (siehe S. 256–267).

24-Stunden-Tankstellen

Börsegasse 11. **Stadtplan** 2 D4 u. 5 C1.

Morzinplatz 1. **Stadtplan** 2 E4 u. 6 D2.

Taxis

Taxi-Ruf
313 00, 401 00 und 601 60.

Limousinen-Service
Flughafen-Taxi *5127 000.*

Mit der U-Bahn unterwegs

Zeichen für U-Bahn-Station

Der Bau der Wiener U-Bahn, einer der modernsten U-Bahnen der Welt, begann 1969. Es wird ständig weitergebaut – 2008 wurde anlässlich der Fußball-EM die U2 zum Ernst-Happel-Stadion verlängert. Obwohl man viele der bedeutendsten Sehenswürdigkeiten Wiens zu Fuß erreicht, ist die U-Bahn doch das Verkehrsmittel, mit dem man schnell in die Außenbezirke gelangen kann. Bislang gibt es fünf Linien, von denen die U2 einen Halbkreis beschreibt, der mit der Ringstraße korrespondiert.

U-Bahn-System

Schilder über den Zugtüren zeigen die Bahnhöfe der Linien sowie Verkehrsverbindungen an, die von diesen Bahnhöfen aus bestehen. Die nächste Station und weitere Verbindungen werden auch im Zug durchgesagt. Türen sind mit der Hand zu öffnen. Kinderwagen werden neben der Tür abgestellt, ein entsprechendes Schild zeigt den Platz an. Zu bestimmten Zeiten und auf bestimmten Linien kann man auch Fahrräder mitnehmen. Die U-Bahn ist ein sehr sicheres Verkehrsmittel. Sollten Sie dennoch Hilfe brauchen, finden Sie auf allen Bahnhöfen Notrufapparate. In U-Bahn-Stationen und Zügen ist das Rauchen verboten, ebenso in Straßenbahnen und Bussen.

Signalrot: Notrufapparat in einer U-Bahn-Station

Eine Fahrt mit der U-Bahn

1 Auf dem U-Bahn-Plan finden Sie die richtige Linie. Die Linien haben unterschiedliche Farben und Nummern. Suchen Sie die Linie, die Ihrem Ziel am nächsten kommt, und merken Sie sich, wo Sie umsteigen müssen. Verbindungen zu anderen Verkehrsmitteln sind ebenfalls verzeichnet.

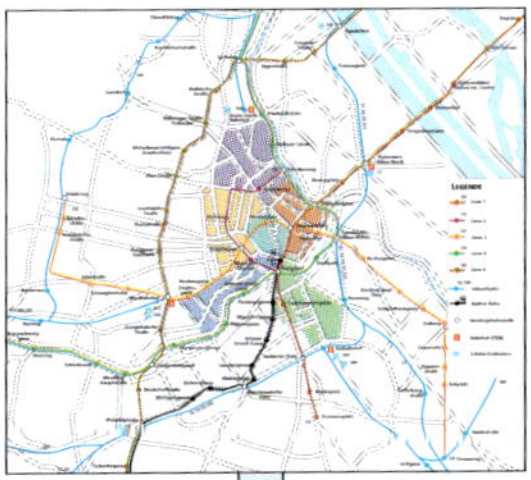

Ziehen Sie den Griff, um die Tür zu öffnen

Die Tür schwingt zur Seite

2 Fahrscheine können Sie in einer Tabaktrafik, am Fahrkartenschalter oder Fahrkartenautomaten kaufen. Bevor Sie den Bahnsteig betreten, stecken Sie Ihren Fahrschein in Pfeilrichtung in einen Stempelautomaten (Entwerter). Ein Klingelzeichen zeigt an, dass Ihr Fahrschein entwertet ist. Passieren Sie erst dann die Sperre.

3 Achten Sie auf Richtung und Fahrtziel der U-Bahn, die auf der elektronischen Anzeigetafel stehen.

4 Die Bahnhöfe der Linie stehen auf einem Plan. Ein roter Pfeil zeigt, in welche Richtung der Zug fährt.

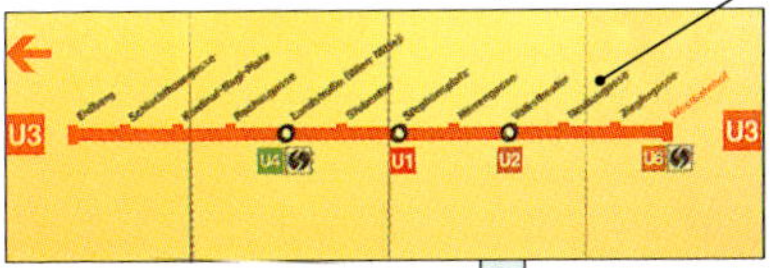

U-Bahn-Pläne zeigen auch die Verbindungen zu anderen Verkehrsmitteln an

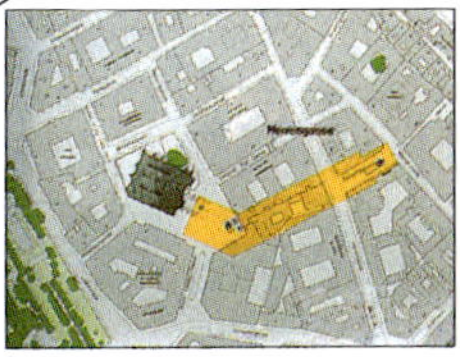

5 Am Zielort folgen Sie dem Schild »Ausgang«, um auf die Straße zu gelangen.

6 An Bahnhöfen mit mehreren Ausgängen orientieren Sie sich auf dem Stadtplan, welchen Ausgang Sie nehmen müssen.

Wiener Tram

Mit der Tram unterwegs

Die rot-weißen Trams sind in Wien ein vertrauter Anblick. Wenn die Schaffner ihre Ledervorhänge vorziehen, um sich vor dem kalten Wind zu schützen, wissen die Wiener, dass nun der Winter begonnen hat. Es werden allerdings immer mehr Linien stillgelegt und durch U-Bahnen oder Busse ersetzt. Nutzen Sie die Vorteile einer Straßenbahnfahrt. Sie führt nicht nur an vielen Sehenswürdigkeiten vorbei, sondern bietet auch eine Reise in die Vergangenheit der Stadt.

Tram im Stadtzentrum

Wiener Tram

Straßenbahn zu fahren ist eine angenehme Art, um in der Stadt herumzukommen. Es gibt noch einige alte Wagen mit Holzbänken und altmodischer Ausstattung. Eine Tonbandstimme sagt (wie in U-Bahn und Bus) die Stationen an. In jeder Tram hängt ein Streckenplan mit weiteren Verbindungen. Die Türen öffnen sich auf Knopfdruck. Einzelfahrscheine kann man am Automaten vorne im Wagen kaufen. Zahlreiche Wiener nehmen jedoch lieber Wochen-, Monats- oder Streifenkarten *(siehe S. 252)*, da diese günstiger und praktischer sind.

Straßenbahnhaltestelle

Knopf drücken zum Aussteigen

Knopf drücken zum Einsteigen

Sightseeing per Tram

Die Straßenbahn bietet einen guten Blick auf die Ringstraße mit den schönen Gebäuden aus dem 19. Jahrhundert. Die Linien 1, 2 und D fahren Teile der Ringstraße entlang – vorbei an den zahlreichen klassizistischen oder Jugendstil-Häusern *(siehe S. 54f)* – und weiter zu den Sehenswürdigkeiten außerhalb des Zentrums.

Das Wiener Straßenbahnmuseum ermöglicht Gruppen nach Vereinbarung Sonderfahrten mit einer Oldtimer-Tram (zwischen 1909 und 1953 gebaut) – auch mit Fremdenführer und Musik. Man kann so zum Prater, zu einem Heurigenlokal oder durch die Stadt fahren.

Wiener Straßenbahnmuseum
7860 303.
www.wiener-tramwaymuseum.org

Wichtige Tramlinien

Viele Sehenswürdigkeiten entlang der Ringstraße können sehr gut mit den Tramlinien 1, 2 und D erreicht werden, die einen Teil dieser Straße befahren. Auf der Ringstraße befinden sich auch einige wichtige Umsteigehaltestellen.

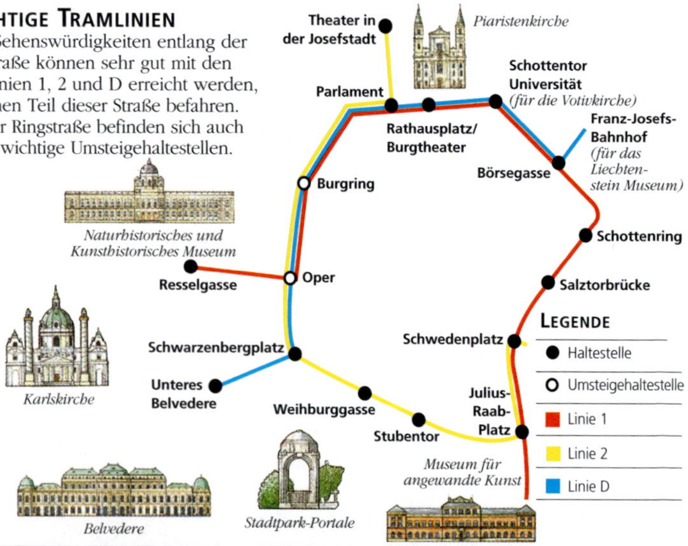

Mit dem Bus unterwegs

Bus-haltestelle

Kleinere Busse fahren in der Innenstadt, größere Busse verkehren zwischen Zentrum, Prater, Ringstraße und den Außenbezirken. Einige Busse fahren ehemalige Straßenbahnrouten entlang und sind, wie die Trams, in den Stadtfarben Rot-Weiß lackiert. Es gibt ein System an Nachtbussen. Bushaltestellen sind blau.

Wiener Stadtbus

Fahrkarten

Fahrkarten für Busse können beim Einsteigen im Bus selbst gelöst werden, doch ist es praktischer, sich schon vorher eine Streifen- oder Zeitkarte in einem U-Bahnhof oder einer Tabaktrafik zu kaufen *(siehe S. 252)*. Die Fahrkartenautomaten in Straßenbahn und Bus sind identisch. Fahrkarten, die nicht in Bus oder Tram gekauft wurden, müssen im Fahrzeug entwertet werden. Steigen Sie aus Straßenbahn oder U-Bahn in den Bus um, brauchen Sie nicht nochmals zu stempeln. In den Ferien und an Weihnachten verkehren die Busse in größeren Abständen. An Silvester fahren sie, wie alle öffentlichen Verkehrsmittel, rund um die Uhr.

Fahrschein-automat

Reisebusse

Wiens größter Busbahnhof für Verbindungen innerhalb der Stadt und Österreichs liegt am Südbahnhof *(siehe S. 248)*. Von hier fahren die orangeroten Bundesbusse in diverse Regionen Österreichs.

Das größte Busunternehmen, das Fahrten durch die Stadt Wien, aber auch Ausflüge rund um Wien anbietet, ist Vienna Sightseeing Tours *(siehe S. 239)*. Ihre mit Urlaubern vollgepackten Busse sind ein vertrauter Anblick in den Straßen Wiens, vor allem in den Sommermonaten.

Nachtbusse

Gute Nachrichten für Nachtschwärmer: Unter dem Namen »NightLine« verkehren Nachtbusse werktags, am Wochenende und an den Feiertagen – und zwar im Halbstunden-Takt in der Zeit, in der die U-Bahn nicht betrieben wird. Die Busse fahren von U-Bahn-Stationen oder anderen Haltestellen aus in fast alle Vororte Wiens. Derzeit verkehren 23 Linien. Für Nachtbusse gelten die normalen Fahrscheine. Einige der Linien sind:

N6: Enkplatz, Grillgasse–Handelskai
N29: Floridsdorf–Praterbrücke
N38: Grinzing–Schottentor
N58: Hummelgasse–Kärntner Ring/Oper
N75: Gasometer–Kärntner Ring/Oper

Nähere Infos erhalten Sie unter www.wienerlinien.at.

Mit dem Zug unterwegs

Logo der Schnellbahn

Logo der ÖBB

Die Österreichische Bundesbahn (ÖBB) mit ihrem rot-weißen Logo verfügt über 5800 Kilometer Schienenweg und viele Direktverbindungen in alle europäischen Länder *(siehe S. 248f)*. Innerhalb Österreichs bietet sie gute Anschlüsse in andere attraktive Städte wie Salzburg und Innsbruck. Nähere Fahrtziele *(siehe S. 159–179)* können Sie mit der Schnell- oder der Bundesbahn erreichen.

Die Schnellbahn (S-Bahn) mit ihrem blau-weißen Logo ist ein Nahverkehrsmittel. Die S-Bahn-Haltestellen im Zentrum Wiens liegen zum Teil in den Zugbahnhöfen *(siehe S. 249)*, doch meist fährt man S-Bahn, um in die nähere Umgebung zu gelangen. Auch die Bundesbahn hat Nahverkehrszüge – in Fahrplänen manchmal als Regionalbahnen ausgewiesen, um sie von den InterCity-Zügen zu unterscheiden. Fahrpläne erhalten Sie in den Verkehrsbüros der Bahnhöfe. Abfahrts- und Ankunftszeiten sind auch den Anzeigetafeln der Bahnhöfe zu entnehmen.

Schnellbahn-Zug

Stadtplan

Alle Sehenswürdigkeiten, Hotels, Restaurants, Läden und Veranstaltungsorte in den hier besprochenen Stadtteilen sind mit den Koordinaten für die jeweilige Seite des *Stadtplans* versehen und zudem im Kartenregister der folgenden Seiten aufgeführt. Die Koordinaten erlauben Ihnen ein rasches Auffinden der Sehenswürdigkeiten, Straßen und Plätze in den Karten (Erläuterungen zu den verwendeten Symbolen *siehe unten*). Die Übersichtskarte *(rechts)* zeigt, welches Stadtgebiet von welcher Kartenseite abgedeckt wird. Die im Buch besprochenen Stadtteile sind farbig hervorgehoben. Darüber hinaus werden im *Stadtplan* noch weitere Stadtteile abgedeckt, die für Wien-Besucher von Interesse sein können.

Am Hof im Stephansdomviertel *(siehe S. 87)* hat man einen wunderschönen Blick über die Dächer Wiens

Legende

- Wichtige Sehenswürdigkeit
- Sehenswürdigkeit
- Gebäude
- U-Bahn-Station
- Bahnhof (ÖBB)
- Bahnhof (Badner Bahn)
- Schnellbahn-Station
- Bushaltestelle
- Parken
- Information
- Krankenhaus mit Notaufnahme
- Polizei
- Kirche
- Synagoge
- Post
- Eisenbahn
- Fußgängerzone

Massstab der Karten 1–4

0 Meter 250

1:14 000

Massstab der Karten 5–6

0 Meter 125

1:9000

Blick auf den Austriabrunnen (1846) von Schwanthaler und die Schottenkirche *(siehe S. 110)*, Schottenring und Alsergrund

0 Kilometer 1

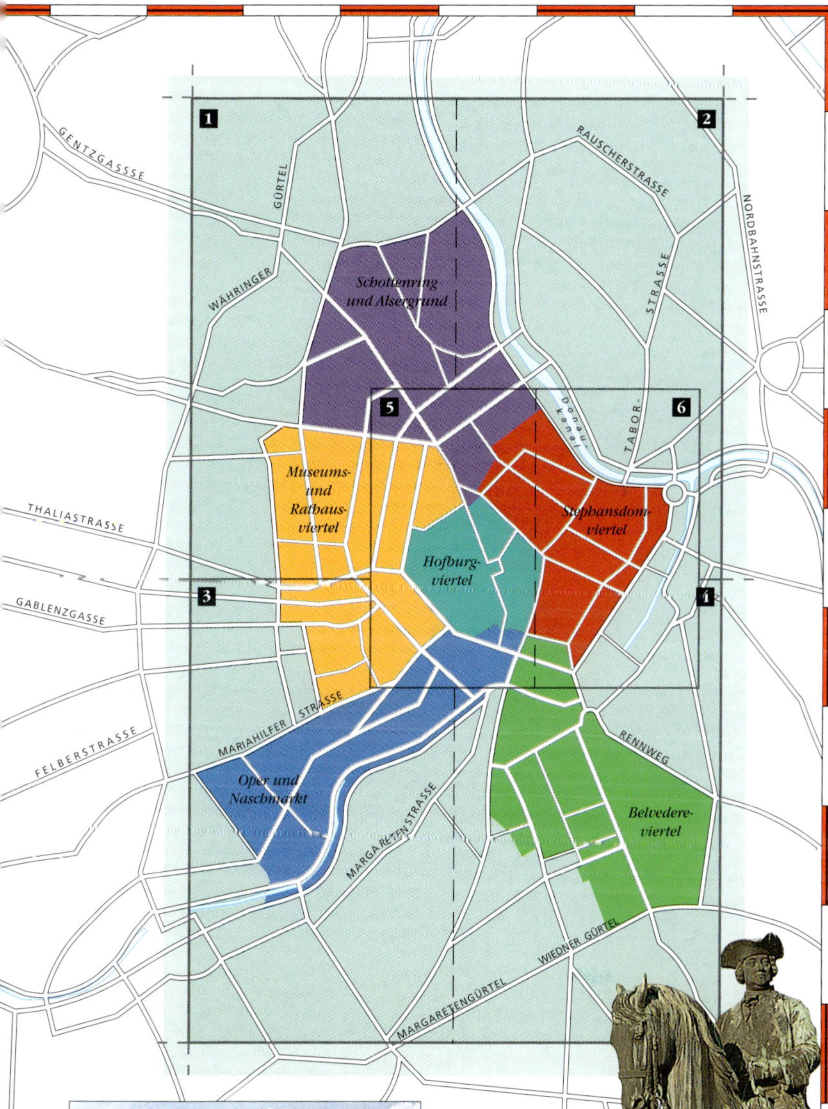

Tor zum Burggarten, vom Albertinaplatz im Hofburgviertel aus betrachtet

Steinerne Generäle bewachen die Statue von Maria Theresia (1888) auf dem Maria-Theresien-Platz, Museums- und Rathausviertel

Kartenregister

Einige der hier aufgeführten Straßen, Plätze und Sehenswürdigkeiten sind mit zwei Kartenverweisen versehen. Der erste bezieht sich auf die Seiten 1–4, die das Stadtgebiet von Wien abdecken, der zweite auf die Seiten 5–6, die im größeren Maßstab lediglich die Viertel um den Stephansdom und die Hofburg umfassen.

T

U

V

W

Z

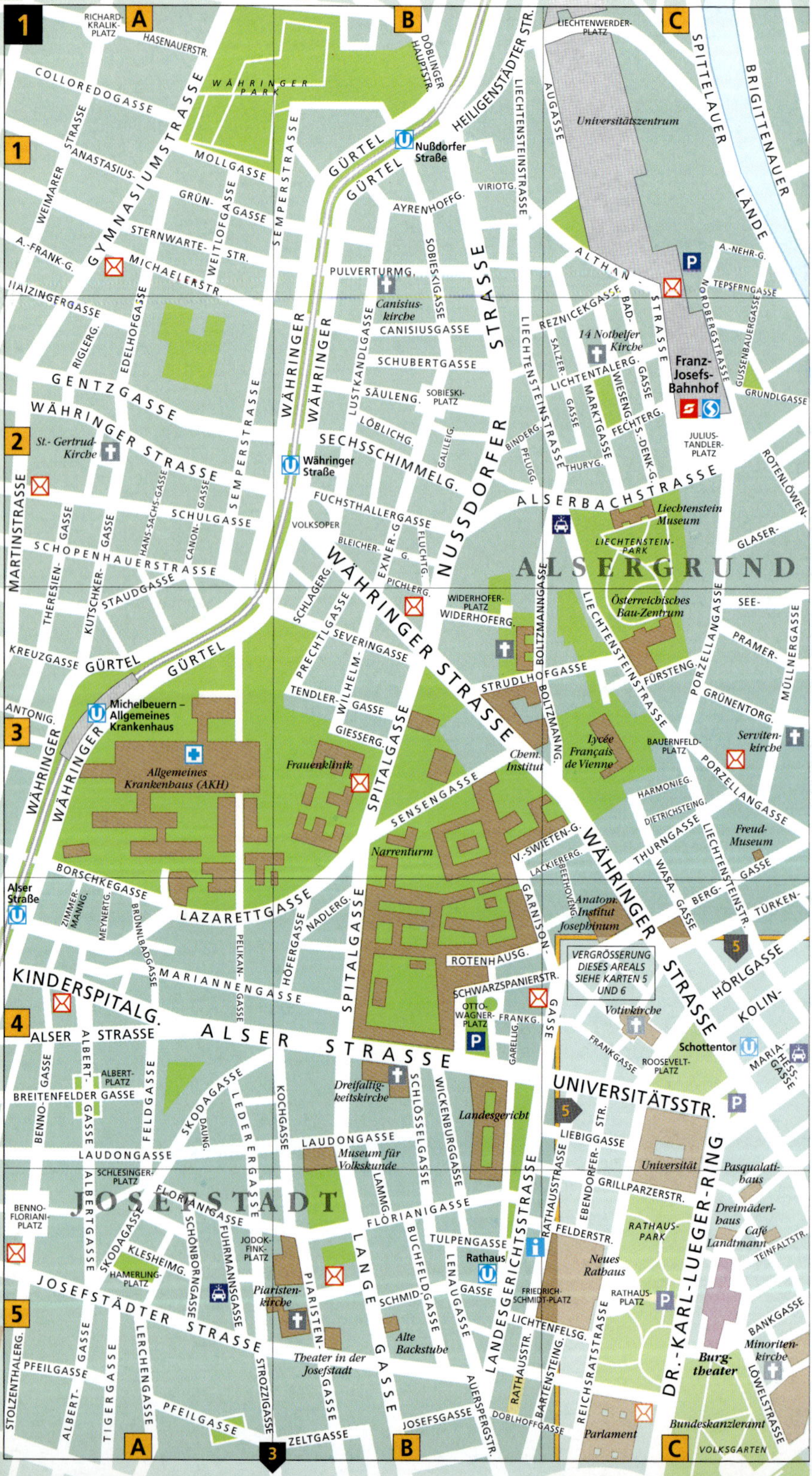
1
A
B
C
1
2
3
4
5
Richard-Kralik-Platz
Hasenauerstr.
Währinger Park
Döblinger Hauptstr.
Heiligenstädter Str.
Liechtensteinstrasse
Liechtenwerder-Platz
Spittelauer
Brigittenauer Lände
Augasse
Universitätszentrum
Colloredogasse
Anastasius-
Weimarer Strasse
Gymnasiumstrasse
Mollgasse
Semperstrasse
Gürtel
Nußdorfer Straße
Viriotg.
Ayrenhoffg.
Grün-Gasse
Weitlofgasse
Sternwarte-Str.
A.-Frank-G.
Michaelerstr.
Haizingergasse
Pulverturmg.
Sobieskigasse
Canisius-kirche
Canisiusgasse
Althan-Strasse
A.-Nehr-G.
Tepserngasse
Nordbergstrasse
Gussenbauergasse
Riglerg.
Edelhofgasse
Währinger
Lustkandlgasse
Schubertgasse
Strasse
Reznicekgasse
Bad-
14 Nothelfer Kirche
Franz-Josefs-Bahnhof
Grundlgasse
Gentzgasse
Säuleng.
Sobieski-Platz
Salzer-Gasse
Lichtentalerg.
Marktgasse
Wieseng.
Gasse
Währinger Strasse
Löblichg.
Galileig.
Nussdorfer Strasse
Binderg.
Pfluggasse
Thuryg.
Fechterg.
S.-Denk-G.
Julius-Tandler-Platz
Rotenlöwen-
St.-Gertrud-Kirche
Sechsschimmelg.
Währinger Straße
Alserbachstrasse
Liechtenstein Museum
Martinstrasse
Hans-Sachs-Gasse
Canon-Gasse
Schulgasse
Fuchsthallergasse
Volksoper
Bleicher-G.
Exner-G.
Fluchtg.
Liechtenstein-Park
Glaser-
Theresien-Gasse
Kutschker-Gasse
Schopenhauerstrasse
Staudgasse
Alsergrund
Schlagerg.
Pichlerg.
Widerhofer-Platz
Widerhoferg.
Boltzmanngasse
Österreichisches Bau-Zentrum
See-
Porzellangasse
Müllnergasse
Pramer-
Kreuzgasse
Prechtlgasse
Severingasse
Strudlhofgasse
Fürsteng.
Antonig.
Michelbeuern – Allgemeines Krankenhaus
Tendler-Gasse
Wilhelm-
Spitalgasse
Grünentorg.
Giesserg.
Boltzmanng.
Lycée Français de Vienne
Bauernfeld-Platz
Serviten-kirche
Allgemeines Krankenhaus (AKH)
Frauenklinik
Chem. Institut
Harmonieg.
Dietrichsteing.
Thurngasse
Sensengasse
V.-Swieten-G.
Lackiererg.
Beethoveng.
Freud-Museum
Narrenturm
Wasa-Gasse
Gasse
Borschkegasse
Alser Straße
Zimmermanng.
Meynertg.
Brünnlbadgasse
Lazarettgasse
Nadlerg.
Höfergasse
Pelikan-Gasse
Garnison-
Anatom. Institut Josephinum
Berg-Gasse
Türken-
Kinderspitalg.
Mariannengasse
Rotenhausg.
Vergrösserung dieses Areals siehe Karten 5 und 6
Schwarzspanierstr.
Hörlgasse
Kolin-
Alser Strasse
Otto-Wagner-Platz
Frankg.
Garellig.
Votivkirche
Frankgasse
Schottentor
Maria-Theresia-Gasse
Albert-Platz
Benno-Gasse
Breitenfelder Gasse
Albertgasse
Feldgasse
Skodagasse
Daung.
Lederergasse
Kochgasse
Dreifaltig-keitskirche
Schlösselgasse
Wickenburggasse
Roosevelt-Platz
Universitätsstr.
Landesgericht
Laudongasse
Laudongasse
Museum für Volkskunde
Lammg.
Rathausstrasse
Ebendorfer-Str.
Liebiggasse
Universität
Pasqualati-haus
Schlesinger-Platz
Josefstadt
Floriangasse
Florianigasse
Grillparzerstr.
Dr.-Karl-Lueger-Ring
Dreimäderl-haus
Benno-Floriani-Platz
Schönborngasse
Fuhrmannsgasse
Jodok-Fink-Platz
Lange Gasse
Buchfeldgasse
Tulpengasse
Landesgerichtsstrasse
Felderstr.
Rathaus-Park
Café Landtmann
Teinfaltstr.
Klesheimg.
Hamerling-Platz
Rathaus
Lenaugasse
Neues Rathaus
Josefstädter Strasse
Piaristen-kirche
Piaristengasse
Schmidgasse
Friedrich-Schmidt-Platz
Rathaus-Platz
Bankgasse
Lichtenfelsg.
Alte Backstube
Rathausstr.
Bartensteing.
Reichsratsstrasse
Burg-theater
Minoriten-kirche
Löwelstrasse
Stolzenthalerg.
Pfeilgasse
Tigergasse
Lerchengasse
Theater in der Josefstadt
Strozzigasse
Pfeilgasse
Zeltgasse
Josefsgasse
Auerspergstr.
Doblhoffgasse
Parlament
Bundeskanzleramt
Volksgarten
Albert-
3
5
5

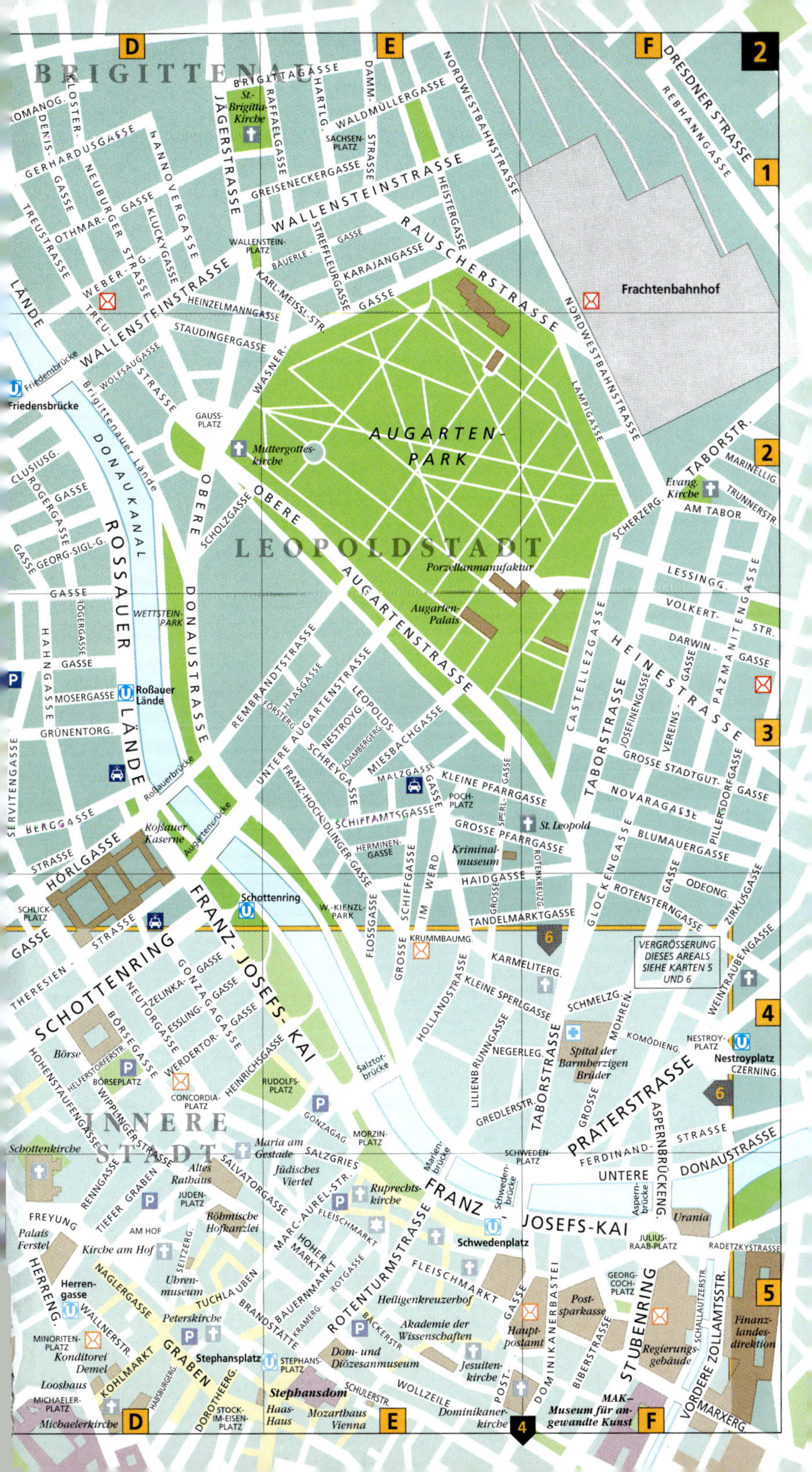

D
E
F
2
1
2
3
4
5
BRIGITTENAU
LEOPOLDSTADT
INNERE STADT
AUGARTEN-PARK
St.-Brigitta-Kirche
BRIGITTAGASSE
ROMANOG.
KLOSTER-NEUBURGER STRASSE
DENIS-GASSE
GERHARDUSGASSE
HANNOVERGASSE
JÄGERSTRASSE
RAFFAELGASSE
HARTLG.
DAMM-STRASSE
WALDMÜLLERGASSE
SACHSEN-PLATZ
NORDWESTBAHNSTRASSE
DRESDNER STRASSE
REBHANNGASSE
GREISENECKERGASSE
WALLENSTEINSTRASSE
HEISTERGASSE
TREUSTRASSE
OTHMAR-GASSE
KLUCKYGASSE
WALLENSTEIN-PLATZ
BÄUERLEGASSE
STREFFLEURGASSE
KARAJANGASSE
RAUSCHERSTRASSE
Frachtenbahnhof
LÄNDE
WEBER-G.
HEINZELMANNGASSE
KARL-MEISSL-STR.
GASSE
TREU-
STAUDINGERGASSE
Friedensbrücke
WOLFSAUGASSE
WASNER-
LAMPIGASSE
Brigittenauer Lände
GAUSS-PLATZ
Muttergottes-kirche
TABORSTR.
MARINELLIG.
CLUSIUSG.
ROGERGASSE
DONAUKANAL
OBERE
SCHOLZGASSE
OBERE AUGARTENSTRASSE
Evang. Kirche
AM TABOR
TRUNNERSTR.
SCHERZERG.
GEORG-SIGL-G.
ROSSAUER LÄNDE
Porzellanmanufaktur
LESSINGG.
VOLKERT-
WETTSTEIN-PARK
DONAUSTRASSE
Augarten-Palais
DARWIN-
PAZMANITENGASSE
STR.
HAHNGASSE
REMBRANDTSTRASSE
HAASGASSE
HEINESTRASSE
CASTELLEZGASSE
MOSERGASSE
Roßauer Lände
FÖRSTERG.
NESTROYG.
LEOPOLDS-
JOSEFINENGASSE
VEREINS-
GRÜNENTORG.
UNTERE AUGARTENSTRASSE
SCHREYGASSE
ADAMBERGERG.
MIESBACHGASSE
TABORSTRASSE
GROSSE STADTGUT-GASSE
SERVITENGASSE
FRANZ-HOCHEDLINGER-GASSE
MALZGASSE
KLEINE PFARRGASSE
SPERLGASSE
POCH-PLATZ
NOVARAGASSE
PILLERSDORFGASSE
Roßauerbrücke
BERGGASSE
SCHIFFAMTSGASSE
St. Leopold
BLUMAUERGASSE
Roßauer Kaserne
Augartenbrücke
HERMINEN-GASSE
GROSSE PFARRGASSE
Kriminal-museum
STRASSE
HÖRLGASSE
SCHIFFGASSE
IM WERD
HAIDGASSE
ROTENKREUZG.
GLOCKENGASSE
ODEONG.
ROTENSTERNGASSE
ZIRKUSGASSE
SCHLICK-PLATZ
Schottenring
W.-KIENZL-PARK
FLOSSGASSE
TANDELMARKTGASSE
6
GASSE
KRUMMBAUMG.
VERGRÖSSERUNG DIESES AREALS SIEHE KARTEN 5 UND 6
THERESIEN-
SCHOTTENRING
FRANZ-JOSEFS-KAI
GONZAGAGASSE
ZELINKA-GASSE
GROSSE
KARMELITERG.
WEINTRAUBENGASSE
NEUTORGASSE
ESSLING-GASSE
HOLLANDSTRASSE
KLEINE SPERLGASSE
SCHMELZG.
MOHREN-
Börse
BÖRSEGASSE
WERDERTOR-GASSE
LILIENBRUNNGASSE
KOMÖDIENG.
NESTROY-PLATZ
Nestroyplatz
HOHENSTAUFENGASSE
HELFERSTORFERSTR.
BÖRSEPLATZ
HEINRICHSGASSE
NEGERLEG.
Spital der Barmherzigen Brüder
CZERNING.
WIPPLINGERSTRASSE
CONCORDIA-PLATZ
RUDOLFS-PLATZ
Salztorbrücke
GREDLERSTR.
PRATERSTRASSE
Schottenkirche
GONZAGAG.
MORZIN-PLATZ
ASPERNBRÜCKENG.
STRASSE
Maria am Gestade
SALZGRIES
Marienbrücke
SCHWEDEN-PLATZ
FERDINAND-
DONAUSTRASSE
RENNGASSE
Altes Rathaus
SALVATORGASSE
Jüdisches Viertel
UNTERE
TIEFER GRABEN
JUDEN-PLATZ
MARC-AUREL-STR.
Ruprechts-kirche
FRANZ-JOSEFS-KAI
Schwedenbrücke
Aspernbrücke
Urania
FREYUNG
Böhmische Hofkanzlei
FLEISCHMARKT
HOHER MARKT
Schwedenplatz
JULIUS-RAAB-PLATZ
RADETZKYSTRASSE
Palais Ferstel
AM HOF
SEITZERG.
Kirche am Hof
ROTGASSE
ROTENTURMSTRASSE
FLEISCHMARKT
GEORG-COCH-PLATZ
SCHALLAUTZERSTR.
HERRENG.
Herren-gasse
NAGLERGASSE
Uhren-museum
TUCHLAUBEN
BAUERNMARKT
Heiligenkreuzerhof
DOMINIKANERBASTEI
Post-sparkasse
STUBENRING
VORDERE ZOLLAMTSSTR.
WALLNERSTR.
Peterskirche
BRANDSTÄTTE
KRAMERG.
BÄCKERSTR.
Akademie der Wissenschaften
Haupt-postamt
BIBERSTRASSE
Finanz-landes-direktion
MINORITEN-PLATZ
Konditorei Demel
GRABEN
Stephansplatz
STEPHANS-PLATZ
Dom- und Diözesanmuseum
Jesuiten-kirche
Regierungs-gebäude
Loosbaus
KOHLMARKT
HABSBURGERG.
DOROTHEERG.
SCHULERSTR.
WOLLZEILE
POST-
MICHAELER-PLATZ
Stephansdom
STOCK-IM-EISEN-PLATZ
Haas-Haus
Mozarthaus Vienna
Dominikaner-kirche
4
MAK – Museum für angewandte Kunst
MARXERG.
Michaelerkirche

3
A
B
C
1
2
3
4
5
Altlerchenfelder Kirche
Lerchenfelder Strasse
Neustiftgasse
Neubau
Burggasse
Kandlgasse
Westbahnstrasse
St. Laurenz
Seidengasse
Lindengasse
Apollogasse
Hofmobiliendepot
Mariahilf
Mariahilfer Strasse
Zieglergasse
Justizministerium Palais Trautson
Ulrichskirche
Sankt-Ulrichs-Platz
Volkstheater
Fußgängerzone Spittelberg
Siebensterngasse
Rembrandt-Theater
Mondscheingasse
Stiftskaserne
Stiftskirche
Vergrößerung dieses Areals siehe Karten 5 und 6
Schmerling-Platz
Justizpalast
Museumstr.
Volksgartenstr.
Naturhistorisches Museum
Burgring
Heldenplatz
Messeplatz
Maria-Theresien-Platz
Kunsthistorisches Museum
Museums-Quartier
Babenbergerstr.
Getreidemarkt
Rahlgasse
Technische Universität
St. Josef
Theater an der Wien
Mariahilfer Kirche
Neubaugasse
Schadekgasse
Esterházy-Park
Gumpendorfer Strasse
Wagner-Häuser
Linke Wienzeile
Rechte Wienzeile
Kettenbrückengasse
Hamburgerstr.
Loquai-Platz
Haydn-Museum
Schmalzhofgasse
Pilgrambrücke
Pilgramgasse
Wieden
Margaretenstrasse
Josefskirche
Blumenmarkt
Krankenhaus der Barmherzigen Schwestern
Gustav-Adolf-Kirche
St. Ägid
Mollardgasse
Margaretengürtel
Schönbrunner Strasse
Margareten
Reinprechtsbrücke
Reinprechtsdorfer Strasse
Bacher-Platz
Einsiedler-Platz
Zenta-Platz
Hartmannspital
St. Florian
Wiedner Hauptstrasse
Gaudenzdorfer Gürtel
Haydn-Park
Arbeitergasse
Siebenbrunnengasse
Stolberggasse

D
E
F
2
4
1
2
3
4
5
6
Burgkapelle
Josefsplatz
Hofburg Komplex
Augustinerkirche
Augustinerstr.
Dorotheerg.
Spiegelgasse
American Bar
Singerstrasse
Weihburggasse
Franziskanerkirche
Stubenbastei
Stubentor
MAK-Museum für angewandte Kunst
Wien Mitte
Landstraße (CAT)
Landstrasser Hauptstr.
Invalidenstr.
Stadtpark
Hotel Hilton
Am Stadtpark
Elisabethenspital
Ungarg.
Neue Burg
Burggarten
Palais Lobkowitz
Lobkowitzplatz
Albertinaplatz
Goethe-Denkmal
Hotel Sacher
Staatsoper
Kärntner Strasse
Himmelpfortgasse
Winterpalais des Prinzen Eugen
Johannesgasse
Annagasse
Annakirche
Seilerstätte
Schellinggasse
Fichtegasse
Hegelgasse
Coburgbastei
Parkring
Schubertring
Wien
Münzamt
Linke
Beatrixgasse
Opernring
Mahlerstrasse
Elisabethstrasse
Schillerplatz
Nibelungengasse
Kärntner Ring
Oper
Akademie der bildenden Künste
Handelsakademie
Bösendorferstr.
Hotel Imperial
Christinengasse
Kantgasse
Johannesgasse
Lothringerstrasse
Stadtpark
Wiener Eislaufverein
Am Heumarkt
Vergrösserung dieses Areals siehe Karten 5 und 6
Universität für Musik und darstellende Kunst
Secessionsgebäude
Friedrichstr.
Karlsplatz
Künstlerhaus
Musikverein
Lothringer Str.
Stadtbahn-Pavillons
Wien Museum Karlsplatz
Konzerthaus
Bayerng.
Salesianergasse
Am Modenapark
Grimmelshauseng.
Gottfried-Keller-Gasse
Rechte Bahngasse
Tongasse
Naschmarkt
Wienzeile
Faulm.g.
Kühnplatz
Operngasse
Mühlg.
Österreichisches Tourismusamt
Technische Universität
Karlsplatz
Paniglgasse
Karlsgasse
Schwarzenbergplatz
Mattiellistr.
Lisztstr.
Traung.
Zaunergasse
Marokkanergasse
Veithgasse
Neulinggasse
Russische Kirche
Karlskirche
Rennweg
Strohgasse
Palais Schwarzenberg
Reisnerstrasse
Schleifmühlg.
Frankenbergg.
Gusshausstrasse
Schwindgasse
Jaurèsgasse
Metternichgasse
Linke Bahngasse
Paulanergasse
Paulanerg.
Elektrotechnisches Institut
Argentinierstrasse
Wohllebengasse
Orangerie
Unteres Belvedere
Mozartplatz
Wiener Linien (Verkehrsbetriebe)
Arbeiterkammer
Prinz-Eugen-Strasse
Schwarzenbergpark
Waaggasse
Taubstummengasse
Floragasse
Belvedere-Garten
Botanisches Institut
Staatsdruckerei
Rennweg
Schäfferg.
Rienösslgasse
Brahmsplatz
Österreichischer Rundfunk
Plösslgasse
Mechelg.
Politische Kommission, Diplomatische Akademie
Schlüsselg.
Schmöllerlgasse
Botanischer Garten
Fleischmanng.
Mayerhof-gasse
Mayerhofg.
Danhausergasse
Theresianum
Favoritenstrasse
Neugasse
Mostg.
Graf-Starhemberg-Gasse
Theresianumgasse
Oberes Belvedere
Jacquingasse
Fasangasse
Wiedner Hauptstrasse
Schaumburgergasse
Waltergasse
Viktorgasse
Belvederegasse
Alpengarten
Elisabethkirche
Karolinengasse
Bestattungsmuseum
Mommsengasse
Goldegg.
Johann-Strauß-Gasse
Johann-Strauss-Gasse
Schönburgstrasse
Rainergasse
Weyringergasse
Landstrasser Gürtel
Trappelg.
Schelleingasse
Finanzamt
Seisgasse
Kolschitzkygasse
Schweizer-Garten-Str.
Heeresmuseumstr.
Wiedner Gürtel
Alois-Drasche-Park
Blechturmgasse
Südtiroler Platz
Südbahnhof
Arsenalstrasse
Schweizergarten
Schelleingasse
Margaretengürtel
Hintere Südbahnstrasse
Ghegastr.
Kliebergasse
Sonnwendgasse
Reisingergasse
Humboldtg.
Rieplstrasse
Laxenburger Str.
Landgutgasse

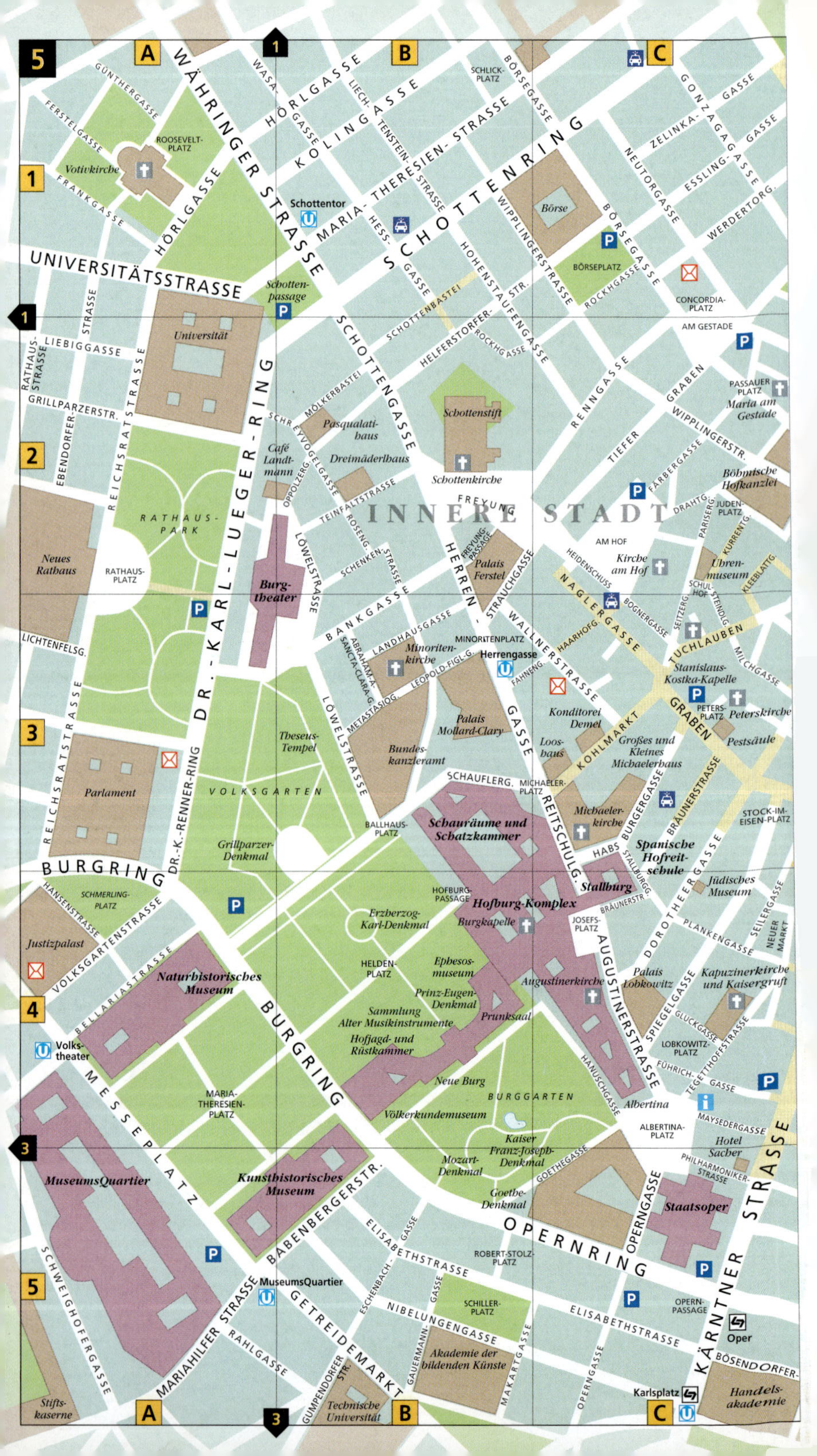
5
A
B
C
1
2
3
4
5
Währinger Strasse
Günthergasse
Ferstelgasse
Rooseveltplatz
Votivkirche
Frankgasse
Hörlgasse
Wasagasse
Kolingasse
Liechtensteinstrasse
Schlickplatz
Börsegasse
Maria-Theresien-Strasse
Schottenring
Gonzagagasse
Zelinkagasse
Esslinggasse
Neutorgasse
Werdertorg.
Börse
Börseplatz
Rockhgasse
Concordiaplatz
Schottentor
Hessgasse
Hohenstaufengasse
Wipplingerstrasse
Universitätsstrasse
Schottenpassage
Strasse
Universität
Schottenbastei
Helferstorfer-Str.
Rockhgasse
Am Gestade
Liebiggasse
Rathausstrasse
Grillparzerstr.
Reichsratsstrasse
Schottengasse
Mölkerbastei
Pasqualatihaus
Schreyvogelgasse
Schottenstift
Renngasse
Graben
Passauer Platz
Maria am Gestade
Wipplingerstr.
Ebendorferstr.
Dr.-Karl-Lueger-Ring
Café Landtmann
Oppolzerg.
Dreimäderlhaus
Schottenkirche
Tiefer Graben
Färbergasse
Böhmische Hofkanzlei
Rathauspark
Teinfaltstrasse
Rosengasse
Freyung
Innere Stadt
Drahtg.
Judenplatz
Parisergasse
Kurrentg.
Am Hof
Heidenschuss
Kirche am Hof
Uhrenmuseum
Neues Rathaus
Rathausplatz
Burgtheater
Löwelstrasse
Schenkenstrasse
Freyung Passage
Palais Ferstel
Strauchgasse
Naglergasse
Schulhof
Steindlg.
Kleeblattg.
Bognergasse
Seitzerg.
Lichtenfelsg.
Bankgasse
Landhausgasse
Abraham-a-Sancta-Clara-G.
Minoritenkirche
Minoritenplatz
Herrengasse
Wallnerstrasse
Haarhofg.
Tuchlauben
Milchgasse
Fahnengasse
Leopold-Figl-G.
Stanislaus-Kostka-Kapelle
Metastasiog.
Palais Mollard-Clary
Konditorei Demel
Kohlmarkt
Petersplatz
Peterskirche
Theseus-Tempel
Bundeskanzleramt
Loos-haus
Großes und Kleines Michaelerhaus
Pestsäule
Parlament
Volksgarten
Schauflerg.
Michaelerplatz
Ballhausplatz
Schauräume und Schatzkammer
Reitschulg.
Michaelerkirche
Bräunerstrasse
Stock-im-Eisen-Platz
Dr.-K.-Renner-Ring
Grillparzer-Denkmal
Habsburgergasse
Stallburggasse
Spanische Hofreitschule
Dorotheergasse
Burgring
Schmerlingplatz
Hansenstrasse
Hofburg-Passage
Stallburg
Jüdisches Museum
Hofburg-Komplex
Bräunerstr.
Seilergasse
Erzherzog-Karl-Denkmal
Burgkapelle
Josefsplatz
Augustinerstrasse
Plankengasse
Neuer Markt
Justizpalast
Volksgartenstrasse
Heldenplatz
Ephesosmuseum
Palais Lobkowitz
Kapuzinerkirche und Kaisergruft
Naturhistorisches Museum
Bellariastrasse
Prinz-Eugen-Denkmal
Augustinerkirche
Spiegelgasse
Gluckgasse
Sammlung Alter Musikinstrumente
Prunksaal
Lobkowitzplatz
Tegetthoffstrasse
Volkstheater
Hofjagd- und Rüstkammer
Führichgasse
Messeplatz
Neue Burg
Burggarten
Hanuschgasse
Albertina
Maria-Theresien-Platz
Völkerkundemuseum
Albertinaplatz
Maysedergasse
Kaiser Franz-Joseph-Denkmal
Hotel Sacher
Philharmonikerstrasse
Mozart-Denkmal
Goethegasse
MuseumsQuartier
Kunsthistorisches Museum
Babenbergerstr.
Goethe-Denkmal
Operngasse
Staatsoper
Elisabethstrasse
Eschenbachgasse
Robert-Stolz-Platz
Opernring
Schweighofergasse
MuseumsQuartier
Getreidemarkt
Nibelungengasse
Schillerplatz
Opernpassage
Kärntner Strasse
Oper
Rahlgasse
Mariahilfer Strasse
Gauermanngasse
Akademie der bildenden Künste
Makartgasse
Bösendorferstr.
Gumpendorfer Str.
Technische Universität
Karlsplatz
Handelsakademie
Stiftskaserne

D
E
F
6
2
1
2
3
4
5
4
KRUMMBAUMG.
W.-KIENZL-PARK
GROSSE SCHIFFGASSE
GROSSE SPERLG.
KARMELITERGASSE
Zum Heiligen Joseph
KARMELITER-PLATZ
KLEINE MOHRENG.
KLEINE SPERLGASSE
SCHMELZGASSE
FRANZ-JOSEFS-KAI
DONAUKANAL
OBERE
HOLLANDSTRASSE
HAMMER-PURGSTALL-G.
NEGERLEGASSE
TABORSTRASSE
Spital der Barmherzigen Brüder
KOMÖDIENGASSE
Johann-Nepomuk-Kirche
Nestroyplatz
NESTROY-PLATZ
HEINRICHSGASSE
RUDOLFS-PLATZ
Salztorbrücke
DONAUSTRASSE
LILIENBRUNNGASSE
SCHOELLERHOFG.
GREDLERSTRASSE
MOHREN-
GROSSE
ZIRKUS-
GASSE
PRATERSTRASSE
ASPERNBRÜCKENGASSE
FERDINAND-
STRASSE
UNTERE
DONAUSTR.
GÖLSDORFGASSE
GONZAGAGASSE
SALZTORGASSE
SALZGRIES
MORZIN-PLATZ
Jüdisches Viertel
VORLAUFSTRASSE
Marienbrücke
Schwedenbrücke
Aspernbrücke
Altes Rathaus
STERNGASSE
RUPRECHTS-PLATZ
Ruprechtskirche
SALVATORGASSE
MARC-AUREL-STRASSE
SEITENSTETTENG.
FRANZ-JOSEFS-KAI
Griechisch-orthodoxe Georgskirche
Schwedenplatz
DONAUKANALPROMENADE
Urania
JULIUS-RAAB-PLATZ
URANIASTR.
JUDENGASSE
FLEISCHMARKT
GRIECHENGASSE
SALZGRIES
HAFNERSTEIG
Kammerspiele
LAURENZERBERG
POSTGASSE
BIBERSTRASSE
HOHER MARKT
BAUERNMARKT
ROTGASSE
RABENSTEIG
Griechische Kirche
WIESINGERSTRASSE
GEORG-COCH-PLATZ
REISCHACHSTR.
SCHALLAUTZERSTRASSE
WILDPRETMARKT
LANDSKRONGASSE
LICHTENSTEG
KÖLLNERHOFGASSE
GRASHOFG.
Heiligenkreuzerhof
Hauptpostamt
DOMINIKANERBASTEI
Postsparkasse
Regierungsgebäude
BAUERNMARKT
KRAMERG.
ROTENTURM-
LUGECK
SONNENFELSGASSE
SCHÖNLATERNGASSE
ROSENBURSEN-STRASSE
STUBENRING
BRANDSTÄTTE
JASOMIRGOTTSTR.
STEPHANS-PLATZ
Dom- und Diözesanmuseum
WOLLZEILE
BÄCKER-
DR.-IGNAZ-SEIPEL-PLATZ
ESSIG-
GASSE
STRASSE
Jesuitenkirche
BARBARAG.
Stephansplatz
Akademie der Wissenschaften
PREDIGERG.
Dominikanerkirche
FALKESTRASSE
OSKAR-KOKOSCHKA-PLATZ
GOLDSCHMIEDG.
Stephansdom
SCHULERSTRASSE
Mozarthaus Vienna
Haas-Haus
CHURHSG.
DOMGASSE
BLUTG.
POSTGASSE
BIBERSTRASSE
MAK – Museum für angewandte Kunst
VORDERE ZOLLAMTSSTRASSE
American Bar
SINGERSTRASSE
Deutschordenskirche
WOLLZEILE
WIEN
SCHALLAUTZERSTRASSE
STELZHAMERG.
Busbahnhof
KÄRNTNER STR.
LILIENG.
GRÜNANGERGASSE
KUMPFGASSE
RIEMERGASSE
ZEDLITZGASSE
BASTEI
DR.-KARL-LUEGER-PLATZ
WEISKIRCHNERSTR.
HENSLERSTR.
SPAREFROHG.
GIGERG.
WEIHBURGGASSE
JAKOBERGASSE
AN DER HÜLBEN
STUBEN-
COBDENGASSE
Stubentor
Wien Mitte (CAT)
FRANZISKANER-PLATZ
RAUHENSTEINGASSE
LANDSTRASSER HAUPTSTR.
BALLGASSE
Franziskanerkirche
LIEBENBERGGASSE
AM STADTPARK
DONNERG.
Hotel Hilton
Bundesministerium für Finanzen
HIMMELPFORTGASSE
STÄTTE
COBURGBASTEI
GARTENBAU-PROM.
PARKRING
Winterpalais des Prinzen Eugen
Ronacher
WEIHBURGGASSE
WIEN
Malteserkirche St. Johannes Baptist
JOHANNESGASSE
SEILERSTÄTTE
STADTPARK
Ursulinenkirche
Annakirche
ANNAGASSE
INVALIDENSTR.
KRUGERSTRASSE
SCHELLINGGASSE
Johann-Strauß Denkmal
Münzamt
MÜNZG.
HEGELGASSE
FICHTEG.
Wiener Kursalon
LINKE
WALFISCHGASSE
Bundeslehr- und Versuchsanstalt
SCHWARZENBERGSTRASSE
SCHUBERTRING
JOHANNESGASSE
HEUMARKT
REISNERSTRASSE
MAHLERSTRASSE
FICHTEGASSE
Stadtpark
BEATRIXGASSE
BAHNGASSE
RECHTE BAHNGASSE
KÄRNTNER RING
AKADEMIESTRASSE
CHRISTINENGASSE
LOTHRINGERSTRASSE
Beethoven-Denkmal
BEATRIXGASSE
Hotel Imperial
DUMBASTR.
PESTALOZZIGASSE
KANTGASSE
Wiener Eislaufverein
AM
SALESIANERG.
BAYERNG.
STRASSE
Künstlerhaus
Konzerthaus

Textregister

Fett gedruckte Seitenzahlen beziehen sich auf Haupteinträge.

C

Q

R

T

Danksagung und Bildnachweis

DORLING KINDERSLEY bedankt sich bei allen, die an der Herstellung dieses Buchs mitgewirkt haben.

Hauptautor
Der gebürtige Londoner STEPHEN BROOK studierte in Cambridge. Nachdem er in Boston und London als Redakteur tätig war, begann er 1982 seine Karriere als Autor. Zu seinen Veröffentlichungen gehören *New York Days, New York Nights*; *Honky-tonk Gelato*; *The Double Eagle*; *Prague* und *L. A. Lore*. Er schreibt Artikel über Wein und Reisen für zahlreiche Zeitungen und Zeitschriften.

Weitere Autoren
Gretel Beer, Rosemary Bircz, Caroline Bugler, Deirdre Coffey, Fred Mawer, Nicholas Parsons.

Redaktion und Grafik
PUBLISHER Douglas Amrine
MANAGING EDITOR Caroly Ryden
MANAGING ART EDITOR Steve Knowlden
SENIOR EDITOR Georgina Matthews
SENIOR ART EDITOR Vanessa Courtier
EDITORIAL DIRECTOR David Lamb
ART DIRECTOR Anne-Marie Bulat
BERATUNG Robert Avery
KORREKTORAT Diana Vowles
FACT CHECK Melanie Nicholson-Hartzell

Grafik- und Redaktionsassistenten
Ros Angus, Claire Baranowski, Carey Combe, Maggie Crowley, Jane Edmonds, Fay Franklin, Rhiannon Furbear, Sally Gordon, Emily Green, Alistair Gunn, Elaine Harries, Melanie Hartzell, Paul Hines, Laura Jones, Priya Kukadia, Joanne Lenney, Carly Madden, Hayley Maher, Kate Molan, Sangita Patel, Alice Peebles, Marianne Petrou, Robert Purnell, Ella Milroy, Melanie Nicholson-Hartzell, Catherine Palmi, Nicki Rawson, Simon Ryder, Sadie Smith, Andrew Szudek, Lynda Warrington, Samia Tadros, Susannah Wolley Dod.

Ergänzende Illustrationen
Kevin Jones, Gilly Newman, John Woodcock, Martin Woodward.

Kartografie
Uma Bhattacharya, Mohammad Hassan, Jasneet Kaur, Peter Winfield, James Mills-Hicks (DK). Colourmap Scanning Limited, Contour Publishing, Cosmographics, European Map Graphics, Karten im Stadtplan: ERA Maptec Ltd (Dublin).

Kartografische Dokumentation
Jan Clark, Caroline Bowie, Claudine Zante.

DTP
Vinod Harish, Vincent Kurien, Azeem Siddiqui.

Ergänzende Fotografie
DK Studio/Steve Gorton, Ian O'Leary, Poppy, Steve Shott, Clive Streeter.

Weitere Hilfe gewährten
Marion Telsnig und Ingrid Pollheimer-Stadtlober vom Austrian Tourist Board, London; Frau Preller, Heeresgeschichtliches Museum; Frau Wegscheider, Kunsthistorisches Museum; Frau Stillfried und Mag. Czap, Hofburg; Herr Fehlinger, Museen der Stadt Wien; Mag. Schmid, Naturhistorisches Museum; Mag. Dvorak, Österreichischer Bundestheaterverband; Dr. Michael Krapf und Mag. Grabner, Österreichische Galerie; Robert Tidmarsh und Mag. Weber-Kainz, Schloss Schönbrunn; Frau Zonschits, WienTourismus.

Fotografier-Erlaubnis
DORLING KINDERSLEY bedankt sich bei folgenden Institutionen für die freundlich gewährte Erlaubnis zum Fotografieren:
Alte Backstube, Bestattungsmuseum, Schloss Belvedere, Bundesbaudirektion, Deutschordenskirche, Dom- und Diözesanmuseum, Sigmund-Freud-Gesellschaft, Josephinum Institut für Geschichte der Medizin der Universität Wien, Kapuzinerkirche, Pfarramt St. Karl, Stift Klosterneuburg, Wiener Kriminalmuseum, Niederösterreichisches Landesmuseum, Österreichischer Bundestheaterverband, Österreichische Postsparkasse (P.S.K.), Dombausekretariat Sankt Stephan, Spanische Hofreitschule und Museum fur Volkskunde. Ferner bedanken wir uns bei allen anderen nicht namentlich erwähnten Läden, Restaurants, Cafés, Hotels, Kirchen und Einrichtungen.

Bildnachweis
o = oben; ol = oben links; om = oben Mitte; or = oben rechts; mlo = Mitte links oben; mo = Mitte oben; mro = Mitte rechts oben; ml = Mitte links; m = Mitte; mr = Mitte rechts; mlu = Mitte links unten; mu = Mitte unten; mru = Mitte rechts unten; u = unten; ul = unten links; um = unten Mitte; ur = unten rechts; d = Detail.

DORLING KINDERSLEY hat sich bemüht, alle Urheber ausfindig zu machen und zu nennen. Sollte dies in Einzelfällen nicht gelungen sein, so bitten wir, dies zu entschuldigen. In der nächsten Auflage dieses Buchs werden wir die versäumten Nennungen selbstverständlich nachholen.

Kunstwerke wurden mit freundlicher Genehmigung folgender Copyright-Inhaber reproduziert: *Brunnenhaus*, Ernst Fuchs © DACS, London 2006; *Der Tigerlöwe*, 1926, Oskar Kokoschka © DACS, London 2006, 155o; © THE HENRY MOORE FOUNDATION: 144u.

DORLING KINDERSLEY dankt folgenden Personen, Institutionen und Bildbibliotheken für die Genehmigung zur Reproduktion ihrer Fotografien:
4CORNERS IMAGES: Damm Stefan 11ur; A1 PIX: Rainer Binder 11ml; ALAMY IMAGES: imagebroker/Christian Handl 205ol; INSADCO: Photography/Martin Bobrovsky 205m, Art Kowalsky 10mlo, John Lens 176mr, Barry Mason 207m, mediaclor's 176mlo, 206mlo, David Noble 207ol, Robert Harding Picture Library Ltd/Richard Nebesky 204mlo, Ken Welsh 10um, WoodyStock/Helmet Ebner 180; GRAFISCHE SAMMLUNG ALBERTINA, Wien: 26–27; ANCIENT ART AND ARCHITECTURE COLLECTION: 24u(d), 25o, 29mo; AKG-IMAGES: 8–9, 16(d), 17o, 19om(d), 19ur(d), 21u, 22–23, 24o, 24–25, 25mu,

25ul, 26mo, 26ur(d), 27o, 28o, 28m, 28ur(d), 29o, 28–29, 29ml, 29ul, 30o(d), 30ml, 32ml, 32ur, 33u, 34ur, 36ol, 38ur, 55u(d), 67 Einklinker, 87u(d), 98mlo, 110u(d), 149mo, 152mu, 172u, 237 Einklinker, Erich Lessing 11ol, 38mu, 39mr, 98mlo; AUSTRIAN AIRLINES: 246o.

BELVEDERE, Wien: 15mru; Thomas Preiss 157mlo; BILDARCHIV PREUSSISCHER KULTURBESITZ, Berlin: 23ul, 35mul, 92o; CASA EDITRICE BONECHI, Florenz: 167mo; CH. BRANDSTÄTTER VERLAG, Wien: 20mo, 31m(d), 33ol, 34ul, 83o, 99m; BRIDGEMAN ART LIBRARY, London: 133u(d), Albertina, Wien 46ur, Bonhams, London 24mo, British Library, London 4o(d), 19ul(d), Kunsthistorisches Museum, Wien 19or(d), 46mr, Wien Museum Karlsplatz 33or, 38mro(d), 38ul, 39ml, Österreichische Galerie 35or; HOTEL BRISTOL: 192mr, Bundesgärten Wien 172 ol; BUNDESMINISTERIUM FÜR FINANZEN: 27mu(d); BURGHAUPTMANNSCHAFT IN WIEN: 101mo, 101mu, 101u.

CAFÉ MUSEUM: 58ur; CARNUNTUM – ARCHÄOLOGISCHER PARK: 21or; CASINOS AUSTRIA: 227m; CEPHAS PICTURE LIBRARY: Mick Rock 161u, 210ol, Wine Magazine 240ur; CONTRAST PHOTO: Milenko Badzic 65o, Franz Hausner 166u, Michael Himml/Transglobe 152or, Hinterleitner 227u, Peter Kurz 63u, 141ol, 233u, Boris Mizaikoffl/Transglobe 63o, Tappeiner/Transglobe 234m, H. Valencak 178u; DDSG – BLUE DANUBE: 249m; DK IMAGES: (c) Judith Miller/Sloans's 203m.

ET ARCHIVE, London: 38ur, Museum für Gestaltung, Zürich 34ml, Museum der Stadt Wien 26ul, 31ol, 38mol; EUROLINES (UK) Ltd: 248mu; EUROPÄISCHE KOMMISSION 243.

ROBERT HARDING PICTURE LIBRARY: Larsen Collinge International 42mu, 232o, Adam Woolfitt 62o, 137o, 150o, 178o, 256ol; HEERESGESCHICHTLICHES MUSEUM, Wien: 47u, 166o, 166u, 167o, 167mu, 167u; HEINZ HEIDER, VOR: 252ml; F. A. HERBIG VERLAGSBUCHHANDLUNG GMBH, München: 98ul, 98ur, 99ul, 99ur; HOTEL IMPERIAL: 192u; HOTEL SACHER: 194o, 202mr; HULTON-DEUTSCH COLLECTION: 28ul, 36or(d), 38mru(d), 168mo; HUTCHISON LIBRARY: John G. Egan 202o.

THE IMAGE BANK, London: GSO Images 11u, Fotoworld 41ul; K. U. K. HOFZUCKERBÄCKER CH. DEMEL'S SÖHNE GMBH: 203m; WILHELM KLEIN: 23o, 26mu; KUNSTHAUS WIEN: Peter Strobel 48o; KUNSTHISTORISCHES MUSEUM, Wien: 24mu, 41mru, 46ml, 48u, 56m, 95o, 95u, 99o, 100 (alle), 122–127 (alle), 173ol.

J. & L. LOBMEYR, Wien: 49o; LEOPOLD MUSEUM – PRIVATSTIFTUNG: *Selbstbildnis*, 1910, Egon Schiele 46 ul, *Hockender weiblicher Akt*, 1910, Egon Schiele 120or, *Selbstbildnis mit Judenkirschen*, 1912, Egon Schiele 118o, *Die Quelle*, 1922, Egger-Lienz 120o; LONELY PLANET IMAGES: R. Nebesky 233ol.

MAGNUM PHOTOS: Erich Lessing 18or, 20m, 20ul, 20ur, 21ol, 21mul, 22mu, 23ulo, 26m, 29ur, 30–31, 31u; MANSELL COLLECTION, London: 9 Einklinker; MARY EVANS PICTURE LIBRARY, London: 18ol, 18ul, 18ur, 19ol, 22m, 25ur, 27ur, 30mr, 30ul, 30ur, 32o, 35u, 38o, 39o, 76or, 175u, 191 Einklinker; MUSEUM FÜR ANGEWANDTE KUNST, Wien: 28mo, 47ol, 56o, 57m, 82–83 (alle außer 83o); MUSEUM FÜR VÖLKERKUNDE, Wien: 49u, 235u; MUSEUM JUDENPLATZ: Votava/PID 86ol; MUSEUM MODERNER KUNST STIFTUNG LUDWIG, Wien: *Homme accroupi*, 1907, André Derain, © ADAGP, Paris u. DACS, London 2006, 119ur, *The Red Horseman*, 1974, © Privatbesitz Roy Lichtenstein/DACS, London 2006, 120u; MUSEUMSQUARTIER, Wien: Lisi Gradnitzer 118ur, Rupert Steiner/MQ E+B BesmbH 41 ur; NARODNI MUSEUM, Prag: 18um; NATURHISTORISCHES MUSEUM, Wien: 46o, 128–129 (alle außer 129ur), 235mu.

ÖSTERREICH WERBUNG: 5ul, 27mo, 31om, 31or, 34mo, 44u, 98mlu, 101o, 140u, 163mu, 163u, 172o, 179u, 205o, 232mr; ÖSTERREICHISCHE BUNDESBAHNEN: 248o, 255u; ÖSTERREICHISCHE GALERIE, Wien: 47mu, 154m, 155 (alle), 156ul, 157 (alle); ÖSTERREICHISCHE NATIONALBANK: 243mlo, 243mo; ÖSTERREICHISCHE NATIONALBIBLIOTHEK, Wien: 20mu, 22o, 23mu, 36m; ÖSTERREICHISCHES STAATSARCHIV: 35ol.

POPPERFOTO: 37om; RAIFFEISENBANK WIEN: Gerald Zugman 34mr; RETROGRAPH ARCHIVE, London: Martin Ranicar-Breese 193ur; REX FEATURES, London: Action Press 36ul, Adolfo Franzo 37ol, Sipa Press 121u, Sokol/Sipa Press 121u; GEORG RIHA: 77o; RONACHER/CMM: Velo Weger 226o.

SCHLOSS SCHÖNBRUNN KULTUR- UND BETRIEBS GMBH, Wien: Prof. Gerhard Trumler 172m, 173 (alle außer 173u), 174 (alle), 175or; SCHLOSS SCHÖNBRUNN KULTUR- UND BETRIEBSGES.M.B.H. 1999: Wolfgang Voglhuber 139u; SCIENCE PHOTO LIBRARY, London: Geospace 10o; SYGMA: Habans/Orban 37or, Viennareport 37mo; THEATER IN DER JOSEFSTADT: 226m; TRAVEL LIBRARY: Philip Entiknapp 66–67, 221o, 252o. UNICREDIT BANK AUSTRIA AG: 242ol.

VIENNASLIDE: Harald A. Jahn 232u; Karl Luymair 230ml; VOTAVA, Wien: 163o; WERNER FORMAN ARCHIVE: Wien Museum Karlsplatz 60m, Dommuseum St. Stephan 23mro; WIEN MUSEUM KARLSPLATZ: 17u, 20o, 21mo, 21ur, 26o, 28mu, 32mr, 32ul, 33mo, 33mu, 43o, 47ol, 49m, 86ur, Uhr ca. 1863–69, David A. S. Cajetano 86m, 141om, 141or, 145mo, 169o; WIENER LINIEN GMBH & Co. KG: 252ml; WIENER SÄNGERKNABEN: 5mru, 39u, 64u; WIENER STADT- UND LANDESBIBLIOTHEK, Wien: 36om, 36ul; WIGAST AG: 193ol, 193mr.

ZEFA: 153m; Anatol 98–99, Damm 248u, G. Grobauer 179o, Havlickek 177m, Sibelberbauer 62u, Streichan 37mu, Studio Mike 208o, V. Wentzel 41mu; ZOOM KINDERMUSEUM: Alexandra Eizinger 118mlo.

UMSCHLAG:
Vorne: DK IMAGES: Peter Wilson uml, SUPERSTOCK: agefotostock (Hauptbild).
Hinten: DK IMAGES: Peter Wilson ol, mlo, mlu, ul.
Buchrücken: DK IMAGES: Peter Wilson u, SUPERSTOCK: agefotostock o.

Wienerisch für Anfänger

von Martina Bauer

Das Wienerische ist ein Dialekt, der durch seine Vermischung mit vielen anderen Sprachen, durch die Integration von Wörtern und Wendungen der Zugewanderten (Zuagrastn) eine kraftvolle Farbigkeit entwickelte. Das Wienerische wurde von vielen Generationen und Nationen geprägt. Der Reiz dieser Sprache liegt in ihrer Offenheit gegenüber anderen Sprachen, die im ehemaligen Vielvölkerstaat Österreich gesprochen wurden.

Den größten Einfluss hatten das Jiddische, Tschechische, Französische, Italienische und Ungarische. Am ältesten scheinen die lateinischen Lehnwörter zu sein, die aber nicht auf die Römerzeit zurückgehen, sondern auf spätere Jahrhunderte, als man in den Hofkanzleien der Habsburger das Beamtenlatein pflegte. Ein lateinisches Lehnwort ist Gaudi (Vergnügen, Spaß), das sich von Gaudium ableitet.

An die Jahrhunderte der Bedrohung durch die Türken und die Türkenbelagerungen erinnern die Heidenangst oder der Heidenspaß. Anscheinend hielten die Christen den Spaß für eine zutiefst unchristliche Lebenseinstellung. Supranational wie die Monarchie war auch die Sprache ihrer Hauptstadt. Zahlreiche neue Wörter wurden von Böhmen, Ungarn, Slowenen und Italienern in die Stadt gebracht, vor allem auch von der Aristokratie, die zwischen ihren Palais in Wien und den Landgütern in den Kronländern hin und her reiste. Beispiele für das Böhmische sind etwa Golatschn (gefülltes Hefegebäck) oder Powidltascherl (mit Pflaumenkonfitüre gefülltes Gebäck).

Das Bürgertum leistete seinen Beitrag durch die Einführung zahlreicher französischer Lehnwörter. Französisch war die Sprache des bürgerlichen 19. Jahrhunderts, die Sprache der Gouvernanten und Domestiken, der Salons und Cafés und natürlich auch des Hofes. Um nur einige Beispiele zu nennen: Trottoir für Gehsteig, Parapluie für Regenschirm, Installateur, Coiffeur etc.

Die singende Sprachmelodie und die eher undifferenzierte Aussprache von harten und weichen Konsonanten sowie das sogenannte »Meidlinger L« unterscheiden das Wienerische von anderen österreichischen Dialekten. Der Wiener sagt nicht Kakao sondern »Gaugau«. Selbstlaute werden in die Länge gezogen, wobei das A fast wie ein O ausgesprochen wird.

»Der Österreicher unterscheidet sich vom Deutschen durch die gemeinsame Sprache«, lautet ein berühmtes Zitat, das Karl Kraus, dem scharfzüngigen österreichischen Schriftsteller und Sprachkritiker, zugeschrieben wird. In manchen Fällen hat das durchaus seine Berechtigung. Wenn man in Wien etwa ein Brötchen bestellt, bekommt man ein belegtes Brot. Ordert man ein Wiener, serviert der Kellner ein Schnitzel – das Wiener Würstchen heißt hier nämlich Frankfurter.

Beispiele

a gmahte Wiesn	leichte Sache
anbandeln	flirten
andudeln	sich betrinken
Ballawatsch	Durcheinander, Chaos
birnen	prügeln
Drah di (um)!	Verschwinde!
Falott	Lump, Gauner
Flitscherl	Flittchen
Gigerl	Modegeck
Hawara (von hebräisch »chaver«)	Freund
Kiwara	Polizist
Kupferdach'l	rothaarige Person
Naderer	Verräter, Denunziant
Panier	Kleidung
Peitscherlbua	Zuhälter
Schmafu (von frz. »je m'en fous«)	Blödsinn
schmähstad	perplex, sprachlos
Tschecherant	Säufer

Öffentliche Verkehrsmittel

Bim, die	Straßenbahn, Tram
Remise	Straßenbahngarage
Schwarzkappla	Kontrolleur
zwickn	Fahrschein entwerten

Kulinarisches

Beamtenforelle	Knackwurst
Beisl	einfache Gaststätte
Biertippler	Säufer, Biertrinker
Bummerlsalat	Wintersalat
Burenhäutel	Wurstspezialität
Eitrige	Käsekrainer (Wurst)
Erdäpfel	Kartoffeln
Fleischlaberl	Hackbraten
Frankfurter	Würstel (in Deutschland: Wiener)
Golatschn	Hefegebäck mit Füllung
Gschloda	Gesöff, schwacher Kaffee
G'spritzter	Wein mit Mineralwasser
Hetschpetsch	Hagebutte
Holler	Holunder
Karfiol	Blumenkohl
Kohlsprossen	Rosenkohl
Kracherl	Limonade
Kren	Meerrettich (wird u. a. zum Tafelspitz serviert)
Krügerl	0,5 Liter Bier
Maroni	Esskastanien
Millirahmstrudl	Milchrahmstrudel
Obers	Sahne
Paradeiser	Tomaten
Reiseachterl	das letzte Achtel Wein vor dem Heimweg
Seidl	0,33 Liter Bier
Semmel	Brötchen

Stehachterl ein im Stehen getrunkenes Achtel Wein
Topfen (trockener) Quark
Zwetschkenfleck Pflaumenkuchen
Zwetschkenrösta Pflaumenkompott

Schimpfwörter

Bissgurk'n herrische, keifende Frau
Gfrastsackl boshafter Mensch
Gschichtldrucker Lügner
Hau di üba d'Häuser! Zieh Leine!
Koffa Trottel, Idiot
Pleampl einfältiger Mensch
Teschek Verlierer
Tilo Dummkopf
Ungustl unsympathischer Mensch

In Wien unterwegs

Bermuda-Dreieck Areal mit Bars
Beserlpark kleiner Park
Heuriger Neuer Wein (gibt's ab Martini = 11. November)
Hieb (»im 10. Hieb wohnen«) Bezirk, Stadtteil

Rund ums Geld

Börs'l Geldbörse
brennen zahlen (»Da brennst ordentlich« = »Da hast du viel zu zahlen«)
fecht'n betteln
Gstopfter ein Wohlhabender
Marie Geld
Neger sein pleite sein
Pfandl Pfandhaus
schmiern bestechen
Spendierhos'n ahabn spendabel sein

Aus der Arbeitswelt

barabern schwer arbeiten
einsackeln einsperren
fladern stehlen
Hackler Arbeiter
Hack'n Arbeit
hack'nstad arbeitslos
Hallodri ausgelassener Mensch
sandeln faulenzen
Strizzi Zuhälter
tachinieren faulenzen

Komplimente

Feschak attraktiver Mann
Gnä' Frau Anrede für Damen
Jass Fachmann, Könner
Kapazunder intelligenter Mensch
leiwand spitzenmäßig (höchstes Kompliment in Wien)
liaba Has hübsches Mädchen

Wien und der Tod

a schöne Leich Begräbnis
Löffel abgeben sterben
Pompfineberer Totengräber

Diverses

Babá Ciao, Tschüss
Badewaschl Bademeister
Barras Militär, Heer
Bummerl Eigentor
Ezzes Ratschläge
Fuzzerl Stückchen, kleines Teil
Gfrett Ärger
Gschpusi, Pantscherl Liaison
hatschn (von mhd. »Hatsche« = Ente) hinken, schwerfällig gehen
Klampfn Gitarre
powidl egal, uninteressant
Quetschn Ziehharmonika
am Sand sein Depression, Unglück
Schneiztiachl Taschentuch
tramhappert schlaftrunken
Wuchtl Fußball

Redewendungen

A Stader is a Fader! Ein ruhiger Mensch ist ein Langweiler!
Aberakadavera, a Kiwara is ka Hawara! Abrakadabra, ein Polizist ist kein Freund!
Ka Bam wochst in Himmö! Kein Baum wächst in den Himmel! (Alles hat seine Grenzen!)
Nua kane Wön schlog'n! Nur keine Wellen schlagen! (Nur kein Aufsehen erregen!)
Papperln, pipperln und pupperln. Essen, trinken und sich weiblicher Gesellschaft erfreuen.
S' G'wand'l macht's Mand'l. Kleider machen Leute.

Literatur

Die Ausdruckskraft des Wiener Dialekts zeigt sich in den Gedichten von H. C. Artmann, etwa in dem 1958 erschienenen Band »med ana schwoazzn dintn«. Einen lebendigen Eindruck vom Wienerischen vermitteln auch die Dialektgedichte von Christine Nöstlinger, die von Schicksalen jenseits der Wiener Gemütlichkeit erzählen: »Iba de gaunz oamen Leit«. Unvergessen ist der berühmte »Herr Karl«, eine Figur des Kabarettisten und Autors Helmut Qualtinger.

Nahverkehrsplan Wien

Wien besitzt derzeit fünf U-Bahn-Linien. Die Schnellbahn verbindet die Innenstadt mit den Vororten. Die Österreichische Bundesbahn verbindet Wiens Hauptbahnhöfe mit Österreichs und Europas Städten. Die Badner Bahn verkehrt zwischen der Oper und Baden. Der Nahverkehr wird ständig ausgebaut. Weitere Informationen finden Sie unter *In Wien unterwegs* *(siehe S.250–255)*.